# 発達臨床心理学ハンドブック

大石史博・西川隆蔵・中村義行◎編
Fumihiro Ohishi, Ryuzo Nishikawa & Yoshiyuki Nakamura

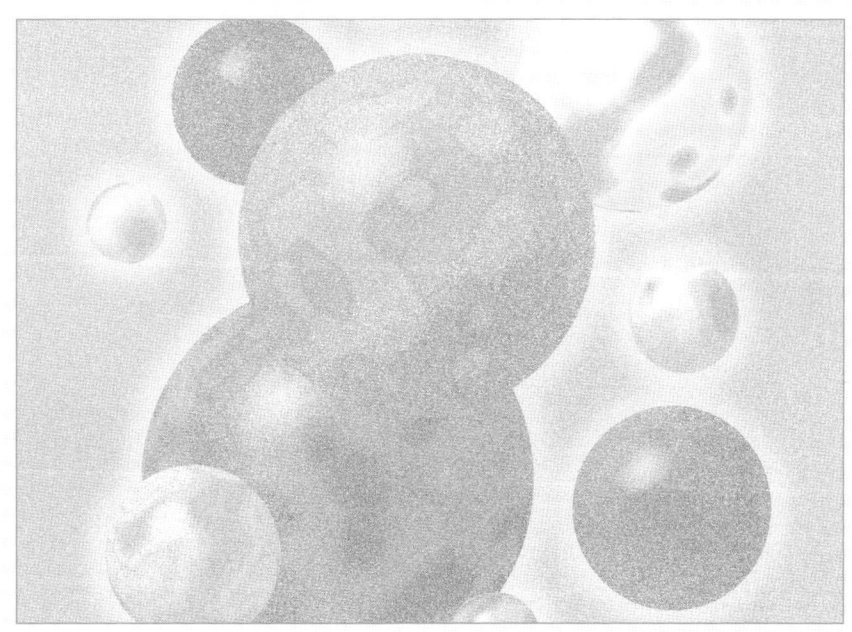

ナカニシヤ出版

# はじめに

　最近，新聞やテレビなどのマスメディアで心の病や障害が取り上げられることが多くなった。ことに1995年の阪神・淡路大震災や地下鉄サリン事件以降，自然・事故災害，性暴力・凶悪犯罪や児童虐待が起こるたびに，それらの被災者や被害者の症状や心理，その対応が詳しく報じられている。他方，自閉症，知的障害や視覚・聴覚障害というハンディキャップをテーマにした映画やテレビ番組が制作されるようになり，視聴者に深い感銘を与えている。さらに「癒し」や「ケア」という言葉が頻繁に用いられ，人を支援する職業を志望する若者が増加し，医療看護系，社会福祉系や臨床心理系の大学・学部・学科は人気がある。

　このように心の病や障害について関心が増し，理解は徐々に深まりつつあるが，わが国では経済中心，開発中心で，「目に見える」ものを重視する考え方が，依然根強い。加えて，私たちはその地理的，民族的な特質も作用し，「同質な」ものを求めて，「異質な」もの（心の病や障害は通常，私たちには「異質な」もの）には不寛容であった。心の病や障害という「目に見えない」，ないしは「異質な」ものへの理解は私たちが長い年月をかけて育んでいくべき命題である。

　本書はハンドブックと命名したように，発達臨床心理学のさまざまな心の病・障害や対処・支援・治療法について網羅している。Ⅰ部の「ライフサイクルと心理臨床」は編者が分担し，生涯発達的観点から乳児期〜高齢期に至る各発達段階の心理特徴やその段階に多い心の病と障害について概観している。Ⅱ部の「発達臨床心理学の対象」はさまざまな心の病・障害について，それらが増加している，あるいはクローズアップされている文化・社会的背景，原因，症状・行動特徴を中心にして，その対処・支援法を記述している。ことに最近，注目されている愛着障害，対象喪失や高齢期の精神障害と認知症を単独章としたのも本書の特徴である。Ⅲ部の「発達臨床心理学のテクニック」は心の病や障害についての対処・支援・治療法を理論的，専門的，実践的に深く掘り下げて記述している。

　最後に，本書の刊行にあたってお世話いただいたナカニシヤ出版の宍倉由高編集長，ならびに編集に携わっていただいた方々に感謝の意を表したい。

　2005年4月

編　者

# 目　　次

はじめに　*i*

## 第Ⅰ部　ライフサイクルと心理臨床

### 第1章　乳幼児期の心理臨床 ……………………………………… 3
1. 生涯発達における乳幼児期　*3*
2. 乳幼児期の心理特徴　*5*
3. 乳幼児期の心理臨床的問題　*5*

### 第2章　児童期・青年期の心理臨床 ……………………………… 9
1. 思春期・青年期心性の特徴　*9*
2. 児童期・青年期の問題行動，症例から示唆されること　*11*
3. 治療的介入・援助における基本的留意点　*13*

### 第3章　成人・中高齢期の心理臨床 …………………………… 17
1. 生涯発達における成人・中高齢期　*17*
2. 成人・中高齢期の心理的特徴　*18*
3. 中年期危機　*19*
4. 加齢と精神機能　*21*

## 第Ⅱ部　発達臨床心理学の対象

### 第4章　知的障害 ………………………………………………… 25
1. 知的障害とは　*25*
2. 知的障害の原因　*27*
3. ダウン症候群　*30*

### 第5章　自閉症 …………………………………………………… 35
1. 自閉症概念における歴史的変遷　*35*
2. 疫学的知見　*37*
3. 症状と行動　*37*
4. 発達的変化　*41*
5. アスペルガー障害　*45*

## 第6章　愛着障害 …… 49
1. 愛着とは　49
2. 愛着の発達と個人差　50
3. 愛着の障害　53
4. 愛着を再形成するために　57

## 第7章　情緒障害 …… 61
1. 情緒障害とは　61
2. 情緒障害の分類・原因・年齢的推移　62
3. 小児心身症　65

## 第8章　多動性障害・学習障害 …… 75
1. ADHD（注意欠陥／多動性障害）とは　75
2. LD（学習障害；Learning Disabilities）とは　79
3. ADHD・LDの子どもと養育者への援助の視点　82
4. むすびとして　85

## 第9章　不登校・いじめ …… 89
1. 不登校　89
2. 不登校の成因論と援助　91
3. いじめ　94

## 第10章　行為障害 …… 99
1. 行為障害の定義と発症時期　99
2. DSM-Ⅳ-TRとICD-10の違い　102
3. 非行との関係　102
4. 他の障害との関連　104
5. 行為障害の治療　105

## 第11章　統合失調症・気分障害・人格障害 …… 111
1. 統合失調症　111
2. 気分障害　115
3. 人格障害　116

## 第12章　神経症・心身症 …… 123
1. 神経症概念と心身症概念　123
2. 神経症的問題のあらわれ　124
3. 心身症のあらわれ　126
4. 事例による神経症・心身症の理解と対応　126

## 第13章 摂食障害・対人恐怖 ……………………………………… 133
1. 摂食障害とは　　133
2. 摂食障害の事例　　135
3. 摂食障害への対応　　136
4. 対人恐怖とは　　137
5. 対人恐怖症の事例　　138
6. 対人恐怖症の発達的要因　　140

## 第14章 対象喪失と臨死 …………………………………………… 143
1. 対象喪失とは　　143
2. 中途障害　　143
3. 死別　　145
4. 臨死　　148

## 第15章 高齢期の精神障害と認知症 …………………………… 153
1. 高齢社会の進展　　153
2. 機能性精神障害　　154
3. 器質性精神障害　　156
4. 認知症のアセスメントと心理的アプローチ　　158

# 第Ⅲ部　発達臨床心理学のテクニック

## 第16章 発達支援 …………………………………………………… 165
1. 発達支援とは　　165
2. 発達支援方法　　167
3. 発達障害の発達支援　　170

## 第17章 学校教育相談 ……………………………………………… 179
1. 学校教育相談とは　　179
2. 学校教育相談の実際　　182
3. 問題の理解と心理アセスメント　　185
4. 家庭との連携，家族への介入　　187

## 第18章 来談者中心療法 …………………………………………… 193
1. 非指示療法から来談者中心療法へ　　193
2. 来談者中心療法におけるパーソナリティ理論　　194
3. 技法について　　198
4. その後の展開　　200

## 第19章　精神分析療法 ………………………………………………………… 203
1. 精神分析理論の定義　203
2. フロイトの貢献　203
3. フロイト以外の理論家による貢献　207
4. 精神分析的精神療法　209

## 第20章　行動療法 ………………………………………………………………… 217
1. 行動療法とは　217
2. 学習理論　218
3. 行動分析　behavioral analysis　219
4. 行動療法の技法　220
5. おわりに　223

## 第21章　ブリーフセラピー ……………………………………………………… 227
1. ブリーフセラピーとは　227
2. ブリーフセラピーの実際──ソリューション・フォーカスト・アプローチを中心として　232
3. ブリーフセラピーのこれから　234

## 第22章　遊戯療法と箱庭療法 …………………………………………………… 237
1. 遊戯療法　237
2. 箱庭療法　244
3. おわりに　251

〈コラム〉

発達・知能検査　34
心の理論　46
子どもの笑いと父親の役割　59
習癖とチック　72
軽度発達障害と特別支援教育　86
ひきこもり（社会的ひきこもり）　97
暴力的な行動の理解　107
認知能力リハビリテーションについて　121
アディクションと共依存　132
性同一性障害　141
熟年離婚　151
高齢期の回想　160
障害児の親の心理　177
スクール・カウンセラー　191
質問紙法　202

投影法について 214
自律訓練法 224
家族療法 235
芸術療法 251

索　　引 253
執筆者一覧 259

# 第Ⅰ部
ライフサイクルと心理臨床

# 第1章

# 乳幼児期の心理臨床

## 1. 生涯発達における乳幼児期

### (1) 生涯発達的視点からの発達臨床の必要性

　発達とは受精から死に至るまでの一生涯における心理過程である。従来，発達心理学では，この一生の過程（ライフサイクル）を，表1-1に示すように胎児期，新生児期，乳児期，幼児期，児童期，青年期，成人期，高齢期の発達段階に分けてとらえられてきている。各々の発達段階には人として成長発達するための**発達課題**（特にライフサイクルの早期の段階に多い）があると考えられ，それらの発達課題を達成していくことにより完成体としての人に発達するという上昇的変化過程が重視されてきた。最近では，そのような能力の獲得等のような上昇的変化過程だけでなく，衰退や喪失等の老化や死に至るまでの下降的変化過程まで視点をあてて人の一生をとらえる**生涯発達**（life-span development）の考えが発達心理学の主流となってきている。

表1-1　人のライフサイクル

| 発達段階 | 期　　間 |
|---|---|
| 胎児期 | 受精から出生まで |
| 新生児期 | 出生後4週間 |
| 乳児期 | 出生から1歳半頃まで |
| 幼児期 | 1歳半頃から6歳頃（就学前）まで |
| 児童期 | 6歳頃から12歳頃（小学生の間）まで |
| 青年期 | 12歳頃から20歳代前半頃まで |
| 成人期 | 20歳代中頃から65歳頃まで |
| 高齢期 | 65歳頃から死まで |

　また，心理臨床においては，各々の臨床心理学理論の枠組みから人を理解し，かかわろうとするため，できるだけ人の心理的問題を個体内の病理の解明や能力の分析等，横断的にとらえ，個としての人とかかわろうとすることが多かった。

　今日の心理臨床では，このような従来の臨床心理学理論の枠組みに人をあてはめてかかわるという発想が変化しつつある。特に，エリクソン（Erikson, E.H.）によって構成されたアイデンティティの概念に示されてきたように，関係存在としての人の発達を誕生から死までの生涯発達

**発達課題**
　乳幼児期から高齢期までの各々の段階で解決しておくべき心理社会的な課題。ハヴィガースト（Havighurst, R.J.）によると発達課題の起源は身体的成熟，社会からの要求や文化的圧力，個人的目標や努力との相互作用にあるとされる。具体的には，乳幼児期は歩行の完成，言語の学習等があげられる。

**生涯発達**
　人間の受胎・誕生から老年・死までの生涯のライフサイクルにどのような心理的特性が存在するか，どのような量的・質的変化を生ずる心理特性が作用しているかを全生涯的発達のなかで見直していく。

**エリクソン（Erikson, E.H.）**
　1902年生まれ，精神分析理論家。彼の理論には両親の離婚やアメリカへの亡命等複雑な生い立ちが影響している。家庭的にも民族的にも自分の居場所を確立できず，アイデンティティの確立に悩んだ結果，エリクソンの理論が築かれたと思われる。

**アイデンティティ**
　エリクソンの自我同一性理論における青年期の心理社会的危機を示す用語。正確にはego identity（自我同一性）とよばれ，「自分とは何者か」「自分の過去，現在，未来はどうなるのか」等，自己を社会の中に位置づける問いかけに対し肯定的に確信することがアイデンティティの確立に重要な要素である。

的視点から縦断的にとらえ，自己の人生の物語を生きるという個々の主体的な発達を支援するという発達臨床の発想（下山, 1998）が求められてきている。そこでは，単に発達心理学と臨床心理学の研究成果を統合するだけで終えることなく，生涯を通して変化していく主体として人を理解し，かかわっていく姿勢が求められる。

### (2) 乳幼児期における発達課題

誕生から約1年半の間を乳幼児期とよび，出生直後の1ヶ月間を特に新生児期とよぶ。新生児期は誕生と同時に母胎外環境に自力で適応しなくてはならない期間であり，新生児期の発達課題として授乳や睡眠リズムの確立，母子間の愛着の成立，事物の認識等があげられる。乳児期と幼児期を合わせて乳幼児期とよぶが，乳幼児期では愛着の確立，食事・歩行・言語の獲得等が発達課題としてあげられる。同時にこの時期は器質的，または発達的な障害があらわれる時期でもあり障害の予防，早期発見・早期療育等が求められる時期である。

幼児期は母子関係が密接な幼児期前期（2～4歳頃）と他児との交流が密接な幼児期後期（4～6歳頃）に分けてとらえられることが多く，幼児期後期は保育所や幼稚園等の集団社会に幼児が初めて入っていく時期でもある。表1-2は，ピアジェ（Piaget, J.）の認知発達理論，フロイト（Freud, S.）の精神分析理論，エリクソンの自我同一性理論を基に，乳幼児期における各々の発達段階と発達課題をまとめたものである。発達段階や発達課題に注目することにより各発達段階における乳幼児の構造的特徴や質的変化をとらえることができる。

**ピアジェ（Piaget, J.）**
現代発達心理学の開祖ともいわれ，従来の行動主義的な学習発達の定義を認知的な定義で置き換え，同化・調節・均衡化等の生物学的概念を軸に独自の認知発達論を構築した。

**フロイト（Freud, S.）**
精神分析の創始者。神経症の治療に専念し，神経症の発生・治療メカニズム，さらには人間のパーソナリティ構造やメカニズムについての仮説や理論を提唱し，精神分析理論を体系化した。

**表1-2　主な発達理論における乳幼児期の発達段階と発達課題**（Erikson, E.H., 1982; Piaget, J. & Inhelder, B., 1966; 下山, 1998より作成）

| 発達段階 | 年齢範囲 | 発達課題 |
|---|---|---|
| **エリクソンの自我同一性理論を基に** | | |
| 乳児期 | 0歳～1歳頃 | 「基本的信頼」対「基本的不信」のバランス関係。基本的信頼は健康なパーソナリティの基礎になる。私は誰かに依存しないと生きていけない存在。 |
| 遊戯期 | 1歳～3歳頃 | 「自律性」対「恥, 疑惑」のバランス関係から意志（will）が生まれる。私は意志する存在。 |
| 幼児期後期 | 4歳～6歳頃 | 「自主性」対「罪悪感」の葛藤から目的（purpose）という力が生まれる。私はかくありたいと想像する存在。 |
| **フロイトの精神分析理論を基に** | | |
| 口唇期 | 0歳～1歳半頃 | 乳房を吸う口唇的快感が中心。口唇期への固着は依存心が強く，酒や煙草等への口唇的活動への依存を生じさせる。 |
| 肛門期 | 1歳半～3歳頃 | 排便がコントロールできるようになり，肛門的快感が中心。肛門期への固着は意地っ張り等の性格が形成され，強迫神経症の素因となる。 |
| 男根期 | 4歳～6歳頃 | 幼児性欲が頂点に達し性器への関心が高まる。自己の性を意識し異性の親がライバルになる。男根期への固着は，虚栄心，競争心，攻撃性等の性格を形成する。 |
| **ピアジェの認知発達理論を基に** | | |
| 感覚運動的段階 | 0～2歳頃 | 認知発達の第一段階で，自分の身体を動かして目や耳の感覚で確かめる（循環反応の出現）。物の永続性の完成。 |
| 前概念的思考段階 | 2歳～4歳頃 | 物事を心の中で思い浮かべる表象的思考が可能になるが，表象される概念は未熟で不完全。物事を分類的，関係的にとらえることが困難。 |
| 直感的思考段階 | 4歳～7・8歳頃 | 事物の知覚的特徴に推理や判断が影響されやすく，課題の処理の仕方は見かけによって左右されやすい。 |

## 2. 乳幼児期の心理特徴

### (1) 発達の要因

20世紀前半，発達の要因として，ゲゼル（Gesell, A.L.）によって成熟優位説が唱えられ，行動主義者らの環境を重視する環境優位説との間で「成熟か学習か」という問題が提起された。「成熟」は遺伝的要因に影響を受け，「学習」は環境的要因に影響を受けるという考えである。その後，20世紀半ば，ボウルビィ（Bowlby, J.）により母性的養育の欠如（マターナル・デプリベーション）が発達に影響を与えることが示され，母子相互作用や愛着といった養育環境が重視され，「成熟も学習も」両方の要因が相乗的に影響し合って作用する相互作用説の考えが発達をもたらす要因として考えられてきており，関係性の発達等，今日の発達研究に影響を及ぼしてきている。最近では，環境要因として時代環境との相互作用（社会・経済・政治・文化等による影響）も新たに発達の要因として考えられる（藤永，2002）ようになってきている。

### (2) 母子関係の発達——母子相互作用と愛着

乳幼児期では乳幼児と養育者とのやりとりが乳幼児の発達に影響を及ぼす。主な養育者である母親とのやりとりを母子相互作用とよぶ。母子相互作用は胎児期からみられるが，特に誕生直後からの新生児と母親との間に多くみられ，この母子相互作用を通して愛着（attachment）を形成していくと考えられている。乳児（新生児を含む）は母親の特有の高い声等に合わせて自分の身体を動かしたり，発声したりする。母親も乳児の微笑に対して微笑み返し，話しかけたり抱き上げたりする。このような母子の相互のやりとりをエントレインメント（entrainment）とよび，愛着を形成するうえで重要とされている。

愛着はボウルビィによって提唱され，エインズワース（Ainsworth, M.D.）によって確立された。ボウルビィは乳幼児期の母子相互のやりとりを検討し，母子間の情緒的きずな（affection tie）の重要性を述べ，エインズワースは日常生活のなかで母親の安全地帯としての役割をストレンジ・シチュエーション法により実証した。

乳幼児期に安定した愛着関係を形成した子どもは乳幼児期，児童期，青年期において高い適応性を示す傾向が強いとされている。また，乳幼児期の母子相互作用の欠如が発達に影響を与えるとされてきたが，父親や祖父母，里親等との相互作用があれば成長が阻害されることがないこともあり，必ずしも影響を与えるとは限らないと考えられる。

## 3. 乳幼児期の心理臨床的問題

乳幼児期の心理臨床的問題としては，育児に関する問題，発達障害，心身症，愛着障害（乳幼児虐待等）等があげられる。各々の問題に関する理解と対応は第Ⅱ部以降で述べられているので，本節では主に育児に

---

**ゲゼル（Gesell, A.L.）**
双生児統制法による実験研究を行い，発達における成熟優位説を説いた。発達診断学の確立等，今日の発達研究に大きな影響を与えている。

**ボウルビィ（Bowlby, J.）**
クライン（Klein, M.）やアンナ・フロイト（Freud, A.）らの児童分析に関心をもち，精神分析を学ぶ。乳幼児と母親との人間関係が親密かつ継続的で，両者が幸福感に満たされるような状態が精神衛生の根本であると述べ，生後3年間における母性的養育の欠如が精神的不健康の最大の要因であるという仮説をたて，母性剥奪（maternal deprivation）と名づけた。

**愛着（attachment）**
特定の対象と他の特定の対象との間に形成される情緒的きずな（affectional tie）のこと。ボウルビィがアタッチメントと名づけ，日本語訳として愛着という言葉が定着している（第6章参照）。

関する問題について述べる。

## (1) 育児に関する問題
### 1) 母性神話

育児に関する問題としては，母性が取り上げられることが多く，特に子どもを産めば自然と母親の特性をもち，子どもを育てることができるようになるという母性神話がよく問題となる。確かに母親としての心理的発達は妊娠から始まり，胎動等により母性意識が目覚め，出産後のわが子とのかかわりあい，すなわち母子相互作用により愛着等が形成され，母性が育っていくものである。したがって，母性は生得的に母親にあるものではなく，子どもとの相互作用を通じて育てられていくものである。育児に関する問題の原因が母性の欠如にあり，母親だけを育児の責任者として追いつめることなく，父子関係や家族関係，その他の状況を把握してとらえるべきである。また，育児は必ずしも母親（女性）だけの適性ではなく，父親（男性）の育児参加の必要性や父性について視点をあてて育児の問題をとらえる必要がある。

### 2) 乳幼児期の育児に関する問題

胎児期・出産期，乳児期，幼児期の各段階での育児に関する問題とその例を表1-3に示している。胎児期では，母親の心理的不安，出産期では，明確な障害のみられる子どもの出産から生じる親やその家族の悲哀の過程がある。乳幼児期では母親の育児不安とストレス，子どもの発達状態が共通してみられ，集団社会への参加から生じる問題もみられる。

表1-3 乳幼児期の育児に関する問題 （次良丸, 2000より作成）

| 発達段階 | 問題とその例 |
| --- | --- |
| 胎児期・出産期 | ・胎児期の心理的不安（例：マタニティブルー）<br>・親・家族の悲哀（例：発達障害児出産の親やその家族） |
| 乳児期 | ・母親の育児不安と育児ストレス（例：自信喪失，乳児虐待）<br>・愛着の形成困難（例：母性・父性喪失，育児意欲喪失）<br>・食事・排泄等の問題（例：偏食，夜尿，衣服着脱困難）<br>・問題行動（例：多動，よだれ，夜泣き）<br>・心身の発達の問題（例：始歩の遅れ，体重の増減，発達障害） |
| 幼児期 | ・母親の育児不安と育児ストレス（例：自信喪失，幼児虐待）<br>・情緒的問題（例：心身症，睡眠障害，習癖）<br>・発達障害の問題（例：知的遅れ，自閉症状）<br>・気になる行動（例：いたずら，盗癖，性器いじり）<br>・社会的スキルの問題（例：夫婦の問題，不登園，仲間はずれ） |

子どもと親や家族，友人，先生との関係性の発達に視点をあてて問題をとらえてみると，子ども自身の問題，母子や父子等の親子関係や夫婦関係等家族内の関係性の問題，幼稚園等集団社会との関係性に分けて考えられる。

(2) 育児に関する問題の理解とその対応
1) 育児不安と育児ストレス
　子どもの誕生とともに，日常の家事や睡眠時間帯等，生活スタイルを変えなければならず，特に母親は育児に費やす時間が多くなり，心理的にも身体的にも育児が強いストレスになる。乳児期では愛着を誘発する微笑や発声，後追い等が子どもにみられないと母子相互作用が低下し，母子間に共感性の高い関係が作られにくく，問題を深めてしまいやすい。幼児期になると育児マニュアル通りにいかないさまざまなことを体験することになり，育児そのものへの不安だけでなく，母親自身に生じる問題（睡眠不足，休職・退職等）や家族の問題（夫が非協力的，嫁と姑との関係悪化等）もあり，育児ストレスもさらに増していくことになる。母親自身の育児と自己実現の両立が成り立たず，育児がきわめてストレスフルになり，乳幼児虐待等が起こりやすくなってくる。このような際に父親や祖父母の育児参加があれば，育児ストレスが軽くなり，子どもやその他の家族との関係も肯定的にとらえられ，育児を肯定的にとらえられるようになる。このような母親の育児不安や育児ストレスに示される現象は，育児は女性だけの適性ではないという問題提起でもあり，父親やその他の家族による主体的な育児参加が求められる。さらに，親を育児の主体としてとらえるだけでなく，親や家族が子どもへの適切なかかわり方を身につけられるように問題のとらえ方や具体的なかかわり方を学べるよう，心理臨床家等の支援による育児支援等が求められる。

2) 親としての育ち
　育児不安やストレスの要因として，核家族化により親としての育ちの機会が減少し，育児の知識や技能，親としての耐性力が育つ機会がなくなってしまったことがあげられる。そのため，子どもの保育・教育を外部の保育・教育機関（スイミング，ピアノ教室，塾等）に預けるようになり，親としての保育力・教育力の育ちの機会が奪われてきている。日本では「養育は女性」という考えが根強く，これまで父親不在で育児を女性（母親）が担当してきたが，核家族化により母親一人による家庭での育児機能の限界をもたらしてきている（柏木, 2002）。
　子どもにとってよいと思われるものを提供するだけの保育・教育は子どもの自発的学習機会を奪う。提供されたものをこなしていくだけの学びは子ども自身の主体的な力による育ちの機会を奪い，同時に親としての育ちの機会を奪いつつある。
　ウィニコット（Winnicott, D.W., 1971）は，子どもが自発性と独自の欲求をもつ存在として発達していく条件として「ほどよい（good-enough）」育児の重要性を指摘した。完璧な育児ではなく適度に育児の失敗をすることにより，子どもが適度に欲求不満をもち，主体性をもった真の自己形成がなされていくと述べている。乳幼児期の発達においては，外部の保育・教育機関で特別に教え込むことが重要ではなく，日々の通常の親子や家族としてのかかわりのなかで，親自身，子ども自身が自己の存在，親子の関係性に気づきを得ながら発達していくことが重要なのである。

### (3) 育児問題と心理療法

　育児の問題に関する心理臨床では，遊戯療法や行動療法等の心理療法が用いられることがある。最近では，家族療法，対象関係論や乳幼児期の母子相互作用研究等による母子へのかかわりも実践されてきている。このうち，遊戯療法は，遊びを媒介として関係作りを行い，子どもの心理的発達を促すものであり，子どもへの遊戯療法と並行して親との面談も行い，子どもの理解や親自身の心理的安定や成長を促すものであり，そのかかわりの基本原則は子どもへのかかわり方の大きなヒントになりうるものである。心理療法等についての詳細は第Ⅱ部以降の記述を参照していただきたい。

［中村義行］

## 参考文献

エリクソン，E.H.　村瀬孝雄・近藤邦夫(訳)　1989　ライフサイクル，その完結　みすず書房

藤永　保　2002　発達理論の歴史的変遷　田島信元・子安増生・森永良子・前川久男・菅野　敦(編)　シリーズ／臨床発達心理学②　認知発達とその支援　ミネルヴァ書房

繁多　進(編)　1999　乳幼児発達心理学　福村出版

伊藤隆二・橋口英俊・春日　喬(編)　1994　人間の発達と臨床心理学2　乳幼児期の臨床心理学　駿河台出版

次良丸睦子・五十嵐一枝・加藤千佐子・高橋君江　2000　子どもの発達と保育カウンセリング　金子書房

柏木惠子　2002　現代社会の諸問題をとらえる視点　長崎　勤・古澤賴雄・藤田継道(編)　シリーズ／臨床発達心理学①　臨床発達心理学概論―発達支援の理論と実際―　ミネルヴァ書房

中島義明他(編)　1999　心理学辞典　有斐閣

岡本夏木・清水御代明・村井潤一(監修)　1995　発達心理学辞典　ミネルヴァ書房

ピアジェ，J.・インヘルダー，B.　波多野完治・滝沢武久・須賀哲夫(訳)　1969　新しい児童心理学　白水社

下山晴彦　1998　教育心理学Ⅱ―発達と臨床援助の心理学　東京大学出版会

下山晴彦　2001　発達臨床心理学の発想　下山晴彦・丹野義彦(編)　講座臨床心理学5　発達臨床心理学　東京大学出版会

ウィニコット，D.W.　橋本雅雄(訳)　1979　遊ぶことと現実　岩崎学術出版社

# 第2章

# 児童期・青年期の心理臨床

## 1. 思春期・青年期心性の特徴

### (1) 発達危機としての環境移行

　児童期・青年期は，心と身体の両面における急激な発達変化とともに，幼稚園から小学校へ，小学校から中学校へ，あるいは進級に伴うクラス替えなど，新たな環境への移行が併行するところに，この時期の発達危機の1つの特質がある。

　たとえば，児童期に入ると，子どもは学校へ通い出すが，学校に入ることで，子どもの生活は大きく変化する。それ以前にも保育園や幼稚園に子どもは通い，公的な子ども集団にいるという意味では連続的であるが，学習という点からは，幼児期の学習が生活や遊びといった活動に付随した二次的なものであったのに対して，小学校では学習することが第一義の活動となる。知識は，基本的には言語化されたり，記号化されたりしたものを通して自覚的に教えられていく。それは一方では，知識を脱文脈化させ，日常的な会話，生活から離れた形で，言葉や物事を学ぶことになる。それは子どもを抽象的な世界に誘うことになるが，他方で学習と生活が遊離してしまう危険性をはらんでおり（武藤, 1994），知的に多少問題のある子どもの場合，怠学にみるように逃避的となったり，拒絶して不適応状態が生まれることもある。その他，学校緘黙や注意欠陥／多動性障害では，入学までに形成された，または保持していた「行動傾向」が集団内で触発されて不適応が具現化してくる。中枢性レベルの生物学的不安定さが，多様な刺激をもつ教室内集団生活によって誘発された状態といえる。

　児童期・青年期は，程度の差こそあれ，その思考と行動とに大きなアンバランスを経験していく時期であるが，その不安定さの背景には，1つに，このような環境移行の問題があることを理解しておく必要がある。

### (2) 思春期の訪れ

　青年期の発達的特質は，精通や初潮といった第二次性徴の発現に象徴されるように，生理的・身体的成長と，自我の成熟を伴う精神的成長という心身両面にわたる急激な変化が生じることである。このような変化に伴い身体面では，これまでとは違った身体感覚や性的成熟を受け入れていくことが求められ，また精神面では，身体的変化や社会的状況の

---

**学校緘黙**
　発声上の欠損はなく，すでに言語を習得し，言語能力をもっているにもかかわらず，話すことができないことを緘黙（mutism）といい，特に学校場面で選択的に生じる場合，学校緘黙という。

**注意欠陥／多動性障害**
　不注意／多動／衝動性の3つの組からなる発達上の障害であり，たとえば学校では，授業中じっと座っていられないで席を立ち，歩き回る，教室を飛び出す，勝手なことをしたり，とめどなくおしゃべりしたりするといった問題がみられる（第8章参照）。

変化などにより，それまでとは異なる自分を実感し，自分らしさや主体性をもった自分についての意識を高めていく時期でもある。

　これらの身体と心の発達は，バランスよく行われていくことが理想であるが，なかには自分の身体的な変化を受け入れるのに十分な精神的な発達がなされていないことも多く，身体や性に対する変化や関心とそれを受け入れる精神的発達とのバランスの悪さが不安や混乱を生じさせることもある。この頃は，自律神経系や内分泌系の変化も生じることから，身体的に不安定になりやすく，現象的には，**起立性調節障害**，手足が冷えるといった不定愁訴が生じることがある。また男子だとおしっこが変なふうに曲がって出てしまうとか，女性であったら生理が始まり，貧血になりやすくなるといった身体的に何か変だという症状が出ることがある。それらの多くは放っておいてよいが，このような症状も自己不全感と結びつくと，心気症的なこだわりに発展する場合がある。

　さらに中学生にもなると，対人関係や学業などでのストレスが強くなり，そこに不安や混乱・葛藤などが生じやすい。また自分の気持ちを的確な言葉で表現しにくいということもあろうが，彼ら自身，自分の心のなかの不安や混乱を理解することがむずかしいことが多い。「何となくイライラする」「何となく不安」といった漠然とした感情としてしか理解できないものであったり，その感情がしばしば気分の形となり，極端な怠惰，環境に対する無関心，優柔不断さとなって行動にあらわれることもある。

### (3) 対象関係の変化と心の不安定さ

　思春期にある子どもにとって，身体に生じた変化や異性に対する気持は親とは共有できないものであるだけに，親に代わる新たな支えを求めざるをえなくなる。このようなことが，それまでの親子関係に変化を生じさせる1つの契機ともなり，彼らは新たな対象との結びつきを求め，家庭外の世界へ興味や関心が開かれていくことになる。

#### 1) 自立と依存の葛藤

　思春期の子どもは親からの分離・独立を求めながらも，親に依存せざるえない状況にある。このような内面の葛藤に対する無意識的な防衛手段として，たとえば，親に対する反発や居丈高で横柄な態度をとるということがみられる。また甘えと反発の振子的行動がみられたりもすることもある。このように，心が変化していくときには，往々にして，ある心の状態から，それとは対立的な状態が生まれ，両者の激しい拮抗・葛藤を内に秘めることになる。

#### 2) 憧れ

　親離れの1つの現象として，外的対象への熱狂的な思い入れがある。これは，自己愛的同一化といって，自我理想として尊敬できる人物や集団と一体化し，その対象に熱烈な思いを向けることである。家族外の新しい理想対象モデルとの出会いは，友人関係世界に開かれうることと密接に絡んでいて，思春期に入ると「憧れの対象」にかかわる情報の共同

---

**起立性調節障害**
自律神経不安定症の循環系発症で，立ちくらみ，めまいを起こしやすく，立っていると気持ちが悪くなる，ひどくなると倒れたりする。

**自己愛（ナルシシズム）**
エコーの愛を拒絶して，水面に映った自分の姿に見とれ思いをよせたナルシスを語源にした造語である。フロイト（Freud, S.）は，この自己愛をリビドーが外の対象に向けられず，自分自身の姿に向けられることとし，発達的には，自体愛の段階から，他者との同一視という特別な心的作用により，自我が成立してくることによって，自分の身体ではなく，自我を愛するようになると考えた。

購入のようなことを，仲間内で繰り広げるのである（斉藤, 1991）。

### 3）対人ストレスと慰める存在

友だち関係への比重が増していくこの時期では，他者そして社会のなかで「居場所」が必要になる。しかし，居場所が適所であるためには，自分が納得できるとともに，周りの他者にも承認されている必要があり，そこに対人ストレスが生じることもしばしばである。仲間との関係がストレスを発散する場であると同時に，ストレスを感じる場にもなるという微妙な問題がそこにはある。

学校での中学生は弱みを見せない強がりを示したり，すべてが問題なく進行しているかのような態度を示すこともあるが，それらはストレスとその発散・解消とのバランスを保とうとするがんばりであり，ともすると，それは過剰適応的であるがゆえに失敗しやすく，たとえば，学校での活動や人間関係に過剰に一体化しようとして，些細なことにつまづいてしまうのである。

### （4）理想像の形成と現実適応

新しい理想対象の発見は，「ありうる（かもしれない）自己」の発見であり，不可視な自分に触れ直しながら自分づくりを進めることにとって不可欠な仕事である。理想形成は自分の同一性の感覚を補充しながら，精神的なエネルギーを生産的な活動へと振り向けることになるが（斉藤, 1991），同時に理想と現実との折り合いをどうしていくかという状況が立ちあらわれてくる。さらに，学校では他者との比較，競争があり，優勝劣敗がある。それまで全能的自己像をもち続けてきた青年も自分の限界や劣等性を引き受けなければならなくなる。自分がもはや特別な存在ではないことを認め，それまでの全能的な自己像を捨てて，足が地についた現実的な自己像を形成していく。しかし，それができず，全能的な自己像を維持し続けようとする場合，ただひたすらに勉強し，競争に勝ち，特別な存在であり続けようと，強迫的な努力をするという状況が生じたりもする。また理想と現実との間の大きなギャップは，惨めな自分の姿を目の前に突きつけてくることにもなり，心理的なバランスを取り戻すための一種の心の安全弁として，スポーツやアルバイト活動，バーチャル・リアリティなどに過剰にのめりこむことにより，自分自身から意識をそらせるという行動が生じたりもする。周囲の大人からすれば，あまりにも危険と思われるような行為，あるいは暴走行為，シンナー・薬物への依存などにも，このような逃避の心性が認められるときがある。

## 2. 児童期・青年期の問題行動，症例から示唆されること

### （1）ギャング・エイジの喪失

第二次性徴の到来とともに生じる本能衝動を統御する目的で，前思春期の子どもは同性同士で徒党（ギャング）を組み，連帯感のなかで本能衝動の社会化を学んでいく。仲間との連帯性が存在感の安定をもたらす

時代でもある。しかし、そのような仲間関係は一朝一夕にできるものではなく、そこには出会いに始まる仲間づくりのプロセスがある。仲間をつくり、仲間と交わり、遊ぶという体験は、互いの共通性と特異性に気づく重要な契機でもあり、相手に対する自分の無限定的な期待や甘えに限界のあることを悟らせる。このようなプロセスを体験することで、子どもは幼児的心性から脱皮していく。

ところが、最近では仲間・徒党を組むということがなぜかむずかしくなり、本能衝動を昇華し社会化する過程がうまくいかなくなっているといわれる。いじめが流行し、社会に対する破壊行動が突出しやすくなっているのは、そのことを示しているといってよいのかもしれない。プロセスとしての人間関係を体験することなく育つことが、他者とのかかわりを閉鎖的なものにし、人間関係からの退却、ひきこもりを余儀なくさせるのである。

### (2) 問題行動の三極化——身体化、行動化、内閉化

1980年以降から思春期病理の時代的変化として指摘されていることに、悩む力の乏しさがある。不安や葛藤をためておく力が弱く、混沌とした未分化な怒りを「心の器」に納めきれなくて、「むかつく」という言葉で排出し、「むかつき」がひどくなると、「きれて」暴発するか、それとも「ひきこもる」かのどちらかになる。山中（2001a）は、これらの子どもの問題を分類して、身体化、行動化、内閉化という3つの傾向を指摘している。

#### 1) 身体化

頭痛、腹痛、夜尿、チック、周期性嘔吐、神経性下痢、ぜん息など、身体の症状を呈してくる。思春期やせ症、肥満、過食症などの外から見て一見でそれとわかるものばかりでなく、たとえば、特発性腎出血、起立性調節障害なども心の深い問題の表現としてもとらえられる。

#### 2) 行動化

本来心の内側に「悩み・葛藤」として抱えるもの、精神的症状として表現されてしかるべきものが行動として、外へ発散される。暴力としての行動化の現象やそうしたものが陰湿化した、いわゆる「いじめ」の現象なり、従来からあるいわゆる「非行」なり、ときには、攻撃の対象が自分自身に回帰して、「自殺」という形をとる場合もある。

#### 3) 内閉化

社会的次元において、他者との交流を避け、もっぱら閉じこもり内閉する現象であり、さらには、外的・表面的次元においては、ほとんど、出力エネルギーがゼロの状態に近づいて、もっぱら「無為」とみえる状態を呈することが多い。

### (3) 自己愛性と社会からの退却

先に述べたように、現実的自我理想の形成に失敗した青年は、幼児的

全能的自己像をもち続けていて，きわめて自己愛的である。こういう自己愛は傷つけられると怒りを生じる。世界が自分の思い通りに動いてくれないとき，自分に愛情と賞賛を注いでくれないとき，彼らは当然得られるべきものが得られないと感じて傷つき，おびえ，怒るのである。

全能的で自己愛的な自己像を維持しようとする彼らにとって，それを困難にする現実世界は怖いものになり，また彼らの怒りは外界に投影されることで，その世界はますます彼らを傷つけるものとして迫ってくることになる。学校生活の人間関係，試験などは，彼らにとってきわめて曖昧で脅威な状況となるため，そこで自分を確認できる，自信を保てる安全で確実な場へ逃げようとする。自分の受け皿を探しての逃避ということであるが，受け皿の居心地が悪くなれば，次々と退却を起こして，結局家への閉じこもりといった完全退却状態へと至るのである。

### (4) 解離性同一性障害あるいは多重人格の傾向

人生の必然として，私たちはその心の内奥に矛盾や葛藤を抱え，また**両価性**（アンビバレンス）に悩むものである。良い自分と劣った悪い自分との矛盾，そういう葛藤や矛盾をもちつつ，何とかそれを自分という1人の人格のなかに統合しようと努力するわけで，**強迫**行動とはまさに，それらを知的にコントロールしようとする最大の努力のあらわれといえるかもしれない。しかし，最近の青年期の症例のなかには，矛盾したものを抱えその間の葛藤や両価性に悩むのではなく，容易に別の人格になってそれぞれの側面を生き，葛藤を悩むことを巧みに回避しているようにみえるものが多いと指摘される。

この人格の統合の放棄が**境界性人格障害**や解離性同一性障害につながり，極端な場合，見せかけの良い子，普通の子という外面と，ものすごく攻撃的で，怒りに満ちた内面の2面性，スプリットがあって，残忍な片方が残酷なことをすることになる。ふと気がつくと，思いもかけないことをしているということになるのである。

**解離性同一性障害**
以前は多重人格性障害とよばれていた。2つまたはそれ以上の，はっきりと他と区別される同一性または人格状態の存在がある。

**両価性**
両面感情，両面価値感情ともよび，一般的には同じ対象に対して相反する感情，特に愛と憎しみをもつことをいう。

**強迫**
当人にとって無意味，無縁ないしは非合理と判断される思考，欲動あるいは行動が支配的になること。

**境界性人格障害**
気分が不安定で，ひどい抑うつや不安，怒りの時期が頻繁に，たいした理由もなく訪れる。自己概念も不安定で，極端な自己嫌悪と自己満足の時期とがある。対人関係は特に不安定で，人を理想化するかと思えば，わけもなく見下したりする。

## 3. 治療的介入・援助における基本的留意点

### (1) パーソナリティ全体の成長・発達を促進する援助

幼児・児童期の子どもは，急激な成長・発達の途上にあるので，子どもへの心理的援助では，子どもの全体の発達を促進するように働きかけることが重要な機能をもつことになる。

特に，子どもは遊びを通して人間関係をつくり，そこで自然に自己の意志や欲求，自己の内面的世界を表現する。遊びは子どもにとって最も自然な自己表現であり，言語によるコミュニケーションと同じ機能をもっている。したがって，遊びをともにしながら言葉かけや話し合いのなかで子どもの心の安定を図り，より積極的に遊びの世界，心の世界を拡げながら子どもとしての人間的成長を援助することである。集団のなかで不適応行動がみられる子どもに対して行う遊戯療法は，有効な心理療法の1つであり，遊戯療法家（プレイ・セラピスト）は，子ども，ある

いは親が訴える問題の解決を目標にするだけでなく，パーソナリティ全体の成長や変化を目標にしながら，子どもが思いを外に出すとき，何が子どもの心のなかで起こっているのかを丁寧にみていくことが大切である。また症例においては，ほとんどのケースで現在進行形で起こっている家族間の葛藤を扱うこととなり，親，家族全体に対する見立てが大変重要になってくる。

### (2) 気持ちをくむ，つながりをもつということ

思春期のクライエントは，「治療の場を求めようとしない」こと自体が1つの中核症状だという指摘があるが（山中, 1980），本来，思春期にある子どもたちは，自分自身の内面を大人に知られたくないという気持ちが非常に強く，大人への依存と反抗の葛藤の真只中にある彼らが「大人に依存し，大人に援助を求める」という構造をもつ伝統的治療に抵抗を示すのは当然といえる。彼らは治療者－クライエントという不平等な関係にきわめて敏感で，根深い大人不信を抱いていることが多く，家庭教師やコンパニオンといったごく日常的な「お兄さん」や「お姉さん」的な存在ならば受け入れることが多く，このことは彼らにとって受け入れやすい関係，存在とはどういうものかを示唆する意味で重要である。治療者は他のどの時期のクライエントの場合よりも，治療者自身の「人間性」と「真剣さ」を問われることになるが，まず大切なことは彼らの微妙な依存と反抗のアンビバレンスからなる「気持ちをくむ」ことであろう（土居, 1977）。

また山中（1980）は治療手段に関する問題として，思春期クライエントの言葉の特殊性をあげており，治療者は教科書的なありきたりの述語で表現するのではなく，ひたすら彼らの言葉に耳を傾け，その言葉の展開，よどみ，沈黙に気を配ることが大切だと述べている。これらのことは具体的な経験が乏しく，とかく現実からも遊離しがちな青年の心へアプローチするうえで基本的なことである。さらに絵画やアニメ，音楽等，日常において彼らが傾倒しているものをともに味わうなど，彼らとつながるチャンネルをもつことに努めることも，この時期大切なことである。

### (3) 成長促進的介入の場としての学校と家庭の役割

問題発生の未然防止，軽微な段階で治療的介入を行うためには，より近しい人からの，より日常的な人間関係のなかでの，包括的な援助を考える必要がある。予防的介入の実施に必要な前述の4つの条件として，以下のようなことをあげることができる。

①子どもが日常的に生活する家庭，学校の場で，②子どもが日常的に接触する親や友人や教師が主体となる。③その家庭や学校に属する全員，あるいはそのものに対する働きかけや，④病理過程の改善という消極的な働きかけだけではなく，普段の日常生活のなかでさまざまな心理的危機に対処しうる自我資源を培うという積極的な働きかけが必要となってくる。

特に，学校は，家庭教育の実際を検証する機能をもつと同時に，家庭

教育を補完する機能をもつことになり，このような「成長促進モデル」の提起と，それに基づく方略の開発が，新たに重大な課題としてあらわれてきている。学校は成長途上にあるすべての子どもを対象に，問題の発生や重篤化を防止する予防的介入や，家庭への心理教育（psycho-education）をはじめとして，危機に適切に対処しうる自我資源の養成という成長促進的介入の場としてふさわしい場であることはいうまでもない。

［西川隆蔵］

**心理教育**（psychoeducation）
「慢性疾患に代表されるような継続した問題を抱える人たちに対する教育的側面を含んだ一連の援助法」のことをいい，知識・情報の共有，日常的なストレスへの対処技能の増大，集団で行う場合は，参加者同士のサポートを基本とするもの。

## 参考文献

土居健郎　1977　方法としての面接　医学書院
伊藤隆二・橋口英俊・春日 喬(編)　1994　人間の発達と臨床心理学 4　思春期・青年期の臨床心理学　駿河台出版
鍋田恭孝(編)　1998　母と子・思春期・家族―子どもの心を理解するために―　金剛出版
斉藤久美子　1991　思春期と理想形成　思春期青年期精神医学, **1**(1), 50-53.
山中康裕　1980　思春期症例の治療構造　季刊精神療法, **6**(2).
山中康裕　2001a　山中康裕著作集 1　たましいの窓　岩崎学術出版社
山中康裕　2001b　山中康裕著作集 2　たましいの視点　岩崎学術出版社

# 第3章

# 成人・中高齢期の心理臨床

## 1. 生涯発達における成人・中高齢期

　伝統的モデルでの発達観では，乳幼児期に重点が置かれ，成人期以降について軽んじられてきた。発達も青年期でピークに達して，成人期は安定し，その後，中高齢期では徐々に衰退していくと考えてきた。ところが最近，生涯発達モデルにおいて生涯発達の基盤として乳幼児期の意義を認めながらも，成人期以降の発達も重視されるようになってきた。

　バルテスら（Baltes, P.B. *et al.*, 1980）は発達を規定する要因として，①標準年齢的要因，②標準歴史的要因，③非標準的要因をあげて，生涯発達は3つの要因の相互作用と考えた（図3-1）。伝統的モデルの発達観では標準年齢的要因が重視されてきたが，生涯発達モデルでは標準歴史的要因や非標準的要因が重視されるといえよう。

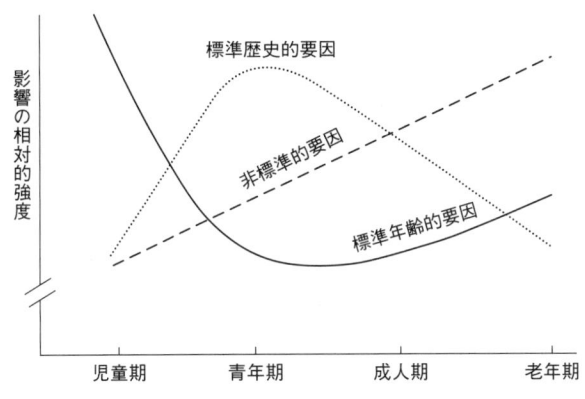

**図3-1　生涯発達に関する3つの規定要因**（Baltes *et al.*, 1980）

　標準年齢的要因は多くの人々に共通する生物的あるいは環境的要因で，生物的要因は暦年齢による心身の成熟，環境的要因は入学，卒業，就職，結婚，子の誕生や退職と関係が深い。児童期までの発達は標準年齢的要因に規定されることが多い。標準歴史的要因は歴史的時間と関係が深い生物的あるいは環境的要因で，ある文化や社会のなかで多くの人々が同時に体験する出来事や大事件からなる。ただ疾病流行，戦争，経済不況，大学紛争という出来事だけでなく，ライフスタイル，育児様式，価値観や生き方の変容も含まれる。たとえば「夫は仕事，妻は家庭」という伝統的性役割観について，戦前では老若男女を問わず賛成者が多

「夫は仕事，妻は家庭」
　性役割観や家庭観に関する調査で，必ず登場するのが「夫は外で働き，妻は家庭を守るべきである」という質問項目である。内閣府が1992年から2〜3年ごとに行っている「男女共同社会に関する世論調査」では，1992年では賛成60％，反対34％，2002年は賛成と反対が同数の47％，2004年は反対49％，賛成45％で，反対派が上回った。ちなみに欧米諸国は賛成が20％前後で，スウェーデンでは6％にすぎない。

数であったが，年々，賛成者が次第に減少し，現在では賛成者は40～50％で，しかも青年，特に女性ではもっと低率である。世間の動きや流行に敏感な青年期では標準歴史的要因が重要な意味をもっている。非標準的要因も生物的あるいは環境的要因を含むが，あくまでも個人的な事柄で，ライフイベントともよぶ。たとえば親しい人との死別や離別，失業，転職，転居，事故，疾病や中途障害で，対象喪失とよばれるものがある（第14章参照）。成人・中高齢期では，この非標準的要因が最も個人の発達に影響を及ぼすと考えられる。

## 2. 成人・中高齢期の心理的特徴

### (1) 中年期の発見

フロイト（Freud, S.）は口唇期（乳児期）から性器期（青年期）までの心理・性的発達を記述し，特に乳幼児期体験が人格形成に大きな影響を及ぼすことを指摘したが，青年期以降の発達についてはほとんど触れていない。成人・中高齢期での人格発達について最初に記述した理論家はユング（Jung, C.G.）であった。彼は人生を太陽の1日の動きにたとえて，少年期，成人前期，中年期，老年期という4つの時期に分けて各段階の特徴を説明した。

ユングによれば，人生の究極的目標は個性化，あるいは自己実現である。ただ中年期以前では，職業を得て，家庭を築き，子どもを育てるなどの外界とのかかわりに心的エネルギーが向けられることが多い。ところが根本的な変化が「人生の正午」の中年期の入り口（40歳前後）で生じる。この頃より人は自己の内面にエネルギーをしだいに向け，本来の自分のあり方や生き方を追い求めるようになる。つまり個性化，あるいは自己実現を目指し始め，人は外的適応より内的適応を重視するようになる。

ユングは38歳でフロイトと決別し，以後7年間，社会との交流をほとんど断ち，思索に沈み，神経症をわずらったともいわれている。この長いブランクの後，彼は臨床・研究活動を再開し，分析心理学を創始した。根本的変化が起こる「人生の正午」は彼自らの体験に基づくもので，中年期を人生の最大の危機としてとらえたのである。

### (2) 親密性・生殖性・統合性

エリクソン（Erikson, E.H.）は人間の生涯を8つの発達段階に分けて，それぞれの段階での発達課題を示した。

成人前期（20～30歳）の発達課題は「親密性」である。就職すると，人は実社会のなかで多くの人々とかかわりをもつことになる。それは仕事を通してであったり，異性交際であったり，またさまざまなサークル，ボランティアや地域活動であったりする。「親密性」は他者と親密な関係を形成する能力で，そのために青年期での発達課題であるアイデンティティを達成している必要がある。もし自分自身がアイデンティティをもっていないなら，他者と体験を共有できなかったり，他者に呑み込ま

れる恐れもあるので，形式的なかかわりしかできず，孤立する。多くの人は職場や地域で多くの友だちを得，交友を深め，また特定の異性と交際し，やがて結婚し，自分の家庭を築くことになる。

　成人中期（30〜60歳）の発達課題は「生殖性」である。生殖性は生物的意味だけでなく，心理的社会的生殖性を含む。つまり生殖性は子孫を生み出すこと，ものを生産すること，文化を創造することである。具体的には家庭では子どもを育て，職場では後輩や若手を指導し，さらに生産・消費活動を通して社会に貢献することである。もし生殖性の発達に失敗すると，関心が自分の世界だけに限定され，かかわり方も自己中心的になり，停滞の感覚が浸透し，人間関係が貧困化する。

　成人後期（60歳以降）の発達課題は「統合性」である。「統合性」は過去・現在・未来をつなぐ永劫的な感覚でもある。この時期は親役割の終了，退職，肉親や知人との死別や離別，さらに加齢による身体的能力の低下など，さまざまな喪失体験をもつことが多い。このような喪失体験によって自分の死に対する恐怖が生じてくる。特に過去に後悔や挫折感をもっている場合，残された時間の少なさゆえに，もうやり直しができないという絶望の感覚が生み出される。絶望の感覚に支配されると，自分の人生を受け入れることは困難になる。今までの自分の人生は自分自身の責任であるという事実を受け入れることが重要である。

## 3. 中年期危機

　中年期の入り口の40歳を過ぎると，個人差はあるが，身体的変化は徐々に生じる。また生活習慣病の罹患率も高くなり，さまざまな更年期障害を経験する女性も多い。そのため中年以前ではほとんど意識しなかった健康状態が大きな関心事になる。このような身体的な変化は，次第に老いを意識させ，自分の寿命に限りあることを自覚し，これからの人生の生き方を考える契機になる。図3-2は中年期危機の構造を示しているが，以下，家庭と職場をめぐる問題について述べる。

**空の巣症候群（empty nest syndrome）**
　子どもが成長し巣立ってしまって，巣（家）が空っぽになってしまったことにさびしさを感じることを空の巣症候群とよぶ。身体症状としては肩こり，頭痛，吐き気，食欲不振，不眠，精神症状としては虚無感，自信喪失，不安感が強くなる。これらの症状から逃れるためにキッチンドリンカーやアルコール依存症になって，身体をこわすこともある。内向的で人づきあいが苦手，外に出るよりも家にいる方が好きで，子育てを生きがいとしている専業主婦によくみられる。

**ワーカーホリック（workaholic）**
　アメリカのオーツ（Oates, W.E.）はワーカーホリック（仕事中毒）を，「仕事に対するかかわり方が過度であるために，そのことが自分の肉体的健康や個人的な幸福，また対人関係や社会的機能などを損なったり妨げたりする状態」と定義。中年世代の男性サラリーマンの多くがワーカーホリックといっても過言ではない。

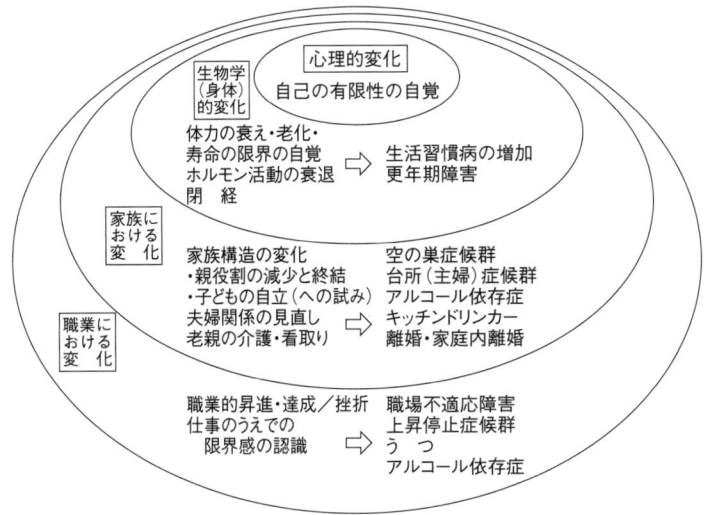

**図3-2　中年期危機の構造**（岡本, 2001）

### バーンアウト（burnout）

バーンアウトは燃え尽き症候群とよばれ，医師，看護師，施設職員，介護ヘルパー，教師などの医療・福祉・教育現場で人を支援・指導する職種にみられる精神疾患をさす。フロイデンバーガー（Freudenberger, H.J.）は保健施設に勤務していたが，多くの同僚が心身の異常を訴え，あたかもエネルギーが枯渇していくかのように仕事に対する関心や意欲を失っていく様を目にした。彼はこの状態を表現するために，ドラッグ常用者の状態を示す俗語であったバーンアウトという用語を用いた。バーンアウトの心理構造は次の3つに分類できる。①情緒的消耗感（仕事を通じて，情緒的に力を出し尽くし，消耗してしまった状態），②脱人格化（サービスの受け手に対する無情で，非人間的な対応），③ヒューマン・サービスの職務にかかわる無力感や不達成感。

### 過労死

過労死は「過労により人間の生体リズムが崩壊して，生命維持の機能が破綻をきたした，致命的な究極的状態」と定義される。tsunami（津波）と同様に，karoshi（過労死）は日本語がそのまま世界で通用する用語。

### テクノストレス（techno stress）

ブロード（Brod, C.）は，テクノストレスを新しいコンピュータテクノロジーに対処できないことから生じる不適応症候群と定義。テクノストレスは次の2つに類型化できる。①テクノ不安症：中高齢層やOLに多く，使いこなせない焦りや時代に取り残されてしまうという不安のために，抑うつ状態に陥ったり，動悸，息切れ，肩こり，めまいなどの自律神経系の障害が生じる。②テクノ依存症：コンピュータ技術者やパソコンマニアに多く，コンピュータに熱中し過ぎる結果，人間関係がわずらわしくなったり，物事が論理的に割り切れないと気が済まなくなったり，現実生活への適応が悪くなる。女性よりも男性の方が多い。

### (1) 家庭をめぐる問題

中年期は家族問題や家族構成の変化が生じる時期である。まず子どもが思春期になると，親に反抗的態度をとることが多くなり，親子間にさまざまな軋轢が起こる。さらに子どもの自立による親役割が減少していく。家庭のあり方について，わが国は子ども本位であるのに対して，欧米は夫婦本位であるといわれるが，子どもとの情緒的な絆を重視し，その養育や教育に生きがいを求める母親にとっては，親役割の減少や終結は重大な危機となろう。いわゆる空の巣症候群である。また最近，長寿化によって老親の介護をめぐる問題も生じている。わが国では「年老いた親の介護は家族が担うべきだ」という儒教思想に基づく「介護神話」も依然，根強く，介護は中年女性にとって重荷やストレスになる。

このような危機に対しては夫婦関係のあり方が重要となる。もし夫婦間のコミュニケーションが十分行われ，夫が協力的であるなら，危機を乗り越えることは容易であろう。ただ20〜60代の夫婦の調査（ニッセイ基礎研究所，1994）では，ほとんど会話のない「沈黙型」36.4％，「妻だけ会話」32.4％，「夫だけ会話」8.5％，「対話型」は22.7％だけで，若者夫婦では「対話型」が多いが，中年期夫婦では「沈黙型」が多数派で「対話型」が最低である。高齢期に向けて夫婦関係の再調整が中年期の重要な課題で，日頃からの夫婦の対話や共同行動が望まれる。

### (2) 職場をめぐる問題

中年期は働き盛りの時期でもある。職場での地位は昇進し，部下が多くなるとともに，仕事量は増加し，仕事での責任は重くなり，ストレスも増大する。図3-3のように35歳過ぎから精神障害受療者率が高くなり，心身症，神経症やアルコール依存が好発する時期である。特に集団志向が強く，会社人間が多い中年男性では過剰適応による心身症が多い。ワーカーホリックやバーンアウトは仕事に没頭するために生じる症候群であり，過労死は究極の防衛反応ともいわれている。

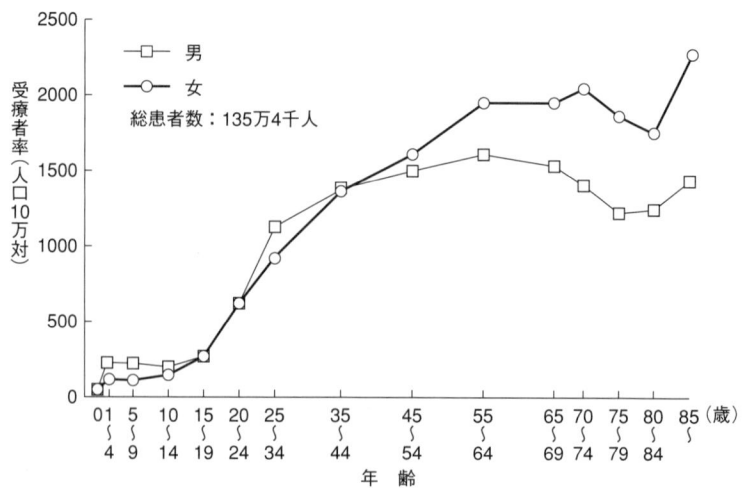

図3-3　精神障害受療者率（厚生省，1999）

さらに最近の技術革新や情報化の急速な進展，終身雇用・年功序列制の見直しなどの職場環境の急激な変化や経済不況によるリストラは，ことに中年世代にさまざまなストレスや職場不適応をもたらし，抑うつやテクノストレスという形であらわれやすい。ちなみに中年後期の50〜60歳は自殺の好発期でもある。

職場をめぐるストレスは仕事に対する態度や考え方，さらに人生観が深く関係している。週休2日制や労働時間短縮によって，欧米諸国からエコノミックアニマルと揶揄された働き過ぎのサラリーマンは一見，減少したが，企業戦士という言葉がいまだ美化される傾向もあり，仕事中心の考え方は根強い。このような態度や考え方を見つめ直し，自分自身の生き方を問うことが必要であろう。

**自殺**
2003年度の自殺件数は34,427件で過去最高。自殺者は男性が72％，年齢は50歳以上が60％強である。自殺の原因は，以前，多かった健康問題が徐々に減少し44.8％で，一方，最近の不況を反映し，経済生活問題が25.8％と，この10年で倍増している。

## 4. 加齢と精神機能

最近，ネガティブな意味合いを避けるために，老人を高齢者，老年期を高齢期とよぶことが多いが，老化も加齢（aging）という用語がよく用いられるようになった。身体機能や感覚機能についての加齢は私たちも経験的に知っているが，精神機能の加齢はどのようであろうか。

### (1) 流動性知能と結晶性知能

流動性知能は中枢神経系に基づき，偶発的な学習過程と関連した知的能力のレベルを反映している。この知能は記号を数字に置き換える，同じ図形を選び出すなど，「いかに速く」「いかに正確に」という情報処理の速さと関連した非言語的なテストによって測定される。一方，結晶性知能は生涯を通して経験の積み重ねによって獲得された能力で，意図的な学習過程と関連した知的能力である。主に「語の意味」「社会的知識・スキル」を測る言語的なテストによって測定される。通常，流動性知能が高齢期をむかえる60歳頃からしだいに低下するのに対して，結晶性知能は高齢期でもほとんど低下しない。

### (2) 加齢と人格

青年期までに形成された人格はそれ以降，安定し，あまり変化しないが，さまざまな危機，疾患や障害によって人格変化が生じることがある。大石（2004）は青年期以降の人格変化に，ポジティブな変化（カウンセリング，危機克服や回心による変化）とネガティブ変化（統合失調症，脳器質性疾患やマインドコントロールによる変化）をあげ，長嶋（1977）は加齢に伴う人格変化を次の3つのタイプに分類した。

①円熟型：若い頃に顕著であった人格の特徴が目立たなくなり，角がとれて円満になる。

②拡大型：加齢とともに若い頃の特徴がいっそう増強される。たとえば頑固だった人は年をとるといっそう頑固に，話し好きだった人は多弁に，無口な人は寡黙になる。

③反動型：若い頃と正反対の人格になる。たとえば放蕩息子だった人

が品行方正な紳士になる。

### (3) 高齢者の人格類型

ライチャードら（Reichard, S. *et al.*, 1962）は退職後の適応状況によって高齢者の人格を次の5つの類型に分類した。

①円熟型：自分と自分の過去を受け入れ，未来志向。日常生活でも建設的。引退後も積極的に社会参加し，いろいろな趣味をもつ。対人関係でも満足感が強く，良好な関係をつくろうと努力する。

②安楽椅子型：もともと受け身的，責任から解放されたいという欲求をもち，高齢期を歓迎。引退していることに満足しており，仕事に対する野心はない。

③装甲型：老いの不安は強いが，防衛がうまく働いているので，一応，適応はしている。仕事や活動を継続することで，身体的な老いや老いの恐怖を回避する。

④憤慨型：人生の目標を達成できなかったことを悔い，その原因を他人のせいにして，他人を批判。老いを受け入れることができない。

⑤自己嫌悪型：自分の過去を失望と失敗としてしかみることができない。原因を自分と運が悪かったことに求める。高齢期が近づくと抑うつ的になりやすい。不全感と自分には価値がないという感情が強い。

［大石史博］

## 参考文献

Baltes, P.B., Reese, H.W., & Lipsitt, L.P.　1980　Life-span developmental psychology. *Annual Review of Psychology*, **31**(6), 5-110.
伊藤隆二・橋口英俊・春日　喬（編）　1994　人間の発達と臨床心理学 5　成人期の臨床心理学　駿河台出版
伊藤隆二・橋口英俊・春日　喬（編）　1994　人間の発達と臨床心理学 6　老年期の臨床心理学　駿河台出版
柏木惠子　2003　家族心理学　東京大学出版会
長嶋紀一　1977　性格の円熟と退行　加藤正明他（編）　老年期　有斐閣
西村純一　1994　成人発達の心理学　酒井書店
ニッセイ基礎研究所　1994　日本の家族はどう変わったか　日本放送出版協会
大石史博　2004　ストレスとパーソナリティ変容　西川隆蔵・大石史博（編）　人格発達心理学　ナカニシヤ出版
岡本祐子　1997　中年期からのアイデンティティ発達の心理学　ナカニシヤ出版
岡本祐子　2001　成人期・中年の危機　下山晴彦・丹野義彦（編）　講座臨床心理学 5　発達臨床心理学　東京大学出版会
Reichard, S., Livson, F., & Peterson, P.G.　1962　*Aging and personality: A Study of eighty-seven older men*. NewYork: Willey.
斎藤耕二・本田時雄（編）　2001　ライフコースの心理学　金子書房

# 第Ⅱ部
## 発達臨床心理学の対象

# 第4章

# 知的障害

## 1. 知的障害とは

### (1) 用　語

　知的能力の遅滞は従来，精神薄弱（mental deficiency : MD）とよばれてきた。しかし近年，その遅滞を恒久的な障害としてみることに批判が生じ，現在の状態像としてとらえる考え方から精神遅滞（mental retardation : MR）という概念が提唱された。精神遅滞という用語を最初に採用したのは1959年のアメリカ精神薄弱学会（American Association on Mental Deficiency : AAMD）第5版マニュアルであるが，1974年には世界保健機構（WHO）マニュアルでも用いられ，今日，世界的に広く使用されている。

　わが国においては医学や心理学の分野では欧米の影響を受け，1970年代中頃から精神遅滞が用いられ始めた。しかし，日本語での精神薄弱が不快語であるにもかかわらず，最近まで法律や学校教育では精神薄弱が用いられてきた。1990年代前半より日本精神薄弱者福祉連盟や旧厚生省で検討され，知的障害（intellectual disabilities : ID）という用語が採用されることになった。1998年に「精神薄弱の用語の整理のための関係法律の一部を改正する法律」が成立し，1999年4月から施行され，法律で使われてきた精神薄弱はすべて知的障害と改められた。ただ知的障害は認知症も含む概念であるので，知的遅滞，あるいは精神遅滞のほうが適切であると思われる。

### (2) 定　義

　アメリカ精神遅滞学会第9版マニュアル（AAMR, 1992）での精神遅滞の定義は下記の通りである。

　　「精神遅滞とは，現在の機能が実質的に制約されていることをいう。それは，知的機能が有意に平均以下であること，同時に，次に示す適応スキルの領域で2つ以上，知的機能と関連した制約をもつ。適応スキルとは，コミュニケーション，身辺処理，家庭生活，社会的スキル，コミュニケーション資源の活用，自律性，健康と安全，実用的学業，余暇，労働である。また，精神遅滞は18歳以前に発症する」

　これらの定義から精神遅滞を診断するには，①知的能力が有意に平均以下，すなわち知能指数（intelligence quotient : IQ）70以下であること，

---

**アメリカ精神薄弱学会**

　1988年，アメリカ精神薄弱学会はアメリカ精神遅滞学会（American Association on Mental Retardation, AAMR）に改称。アメリカ精神遅滞学会は精神遅滞に関する医学，生物学，心理学，教育学，社会福祉学の研究者や実践家の団体で，1876年に発足。初版マニュアルは1921年に公刊。第5版（1959）で精神遅滞という用語とともに適応行動という新しい基準を導入し，またIQ85以下とした。第6版（1973）では再びIQ70以下に引き下げ，発症年齢を18歳に引き上げた。第8版（1983）以降，精神遅滞をもつ人に必要なサポートシステムを重視し，第9版（1992）では知的レベルによる分類が廃止された。

**日本精神薄弱者福祉連盟**

　1998年，日本精神薄弱者福祉連盟は日本知的障害福祉連合に改称。知的障害関係の4団体，全日本手をつなぐ育成会（当事者を中心とした会），日本知的障害者福祉協会（福祉施設関係団体），全日本特別支援教育研究連盟（学校教育関係団体）および日本発達障害学会（研究者団体）から構成。国内外の障害者の福祉向上のためのさまざまな事業（発達セミナーや発達障害白書，発達障害医学の進歩等の図書出版）を行っている。

②社会適応上に制約があること，③18歳以前の発症，という3つがすべて備わっている必要がある。たとえIQ70以下でも，社会適応上に制約がない場合，あるいは18歳以後の発症である場合，精神遅滞と診断されない。ちなみに18歳以後の発症は痴呆（dementia）とよぶ。

わが国の法律では知的障害は定義されていないが，文部科学省（2002）は「発達期に起こり，知的機能の発達に明らかな遅れがあり，適応行動の困難性を伴う状態」と定義している。

### (3) 知的障害のレベルと出現率

知能は量的測定が可能で，身長や体重などと同じように大脳（中枢神経系）機能という生物的属性でもあるため，双生児法研究でも遺伝的規定性は比較的高い。そのため知能の量的測定値，すなわちIQは正規分布し，平均値は100，標準偏差（SD）は15になる。ビネー式，あるいはウェクスラー式知能検査でもその数値は同じである。

表4-1は知的障害のレベルと理論上の比率である。知的障害はIQ70以下（－2SD以下）であるが，IQ71〜85（－1SD以下）は境界線で，IQ86以上が正常とされる。さらに知的レベルとピアジェ理論の関係をみると，境界線では形式的操作段階まで到達するが，軽度では具体的操作段階，中度では前操作段階，重度・最重度では感覚運動段階にとどまると考えられる。

次にIQ分布曲線（図4-1のA曲線）をみると，IQ70以下のものが理論的には2.27％と推定でき，この部分が病理的機制をもたない生理型である。ただ知能検査で測定されたIQ70以下のものの半数は，社会適応上に問題がないと考えられるので，実際に知的障害と診断されるのは理論値よりは低くなり，約1％である。一方，病理的機制をもつ病理型は何らかのアクシデントによって生じるので，前述のIQ分布の想定外である。病理型は中度あるいは重度が多く，IQ35をピークとする，もう1つのIQ分布曲線（図4-1のB曲線）を示すと推定される。

表4-1 知的障害の程度と比率

| レベル | 知的水準 | 理論上の比率 |
| --- | --- | --- |
| 正常（normal） | IQ86以上 | 84.14% |
| 境界線（borderline） | IQ71〜85 成人では，精神年齢13歳以上，形式的操作段階 | 13.59% |
| 軽度（mild） | IQ50〜70 成人では，精神年齢9歳〜12歳，具体的操作段階 | 2.14% |
| 中度（moderate） | IQ35〜49 成人では，精神年齢6歳〜9歳未満で，前操作段階 直観的思考期 | |
| 重度（severe） | IQ20〜34 成人では，精神年齢3歳〜6歳未満で，前操作段階 前概念的思考期 | 0.13% |
| 最重度（profound） | IQ20未満 成人では，精神年齢3歳未満，感覚運動段階 | |

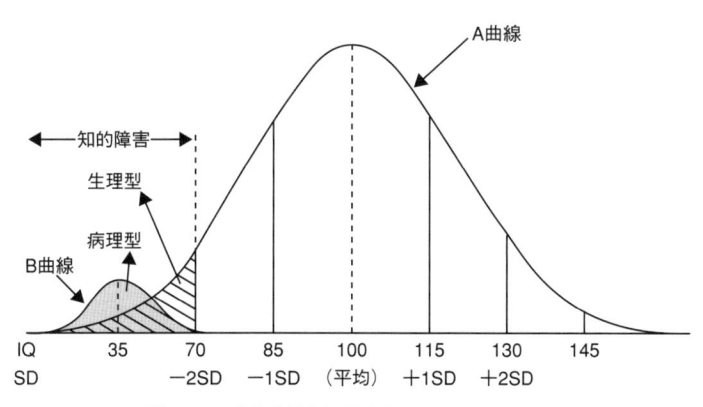

**図4-1　IQ分布曲線と知的障害**（梅谷, 2002を改変）

## 2. 知的障害の原因

　知的障害の原因については，①内因性（受精前）- 外因性（受精後），②先天性（出生前）- 後天性（出生後），③生理型（病理的機制がない）- 病理型（病理的機制がある），という2分類法が用いられてきたが（図4-2），アメリカ精神遅滞学会は出生前，周産期，出生後の3つの時期に分類している。本節では生理型と病理型に分類し，さらに病理型は受精前と受精後に分類し説明する（表4-2）。

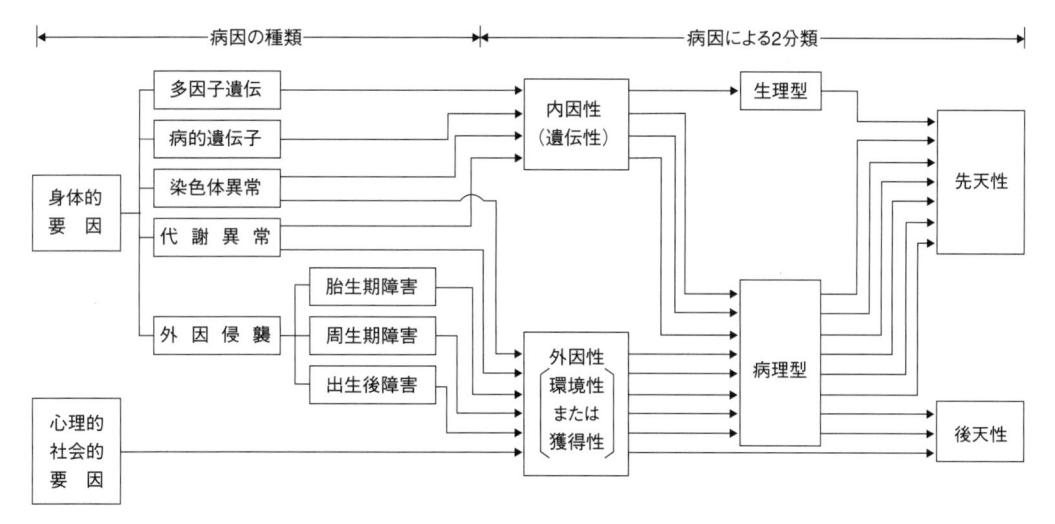

**図4-2　知的障害の分類法**（水谷, 1980）

### (1) 生理型

　生理型は脳障害や病的な身体症状を認めない。遅滞も軽度で，脳器質的障害がないために行動障害も目立たないが，性格的には受動的，幼く，動作はスローなことが多い。原因は多因子遺伝で，知能を決める数多くの遺伝子がたまたま好ましくない組み合わせになったためである。学校や職場で周りの人々の理解と支援があれば，社会適応は可能で，自立・

表4-2 知的障害の原因

| 受精以前 | 受精以後 | | | |
|---|---|---|---|---|
| 受精 | 出生 | | | 18歳 |
| | 胎児期 | 新生児期 乳児期 幼児期 児童期 青年期 | | |
| | 胎芽期<br>（受精後2週～7週） | 周産期<br>（22週～出生後7日） | | |
| 出生前の要因 | | 周産期の要因 | 出生後の要因 | |
| 内因性 | | 外因性 | | |
| 生理型 | 病理型 | 病理型 | | |
| 多因子遺伝（知能を規定する遺伝子の組み合わせの悪さ） | 先天性代謝障害（フェニルケトン尿症，ガラクトース血症）<br>神経皮膚症候群（結節性硬化症，神経線維腫症）<br>先天性奇形症候群（ヌーン症候群，ブラッハマン・ドランゲ症候群）<br>染色体異常（21トリソミー，脆弱X症候群，ターナー症候群） | 感染（梅毒，風疹，水痘，トキソプラズマ）<br>薬物（サリドマイド，抗てんかん剤，抗精神病剤） 催奇物質（麻薬，コカイン，アルコール）<br>妊娠中の放射線照射<br>脳形成発達障害（無脳症，小頭症，水頭症，二分脊椎）<br>母体疾患（糖尿病，低血糖症，甲状腺疾患）<br>子宮内発育不全（栄養障害，胎盤不全） | 胎盤機能不全<br>異常分娩（未熟児，早期破膜，胎位異常）<br>無酸素症<br>出生時頭部損傷 | 頭部損傷（脳挫傷，頭蓋内出血，くも膜下出血）<br>感染症（脳炎，髄膜炎）<br>脱髄性疾患（急性散在性脳脊髄炎）<br>変性疾患（レット症候群，ハンチントン病）<br>てんかん（ウェスト症候群，レノックス-ガストー症候群）<br>中毒性代謝障害（水銀中毒，低血糖症）<br>栄養障害<br>社会・心理型：児童虐待，感覚遮断 |

自活することもできると考えられる。

### (2) 病理型

病理型は何らかの病理的機制，すなわち脳障害，内臓障害，身体奇形，感覚器官の障害等を認めることが多い。脳障害がある場合，注意欠如，多動性や衝動性という行動障害を示すことが多いが，なかには寡黙であることもある。その原因が受精以前か，受精以後かで，内因性と外因性に分類できる。

#### 1) 内因性病理型

人間の各細胞には通常，22対の常染色体と1対の性染色体（XXあるいはXY），合計46本の染色体がある。この染色体には人間としての種や祖先，さらに親からの遺伝情報を担う約2,000個の（構造）遺伝子が並び，最新のヒトゲノム解読では遺伝子数は22,000個であることがわかった。内因性病理型は受精以前の障害で，遺伝子や染色体異常に起因する。

**①遺伝子異常**

先天性代謝異常は単一遺伝子の異常であるが，神経皮膚症候群や先天性奇形症候群では単一遺伝子の異常だけでなく，遺伝子の突然変異や原因不明なこともある。かっこ内は出現率で，1/1,000は1,000人に1人の出現確率を示す。

先天性代謝異常は生体の新陳代謝の一連の流れのどこかが生まれながら正常に働かないために，生体にとって好ましくない現象が生じる症候群である。代表的なものとしてアミノ酸代謝異常ではフェニルケトン尿症（1/77,400），ヒスチジン血症（1/7,800），糖質代謝異常ではガラクトース血症（1/35,300），甲状腺機能低下のクレチン症（1/4,200）などがあるが，出現率はきわめて低い。早期治療によって未然に障害を防げるものもあり，出生時にスクリーニング検査が行われている。

神経皮膚症候群は皮膚の奇形や腫瘍を伴う疾患であるが，神経系と皮

**スクリーニング検査**
1977年から新生児に対して先天性代謝障害のスクリーニング検査が始められた。現在，実施されているのはフェニルケトン尿症，メープルシロップ尿症，ホモシスチン尿症，ガラクトース血症，先天性甲状腺機能低下症（クレチン症），先天性副腎過形成症で，他に乳児期（生後6ヶ月）で行われる神経線維腫症がある。

膚系はその起源（ともに外胚葉）を同じくしているために，脳神経系障害による知的障害も生じる。神経線維腫症（1/3,000～4,000），結節性硬化症（1/6,000～8,000）やスタージ・ウェーバー症候群などがある。

先天性奇形症候群は 2,000 種以上もあるが，最近の分子遺伝学の進歩によって責任遺伝子が解明されつつある。代表的な疾患としてヌーン症候群（1/1,000～2,500）やブラッハマン・ドランゲ症候群などがある。

②**染色体異常**

染色体異常として数的異常と構造異常がある。数的異常は 2 本で 1 対の相同染色体のうち，1 本が欠けた場合を欠失（モノソミー：monosomy），多い場合を過剰（トリソミー：trisomy）とよぶ。最も出現率の高いダウン症候群は 21 番染色体の過剰（21 トリソミー）であるが，次節で詳述する。構造異常には染色体の一部が切断し消失した部分欠失や，切断片がお互いに入れ替わって再結合された転座がある。先天性奇形の原因究明が進むにつれて，染色体の微細欠失や重複によって隣接した複数の遺伝子が障害を受ける疾患が明らかになり，これらを隣接遺伝子症候群とよぶが，広義には構造異常といえる。表 4-3 はさまざまな染色体異常をあげている。

**なぜトリソミーとモノソミーが生じるか**

染色体は 46 本であるが，配偶子（精子や卵子）の形成過程で 2 回の減数分裂が行われ，染色体は半減し，配偶子の染色体は 23 本となる。この過程でうまく半減せず，両者とも一方の配偶子に移動することがあり，これが染色体不分離である。相同染色体が 2 本とも入った配偶子による受精はトリソミーで，逆の配偶子による受精はモノソミーである。染色体不分離は各染色体に均等に起こるが，13，18，21 トリソミーを除いて，流早産する。ちなみに流早産の半数が染色体異常で，しかも男児に多い。

表 4-3　さまざまな染色体異常

| | 症候名 | 特徴・症状 | 出現率 |
|---|---|---|---|
| 常染色体異常 | 13 トリソミー | 内臓障害や身体奇形があり，予後不良で出生前後に死亡 | 1/6,000 |
| | 18 トリソミー | 内臓障害や身体奇形があり，予後不良で生後数年で死亡 | 1/14,000 |
| | 21 トリソミー（ダウン症候群） | 別に述べる | 1/1,000 |
| | 5p-症候群 | 5 番染色体の部分欠失。乳児期に猫のようなかん高い泣き声を出すので，猫泣き症候群ともよぶ。特有な顔貌，内臓障害や身体奇形がある。知的障害も重度 | 1/10,000 |
| | 22q11.2 欠失症候群（CATCH22） | 1993 年，ウイルソンが発見。22 番染色体の微細欠失。心血管異常，特有な顔貌，胸腺低形成，口蓋裂，低カルシウム血症という 5 つの代表的な症候があり，各症候群の英語頭文字をとって CATCH22 ともよぶ。大部分は突然変異であるが，両親のどちらかが欠失である場合，50％の確率で生じる。知的レベルは 3 分の 1 が中度，3 分の 1 が軽度，残りの 3 分の 1 は正常であるが，多動性障害や学習障害を示すことが多い | 1/4,000 |
| | ウイリアムズ症候群 | 1961 年にウイリアムズが発見。7 番染色体の微細欠失。身体発育不全，妖精様顔貌，中程度の知的障害がある。ただ言語発達は良好で，性格も陽気，社交的 | 1/20,000 |
| 性染色体異常 | 脆弱 X 症候群 | 性染色体に脆弱部位を示す。特徴的な顔貌。知的障害は中・重度。多動や自閉症的症状もみられる | 男児, 1/1,500　女児, 1/2,500 |
| | ターナー症候群 | モノソミーを基本とする性染色体異常。外見は女性で，身長は非常に低く，第二次性徴は出現しない | 女児, 1/2,500 |
| | クラインフェルター症候群（XXY 症候群） | 思春期以前では外見は男児。思春期では女性的体型を示し，第二次性徴も遅延し，無精子症 | 男児, 1/1,000 |
| | XYY 男性 | 外見的には正常。高身長になることが多い。知能は正常。学習障害，多動や情緒不安定を伴うことがある | 男児, 1/840 |
| | XXX 女性 | 特別の所見はない。IQ は 85～90，言語能力や学習能力の遅れがある | 女児, 1/1,000 |

**胎児性アルコール症候群**

妊娠中に多量に飲酒した母親から生まれた子どもが、①特有な顔貌（不明瞭な人中、薄い上唇、短い眼瞼裂など）、②発育不全、③知的障害という3つの症状を示すことが1960年代後半から報告され、1973年に胎児アルコール症候群と命名された。アメリカでは現在、出現率が1,000人に1～2人で、アルコール飲料のラベルに「先天性障害の危険性があるため、妊娠中の女性はアルコール飲料を飲んではいけない」という政府警告が表示された。わが国でも飲酒する若い女性の増加とともに、胎児性アルコール症候群も増加し、1,000人に0.1～0.05人（田中, 1991）と報告されている。そのため2004年5月よりビールやワインのラベルには注意表示が貼られている。最低安全アルコール摂取量も不明で、妊娠中はアルコールを飲まないという強い意志が必要である。

**水頭症**

脳脊髄液の量が増大し、脳の体積が大きくなり、脳室系が拡大する。原因として先天奇形、脳腫瘍、髄膜炎、頭部外傷等による髄液の過剰産出、還流障害、吸収障害のいずれかが原因である。幼少の子どもではその影響が大きく、ただちに脳室－腹腔短絡術（脳室にチューブを入れて、皮下を通して腹腔にその末端を留置）をしないと、皮質萎縮による知的障害が生じる。

**てんかん**

てんかんには脳炎や脳損傷などの原因が特定できる症候性てんかんと、原因の特定できない特発性てんかんがある。特に後者は知的障害を伴わないことが多い。

## 2）外因性病理型

外因性病理型は授精以後の障害による。つまり胎児期、新生児期、乳児期、幼児期、児童期、青年期（18歳）までのさまざまな原因（感染、中毒、外傷や疾患など）によって生じるが、ここでは胎芽期、胎児・周産期、出生後に分けて説明する。

### ①胎芽期の障害

胎芽期は受精後2～7週で、脳、内臓、四肢が形成される重要な時期で器官形成臨界期とよぶ。この時期に外因が作用すると、脳障害が起こりやすく知的障害を生じる。その原因として、薬物（サリドマイド、抗てんかん剤、抗精神病剤）、催奇物質（麻薬、コカイン、アルコール）、感染（梅毒、風疹、水痘、トキソプラズマ）、放射線照射、母体疾患（妊娠中毒症、糖尿病、低血糖症）や子宮内発育不全（栄養障害、胎盤不全）がある。無脳症、小頭症、水頭症といった脳形成発達障害も上記の原因によることが多い。

### ②胎児・周産期の障害

8週以後を胎児期とよぶ。胎児期は胎芽期で発生・形成された組織・器官の発育・成熟する時期で、母胎とも安定期に入り、薬物、中毒、感染という外因からの影響は少なくなる。受精後22週～出生後7日は周産期とよび、胎盤機能不全や異常分娩（未熟児出産、早期破膜、胎位異常）も起こりやすくなり、外因からの影響も強まる。特に出生前後は分娩による無酸素症や出生時の頭部損傷によって障害を受けやすい。

### ③出生後の障害

出生後7日～18歳までの知的障害の原因として、頭部損傷、脳炎、髄膜炎、変性疾患、てんかん、中毒性代謝障害、栄養障害などがある。

てんかんは通常、知的障害を伴わないが、乳幼児期に発症するウェスト症候群やレノックス－ガストー症候群は重度の知的障害を生じることがある。ウェスト症候群は生後まもなくから1歳までに発症する。頭部の前屈や四肢の挙上という発作であるので、点頭てんかんともよぶ。早期発見・早期治療すると、知的障害は軽度であるが、治療が遅れると重度に陥る。レノックス－ガストー症候群は2歳から6歳までに好発する難治性のてんかんで、重度の知的障害を生じる。

最後に社会・心理型として、乳幼児期に劣悪な、刺激に乏しい環境で育ったり、親から虐待を受けた子どもに知的障害が起こることもある。

# 3. ダウン症候群

## (1) ダウン症候群とは

イギリスのダウン（Down, L.）は1866年、独特な顔貌の知的障害の症例をはじめて報告し、蒙古民族の顔貌に類似していることから、蒙古症（Mongolism）と命名した。発生原因について長く不明であったが、1959年にフランスのレジューン（Lejeiune, J.A.）が培養細胞で21番染色体の過剰（トリソミー）に基づく疾患であることを発見した。原因は突き止められたのに、顔貌による呼称は好ましくなく、人種蔑視の考え

を含むとして，最初に症例報告を行ったダウンの名前をとって，ダウン症候群（Down's syndrome）とよんでいる。

　染色体異常は卵子異常が80％，精子異常が20％と推定される。出生頻度は1,000人に1人の割合で，母親が高年齢であれば出生頻度は高くなる。原因は不明であるが，卵子異常のみ母親の加齢による卵子の過熟や老化と関係があると考えられる。染色体異常には3つのタイプ，すなわち①標準型21トリソミー（93〜95％）：21番染色体の過剰，②転座型（3〜5％）：21番以外の染色体に付着，③モザイク型あるいは他の異常との合併（1〜2％）：正常の染色体と21トリソミーが混在，がある（図4-3）。羊水穿刺で出生前診断が可能で，ダウン症児を生んだ母親や高年齢妊娠である場合，実施することもあるが，検査自体の危険性や倫理的問題も有するので慎重に行うべきである。

### (2) ダウン症候群の特徴

　①独特の顔つき：小さい頭，扁平な後頭，切れ長の目，**内眼角贅皮**，低い鼻背，小さい耳介，耳輪内転，長い舌などが特徴的である。

　②筋緊張の低下：小脳の未発達性のために，筋緊張が弱く，手関節，足関節や股関節等の関節の可動域が大きく，平衡感覚にも問題がある。そのため，定頸，はいはい，歩行といった運動機能の発達が遅れるので，乳児期から運動機能の増進を図る訓練や遊びを積極的に行う必要がある。

**出生前診断**

　子宮内の胎児の染色体異常，先天性代謝異常や先天性奇形を妊娠早期あるいは出生前に診断することである。目的は①胎児治療の可能性のある疾患の診断，②治療可能な疾患の出生後の迅速な対応，③治療不可能な疾患（障害）の早期発見である。方法としては，羊水穿刺，胎盤絨毛採取，胎児採血，胎児造影，超音波（エコー），MRI，胎児心電図，母体血清マーカーがある。出生前診断の問題点は治療不可能な疾患の早期発見として用いられた場合である。特に最近，問題になったのは，たやすく実施できる母体血清マーカー検査である。この検査では疾患の生じる確率がわかるだけで，さらに羊水穿刺等の検査を行う必要がある。

**内眼角贅皮**

　ひきつった鼻側の皮膚によって眼の内角がおおわれた状態。

**小脳**

　小脳は身体運動の協調，平衡感覚あるいは筋緊張に関係している。

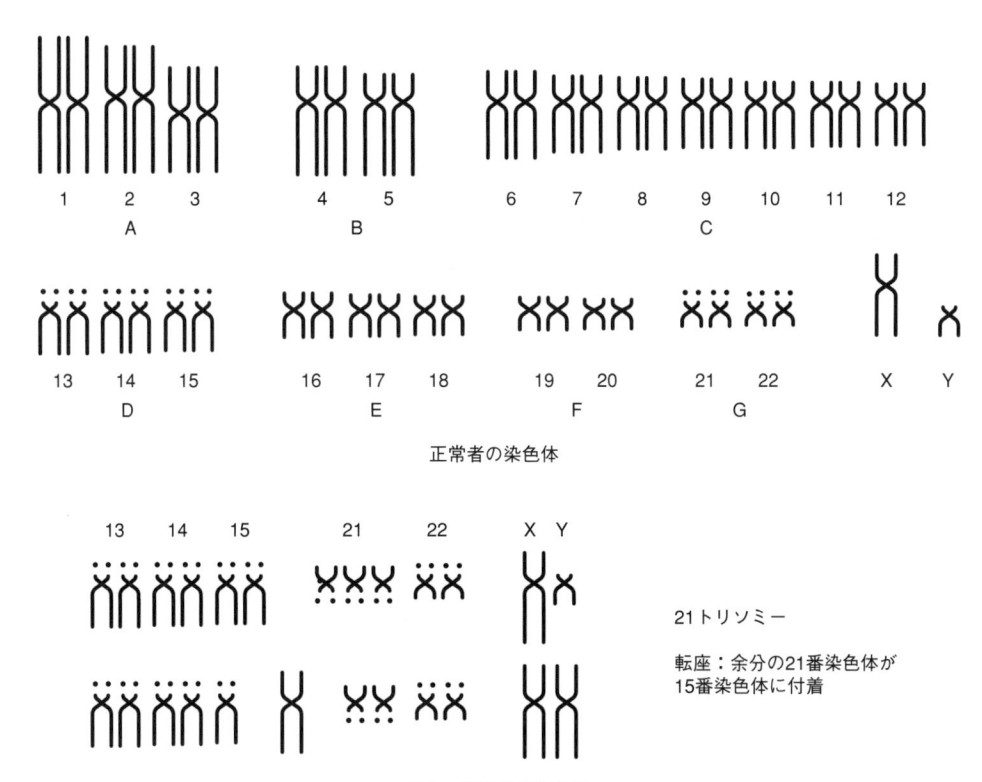

正常者の染色体

21トリソミー

転座：余分の21番染色体が15番染色体に付着

ダウン症候群の染色体

**図4-3　正常者とダウン症候群の染色体の模図**

表4-4 ダウン症候群の年齢別死因と身体的問題 (石崎, 2000を改変)

| | 乳児期 | 幼児期 | 児童期 | 青年・成人期 |
|---|---|---|---|---|
| 死因となる疾患 | 先天性奇形<br>肺炎<br>先天性心疾患 | 先天性奇形<br>肺炎<br>白血病 | 白血病<br>先天性奇形<br>肺炎 | 肺炎<br>不慮の事故<br>生活習慣病 |
| 留意すべき身体的問題 | 甲状腺機能障害<br>肝臓障害<br>点頭てんかん | 浸出性中耳炎<br>結膜炎<br>斜視<br>環軸椎脱臼<br>停留睾丸 | 白内障<br>乱視<br>甲状腺機能障害<br>糖尿病<br>肥満 | 青年期退行<br>生活習慣病<br>肥満<br>睡眠時無呼吸症候群<br>老化現象の早発 |

③合併症:合併症で最も多いのが心内膜床欠損症,心室中隔欠損症といった先天性心疾患(約60%)で,乳幼児期ではその治療がポイントになる。他に十二指腸閉鎖や鎖肛等の消化器奇形(3～8%),白血病(1.6%)もみられる。また整形外科的な障害として頸椎形成不全(約20%)や股関節異常(約8%)があり,感覚器官の障害として難聴(約60%),斜視(約20%),乱視(約60%)が高頻度である。

④易感染性:免疫機能の低下,すなわち病気に対する抵抗力の弱いことから風邪,浸出性中耳炎や結膜炎等の感染症に罹りやすく,健康管理が重要になる(表4-4)。

⑤老化現象の早発:老化も早く,アルツハイマー型痴呆に類似した脳の老人斑をもち,いずれも21番染色体が関与していることから,両者の類似性に関心がもたれている。

⑥知能・言語:知的障害は軽度か中度であるが,年齢とともに低下傾向がみられる。言語については,言語理解は良好であるが,構音や音声の障害があるので,言語表現が遅れることが多い。

⑦性格:ダウンが「相当な物まねの能力があり,道化役者に似てユーモラス……」と記述しているように,ダウン症児は共通した性格をもっている。他の知的障害児と比較して,ダウン症児の性格特徴として,人なつっこい,社交的,模倣力に富む,音楽好きがあげられる。

### (3) 青年期退行

ダウン症の青年が急に学校,職場や作業所に行かなくなり,意欲や興味も失い,自宅にひきこもることがある。これを青年期退行とよび,次の4つの行動特徴や症状がある。

①動作・運動:姿勢の前屈,小股歩行,動作の緩慢,表情の乏しさ,発語の減少。
②対人関係:対人緊張,対人交流の回避。
③行動:意欲や興味の低下,頑固や固執の顕著さ,いらいら・興奮。
④身体症状:睡眠障害,食欲減退,体重減少,腹痛,頭痛。
原因は不明であるが,心理的ストレスの関与が考えられる。
園山(2005)は青年期退行への対応として,次の点をあげている。
①本人の意思を無視して強要したり,制止したりしない。
②発達水準からみて幼くても,実際の年齢に応じプライドを配慮して接する。

③作業や課題に際して，きびしい処遇や指導を改め，能力に応じた目標を立てて対応する。

④余暇の時間を位置づけ，本人の好きな時間に積極的にかかわらせる。

⑤一緒に活動する時間，見守る時間を通して精神的な安定をはかる。

[大石史博]

## 参考文献

アメリカ精神遅滞学会(編)　茂木俊彦(訳)　1999　精神遅滞第9版　定義・分類・サポートシステム　学苑社

浅井 浩　1999　知的障害と「教育」「福祉」　田研出版

有馬正高(監修)　2000　発達障害の臨床　日本文化科学社

有馬正高(監修)　1999　発達障害の基礎　日本文化科学社

藤永 保他(編)　1980　障害児心理学　有斐閣

日暮 眞・高野貴子・池田由紀江(編)　1998　ダウン症第2版　医歯薬出版

飯沼和三　1996　ダウン症は病気じゃない　大月書店

小池敏英・北島善夫　2002　知的障害の心理学　北大路書房

黒田吉孝・小松秀茂(編)　2003　発達障害児の病理と心理(改定版)　培風館

中根 晃　1997　新児童精神医学入門　金剛出版

白木和夫・前川喜平(監修)　2002　小児科学第2版　医学書院

園山繁樹　2005　知的障害の心理と支援　中村義行・大石史博(編)　2003　増補版障害臨床学　ナカニシヤ出版

次良丸睦子・五十嵐一枝　2003　発達障害の臨床心理学　北大路書房

梅谷忠男・堅田明義(編)　2002　知的障害の心理学　田研出版

## 発達・知能検査

　知能の定義は①学習能力，②抽象的思考能力，③環境適応能力，というようにさまざまであるが，実際には知能検査で測定されたものを知能とする操作的定義をとることが多い。一般に知能検査は就学後の子ども，あるいは成人の知能を評価するために開発されたもので，言語能力があるという前提で作成された下位検査が多い。他方，発達検査は就学前の言語能力の不十分な子どもの発達を評価するために作成されたものである。そのため動作性検査も多く，身体運動能力，基本的生活習慣や社会性・情緒の発達をチェック項目に含めている発達検査もある。現在，多くの発達・知能検査が考案されているが，津守式乳幼児精神発達質問紙などの行動チェックリストによる検査は割愛した。表は使用頻度の高い個別法による検査をあげている。

(大石史博)

表　発達・知能検査

| 検査名 | 検査の特徴 |
| --- | --- |
| 新版K式発達検査 | 京都市児童院（現児童相談所）が1951年に乳幼児発達検査を開発したことに始まり，1980年に公刊。ゲゼル（Gesell, A.L.）の発達検査に依拠し，ビューラー（Bühler, C.）やビネーの検査からも検査項目を取り入れ，独自に考案した項目も含まれている。姿勢・運動，認知・適応，言語・社会の発達領域に区分され，各領域および全領域の発達年齢を測定し，発達指数（development quotient, DQ）を算出。最新のものは新版K式発達検査2001。適用年齢は0～14歳。 |
| ビネー式知能検査 | ビネー（Binet, A.）とシモン（Simon, T.）は1905年，パリ市教育委員会の委託で知的障害児と健常児を識別する知能検査を考案した。その後，ビネー式検査は欧米各国に広まり，ターマン（Terman, L.M.）はスタンフォード改訂版を作成し，知能検査で測定された精神年齢を生活年齢で割り，その値を100倍したIQを採用。日本語版としては田中ビネー式や鈴木ビネー式があり，最新のものは田中ビネーV（2003年版）。適用年齢は2歳以降。 |
| ウェクスラー式知能検査 | ウェクスラー（Wechsler, D.）は知能を「個人の目的的に行動し，合理的に思考し，環境に効果的に処理する総合的，または全体的能力」であるとし，言語性・動作性検査からなる診断的知能検査を開発。知能因子別による下位検査の結果をプロフィールに描くことで，知能構造を診断的に把握することが可能。適用年齢は4歳以上で，幼児用のWPPSI，児童用のWISC-Ⅲ，成人用のWAIS-Rがある。最新のWISC-Ⅲでは言語性IQ，動作性IQや全IQだけでなく，言語理解（言語理解・表現力），注意記憶（集中力と聴覚的短期記憶），知覚統合（視覚的認識力），処理速度（情報処理速度と視覚的短期記憶）を探ることができる。高機能自閉症，アスペルガー障害，多動性障害や学習障害といった軽度発達障害の知能アセスメントに有効。 |
| K-ABC心理・教育アセスメント（Kaufman Assessment Battery for Children） | カウフマン（Kaufman, A.S.）の開発した検査で，認知処理過程尺度（学習の影響を受けにくい基礎的認知能力）と習得度尺度（学習によって身につく能力）からなる。さらに認知処理過程尺度は①継次処理（順序の処理を中心とする認知）と②同時処理（全体的な枠組みや空間的位置関係，意味の処理を中心とする認知）に大別できる。軽度発達障害のアセスメントに有効で，適用年齢は2歳6ヶ月～12歳11ヶ月。 |

# 第5章

# 自閉症

## 1. 自閉症概念における歴史的変遷

### (1) 第1期；黎明期

1943年アメリカのカナー（Kanner, L.）は11例の「情緒的接触性の自閉性障害」を示す子どもを報告し，翌年彼はこれを統合失調症の最早発型であるとみなし，早期幼児自閉症（early infantile autism）と命名した。自閉症の子どもの示す「自らの内に閉じこもり」周囲との接触を回避あるいは拒否する状態像と統合失調症患者の示す自閉性との間で共通性を見いだしたためである。症状としては，自閉性と言語発達の特異さを中心的なものとみなした。また，両親に特有な性格傾向があると指摘し，母子関係の問題を重視した。当時のアメリカ精神医学は子どもの精神障害をすべて精神分析的に理解しようとする傾向があり，そのため自閉症の原因は親の態度や性格に求められ，以後自閉症の心因論が広まることになり，精神分析療法が数多く行われた。

一方，1944年オーストリアのアスペルガー（Asperger, H.）は独自の立場からカナーの症例に酷似する症例を報告し，自閉的精神病質（autistic psychopath）と名づけた。アスペルガーはこれらの諸特徴が2歳頃から出現し，一生を通して認められ，知的・性格的特質は発展し，発育の途上で個々の特色が出没し，問題は姿を変えるが本質的なものは不変であり，統合失調症でみられる活発な内的異常体験と進行性の人格解体のないことを強調した。

### (2) 第2期；コペルニクス的転換

第1期に主流を占めた精神分析的な考え方は，精神医学のなかで実証的な方向での見直し（自閉症児の追跡調査など）がなされるなか，訂正を余儀なくされた。まず，てんかん発作を生じる自閉症児が相当数存在することが明らかになり，脳の器質的な障害が存在することを示唆するものとなった。さらに，自閉症の8割が知的障害を有することも明らかとなった。また，児童期の統合失調症との精密な比較研究が行われ，両者が完全に別の病態であることが示された。

1968年，ラター（Rutter, M.）は「自閉症児・者」の示す自閉性は言語・認知障害の結果，もたらされた二次的症状にすぎないとし，言語・認知障害を自閉症の一次的障害とみなし，その基盤に脳機能障害を想定した（言語・認知障害仮説）。つまり，自閉→他の症状という今までの

基本的な考え方が逆転し，言語障害→自閉というコペルニクス的転換がなされたと信じられた。この考え方は以後，世界的に強い影響を与え，それまで小児精神病の一種とみなされていた自閉症は，発達障害の1つで広汎性発達障害のなかに位置づけられ，自閉症と統合失調症は異なった疾患であるとみなされるようになった。それゆえ，これまで行われてきた受容的な治療方法の無効性が強調され，行動療法によるトレーニング法の有効性が実証された。ロバース（Lovaas, O. I.）は自閉症治療プロジェクトにおいて週40時間の一対一の行動療法を2年以上実施し，実験群19名のうち47％が正常な知的・教育的機能を獲得したと報告した。

その一方で原因究明に向けた生物学的研究が盛んに行われるようになり，生物学的障害要因の多様な関与の証拠が，次々に発表された。

一連の自閉症研究が進むなか，1980年に米国精神医学会は初めて自閉症概念を取り入れ，DSM-Ⅲにおいて発達障害の1つである広汎性発達障害（pervasive developmental disorders）として位置づけられた。

### (3) 第3期；中核障害への再検討——より統合的支援に向けて

早期発見・早期療育によって発達的に言語や認知がかなり追いついたケースでも，共感性や「心の理論」（コラム参照）の獲得に困難を示す報告がなされ，言語・認知障害仮説が再検討され，新たな中核障害への探求が始まった。バロン・コーエンら（Baron-Cohen, S. *et al.*）の提唱する心の理論障害説と相対する感情認知障害説や実行機能障害説，さらに中枢性統合障害説などが提唱されている。

このような流れのなか，再び自閉症の社会性発達の障害が重要視されるようになってきたことを受けて，治療的なアプローチも自閉症の全体的な社会的機能を高めるため，より環境調整に力点を置いたTEACCHプログラムが地域療育として実施されるようになった。

しかし，飯田ら（1988）の施設調査の結果，全国の施設入所児・者の約10％が激しい自傷や他傷，強いこだわりや身辺自立の喪失など対応が非常に困難な者によって占められていることが明らかとなった。それは強度行動障害と名づけられ，その大半が自閉症であったのである。一方，高機能自閉症者自らのまとめた手記が数多く公表されるようになり（Grandin, 1986; Williams, 1992），それらを通して彼らの精神内界が行動観察からはとても推測できないような混沌とした恐怖に満ちあふれた世界であることが知られるようになった。強度行動障害を含む自閉症児・者の問題行動に対して，一度はその無効性により排除された遊戯療法を中心とする心理療法的アプローチの重要性が見直されてきている。

現在，自閉症療育において新たなテーマが与えられている。自閉症は発達障害であるから，より早期からの社会的スキルトレーニングを実施していかなければならない。その一方で恐るべき敏感さを抱えた自閉症児・者に対して，なるべく侵襲的にならないようにケアーしていかなければならない。過去の自閉症研究が物語るように，自閉症という病態を情緒か，言語・認知か，といった単純な二者択一でとらえるのではなく，いかに相補的に統合させていくかが重要な課題となっている。

## 2. 疫学的知見

### (1) 有病率と性差

　従来，自閉症の有病率は人口1万人あたり4〜5人（0.04〜0.05％）とされてきた。しかし，最近の調査では発生率は1.72％と飛躍的に増加しており，そのなかの44.7％をアスペルガー障害が占めていることが報告されている（河村ら，2002）。欧米の報告でも同様の傾向が指摘されており，近年の有病率の増加には，操作的診断基準の普及とスクリーニング体制の充実によって，従来見逃されていた高機能自閉症が発見されるようになったことが一因となっている（栗田，2002）。アスペルガー障害に限っても，スウェーデンの調査では7歳から16歳の児童における有病率が1000人に対して3.6人（0.36％）とかなり高い数値が報告されている（Gillberg, 1993）。

　自閉症は女児より圧倒的に男児に多く，一般的にはおおよそ女児の3〜4倍である。アスペルガー障害でも男性優位は変わりなく，女児の4倍と報告されている。

### (2) 病因に関する生物学・医学的知見

　自閉症は脳の機能障害に基づく社会的な対人関係の障害と考えられているが，その原因をめぐって，3つのレベルで研究が進められてきた。その1つは脳機能障害の発生原因についての研究で，遺伝的な側面や周産期の問題が研究されている。その2つ目は脳の神経化学物質や活動部位に関する生理学的研究で，脳画像診断技術や神経解剖学，生理学，生化学の進歩によって研究が発展してきた。生化学的には血中セロトニン増加が指摘されて，脳の神経解剖学的構造の異常は，扁桃体－辺縁系，小脳，頭頂葉，側頭葉，脳室系でみられ，前頭葉血流が低下しているといった報告がある。

## 3. 症状と行動

　ウィングらは自閉症状を三大障害に分類した。DSM-IVでは，以下の三大障害を基に診断基準がつくられ，①対人的相互反応のカテゴリーから2つ以上，②言語的・非言語的コミュニケーションと，③限局した行動・興味のカテゴリーから1つ以上あてはまる症状があると，自閉症（DSM-IVでは自閉性障害）と診断される（表5-1）。

### (1) 対人的相互反応

　対人的相互反応に関する次の4つの側面（基準）が障害されていたり完全に欠如している場合に，自閉症と診断される。第一の基準では，「目と目で見つめ合う」という行動に関して，自閉症者は目を合わせることを避けるか，あるいは逆に相手が不愉快になるほどじっと見つめたりすることがあったり，表情も無表情だったり，ぶっきらぼうだったり，

表5-1 自閉症の診断基準 (DSM-IV, 1994)

A. (1), (2), (3) から合計6つ（またはそれ以上），うち少なくとも (1) から2つ，(2) と (3) から1つずつの項目を含む．
(1) 対人的相互反応における質的な障害で以下の少なくとも2つによって明らかになる：
  (a) 目と目で見つめ合う，顔の表情，体の姿勢，身振りなど，対人的相互反応を調節する多彩な非言語性行動の使用の著明な失敗．
  (b) 発達の水準に相応した仲間関係をつくることの失敗．
  (c) 楽しみ，興味，成し遂げたものを他人と共有すること（例：興味のあるものを見せる，もってくる，指さす）を自発的に求めることの欠損．
  (d) 対人的または情緒的相互性の欠損．
(2) 以下のうち少なくとも1つによって示される意思伝達の質的な障害：
  (a) 話し言葉の発達の遅れまたは完全な欠損（身振りや物まねのような代わりの意思伝達の仕方により補おうという努力を伴わない）．
  (b) 十分会話のある者では，他人と会話を開始し継続する能力の著明な障害．
  (c) 常同的で反復的な言語の使用または独特な言語．
  (d) 発達水準に相応した，変化に富んだ自発的なごっこ遊びや社会性をもった物まね遊びの欠損．
(3) 行動，興味および活動の限定され，反復的で常同的な様式で，以下の少なくとも1つによって明らかになる：
  (a) 強度または対象において異常なほど，常同的で限定された型の1つまたはいくつかの興味だけに熱中すること．
  (b) 特定の機能的でない習慣や儀式にかたくなにこだわるのが明らかである．
  (c) 常同的で反復的な衒奇的運動（たとえば，手や指をばたばたさせたりねじ曲げる，または複雑な全身の動き）．
  (d) 物体の一部に持続的に熱中する．
B. 3歳以前に始まる，以下の領域の少なくとも1つにおける機能の遅れまたは異常：
  (1) 対人的相互作用，(2) 対人的意思伝達に用いられる言語，または (3) 象徴的または想像的遊び．
C. この障害はレット障害または小児期崩壊性障害ではうまく説明されない．

その場にそぐわない大笑いをしたり，落ち着かなかったりすることがあることを示している．

第二の診断基準においては，友だちをつくろうとしなかったり，どうやって友だちをつくればいいのかわからないことを示す．この診断基準は発達レベルに則したという点を強調している．したがって，2～3歳の知能レベルにあたる重度の遅れをもつ自閉症者であれば，平行遊びをしていてもおかしくはないが，10歳の能力があるのに親友がいないのは，発達レベルに則していないことになる．

第三の診断基準では，たとえば，大好きなイヌを見つけても，母親に指さして教えるということをしない．これは要求表現としてジェスチャーを使う能力に問題があるのではなく，自分が注意を引かれたものに対して他人と分かちあうという能力に問題があるからである．この能力は，生後1年の間に発達するもので，この能力の欠如は自閉症にあらわれる最初の症状で（Baron-Cohenら），共同注視の確立不全である．

第四の診断基準においては，相手が退屈しているとか，急いでいるとかがわからず，一人で勝手にしゃべりまくったり，他の人が会話にのってこないということがわからず，一方的に話しつづけたりする．逆に，相手の会話がまだ終わっていないのに席を立ってしまったりする．

**共同注視（joint attention）**
共同注意とも訳される．ジョイント・アテンション行動は，ものや出来事に対して注意を共有する（たとえば，おもちゃを見せる等）ために身振りを使用するなどの，前言語的な社会的コミュニケーション・スキルである．

## (2) 言語・非言語的コミュニケーション

　言語的・非言語的コミュニケーションは4つの下位項目があり，第一の基準では，身振りや物まねのような代わりの意思伝達方法により補おうという努力を伴わない場合も含まれ，言語発達の遅れを，「2歳になっても単語が言えないこと，3歳になっても句が言えないこと」と定義づけている。したがって，18ヶ月で始語がないからといっても，この診断基準にはあてはまらない。自閉症の半数には言語があるが，それは，主客の転倒（例：相手のセリフを言うことで，その場での要求を表現する）や，エコラリアなどを伴う奇妙な言葉である。

　第二の基準によると，他の人が興味をもつような話題を選ぶことが困難であることを示している。10代の自閉症男児は，何を話せばよいかわからないので，女の子と会話ができなかったり，ワンパターンに誕生日を聞くことしかできなかったりする。

　第三の基準で示されるように，カナーは眠りにつく前に毎晩決まった話を母親にさせないと床につけない子どものことを紹介している。その他，即時的エコラリアや遅延エコラリア，代名詞の反転などがある。

　第四の基準においては，まったく物まね遊びをしない場合もあれば，毎回同じ形式，同じ言葉，同じ登場人物によるままごとをする場合もある。こういう遊びを観察して，知的発達レベルを推測することが大切である。18ヶ月の知的レベルにある子は，電話を耳にあてるとか人形に何か食べさせるなどの，単純な物まね遊びができるし，4歳レベルであれば人形でパーティーごっこをしたり，恐竜のミニチュアを使って怪獣ごっこをするなど，複数のおもちゃを使って遊ぶことができる。社会性をもった物まね遊びとは，母親役になって鍋やフライパンで料理するなど，他人の行動を再現する遊びをさす。自閉症児は言葉の模倣ができる子であっても，他人の行動を模倣することがむずかしい。

## (3) **限局した行動と興味**

　三大障害としてあげられた第三番目は，行動・興味および活動が限定され，反復的で常同的な様式であり，行動が欠けているというより偏奇した行動が認められる状態をさす。

　第一の基準では，気象図や地図など特殊なものに熱中し，こと細かに記憶し，そのことばかりを話すという特徴を示す。幼児では，ある特定の玩具だけ（例：レゴなど）で遊ぶか，妙なもの（ストロー，ひも）でしか遊ばなかったりする。第二の基準においては，寝るときの儀式的行為をするとか，ある特定のものをある特定の出し方で出されないと食べない（たとえば，調味料が1つでも欠けていたり，好みのブランドでなければ食べない）などをさす。その他幼少の自閉症児でさえいつも通る道が変わるとパニックを起こしたりする。第三の基準で示されたように，体を揺する，手をひらひらさせる，くるくる回る，頭を打ちつけるなどの常同行動はよくみられるもので，特に幼少，あるいは知的機能の低い自閉症児に多い。第四の基準では，玩具の臭いをかいだり，おもちゃのトラックのタイヤを回すことに熱中したり，車のメーカーのマークなど，物の一部をじっと見つめるなどの行動がこのカテゴリーに入る。

---

エコラリア（echolalia）
　エコラリア（反響言語）には即時性と遅延性がある。即時性は相手が言った言葉をそのまま言い返すオウム返しで，遅延性はずっと前に聞いた単語やフレーズ（たとえばテレビのCMのフレーズ）をときおり，反復的に言うことである。

### (4) 診断基準には含まれないが自閉症に特異的にみられる症状
#### 1) クレーン現象と指さし行動の発達的特徴

　クレーン現象は幼児期の自閉症児によくみられる行動（要求表現）で，大人の手首をつかんでものを取らせたり，ドアを開けさせたり，絵を描かせることである。特に言語発達遅滞のある自閉症では長期にわたってみられる。これは，健常児にも生後8ヶ月から12ヶ月に一過的にみられるが，言語が獲得されるや否や，言葉による要求表現にとって代わられる。つまり，自閉症児にはこのような発達プロセスを踏襲しないことがよくある。健常児の指さしの発達は，田中ら（1982）によると，①他者の指さした方向を見るといった「指向性の指さし」，②見たものを恣意的に指さす「定位の指さし」，③欲しいものや行きたいところを指さす「要求の指さし」，④他者に「○○はどーれ？」などと問われて，それに答えて対象を指さす「可逆の指さし」が，おおむね①→④の順に出現するとされる。

　自閉症児の指さしに関しては，臨床的観察や母親の回顧的な報告から指さしの出現時期が遅いことや指さしを獲得しにくいことが指摘されており，特に自分の知っていることや興味をもっている対象を指さし，他人に伝えようとする「原叙述の指さし」の獲得が困難で，自閉症児の指さしは自分の要求を他者に伝えるために，その対象を指さして示し，その実現を図ろうとする「原要求の指さし」であることが示されている。

　筆者の発達検査場面における縦断的観察によると，それまではクレーン現象や手差しで示されていた要求表現はいったん言語が獲得されれば，ほとんど言語（名詞のみで表現されることが多いが）でなされることが多く，検査場面でも指さしの自発的使用がみられず，要求表現としてはいまだクレーン現象や手差しが優勢であったり，他者の指さした方向を見て，さされた対象のわかる指さしの理解が困難であったりすることがある。

#### 2) 感覚過敏と感覚鈍麻

　自閉症児・者は刺激に対する鈍感さと敏感さが混在している。自閉症児にとって，初めて遭遇する状況は，その刺激受容の域（閾値）を超えたものとして体験され，その場での求めに応ずることができない（こちら側の刺激が入力されていない）可能性がある。この場合，繰り返し同じ刺激を与え，刺激に対する耐性（慣れ）を形成する必要がある。また，過剰な刺激による混乱を防ぐために，刺激を遮断された環境を準備し，比較的入力されやすい視覚的手がかりを与えていくことも重要である。

# 4. 発達的変化

## (1) 乳幼児期

表5-2は24項目の乳幼児期行動チェックリストを用いて，自閉症に特異的な項目をロジスティック回帰分析によって抽出し，自閉症診断との関連性の高い順にLevel Ⅰ～Ⅳまで4段階に整理したものである（それぞれのLevelにおいても関連性の高い順にソートされている）。Level Ⅰは1歳6ヶ月以後にみられる行動で，診断的にも自閉症との関連が最も高いが，初期兆候との関連ではLevel Ⅳの行動が重要な意味をもつ。

表5-3は自閉症を疑わせた養育者側からの訴えを年齢別にまとめたものである（石川, 1999）。乳児期は非常に育てやすい子か，睡眠障害などのためにすごく育てにくい子のどちらかであることが多い。1歳前後ではまったく人見知りがないか，反対に人見知りが極端である。このように一見，矛盾した行動がみられる。たとえば，ふだんは人見知りが強いにもかかわらず，公園やスーパーマーケットなどでは母親から離れて見失ってしまうといったことがある。3歳過ぎからは仲間関係での訴えが多くなり，特に，幼稚園や保育園での集団行動への参加に問題が生じる。

**表5-2　24項目のロジスティック回帰分析**（山崎, 1989）

Level Ⅰ
- (18) 周囲にほとんど関心を示さないで，独り遊びにふけっている
- (14) 2歳を過ぎても言葉がほとんど出ないか，2，3語出た後，会話に発展しない
- (13) 指さしをしない

Level Ⅱ
- (20) ごっこ遊びをしない
- (8) 名前を呼んでも声をかけても振り向かない
- (12) 視線が合わない
- (16) 人やテレビの動作の真似をしない
- (9) 表情の動きが少ない
- (23) わけもなく突然笑い出したり，泣き叫んだりする

Level Ⅲ
- (6) 家族（主に母親）がいなくても平気で一人でいる
- (19) 遊びに介入されることをいやがる
- (21) ある動作，順序，遊びを繰り返したり，著しく執着したりする
- (22) 落ち着かなく手を放すとどこに行くかわからない
- (4) 喃語が少ない
- (10) イナイイナイバーをしても喜んだり笑ったりしない
- (11) 抱こうとしても抱かれる姿勢をとらない
- (15) 1，2歳ごろまでに出現していた有意味語が消失する
- (7) 親の後追いをしない

Level Ⅳ
- (24) 夜寝る時間，覚醒時間が不規則である
- (5) 人見知りしない
- (1) あやしても顔をみたり笑ったりしない
- (17) 手をひらひらさせたり，指を動かしてそれをじっとながめる
- (3) 大きな音にも驚かない

## (2) 児童期

児童期は，自閉症症候群がしだいに形成されていく乳幼児期と，大き

表 5-3 乳幼児期の広汎性発達障害を疑わせる養育者からの訴え (石川, 1999)

| | 特徴 | 具体的内容 |
|---|---|---|
| 乳児期 | 育てやすさ | ・寝てばかりいる<br>・おとなしい<br>・親の邪魔をしないで，一人で遊んでいた |
| | 育てにくさ | ・一日中泣いていた<br>・ひどい夜泣きをした<br>・ちっとも寝ない |
| 1歳代 | 愛着行動の欠如 | ・人見知りがまったくない<br>・外で迷子になってしまう<br>・一人でも平気 |
| | 愛着行動の異常 | ・人見知りがひどい<br>・母親べったりで父親になつかない |
| | 言語理解の遅れ | ・呼んでも知らん顔される<br>・耳が聞こえないのか心配<br>・言葉の理解がない |
| 2歳代 | 不安 | ・特定のものを非常にこわがる<br>・病院や床屋へこわがって入れない<br>・初めての物，場所をこわがる |
| | マイペースさ | ・思う通りにいかないとすごく怒る<br>・言い聞かせてもわからない<br>・人の言うことを聞かない |
| | こだわり | ・妙に神経質 |
| | 身辺自立の遅れ | ・トイレへ行くのを拒否する<br>・ひどい偏食が出てきた<br>・自分で食べようとしない<br>・しつけができない |
| 3歳代 | 対人関係の障害 | ・友達に興味がない<br>・子どもをこわがる<br>・一人で遊んでいる<br>・集団でやることを嫌がる |
| | 生活習慣へのこだわり | ・同じ服しか着ない<br>・靴下を絶対脱いでしまう<br>・ウンチをパンツのなかでしかしない<br>・偏食がなおらない |
| 幼児期（集団生活） | 集団行動がとれない | ・教室にいないで，外に飛び出す<br>・行事に参加しない<br>・好きなことしかしない<br>・給食が食べられない<br>・昼寝ができない<br>・勝手な行動をする |
| | 対人関係の障害 | ・危ないことを平気でする<br>・いつも一人で遊んでいる<br>・理由無く友だちをかんだり，たたいたりする<br>・注意しても聞かない |

な情緒的混乱が起こる思春期・青年期以降にはさまれた比較的平穏な時期といえる。

表 5-4 の分類からみると，知的障害をもつ自閉症は幼児期より対人関係を避けてしまう「孤立型」で，その多動性や過敏性から養育者との愛着関係の形成に障害が生じやすいが，早期から診断・療育がなされるため，その多動性が生物学的に沈静化する 9〜10 歳頃に，愛着関係が深化すると「受動型」になることが報告されている。

知的障害の伴わない高機能自閉症では，幼児期より「積極・奇異型」で診断・療育を受けていると，9〜10 歳の小学校中学年の節目を通過

表5-4 ウィングによる対人関係障害のタイプ分類

| | |
|---|---|
| 孤立型 | 知的障害が重度〜中度に多くみられ、自閉的孤立を示し、まるで他人が存在しないかのように振る舞う。たとえば、呼ばれても来ない、返事をしない、話しかけても答えない。人に興味・関心を示すことがなく、ほとんど顔に表情がなく、ときたま人を横目で見るだけのことが多い。生涯、この傾向が続く場合もあるが、早期の療育的介入や発達に伴って変化し、「受動型」に移行する場合がある。 |
| 受動型 | 人とのかかわりは避けないが、自分から積極的に人とかかわることはなく、従順で、言われたことに従うので遊びへの参加が可能であることが多い。そのため、一般に対人関係にまつわる問題は少ないが、過度に"受動的"であるがゆえに、思春期以降に問題行動が出現する場合がある。周囲の障害に対する理解・配慮が得られれば、集団適応・就労が安定する可能性が最も高く、「孤立型」や「積極・奇異型」が療育的介入や発達的に伴う多動性や感覚過敏性の沈静化により、「受動型」に移行することが知られている。 |
| 積極・奇異型 | 高機能自閉症に多くみられ、人に関心があり積極的にかかわろうとするが、相手の感情や表情を読み取ることが困難であるため、相互的ではなく、一方的になりやすい特徴をもつ。相手の感情やニーズにはまったく関心をよせない自分本位のかかわり方を示し、他者からは奇異にみえることがある。たとえば、自分が関心をもっている話に終始したり、電車でまったく見知らぬ人に近づき、顔をのぞきこんだり、握手を求めたり、名前や住所をたずねまくったりする。職場でも自分本位に物事を考えるので、トラブルを起こしやすく周囲もそれが生来の障害に起因するものであるとの理解が得られにくいため、不安定就労に陥りやすい。 |

して「受動型」に転じるものが多い。つまり、その転機に大きく影響を与えるのが診断・療育的介入の時期である。より早期に療育を受けたものの方が「受動型」となっているものが多く、児童期以降の精神科的合併症や問題行動も少なく社会適応もよい（杉山・辻井, 1999）。しかし、その診断・療育的介入が遅れた場合、幼児期より引き続く学校での集団行動困難に加え、障害を理解しない周囲からの不適切なかかわりやいじめ等によって、他者の自分に対するかかわりが迫害的・被害的に映りやすくなり迫害的対人関係が固定化し、「積極・奇異型」のままとどまることになる。これらの9〜10歳の節目は、彼らが「心の理論」（コラム参照）課題を獲得する時期に重なる。

### (3) 青年期・成人期

青年期は大きな変化の時期であると同時に、発達的危機が訪れる時期でもある。青年期や成人期になって、それまで順調に生活が送られてきたにもかかわらず、思いがけないこだわりや特有の空想的世界である自閉的ファンタジーへの没頭などにより社会適応上の問題・就労困難・精神病的破綻等で医療機関を訪れる自閉症者は少なくない。

知的障害をもつ自閉症者は生来の著しい感覚の過敏性に加え、社会性の獲得における二次障害（多くはコミュニケーションがうまく成り立たないことを示すサインである問題行動への不適切で強引な対処の積み重ねにより強化随伴された行動パターン）、さらには障害を受け入れきれず、自閉性という障害特性に配慮した養育環境を提供できない養育者、青年期に起こるてんかん発作や生理学的変化などにより、問題行動が固定化してしまう強度行動障害の問題があげられる。その一方で、早期からの療育的介入により適応行動が獲得され、「受動型」になれば就労も可能である（杉山, 1996）。

高機能自閉症者は「心の理論」（コラム参照）の獲得により、一方的

> **強度行動障害**
>
> 　強度行動障害とは，知的障害児・者において激しい不安や興奮，混乱のなかで，攻撃，自傷，多動，固執，不眠，拒食，強迫などの行動上の問題が強く，頻繁に日常生活に出現し，現在の養育環境では著しく処遇困難になった状態をさすが，大多数の症例は，問題行動が悪循環的にエスカレートした自閉症青年である。1988年の飯田らによる施設調査の結果，上記のような障害児・者が入所の1割程度を占めることが明らかとなり，1992年度から対応策として，指定を受けた施設による特別処遇制度が実施された。対象者は強度行動障害判定基準表で総得点20点以上を示す者とされている。なお強度行動障害はこの表で得点10点以上である。自閉性障害や知的障害などが医学や教育からの概念であるのに対し，強度行動障害は激しい行動障害がもたらす本人の荒廃や家庭の崩壊などの悲惨な状況に対して，人権を保障する福祉の立場から定義された行政概念であり，自閉性障害や知的障害などの医学的障害概念に新たな概念を加えたものではない。
>
> 　強度行動障害の問題行動に対する理解とその治療教育的介入については，筆者を座長とする強度行動障害支援検討会（2003～2005）の報告によると，①身体的・医学的要因によるもの，②刺激に対する過敏性によるもの，③コミュニケーション障害により問題行動が強化随伴され学習されたもの（応用行動分析モデル），④行動障害の「こだわり化」現象，⑤養育者との共生関係に起因するもの，⑥日中活動プログラムの課題設定不全によるもの等，強度行動障害の成因とそれらに対する治療教育的な介入を整理されており，臨床的にはこれらは輻輳的に作用しているので，より統合的なアプローチが求められる。
>
> **強度行動障害判定基準表**
>
> | 行動障害の内容 | 1点 | 3点 | 5点 |
> |---|---|---|---|
> | ひどい自傷 | 週に1，2回 | 1日に1，2回 | 1日中 |
> | つよい他傷 | 月に1，2回 | 週に1，2回 | 1日に何度も |
> | 激しいこだわり | 週に1，2回 | 1日に1，2回 | 1日に何度も |
> | 激しいものこわし | 月に1，2回 | 週に1，2回 | 1日に何度も |
> | 睡眠の大きな乱れ | 月に1，2回 | 1日に1，2回 | ほぼ毎日 |
> | 食事関係の強い障害 | 週に1，2回 | 1日に1，2回 | ほぼ毎食 |
> | 排泄関係の強い障害 | 月に1，2回 | 週に1，2回 | ほぼ毎日 |
> | 著しい多動 | 月に1，2回 | 週に1，2回 | ほぼ毎日 |
> | 著しい騒がしさ | ほぼ毎日 | 1日中 | 絶え間なく |
> | パニックがひどく指導困難 | | | あれば |
> | 粗暴で恐怖感を与え指導困難 | | | あれば |

ではあるが社会的関係をもてるようになったり，社会的な文脈を理解できるようになる一方で，他者のなかでの自分がみえてくる，つまり，自己意識が形成されてくる。その際，児童期までに適切な支援を受けられたかどうかが大きな転機となる。当然のことであるが，青年期の精神的安定および安定就労にもこのことは影響し，未診断・未療育の高機能自閉症者の多くは「積極奇異型」にとどまり，多くの二次的障害を引き起こした結果，就労における挫折，パニック等を引き起こす危険性を秘めている。つまり，安定就労は知的能力と関連せず，より早期の診断および療育の介入が重要である。さらに，自閉症者における青年期の重要なテーマであるアイデンティティ形成も「心の理論」獲得後の自己意識に基づき形成されるため，養育者の障害受容や周囲の障害に対する理解はもとより，高機能に至っては本人への障害告知もその重要な役割を演じる。その際，重要なのは，養育者の障害受容が同障害の親の会などによって支えられる（ピア・カウンセリング効果）のと同様に，自閉症本人による同障害・同世代のグループ活動を通して得られる，障害をもったものとしての自己認知，つまり，障害のネガティブな側面の客観視とそのポジティブな側面を表現できる場の保障である。

# 5. アスペルガー障害

広汎性発達障害には自閉症の他に，①レット障害，②小児期崩壊性障害，③特定不能広汎性発達障害，④アスペルガー障害があるが，本節ではアスペルガー障害について述べる。

アスペルガー障害とは，1944年，アスペルガーが自閉的精神病質を報告したことに発する。1981年，ウィング（Wing, L. K.）が再びアスペルガー症候群という用語を用いて以来，英語圏で研究が盛んになったが，自閉症とアスペルガー障害の異同をめぐっての議論はいまだにその結論に至っていない。

近年，自閉症とアスペルガー障害には臨床的に違いがあり，アスペルガー障害という別の名称を使うにはそれなりの意味があると考えられている。しかしながら，この違いは，質的なものではなく重症度の相違とする見方もある。最近，自閉症よりアスペルガー障害に多くみられる症状として，不器用さ，家族性要因，興味の範囲が狭いことなどがあげられている。

DSM-Ⅳではアスペルガー障害に言語発達の遅れはないと明記し，自閉症と区別している。ただ，アスペルガー障害の言語発達は正常とはかけ離れており，これを鑑別の基準とする見方は実際上困難な場合が多い。ウィングも言語障害がないとは考えられず，どこかで聞いたり読んだりしたことの遅延模倣であり，記憶力の産物であろうという。アスペルガーは大人のような話し方をすると主張するが，言葉は抑揚に乏しく，どこか妙ないっぱしの文言である。また，彼らは適切に会話を始めたり続けたりすることがむずかしく，1つの話題について話しだすと，適切な文脈に合わせることができない。そして，何か目的がなければ話せないし，他愛のないおしゃべりをすることができない。

ウィングがアスペルガー障害の概念を導入した理由は，それまでのイギリスでの自閉症概念があまりに狭すぎて，自閉症的な子どもたちが必要なサポートが受けられなかったということにある。ウィングの意図はアスペルガー障害も広義の自閉症に含めることで，自閉症に特化したサービスを受ける範囲を拡大しようという点にあり，アスペルガー障害の独立性を強調することではなかった。こうして，ウィングの再評価したアスペルガー障害の概念はイギリスを中心に急速に広まっていったが，知能が比較的高い例がアスペルガー障害と診断されることが多いこともあって，実質的には「知的障害のない自閉症」と同義でアスペルガー障害の用語が用いられる傾向にあった。高機能自閉症とアスペルガー障害を厳密に区別すべきとの意見もあるが，臨床的には高機能自閉症とアスペルガー障害を厳密に区別する必要はない。

[櫻井秀雄]

**レット障害（Rett's syndrome）**

レット障害は女児だけに認められる。これは生後5ヶ月まで正常に発達し，5ヶ月から48ヶ月の間に頭部の発達が遅れ，目的的な手の動きが失われ，歩行障害，体幹の動きが障害されていく。言語の理解や表出も重度に障害されるのが特徴である。また，手を洗うような，あるいは字を書くような動作が常同的に生じる（日本では手もみ自閉症と呼ばれた）。就学前のレット障害児は自閉症と同様，社会性の障害がみられるが，知的な問題や運動障害に比べるとさほど重度ではない。

**小児期崩壊性障害（childhood disintegrative disorder）**

ヘラー症候群ともいわれ，2歳まで正常に発達した後，退行が起こることで示され，自閉症が1歳までに気づかれるのとは対照的である（日本では折れ線型自閉症と呼ばれた）。10歳までに次の領域のうち2つ以上が失われる。言語の表出と理解，社会技能，排尿便のコントロール，遊び，運動である。上記の能力が失われれば，当然年齢に応じた社会的コミュニケーションや遊びも障害され，自閉症との鑑別は困難になる。

**特定不能広汎性発達障害**

特定不能広汎性発達障害という診断は社会的コミュニケーション機能の障害や常同行動をもつ子どもに対してつけられるが，自閉症より発症が遅く，非典型的自閉症（atypical autism）といわれることもある。

## 参考文献

別府 哲　1996　自閉症児におけるジョイントアテンション行動としての指さしの理解の発達：健常幼児との比較を通して　発達心理学研究, **7**, 128-137.

ギルバーグ, C. 他　1993　アスペルガー症候群の全母集団調査による疫学研究　自閉症と発達障害研究の進歩2　日本文化科学社　pp.85-106.

グランディン, T.・スカリアーノ, M. M.　カニングハム久子(訳)　1986　自閉症に生まれて　学習研究社

本田秀夫　1996　小児自閉症の累積発病率および有病率　*British Journal of Psychiatry,* **169**, 228-235.

石川道子　1999　発見・診断から早期療育へ　杉山登志郎・辻井正次(編)　高機能広汎性発達障害　ブレーン出版

石坂好樹他　1997　自閉症の心の世界　星和書店

河村雄一・高橋脩・石井卓・荻原はるみ　2002　豊田市における自閉性障害の発生率　第43回日本児童青年精神医学会総会　p.160.

栗田 弘　2002　自閉症を含む広汎性発達障害の早期診断・スクリーニング　自閉症と発達障害研究の進歩6　星和書店　pp.3-15.

Lovaas, O.I.　1987　Behavioral treatment of normal educational and intellectual functioning in young autistic children. *Journal of Counseling and Clinical Psychology,* **55**, 3-9.

櫻井秀雄・大西和幸他　2004　高機能自閉症・アスペルガー症候群に対するグループ支援活動の臨床心理学的意義—マルチ・ディシプリナリーなグループ支援活動「サンデ・アルデ」を通じて—　関西福祉科学大学心理・教育相談センター紀要, **2**, 14-37.

杉山登志郎　1995　自閉症児への精神療法の接近　精神療法, **21**, 325-332.

杉山登志郎・辻井正次　1999　高機能広汎性発達障害　ブレーン出版

ウィリアムズ, D　河野万里子(訳)　1992　自閉症だったわたしへ　新潮社

山崎晃資　1989　発達障害の初期兆候　別冊発達：乳幼児精神医学への招待　ミネルヴァ書房　pp.128-137.

---

## 心の理論

心の理論（Theory of Mind）はプリマックとウッドラフ（Premack, D. & Woodruff, G.）が提唱した概念で，自己や他者の行動を予測したり，説明したりするために使用される心の働きについての知識や原理である。つまり，外から直接観察できない意図，信念，願望，感情などについての心的状態や過程に関する知識や認知的活動に関する知識と現実事象との区別，見えている世界と現実の世界との区別，自己と他者との視点・信念・願望の区別などが含まれる。元来，類人猿と人類の認知の比較研究から始まったこの研究は，1980年代以降，発達心理学の重要なトピックの1つとなり，乳幼児期の自己および他者の心の理解の問題として多くの研究がなされてきている。初めて臨床に応用したのが，バロン・コーエン（Baron-Cohen *et al.*）らで，1985年，自閉症，知的障害や健常の子どもに，最も単純な心の理論の課題を試み，自閉症において特異的に障害が認

Happé, F. *Austism: An Introduction to psychological theory.* より

められることを示した。ここで使われたのが「サリーとアン課題」とよばれる課題で，次のような手続きで実施される（図参照）。

　子どもはサリーとアンと名づけられた人形を見せられる。サリーは自分のビー玉をバスケットの中に入れてそこから立ち去る。そしてサリーがいない間に，いたずらなアンはサリーのビー玉をバスケットから自分の箱に移し替え，立ち去る。それからサリーが戻ってくるところまでを見せて，子どもに次のように質問する。「サリーはビー玉を取り出そうとして，どこを探すでしょうか？」

　サリーはアンがビー玉をバスケットから箱に移し替えたことを知らないので，現実の状態（ビー玉は箱のなかにある）とは違う，誤った信念（ビー玉はバスケットのなかにある）をもっているはずである。この結果，3〜5歳の健常児の85％，MA（精神年齢）では自閉症児より低いダウン症児の86％が正答したのに対し，MAがダウン症児より高く，4歳を越えている自閉症児20名のうち，正答したのは4名（20％）でしかなかったのである。これは，自閉症児も統制群と同様，「ビー玉は初めどこにありましたか？」という記憶を問う質問や，「ビー玉は本当はどこにありますか？」という現実認識を問う質問には，正答していることから，この結果を不注意や記憶の問題に帰因させることはできないと考えられたのである。

　誤った信念課題で示される「心の理論」の欠損が，自閉症の一次的障害であるとする仮説を生み出す契機となり，追試・検討がなされた。そして，「心の理論」欠損仮説を一次的障害とすることで，自閉症の三大障害（第5章参照）を説明できることが提示され，注目された。これに対してさまざまな反論がなされ，多くの疑問が投げかけられた。たとえば，心の理論課題を通過する20％の自閉症，特に高機能自閉症およびアスペルガー症候群の存在である。課題に通過している場合でも，現実の生活において彼らは独特の障害を有しており，このことは心の理論の障害が自閉症およびアスペルガー症候群の根本的な問題ではないという証拠ではないかという批判が出された。

　「心の理論」は自閉症の基礎障害解明だけでなく，支援のあり方についても一石を投じている。たとえば，高機能自閉症に対する「ソーシャル・ストーリー」（通常直感的に理解できる社会的ルールなどを言語命題的に伝えていく教授法）などの臨床的適用が注目されている。

（櫻井秀雄）

第6章

# 愛着障害

## 1. 愛着とは

### (1) 愛着とは

　不安に遭遇したときに母親に必死としがみつく子どもの姿や，父親の腕のなかで安心しきって眠りこけている子どもの様子を見ると，子どもは母親や父親を必ずや自分を包み守ってくれるものと信頼しきっていると感じさせられる。他方，乳児院や児童養護施設では実の親とは顔を合わせたくないと拒否する子どもがいたり，逆に初対面でも親しげに誰かれなく近寄っていくものの，突然紙切れを捨てるかのようにその人から他の人へと関心を移す子どももいる。愛着とは「人やものへの思いを断ち切れないこと」と広辞苑にあるが，これら人への愛着様相の違いはどこから生じるのであろうか。

　イギリスの精神分析家であるボウルビィ（Bowlby, J., 1969）は愛着（attachment）を「危機的な状況や潜在的な危機にそなえて，特定の対象との近接を求め維持しようとする傾性」と定義した。日本では愛着を親子間の情緒的絆の意味で使うことが多いが，本来は子どもから特定対象への一方向を意味する。子どもが安全感を得るために養育者に対して情緒的なつながりを求めることが愛着である。一方，養育者から子どもへの結びつきはボンディング（bonding）という。愛着とボンディングは切り離せない概念であるが，ボンディングは安全の拠り所として相手に頼るものではない。本章では子どもが養育者に対して抱く愛着の健全な発達とその病理について概説していくこととする。

### (2) 愛着研究の流れ

　1950年代にボウルビィによって提唱された愛着理論の基礎には，ローレンツ（Lorenz, 1952）の初期経験の研究や，ハーロウ（Harlow, 1958）の社会的隔離飼育研究など比較行動学の功績がある。比較行動学は，愛着が形成されるのは親が乳児の生理的欲求を充足するからではなく，愛情希求そのものから生じるという一次的欲求の見解へと導いた。なかでも，次に述べる研究は愛着形成の考え方に重要な影響を与えた。

#### 1) 社会的隔離飼育

　ハーロウは，生後まもないアカゲザルの子どもを母ザルから離して隔離飼育実験を行った。針金製と布製の2種類の母親模型をつくり子ザル

**初期経験**
　広義では，人生早期に生じそれ以降の心身発達に甚大かつ長期的な影響をもたらす経験のこと。比較行動学の立場では臨界期あるいは敏感期とよばれる特定の時期に生じ，その後の発達に非可逆的な効果をもつ刺激作用（刻印づけ imprinting）を狭義に初期経験とよぶ。追尾行動や配偶者選択行動に影響を与える。

第6章　愛着障害

**探索行動**（exploratory behavior）
　人は，未知あるいは新奇な対象に出会ったときに，それに接近し探索してみたいという欲求をもつ。そして探索することによって新奇な環境についての認知図を構成する。
　子どもにとって，発達段階に即したほどよい新奇性と複雑さをもった刺激（おもちゃや経験等も含む）を環境のなかに用意してやることは必要なことで，初めて遭遇した未知の対象にただ恐れるだけでなく，好奇心をもって積極的に接近し探索していくことが，子どもの知的発達を促すともいわれている。

の行動を観察したところ，子ザルは哺乳や温度に関係なく肌触りのよい布製の母を選び，それを活動拠点として探索行動に出た。これらの結果から，子ザルにとって空腹を満たすよりも接触による慰めや安心感の方が重要であることがわかった。
　さらに，子ザルを群れから分離したり隔離する影響について調べたところ異常行動を示すことが観察された。また，おとなになってから性行為がむずかしく，出産しても満足に子育てをすることができないといった影響もあることがわかった。これらの結果は，愛着が形成されないと情緒的に障害を受け，その後の仲間関係や異性関係，子育てにまで支障をきたすことを明らかにしている。

### 2）ホスピタリズム
　20世紀初頭の戦渦のなか児童養護施設に収容され，親との接触を断たれた子どもに身体発達の遅れ，知的遅滞，無関心，微笑みやあやしに対する無反応が多くみられることが報告された。これらの現象はホスピタリズム（施設病）とよばれ，保育者の手が足りない施設の入所児に顕著であった。WHO（世界保健機構）の要請で，このホスピタリズムの影響を研究したボウルビィは，乳幼児の精神的健康は母親との関係が親密かつ継続的で，両者が満足と幸福感に満たされる必要性を述べた。そしてその関係の欠如をマターナル・デプリベーション（母性的養育の剥奪）とよび，乳幼児の発達に身体的，知的，情緒的，社会的に悪影響を及ぼすと指摘した。

## 2. 愛着の発達と個人差

**情動調律**
　乳幼児精神医学者スターン（Stern, D.N., 1985）の用語で，行動の背後にある情動状態の共有様式のことを意味する。生後7～9ヶ月の主観的自己感の形成期に観察され，乳児が母親などの情動表出に対して，それに対応した反応を返すといったやりとりのことである。たとえば，おもちゃをもって「アー！」と喜ぶ子に，母親がゴーゴーダンスのように上半身を大きく振って見せた例をスターンはあげているが，「アー」という子の発声に母親は身体の動きで情動（喜びや興奮）の調子を合わせている。発声と身体運動と様式は違っていても，情動状態を共有するこの体験は，積み重ねられることで，乳児に相手と自分は情動を共有できるのだということを気づかせるという。

### （1）愛着の発達
#### 1）愛着の発達段階
　ボウルビィは愛着は4つの段階を経て発達していくと考えた。表6-1は愛着の発達段階と乳幼児期の発達の様子についてまとめたものである。
　乳児は生後まもなくから周囲の人々とやりとりを開始する。大人は乳児の目を見つめながら「バァ」とあやすが，それは一方的なものではなく，乳児と大人のやりとりの始まりである。これを情動的コミュニケーションといい，言葉を話し始める前から発声など調子を合わせること（情動調律）を通して，乳児は周囲の人と間主観的な体験を積み重ねていく。
　7,8ヶ月を過ぎると人見知りが始まる。これは知らない人に警戒心や恐れを示している姿である。また，これに少し遅れて後追いが出現するが，これも母親の姿が見えない不安から後を追い，安心感を得ようとする姿である。これらは強さに個人差はあるが，母親との愛着が形成されて初めてみられる健全な発達の姿である。また1歳前には社会的参照といって母親の表情を見てその意図を読み取り自分の行動の指針とする姿もみられるようになる。たとえば母親が不安な顔をしていると危険を察知して前へ進まないといった行動である。これも母親への信頼感が生

表 6-1 愛着の発達

| 愛着の発達段階 | 発達のようす |
| --- | --- |
| I 前愛着段階 ＜誕生～2, 3ヶ月頃＞<br>人の弁別ができないため，誰に対しても同じように追視，微笑，発声，泣き，つかむなどの愛着行動を示す。 | 生後30日<br>　原始反射（探索，頭部回旋，吸啜，把握，モロー反射など）。<br>　母親の顔・目・声に対する反応と識別。（生後3～4週）母親の声に対して優先的に微笑む。<br>生後1～3ヶ月<br>　アイコンタクト。社会的発声。社会的微笑。 |
| II 愛着形成段階 ＜3ヶ月ごろ～6ヶ月頃まで＞<br>人の弁別ができ始め，日常生活でよくかかわってくれる人（通常は母親）に対して，頻繁に微笑や発声を示す。 | 生後4～6ヶ月<br>　母親の声を聞けばすぐに落ち着きご機嫌になる。自然に自分の意志で母親に近づく。<br>　識別したうえで母親への選択性が高まる。母親に対する反応の微調整。<br>生後7～9ヶ月<br>　愛着行動はより相手を識別し，その行動は母親に特に集中する。<br>　分離不安，人見知り，見知らぬ場所への不安。 |
| III 明確な愛着段階 ＜6ヶ月頃～2, 3歳頃まで＞<br>人の弁別がさらに明確になり，特定の人に対する愛着行動が顕著になる。また，ハイハイや歩行による移動が可能になるため愛着行動のレパートリーも多様化する。<br>一方，見知らぬ人に対する恐れと警戒心は強くなり，人見知りや**分離不安**が生じるようになる。母親を安全基地として，母親から情緒的補給を受けながら探索行動に出る。 | 生後10～15ヶ月<br>　母親との好意的な対話がはっきりと定着する。声の抑揚，顔の表情など母親を模倣する初期段階。<br>　母親の後追い。より明確に分離不安と母親選択が発現する。母親からくっついたり離れたりして歩く。<br>　母親と離れていた後の再会に陽性の情緒反応を示す。指さしで意思表示をする。<br>生後16ヶ月～2歳<br>　自我の芽生え・第一反抗期の始まり。首を振っていやいやをする（15～16ヶ月）。<br>　**移行対象**の使用。分離不安の低減。母親がそばにいると見知らぬ状況や人見知りを制御する。<br>　遅延模倣。対象の不変性の理解。表象を用いる能力。小世界での象徴遊び。 |
| IV 目標修正的協調性の形成 ＜3歳以降＞<br>愛着対象と自分についての内的ワーキングモデルが安定した形で機能するようになり，愛着対象が近くにいなくても必ず自分のところへ戻ってきてくれる，何かあれば助けてくれるという確信がもてるようになる。同時に，他者の感情や動機を洞察し，相手の行動目的や計画を理解するようになる。自分の行動を目標に合わせて修正することができるようになり協調的な関係が形成される。 | 生後25ヶ月～3歳<br>　慣れ親しんだ環境で母親が戻ってくる保障があれば母親からの分離に不安なく耐える。人見知りがさらに減弱。<br>　二語文から三語文へ。<br>　対象恒常性（母親がいなくても退行せずに落ち着いて心理社会的機能）を維持する。<br>　小世界での遊びと社会的遊び。他者との協調の始まり。 |

じてこそ意味のある行動となる。

　やがて自分で移動が可能になり自我が芽生えてくると，乳児は母親を安全基地として探索行動に出ようとする。しかし，そこで不安や恐れに遭遇すると，母親の姿を振り返り母親のもとへ戻って安心感を得ようとする。そして安心すると再び探索に出ていくのである。このように母親の姿を自分自身の目で見て，守られているという安心感を抱くことを繰り返すうちに，目の前に姿が見えなくても，心の中で自分を守ってくれると信頼できる母親のイメージ（情緒的対象恒常性）が定着していく。そして，このような母親との関係性から内的ワーキングモデルがつくられ，愛着の雛型がほぼ完成すると考えられている。

### 2）内的ワーキングモデル（internal working model：IWM）

　内的ワーキングモデルとは「自分は愛され助けてもらえる価値ある存在なのか」という自己に関する主観的確信と，「他者や外的世界は自分の求めに応じてくれるのか」という他者への主観的確信からなる表象モデルのことである。ボウルビィは内的ワーキングモデルを通して，人は

分離不安（separation anxiety）
　母親や養育者など愛着関係ができている人物から孤立もしくは隔離された子どもの反応であり，よく泣くことや過敏さとして表現される。この反応は生後10～18ヶ月で最もよくみられ，3歳の終わり頃までには一般的に消失する。

移行対象（transitional object）
　毛布，タオル，ぬいぐるみといった乳幼児が特別の愛着を寄せるようなものをいう。精神分析医であるウィニコット（Winicott, 1951）は，乳幼児が母親の不在時に母親の代わりとして使う象徴物をさし，母親との一体化の段階から二者関係の段階へと移行する際の最初の「自分でない」所有物という意味で用いた。

**情緒的対象恒常性**
　ハルトマン（Hartmann, H.）やマーラー（Mahler, M.）が発展させた概念で，外的対象の在・不在を超えて一貫し安定した対象への信頼と愛情を保持すること。また，「良い」対象と「悪い」対象を1つの全体としての表象に統合することをも意味している。

危機的状況に対処し心身の恒常性を保持していくと考えた。つまり何歳になっても，自分は信頼されうる人物でありきっと自分のことを理解し支えてくれるだろうと確信することで，人は危機を乗り越えられるというのである。また，母親との間に形成されたこのモデルは，生涯を通して保持され，他の人との関係においてもあてはめられると考えられている。

### (2) 愛着の個人差とその形成要因

　エインズワース（Ainsworth, 1978）は乳幼児の愛着を測るためにストレンジ・シチュエーション法（strange situation procedure: SSP）を開発した。これは実験室で乳幼児を母親から分離したり見知らぬ人と対面させるなどストレスの高い状況を設定し，母親との分離後や再会時にみられる分離抵抗，近接希求，探索行動の様子から愛着の質を測るものである。

　SSPの研究から愛着は4つのタイプに分類される。表6-2はタイプ別の子どもの特徴と母親の養育態度の特徴である。一般的にBタイプは安定型で，A・Cタイプは不安定型とされているが，いずれも個性の範囲で病理性を示すものではない。しかし，Dタイプ（無秩序型：disorganized/disoriented）は病理性の高い愛着タイプとして認識されている。そもそもDタイプは，A，B，Cいずれにもあてはまらない第4の愛着タイプとして見いだされ，虐待を受けた子どもや，母親に抑うつ傾向や心的外傷体験がある場合が多いといわれている。カールソンら（Carlson *et al*., 1989）の研究でも，Dタイプに分類された子どもは被虐待児群が82％であったのに対し，健常児群では17％しかなかったという。

　このような愛着の質の違いは何から生じるのであろうか。これまでの

**表6-2　愛着のタイプと子ども・養育環境の特徴**

| | 子どもの再会時の特徴 | 養育者・養育環境の特徴 |
| --- | --- | --- |
| Aタイプ<br>（回避型 avoidant） | 親との分離時に泣いたり混乱を示すことがなく，再会時に母親を避ける。親を安全基地として利用することがほとんどない。 | 子どもの働きかけに対して全般に拒否的に振る舞うことが多い。愛着シグナルを適切に受けとめてもらえないので，子は愛着の表出を抑えるかあまり近づかないようになる。 |
| Bタイプ<br>（安定型 secure） | 分離時に多少の泣きや混乱を示すが，再会時は親に身体的接触を求め，容易に落ちつく。親を活動拠点（安全基地）として積極的に探索行動を行うことができる。 | 子どもの要求に敏感かつ応答的で，その行動は一貫しているため予測しやすい。子どもは，親は必ず自分を助けてくれるという強い確信と信頼感を寄せているため安定した愛着パターンを見せる。 |
| Cタイプ<br>（両価型 ambivalent） | 分離時に非常に強い不安や混乱を示す。再会時は身体的接触を求める一方，親を叩いたり怒りを示し両価的に振る舞う。親から離れられず，親を安全基地として安心して探索行動に出られない。 | 子どもの要求に対して応答のタイミングが微妙にずれるなど，一貫していないことが多い。子どもは予測がつきにくく，常にアンテナをはりめぐらせ愛着シグナルを送り続けることで親の関心を引きとめようとする。 |
| Dタイプ<br>（無秩序型 disorganized /<br>disoriented） | 再会場面で非常に混乱した行動を示す。効果的でない方法で母親に接近し，その行動に整合性や一貫性がない。たとえば，母親に接近し始めたものの途中で立ち止まり，床にひっくり返って泣き出したまま近づくことができないなど，個々の行動がばらばらで組織だっていない。 | 子どもを虐待するなど，子どもが親に対して恐怖心や警戒心などを抱いている場合。近親者の死など心的外傷から回復していない母親，抑うつ傾向の高い母親が多いといわれている。 |

研究から一次的養育者のかかわり方の影響が大きいと考えられている。もちろん，そこに乳児の気質や環境など他の要因も絡み，相互作用しながら愛着は形成される。しかし表6-2の養育者の特徴をみてもわかるように，養育者の敏感性（子どもの状態や欲求をどれくらい敏感に察知できるか）と情緒応答性（子どもが示すいろいろなシグナルや行動にどれくらい適切に反応しうるか）は，各タイプの子どもの特徴を引き出す鍵となっていると考えられる。

## 3. 愛着の障害

### (1) 愛着障害
#### 1) 愛着障害の診断基準

これまで健全な愛着の発達についてみてきたが，愛着の問題は実際の臨床場面で愛着の障害という形で取りざたされることが多い。愛着障害が正式な診断基準として初めて臨床領域に登場するのは1980年のアメリカ精神医学会DSM-Ⅲの「反応性愛着障害（reactive attachment disorder）」である。

表6-3は最新の診断基準DSM-Ⅳ-TRの反応性愛着障害である。DSM-Ⅳにおいて愛着障害は5歳以前に始まる著しく障害され十分に発達していない対人関係と定義され，病型は抑制型と脱抑制型の2種類に分類されている。抑制型は診断基準のA(1)が優勢な場合で，比較的幼い乳幼児に多くみられ，知らない人に慣れにくく養育者にぴったりとくっつい

#### 愛着障害の診断

「反応性愛着障害」はアメリカ精神医学会の精神疾患の診断・統計マニュアル第4版―本文改訂版（DSM-Ⅳ-TR）の他にWHOの精神および行動の障害―臨床記述と診断ガイドライン（ICD-10）にも採用されている。また，アメリカのナショナルセンターが作成した0歳から3歳までの乳幼児の精神保健と発達障害の診断基準（Zero to Three:National Center for Infants, Toddlers, and Families）にも「乳幼児期の反応性愛着剥奪／不適切な養育障害」が一次診断として含まれている。

**表6-3　DSM-Ⅳ-TRの反応性愛着障害の診断基準**

幼児期または小児期早期の反応性愛着障害
Reactive Attachment Disorder of Infancy or Early Childhood

A. 5歳未満で始まり，ほとんどの状況において著しく障害され十分に発達していない対人関係で，以下の(1)または(2)によって示される：
　(1) 対人的相互作用のほとんどで，発達的に適切な形で開始したり反応したりできないことが持続しており，それは過度に抑制された，非常に警戒した，または非常に両価的で矛盾した反応という形で明らかになる（たとえば，子どもは世話人に対して接近，回避および気楽にさせることへの抵抗の混合で反応する，または固く緊張した警戒を示すかもしれない）。
　(2) 拡散した愛着で，それは適切に選択的な愛着を示す能力の著しい欠如（たとえば，あまりよく知らない人に対しての過度ななれなれしさ，または愛着の対象人物選びにおける選択力の欠如）を伴う無分別な社交性という形で明らかになる。

B. 基準Aの障害は発達の遅れ（精神遅滞のような）のみではうまく説明されず，広汎性発達障害の基準も満たさない。

C. 以下の少なくとも1つによって示される病的な養育：
　(1) 安楽，刺激および愛着に対する子どもの基本的な情緒的欲求の持続的無視。
　(2) 子どもの基本的な身体的欲求の無視。
　(3) 第一次世話人が繰り返し代わることによる，安定した愛着形成の阻害（たとえば，養父母が頻繁に代わること）。

D. 基準Cにあげた養育が，基準Aにあげた行動障害の原因であるとみなされる（たとえば，基準Aにあげた障害が基準Cにあげた病的な養育に続いて始まった）。

▼病型を特定すること：
　抑制型　：基準A1が臨床像で優勢な場合
　脱抑制型：基準A2が臨床像で優勢な場合

ているタイプの子どもである。脱抑制型はA(2)が優勢な場合で、幼児期以降に多くみられ、初めての人にさえなれなれしく近づいていくが、不安なときも養育者を安全基地として利用できないタイプである。診断基準にはこれらの障害が発達の遅れや障害によるものではなく、病的な養育が原因であることが明記されている。

### 2) 愛着障害の下位分類

しかし愛着障害の臨床像をより詳細に検討した最近の研究は、愛着障害の下位分類を表6-4のように提案している（Boris *et al*., 1999）。この診断基準の特徴は、反応性愛着障害にはなかった安全基地行動のゆがみ（secure base distortion）という考え方を分類に加えていることである。これは、愛着対象がいるにもかかわらず、その対象に向けての安全基地行動に何らかのゆがみが生じているタイプのことである。たとえば、しがみついて離れられないために探索行動に出られない、愛着対象をものすごく怖がる、本来は親がとるべき役割や責任を子どもが引き受け、過度に世話をやいたり気づかうなどのタイプが含まれている。

この下位分類はまだ結論に達していないが、彼らはこれらも含めた愛着適応の全体像を図6-1のように考えている。より適応的な安定型（secure attachment）から、誰にも愛着を示さない障害／反応性愛着障害（disorder of non-attachment／RAD）までの間に、不安定（回避・抵抗）型、無秩序型、安全基地行動のゆがみというレベルを段階的に含んでいる。この図からわかることは、愛着の質はスペクトラムであり、健全な愛着と病理的な愛着とを一本の境界線で区切ることがむずかしいということである。

### (2) 愛着障害の子どもの特徴

愛着が健全に育っていれば、子どもは自分を守ってくれる人を基本的に信頼し依存して万能感をもち、それを基に自己を育てることができる。しかし、愛着がうまく形成されていないと、自分を守ってくれる存在

**表6-4 愛着障害の分類**（Boris *et al*., 1999）

| 「誰にも愛着を示さない障害」<br>(disorder of non-attachment / RAD) | 特定の養育者を選好して愛着対象とすることがない。あるいは誰に対しても一様に社交的に接する。 |
|---|---|
| 安全基地行動のゆがみ<br>(secure base distortions) | ①「探索の抑制としがみつきを伴う愛着障害」<br>(attachment disorder with inhibited exploration and clinginess)<br>見知らぬ他者がいると愛着対象から離れず、探索行動が極端に抑えられるタイプ。 |
| | ②「警戒と過剰な服従を伴う愛着障害」<br>(attachment disorder with vigilance／hypercompliance)<br>強迫的に養育者に応諾しようとするタイプ。 |
| | ③「自己を危険に曝す愛着障害」<br>(attachment disorder with self-endangerment)<br>愛着対象はいるが、この人物を危険や無謀なこと、事故を起こしそうなことからの警告の手がかりとはせず、その関係のなかで攻撃性を示す。 |
| | ④「役割の逆転がみられる愛着の障害」<br>(attachment disorder with role-reversal)<br>本来、親がとるべき役割や責任を子どもが引き受け、過度に世話をやいたり気づかうタイプ。 |

```
                適応的 ─────────────────────────────→  不適応的
─────────────────────────────────────────────────────────────────
        安定した愛着【secure attachment】
Level 1. ────────→

        不安定な（回避的・抵抗的）愛着【insecure (avoidant or resistant) attachment】
Level 2.    ────────→

                無秩序型愛着【disorganized attachment】
Level 3.            ────────→

                    安全基地行動のゆがみ【secure base distortions】
Level 4.                ────────────→

                        誰にも愛着を示さない【disorder of non- attachment/RAD】
Level 5.                    ────────────→
─────────────────────────────────────────────────────────────────
```

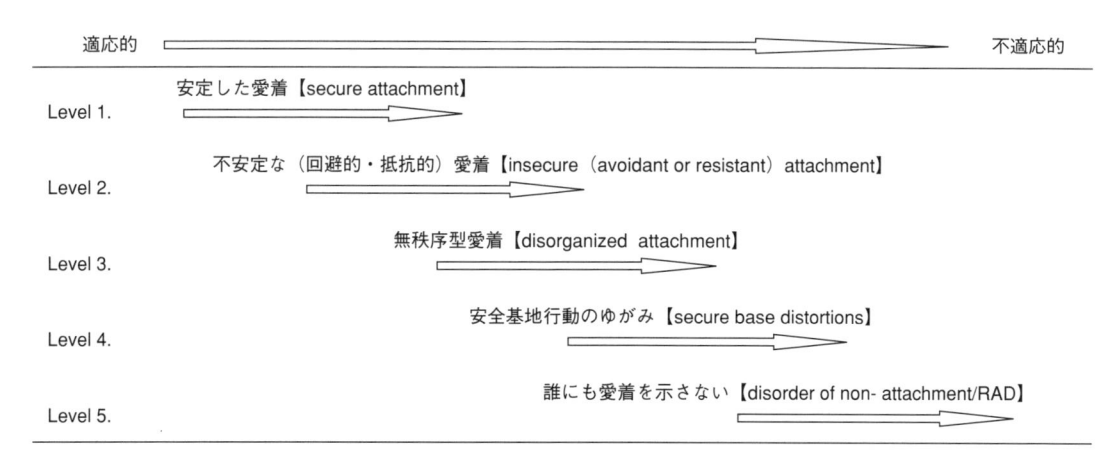

図6-1 子どもの愛着レベル（Boris *et al.*, 1999）

感じられず，つねに自分で自分を守るための臨戦態勢を取らざるをえなくなる。そのような子どもは過覚醒の状態となり，あちこちに注意を向けなければならず，些細なことで興奮しやすくなる。そのため，一見多動で落ち着きがなく，自己を主張しすぎたり，自己コントロールがうまくいかなくなる。さらに本章の冒頭でも述べたように，誰彼なく初めて出会った大人に対してもべたべたした愛着を示したり（無差別的愛着傾向），わずかでも否定的な言動が向けられると手を返したようにそれまで愛着していた大人から心理的，物理的に遠ざかろうとする（デタッチメント）傾向もある。このように愛着の形成不全は，対人関係の他にも，自己概念の問題，感覚・感情調整の混乱，身体生物学的水準の調整障害など発達のあらゆる面に影響を及ぼす。表6-5は愛着障害の子どもの特徴を整理したものである（Levy *et al.*, 2000）。この表からも愛着形成が子どもの人間性に深くかかわっていることがわかる。

表6-5 愛着障害をもつ子どもの特徴（Levy *et al.*, 2000）

行　動：反抗的，挑戦的，衝動的，破壊的，攻撃的，虚言と盗癖，攻撃的で虐待的，多動，自己破壊的，小動物への虐待，火遊びなど
情　動：強い怒り，悲哀感，抑うつ的・無力感，不機嫌，恐れと不安，いらだち，不適切な情動反応など
思　考：自己・関係・生活全般に対する否定的な確信，因果的な思考の欠如，注意と学習の問題
関係性：信頼感の欠如，支配的，操作的，純粋な愛情を与えることも受けることもしない，見知らぬ人への無差別的な愛情表現，不安定な仲間関係，自分の失敗を他者のせいにする，人をだましたりだまされたりするなど
身　体：不衛生，身体接触をいやがる，夜尿や遺糞，事故を起こしやすい，苦痛への耐性など
道徳性／精神面：共感・誠実さ・同情・自責の欠如，向社会的な価値観の欠如，悪や人生の暗部への同一化

### (3) 愛着障害が生じる背景

愛着障害が生じやすい生育環境や生育歴には，次のような要因があると考えられている。

#### ①親や養育者の要因
虐待，育児下手・マルトリートメント，うつ（産後うつも含む），重度あるいは慢性的な精神障害，世代間の愛着困難（未解決の出自の問題，分離経験，喪失体験など）

#### ②子どもの要因
扱いのむずかしい気質，未熟児，先天的な問題（胎児アルコール症候群など），慢性痛

#### ③環境要因
貧困，暴力，サポートの欠如（父親や親族の不在，孤立など），度重なる転居や養育者の変更（施設入所や里親なども含む），子どもの長期入院

これらのなかでも特に影響が大きいのは親や養育者の要因であり，そのなかでも虐待は愛着障害の最大の原因となって深刻な影響をもたらすと考えられている。

### (4) わが国の子育て事情と愛着
#### 1）かかわり不足と愛着の発達
近年，乳幼児発達健康診断において母親の育児下手やかかわり不足から生じる発達の遅れが目立つようになってきた。特に初めて子育てをする第一子の母親のなかから「どうやって子どもと遊んだり声かけをしていけばよいのかわからない」という訴えが聞こえてくる。これはわが国の少子化，地域の子育て力の脆弱化と関連している。現代の母親は，わが子を産むまで乳幼児を世話する経験がほとんどないにもかかわらず，乳児の親子は密室育児といわれるように家族以外の人と顔を合わせずに日々を過ごすことが多い。このような場合，乳児は誰かに相手をしてもらう時間が大変少なくなり，その結果，情動面や認知面の発達刺激が不足して発達が遅れるという事態が生じることがある。これらも愛着の形成に少なからず不安定な要素を与える。指さしや「どうぞ」，「ちょうだい」のやりとりも日々のかかわりのなかから発現する発達の姿であり，かつては母親に限らず隣近所の多くの人が担っていたかかわりである。

#### 2）児童虐待と愛着障害
わが国でも児童虐待は増加の一途をたどっているが，児童虐待が深刻なのはどのタイプの虐待であろうと子どもの健全な愛着形成を阻害するからである。愛着が健全に形成され，愛着対象がしっかりと機能しないと子どもは外界の恐怖にさらされることが多くなる。そうすると小さな刺激もトラウマとなりやすくなり，人格形成においても悪影響を被りやすくなるのである。したがって，児童虐待が子どもに与える影響はトラウマと愛着障害の影響と言い換えることもできる。

児童虐待を受けた子どもの特徴は，不安定な愛着など対人関係上の問

---

**マルトリートメント**
大人の子どもに対する不適切なかかわりを意味しており，「虐待」より広い概念である。

題，感覚や感情の調整障害，自己および他者イメージの問題，逸脱行動，学習上の障害などがあげられる。ここでは特徴的な傾向について説明する。

①虐待の反復傾向　自分が受けた虐待的人間関係を周囲の人に対して再現してしまう傾向。施設の職員や教師に対して，無意識のうちに挑発的な言動を示し，大人の怒りや苛立ちを強めて暴言や暴力を引き出してしまうことが多い。

②感情調整障害　いわゆるパニックの状態で，ほんの些細なきっかけで非常に強い怒りなどの激しい感情をもつに至り，そうした感情を言葉ではなく行動で表現する傾向。周りが止められないほど大暴れをするなど。

③偽成熟性　大人の顔色をうかがうことによって，大人の欲求や要求に服従あるいはそれを先取りして行動してしまう傾向。小さな大人として，よくできた偉い子とみられがちであるが，思春期に問題となる場合が少なくない。

　また，虐待を受けた者は大人になってから虐待を繰り返す傾向（世代間伝達）があるといわれている。しかし世代を通して伝えられているのは虐待ではなく愛着様式，すなわち内的ワーキングモデルであり，わが子も含めた他者とどのように関係をもつかというスタイルである。その意味でも虐待は愛着障害の原因であり結果ともいえるのである。

## 4. 愛着を再形成するために

### (1) 愛着障害の子どもとその家族への心理的支援

　心理療法の効果を生じる概念の1つに，クライエントと治療者がもつ人間関係が，今までのその人の傷ついた人間関係を癒し，修正してくれるという考え方がある。愛着障害の心理的支援も同じで，親もしくは治療者など第三者との関係において情緒的修正体験をもち，愛着を再形成することが主眼となる。そのためのアプローチには，子ども自身に対するものと養育者に対するものが含まれる。ここでは愛着形成のための心理的アプローチである愛着療法の3要素を紹介する。

①子どもの内的理解
　愛着障害の子どもが何をどのように感じ，考えているのか，その内的な心理力動を含めて理解を深める。

②子どもに修正的愛着体験を提供するための親のスキル教育
　子どものもつ病理から子どもを守り，子どもに対して修正的な愛着体験を提供できるように親のスキル教育を行う。

③子どもとの情動ワーク
　愛することや愛されることへの恐れを克服するために，愛着対象への失望や怒りと向き合い障害を受けた愛着を修復できるように子どもを援助する。

### (2) 愛着を深める行動

　日常的なかかわりのなかで愛着を深めるための行動として，ヘネシー(2001)はアイコンタクトや抱擁，微笑む，お風呂・添い寝，撫でる，マッサージ，一緒に歌うなどを勧めている。これらは乳幼児の子育てにはごくあたり前の行動として，どこの親でもしていそうであるが，実はこれらこそ愛着障害の子どもには欠乏している経験である。いうまでもなく言葉でメッセージを伝えることも大切であるが，学童期の子どもであってもこれら愛着を深める行動は非常に有効なかかわり方である。いずれにしろ，自分という存在がいかに唯一無二のかけがえのない存在であり，どれほど大切に愛されているかを言語的・非言語的に子どもに伝えていくことが，それまでの生育歴のなかで足りなかった情動体験を補い，信頼関係や愛着関係を深めていくうえで必要不可欠といえる。

### (3) 最後に

　愛着障害の広まりは，誰もがするようなごくふつうの子育てが，どれほど子どもの発達にとって意味のあるものか，そしてそのあたり前の子育てが現代の日本では非常にむずかしくなってきていることに警鐘を鳴らしているように思われる。愛着障害の影響が生涯に及ぶことを考えると，乳幼児期の子育てをサポートする意味の深さに思い至らされる。

〔谷向みつえ〕

## 参考文献

ボウルビィ,J.　黒田実郎・大羽　蓁・岡田洋子(訳)　1976　母子関係の理論　岩崎学術出版社
本城秀次・奥野　光(訳)　2000　精神保健と発達障害の診断基準—0歳から3歳まで—　ミネルヴァ書房
サドック,B.J.・サドック,V.A.　井上令一・四宮滋子(監訳)　2004　カプラン臨床精神医学テキスト　メディカル・サイエンス・インターナショナル

## 子どもの笑いと父親の役割

　最近，保育の現場で抱いてもあやしても笑わない赤ちゃんが目立ち始めたという。今井（2004）は，保育士になりたての昭和40年代に「幼い子どもはなんとよく笑うものか」と強い印象をもったことを思い出し，現代の子どもの笑いを研究した。保育士のアンケート調査の結果，保育所の0から2歳児の6％，子育て支援センター来所児の12.6％に，あやしたり，ふざけたり，はしゃぎ遊びをしてもあまり笑わない気にかかる子どもがいることがわかった。さらに，笑わない子どもの48％は，微笑み（smile）はみられても声を立てて笑うこと（laughter）がないことがわかり，乳幼児の心身の健康やコミュニケーション能力，自我の形成にも何らかの影響があると予測された。

　これらの現象の背景には何があるのだろうか。そこにはやはり現代の大人社会が反映されているのではないだろうか。今の大人の生活には，ゆったりとした時間の流れのなかで乳幼児の遊び相手になる時間的・精神的ゆとりはなく，しかも密室育児といわれるように日中一人きりで子育てをしている母親も少なくない。笑わない子が，保育所よりも専業主婦の多い子育て支援センターに多いのも，一人で子育てを担っている母親に，子どもと声を立てて笑うほどの精神的余裕がないためかもしれない。

　そこで注目されるべきは父親の役割である。戦後復興期から高度経済成長期までは，「エコノミック・アニマル」という言葉で表されるような仕事中心の父親が多く，子どもの育児に対してほとんど無関心であった。1980年代より低経済成長期になると「働きすぎ」が指摘され，週休2日制などで労働時間が短縮され，父親の在宅時間が増加傾向に転じた。それとともに核家族や共働き家庭の増加によって母親にだけ育児を託する母性神話への懐疑も生じ，父親の育児・家事の参加を求める機運が高まった。1990年代以降になると，その傾向はいっそう顕著になり，父親の育児・家事参加はますます増加した。たとえば，1994年の調査（大日向ら）では「子どもを風呂に入れる」「子どもの遊び相手になる」は20～30％程度であるが，2003年の調査（時事通信社）では70％にまで伸びている。また，子どもの身のまわりの世話も10％以下から20～30％へと増え，育児の参加率は若年層の父親ほど高くなっている。確実に父親の意識は変わってきたのである。

　しかし，父親の育児・家事参加は，母親にとってまだまだ実質的な負担軽減になるほどではない。それは，日本の男性の育児参加時間が非常に少ないからである。2003年調査でも，68.2％の父親が「仕事に追われて育児をする時間がとれない」と回答している。それでも父親の育児参加は母親への精神的サポートとして非常に有効である。たとえば育児・家事参加度の高い父親の家庭では夫婦間の会話が多く，母親が育児不安に陥ることも少ないという研究結果もある。たとえ育児の参加がわずかでも，父親が母親の育児の大変さを聞くだけでも，母親はずいぶんとリフレッシュでき，楽しい気持ちで子どもと向き合えるようになるものである。つまり，父親が母親を支えることで，母親も子どもの育ちをゆったりと構えて支えることができる。二段構えではあるが，父親は大いにその存在意義を発揮しているのである。

　再び，乳幼児の笑いに戻るが，乳児は生後2ヶ月ごろに誰かの顔を見て微笑むという社会的微笑がみられるようになる。これらは社会的とあるように，周囲の働きかけによって育つものである。1歳半の笑いにも，新しい行動獲得の笑いや興味が満たされたときの笑いがあるが，これも周囲の大人が活性化の鍵を握る。7～8ヶ月児をもつ両親のかかわり方を調べたラム（Lamb, M.E.）は，母親は「いないいないばあー」のような静的遊びやおもちゃを用いてのステレオタイプ的な遊びが多く，父親は「高い高い」のような身体全体を使う動的，創造的な遊びが多かったと報告している。子どもを抱く理由も，母親は身のまわりの世話やしつけで抱くことが多いのに

対して，父親は遊びで抱くことが多く，そのため乳児は動的な遊びを好み，そのような遊びをしてくれる父親にむかって微笑んだり，声を出したりの親和行動が多いことを報告している。日頃，母親との静的なかかわりが多い子どもにとって，父親との動的なかかわりは適度に新奇性がある魅惑的なものであろう。父親のかかわりは直接的に子どもの笑いを育てるものといえる。

　このようにみると，父親は直接的にも，母親を介して間接的にも子どもの笑いには大きく影響を与える。かつて雷親父，これからはどのようなイメージが，父親の象徴としてあてはめられるのであろうか。少し頭をひねって考えてみるのもおもしろいかもしれない。

（谷向みつえ）

# 第7章

# 情緒障害

## 1. 情緒障害とは

　情緒障害（emotional disturbance）という用語の定義はまだ曖昧で，その概念規定は明確になっていない。情緒障害の概念規定については，原因論的見方と現象論的見方がある（佐藤, 1974）。原因論的見方とは，親子関係の不調などの心理的原因によって感情生活に支障をきたし，それが行動や性格あるいは身体に異常をあらわすものであり，一次性情緒障害（心因性情緒障害）のみを考える立場である。一方，現象論的見方とは，原因はともかく現象的に感情に障害があるものを一括してとらえ，脳の損傷，精神病，あるいは自閉症児など，いわゆる二次性情緒障害（心因性以外の情緒障害）をも含めて考える立場である。
　しかし，実際の症例をみていくと，どこまでが心因性による問題であって，どこからが身体的な問題が基礎にあって生じたものなのか明確に区分していくことは大変困難である。仮に身体的な問題が証明されたとしても，これと顕在化した行動上の問題との間で直接的な因果関係を証明することが不可能な場合もある。
　このため，近年では一次性情緒障害である心理的原因によると考えられる問題行動に加えて，何らかの身体的問題が背景にあって，それが環境との相互作用の結果，発現あるいは増強した行動，いわゆる二次性情緒障害までも情緒障害という枠のなかに含めて考えようとする傾向になってきている。
　特に子どもの情緒障害を考えるとき，子どもはまず何よりも成長発達の途上にあることを十分考慮しなければならない（上里, 1982）。子どもにおいては情緒に関する問題の訴えが非常に多い。それは子どもの発達が未熟なために周囲の適切でない対応が情緒や性格上のゆがみとしてあらわれることが多いからである。その反面，わずかな配慮で円満な発達を促したり，問題を容易に好転させたりすることもある。これは子どもの心身の発達が未熟・未分化であり，柔軟性に富んでいると同時に環境の影響を非常に受けやすいことを示している。
　子どもの場合，なぜストレスが身体症状としてすぐにあらわれるのかについては次のように説明できる（伊東, 1996）。
　①小児は心身ともに未熟・未分化でその反応は全体的で極端になりやすい：小児はすべての器官系統の発達が未熟・未分化であり，そのなかでも特に大脳の発達が未熟であり種々の機能が単純である。発達とは機

能が分化し複雑化し組織化され統合されることであり，新しく完成されたより高次元の部分がより低次元の部分をコントロールできるようになることを意味する。したがって，心身発達レベルが低ければ低いほど，その反応は全体的で極端になりやすく，その結果，機能的な障害を現しやすい。

②小児は間脳および大脳辺縁系（旧・古皮質）に比し大脳新皮質の発育が不十分であるから感情をコントロールすることがむずかしい：心理的な緊張感や不安感は理性と感情のバランスの乱れによって生じ，これが心身反応の機能障害を起こす原因になる。一般に，怒り，恐れ，嫌悪などの原始感情は大脳辺縁系に，愛情，親しみ，尊敬，不安などの高等感情は大脳新皮質の前頭葉の働きに影響される。したがって，大脳新皮質の発達は原始感情を伴う行動のコントロールを可能にする。小児は大脳新皮質の発育が未成熟なため感情の乱れも起こりやすい。

③小児の発達は単調ではない：子どもの発達速度をみると加速期，停滞期などがある。一般に加速期はホルモンの質的・量的変化の激しいときであり，その時期に心身のバランスが乱れやすく，種々の身体の形態的・機能的問題が起こりやすい。それはちょうどホルモン系の働きに著しい変化が起こる幼児期（3〜5歳）および思春期に相当する。この時期に自律神経系や情動などのバランスが乱れ機能障害を起こしやすく，心身の不適応反応や問題行動が多発しやすい。

④小児は経験に乏しい存在である：いろいろな事態に直面したとき状況を正しく理解し適切に調節したり処理したりできにくいし，心理的な防衛機制も不十分である。

以上のことにより，子どもの状態像を正確に把握するためには，子どもを一人の人格として医学的・心理学的あるいは教育学的立場から総合的に判断していくことが必要である。

**防衛機制**
　防衛機制とは，フロイトが神経症の精神分析を通して確かめた概念で，欲求不満やイド・自我・超自我の間に起こってくる葛藤は不安の源泉になる。この不安という緊張状態を解消して自我を防衛しようとする無意識的な反応の機制のことである。

## 2. 情緒障害の分類・原因・年齢的推移

### (1) 情緒障害の分類

情緒障害という用語は，前節で明らかなように診断名ではなく，後天的，心因的に生じたと考えられる数々の不適応状態や神経症状，そして問題行動についての包括的な総称といえる（一番ヶ瀬, 2000）。

情緒障害には次のような分類の仕方がある（表7-1参照）。ここでは，問題行動に注目した分類法に従って説明することにする。

表7-1　情緒障害の分類

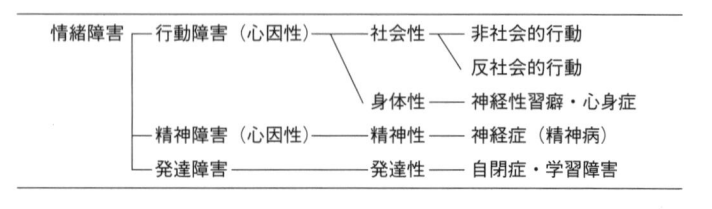

| | | | |
|---|---|---|---|
| 情緒障害 | 行動障害（心因性） | 社会性 | 非社会的行動 |
| | | | 反社会的行動 |
| | | 身体性 | 神経性習癖・心身症 |
| | 精神障害（心因性） | 精神性 | 神経症（精神病） |
| | 発達障害 | 発達性 | 自閉症・学習障害 |

1) 非社会的行動

　非社会的行動とは，不登校（登校拒否），緘黙症，過度の不安，緊張，恐怖などの情緒不安定，学業不振，ひきこもりや孤立，無気力，自殺など，他者の行動を妨害することのない集団への不適応行動である。

2) 反社会的行動

　反社会的行動とは，攻撃行動（反抗，暴力），虚言，非行（怠学，盗み），いじめなど，他者の行動を妨害する可能性のある集団への不適応行動である。

3) 神経性習癖・心身症

　爪かみ，指しゃぶり，チック，抜毛症などといった身体的不適応症状や，具体的な身体症状を示しながらも，その発症に心理的な要因が関与していると考えられる心身症（喘息，**摂食障害**，排尿障害，**起立性調節障害**）などである。

### (2) 情緒障害の原因

　情緒障害の原因として考えられる要因は身体的要因，心理的要因，環境的要因である。身体的要因としては，遺伝的な体質や身体の構造的欠陥，発達的に変化する身体機能などがあげられる。心理的要因としては，生得的な気質や性格傾向，発達的に変化する心理機能などがあげられる。環境的要因としては，親子関係などの家庭的要因や教育環境のような社会的要因が考えられる。それらがさまざまに絡み合い，誘発する出来事（誘因）を契機として不適応行動が発現するのである。

### (3) 情緒障害の年齢的推移

1) 乳幼児期

　この時期は，最も著しい発達がみられる時期である。それだけに行動的不安定さや生理的不安定さが目立ってくることが多い。日常習慣も確立していないことから，生活習慣に関して問題が生じ，それが継続していく場合がある。たとえば，偏食，異食などの食行動に関する問題，不規則な睡眠や**夜驚**などの睡眠に関する問題，遺尿や遺糞などの排泄に関する問題である。これらの問題は家庭での適切なしつけがまったくされていなかったり，中途半端であったりして起こることが多い。また，環境の変化や強い叱責などの問題が原因となる場合もある。

　対人関係に関しては，この時期最も生活の多くを占める母子関係を中心として問題が起こりやすくなる。母親は子育て，家庭教育に迷いをもちやすく，子どもの変化に対応しきれないなどの不安定さをもつことが多い。またこの時期，次子誕生という環境的な変化により親子関係が不安定になり，そのことが子どもに悪影響を与え，指しゃぶり，爪かみなどの神経性習癖が生じやすくなる。また，このような状況のなかで幼稚園で強く叱られたり，友だちにいじめられたりすると，そのことがきっかけとなり登園拒否などが起こったりすることもある。

---

**緘黙症**

　緘黙症とは，限定された対人関係および場面において緘黙状態が生じることである。緘黙状態の発生機序については2つの考え方がなされている。1つは対人場面での不安緊張により「黙る」という反射行為が生じ，それが緊張場面を避けるという防衛の手段となっているという考え方であり，もう1つは「黙る」ことによって周囲を動かし，安定を得るという積極的な適応のパターンであるとする考え方である。しかし，一見緘黙で安定しているようにみえる子どもでも話せるようになりたいという欲求はもっているものである。しかし，彼らが元来もっている内向的，過敏，極度の人見知り，非社交的などの性格傾向のため，人の注意が自分に集まることを恐れ，そのことが緘黙状態を継続させる因子になっていると考えられる。

**チック**

　チックとは，特定の筋肉群が不随意的に繰り返す，無目的な習慣性の運動である。これは，身体のいろいろな部位に起こるが，特に顔面が多い。そのなかでも，目のまわりの筋肉群の瞬目運動が一般的である。ときには突然の発声がみられることもあり，汚言を連発することもある（トゥレット症候群）。

**抜毛症**

　一般に，児童期の子どもは心の問題を身体で表現する傾向がある。抜毛症（トリコチロマニア）もその1つとされ，自分の体毛（通常は頭髪）を繰り返し引き抜き，毛髪の少ない部分（抜毛巣）が生じる。習癖程度のものから，抜毛の衝動を抑えられない一種の強迫的なものまである。

## 摂食障害

摂食障害（eating disorders）とは，近年は主に神経性食欲不振症（拒食症）と神経性大食症（過食症）の概念にまとめられる。まず拒食症（anorexia nervosa）の特徴は，極端な摂食制限を中心とする摂食行動異常によって，体重減少とそれに伴う身体，心理・認知，行動面での幅広い変化を示すことにある。他方，過食症（bulimia nervosa）は，体重減少がなく，大量の食物を短時間で食べ，その行為をコントロールできない感覚と，嘔吐など体重を増やさないための異常な代償行動を行うことに特徴がある。

体重や身体症状には相違があるが，両者ともやせ願望と肥満恐怖が異常に強く，価値観や自信などの基準が体重や体型に強く影響されることがある。

## 起立性調節障害

起立性調節障害とは，自律神経系の不安定な子ども，特に血管運動神経の過敏な子どもに発症しやすく，起立することにより脳の血液循環が失調して脳の虚血が起きるために，立ちくらみなどの主要な症状が起こる。起立という姿勢の変化に血管運動神経の調節がうまくついていけないために起こる症状である。

## 夜驚

夜驚とは，夜半に子どもが叫び声をあげて身体を起こす，ときには寝床から飛び出し，見境なく走り出すような症状をさす。

### 2）小学校低学年

この時期は，基本的には生活習慣は確立し安定する時期である。しかし，幼児期にはまだ周囲もあまり問題にしなかったことが，この時期になって問題化することもある。その代表的なものが夜尿である。幼児期にはまだ仕方がないと見過ごされてきたものが，この時期になると「もう小学生なのだから」という評価をし始める。問題にされることで子どもには緊張感が高まり，より夜尿が起こりやすくなるという悪循環が生じ，結果として夜尿が習慣化することになる。

対人関係に関しては，親子関係中心から友人，先生といった学校内の対人関係が中心になっていく。この時期になると，学校内でのルールが多くなったりすることで，学校に関する不安定さが生じ不登校が出現しやすくなる。そのような場合の家庭での対応として，学校を休ませて家庭での居心地を良くしてしまうと，さらに学校に行くことに抵抗が出やすくなり不登校状態が継続していくことになる。また，不登校に至らなくても，学校内での情緒不安定さからチックなどの神経性習癖が生じることもある。

### 3）小学校中高学年

中高学年になると，対人関係の中心が学校，特に友人関係に移っていき，問題もそれに関して生じることが多くなる。学校での勉学や人間関係は低学年に比べて飛躍的に複雑になり，そのことによる緊張場面も相対的に多くなる。そのような状況のなかで緊張にうまく対処できない子どもやおとなしくて自己主張がうまくできない子どもは，慢性的な緊張感から情緒不安定になり身体症状が出現しやすくなる。また，学校での不適応な状況が継続していくと不登校傾向が生じる場合もある。

この時期，遊び仲間の質的な変化もあり，グループのなかで最も弱い者に対する継続的な暴力行為などのいじめがあらわれたり，またグループのなかでより刺激の強い遊びを求めるような傾向から盗みなどの非行があらわれたりする場合もある。

### 4）中学校以降

学校での勉学がむずかしくなり，進学，受験などの進路の問題が生じてくることにより，緊張感や不安感が強くなり不登校が生じる場合もある。

また家庭における人間関係も児童期とは異なり，家庭環境に不安定さがあると敏感に反応しストレスの原因になることもある。人目を気にする傾向も強くなり，自己表現のうまくできない子どもは不安感が増大する。またこの時期，体型に対するこだわりからダイエットをきっかけとして，拒食・過食症などの摂食障害を引き起こすこともある。

# 3. 小児心身症

## (1) 小児心身症とは

心身症とは文字通りに解釈すれば，心の病的な状態から身体の病的な状態を引き起こすことである。一般的な定義は米国のAPA（American Psychiatric Association）の定義を参考にして「心理学的要因が強く関連し，ある特定の器官系統に固定してあらわれる身体疾患」であるとし，神経症や精神病に伴う一時的な精神反応とは区別されている（伊東，1996）。

小児心身症について考えれば，その対象は新生児から満14歳の中学生まで含まれる。そのなかで，乳幼児・小学校低学年・小学校中高学年・中学生との間には大きな年齢差があり，心身の発達状態や反応様式にも大変大きな差異がある。したがって，心身症のあらわれ方も乳幼児・児童・中学生では違いがある。すなわち，中学生になれば成人と同じに考えて取り扱った方が適切である場合も多い。小児では一般に心身の発達が未熟・未分化であるため，心身反応のみならず器官系統における疾患のあらわれ方が未分化であり，パーソナリティの発達も未熟である。したがって，1つの器官系統に固定した心身症は少ない。しかし，中学生になれば成人と同様にある器官に固定して繰り返して起こってくる身体疾患としての心身症，たとえば，心因性気管支喘息や**過換気症候群**などが多数みられるようになる。このように考えると，小児心身症と

**過換気症候群**

過換気症候群とは，過呼吸発作のために酸素過剰になって血中の炭酸ガス分圧が低くなることから呼吸性アルカローシスの状態になり，多彩な身体症状と意識障害や不安などの精神症状をきたす病気である。発熱，感染，脳疾患，その他の原因で起こることもあるが，一般的には心因性のものであり，情緒的な要因によるものが多い。

表7-2　心因性の精神および身体の適応障害としてあらわれる特徴あるいは症状　（高木，1985）

| | | |
|---|---|---|
| I 身体反応の障害 Psychophysiologic (or Psychosomatic) disorders | 中枢神経系 | 頭痛・偏頭痛・嘔気・失神発作 |
| | 心臓循環器系 | 心悸亢進・頻脈・不整脈・心臓痛 |
| | 呼吸器系 | 呼吸困難・気管支ぜん息・息止め発作・神経性咳嗽（がいそう） |
| | 消化器系 | 唾液分泌異常・空気嚥下（えんげ）・腹痛・便秘・遺糞症 |
| | 泌尿器系 | 神経性頻尿症・夜尿症・尿閉 |
| | 四肢および筋肉系 | ヒステリー性運動麻痺・（チック）・（吃音） |
| | 感覚器系 | ヒステリー性盲・ヒステリー性聾・ヒステリー性感覚鈍麻・過敏・倒錯 |
| II 神経性習癖 Neurotic habits | 睡眠障害 | 不眠・夜驚・悪夢・夢中遊行 |
| | 言語障害 | 吃音・緘黙（かんもく） |
| | 摂食障害 | 食欲不振・偏食・拒食・異食・過食 |
| | 身体がんろう癖 | 指しゃぶり・爪かみ・チック |
| III 情緒・行動の障害 Behavior disorders | 情緒上 | 神経質傾向・不安・恐怖・憤怒・しっと・反抗・わがまま・孤独・内気・無口・白昼夢・敏感・遅鈍・内向的 |
| | 行動上 | 癇癪・虚言・破壊癖・けんか癖・残酷・盗癖・無断欠席・性的非行・家出・放浪・放火 |

いった場合，一般的な定義の心身症のほかに，子どもがしばしば訴える頭痛，腹痛，夜尿，チック，吃音など一過性，反復性，可逆性の心身反応，心身症状なども含めて考えた方がよい。

表7-2は，心因性の精神および身体の適応障害としてあらわれる特徴あるいは症状を示している。第Ⅰ群は症状が主として身体の特定の器官系統の不適切な反応あるいは症状としてあらわれる身体反応の障害，第Ⅱ群は身体の部分的に繰り返された動作としてあらわれた神経性習癖，第Ⅲ群は不適切な情緒反応や行動としてあらわれた情緒・行動の障害として三群に分類してある。これらはすべて心身相関の高い症状あるいは疾患名である。これらすべてを心身症や心身反応あるいは神経症や神経症的反応と考えるのではなく，このような症状のなかに心身症や心身反応あるいは神経症や神経症的反応が多く含まれているととらえる方が適切である。

### (2) 小児心身症に対する総合的アプローチ

小児心身症を考える場合に最も大切なことは発達と心身相関の問題である。子どもたちの心や身体は絶えず成長，発達し続けており，すべての器官系統は未熟・未分化であり，それらの働きも未完成であるので，子どもの心身の反応をまったく分離させて考えることはできない（伊東, 1996）。このような視点に立てば，小児心身症の診断は人間を総合的にみる立場からなされなければならない。子どもたちのあらわしているすべての症状，状態，行動は基本的には心の状態の反映である。これらの子どもの問題は決して偶然に突然にあらわれたものではなく，個人の身体的・心理的な条件によって異なってくるのである。たとえば，体質，気質，能力，発達レベル，年齢，性別，親の養育態度，教育観，価値観などである。これらの諸条件を分析的に検討していき，これらの問題発生の構造を考え，さらにそれらを統合して全体像をとらえて，今後の治療教育や指導の方針を立てることが必要である。具体的には，医学的，心理学的，教育学的な個々の診断の相互作用を十分に検討し，総合的に把握することである。

治療法としては，心身症状が心理的要因から起こっているので心理治療の果たす役割が大きいが，それらの症状はあくまで身体的反応であるので医学的治療も必要となる。それと同時に，学校場面においては生活指導など治療教育的な対応と家庭場面においては緊張感や不安感の除去など心身ともにリラックスさせるような対応が大切である。このように，病院，学校，家庭とが連携をとり協力して，小児心身症に関して正しい知識をもち，治療対応にあたることが大切である。

次に，病院，学校，家庭とが連携をとり治療効果をおさめることのできた2つの症例を取り上げ，小児心身症の治療に対する病院，学校，家庭との連携の必要性を示唆する（伊東, 2004）。

---

**心身相関**

心身相関とは，心と身体の相関関係のことをさす。心身症の発症機序・病態を把握するためには，心理・社会的要因の認識，統合，評価，行動の決定などを行う機能を有するとされる脳と身体との関連を心身相関の視点から理解することが必要である。

(3) 抜毛症の症例
1) 年齢（学年）・性別
　8歳11ヶ月（小学校3年生）・女児

2) 家族構成
　父・母・本児・妹・弟

3) 生育歴および症状経過
　本児は幼少の頃から，手のかからないおとなしい子であった。父親は仕事の関係で本児とかかわる機会がほとんどなかった。母親は父親代わりもしなければならないということで，本児にきびしく接していた。本児は家庭では弟の世話もよくし，母親の手助けをしていた。学校では何事においても頑張る傾向が強く，一番にならないと気が済まないようなところがあった。クラスのなかでも自分から立候補して学級委員を務めていた。また，クラスのなかに障害児がいて本児がいつもその子の世話をしていた。
　2年生の夏休みに市民プールに行ったのをきっかけに毛髪に虫がわき，しばらくの間，皮膚科に通院した。その頃，学校で友達から「髪の毛に虫がついている」とからかわれ，それから毛髪を気にするようになり，抜毛が始まった。人の見ていないところで抜毛を繰り返し，母親が気づいたときには布団のシーツの上や本のなかに毛髪を挟み込んだりしていた。
　3年生の1学期頃から腹痛と吐き気を訴えるようになり，しだいに食欲も低下していった。病院で検査を受けた結果，胃のなかにたくさんの毛髪が詰まっており，食べ物の通りが悪くなっていることがわかった。医学的検査の結果，胃を切開して毛髪を取り出す必要性があり，夏休みに手術を行った。入院した頃から，本児は母親にわがままを言ったり，甘えたりして依存欲求を表出するようになった。

4) TS式幼児・児童性格診断検査結果（図7-1参照）
　①顕示性が強く，自分のことを認めてもらいたいという欲求が強い。
　②神経過敏なところがあり，情緒的に不安定になりやすい。
　③家庭においては依存欲求が満たされておらず，そのことによる欲求不満が潜在している。
　④学校においては過剰適応の傾向があり，少し無理をしているところがある。

5) 症状の解釈
　本児は，家庭においても学校においても自分のことを認めてほしいという欲求が強く，良い子に振る舞うことで認めてもらいたいと背伸びをしているところがあった。そのため，毎日の生活のなかで緊張感が強く，情緒的に不安定な傾向があった。そのようななかで市民プールに行って毛髪に虫がわき，そのことで友だちからからかわれたのをきっかけとして，神経性習癖として抜毛傾向があらわれた。毛髪を抜くことに対して

**TS式幼児・児童性格診断検査**
　この性格診断検査は，子どもの日常生活での行動を観察し，養育者がその行動を評価し，その結果に基づいて養育者自身やカウンセラー，教師，保母，医師その他の援助者が，子ども一人ひとりが必要とする配慮を見いだすことに役立てることを目的として考案されている。本検査では心理（個人）的不安定性の指標として，「顕示性」「神経質（心理反応過敏性）」「情緒不安傾向」「自制力の欠如」「周囲への依存性」「退行性」「反社会的攻撃性」という特性を取り上げている。また，社会的不安定性の指標としては，家庭，学校，幼稚園，保育所などにおいて対人関係の面では安定性に欠けていることを取り上げた。この2つの（不）安定性の基盤として「体質（身体反応過敏性）」が位置づけられ，本検査ではこれら3つの視点から「性格」を理解しようとしているのが特徴である。

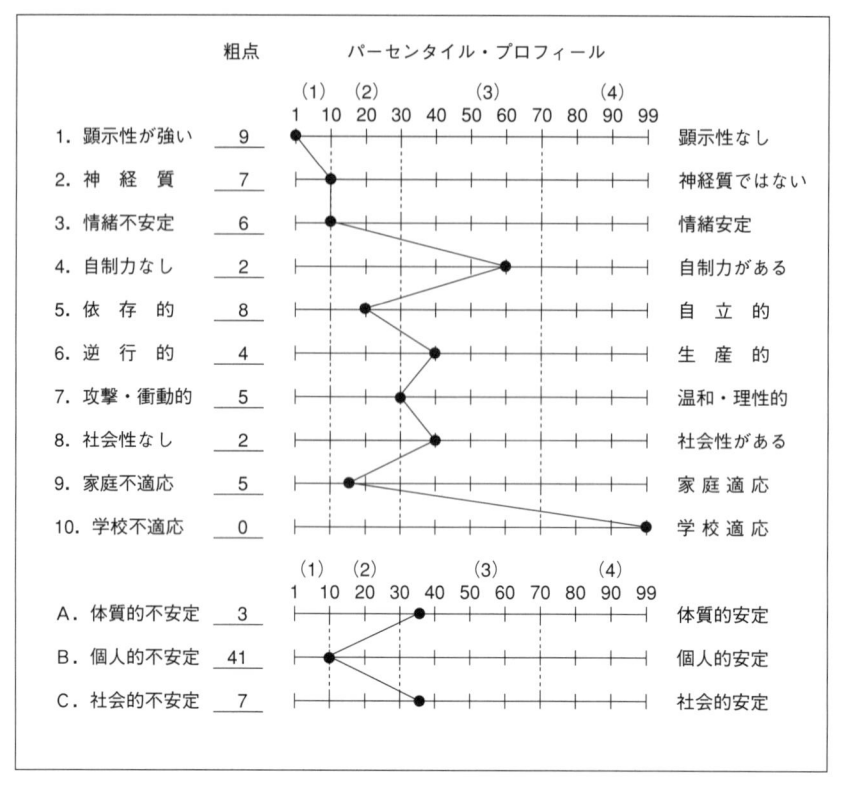

図7-1 抜毛症児の性格プロフィール

母親から叱責されるのを回避するために，抜いた毛髪を無意識的に口のなかに入れて飲み込むという食髪症状に発展していったものと考えられた。

### 6）治療方針

退院後に再び抜毛傾向を繰り返さないようにするため，病院，学校，家庭との連携という立場から，次のような治療方針を決めた。

#### ①病院での対応

無意識的に行われている抜毛行動を意識化させるため，ヘアーバンドの使用により無意識的に頭に手が触れたとき，抜毛行動を意識して，その行動を少しずつ自己抑制することができるようにする。

#### ②学校での対応

担任との話し合いにより，障害のある子どもの世話を本児だけに任せるのではなく，クラスの子どもみんなで分担するようにする。それと同時に本児のすることを認めてあげ，心理的にリラックスできるようにする。

#### ③家庭での対応

母親が弟の世話などで本児にあまり負担をかけないようにし，本児の依存欲求を十分満たしてあげるようにする。また，学校での対応と同様，本児のすることを認めてあげ，心理的にリラックスできるように努める。

## 7）治療効果

①病院での対応により、ヘアーバンドの使用により無意識的に頭に手が触れたとき抜毛行動を意識化させ、その行動を抑制することが可能となった。

②学校での対応により、障害児の世話をクラス全員で分担することにより、本児は他児と交わる機会も増え、休み時間も伸び伸びと過ごせるようになった。

③家庭での対応により、本児は弟と対等に母親に甘えを表出することができるようになり、情緒的な安定が図られた。

本症例のように、抜毛症から食髪症状を呈し、外科的な手術にまで追い込まれた症児の抜毛症の再発を防ぐために、病院、学校、家庭との連携により、抜毛行動の習慣化を断ち切ると同時に、学校や家庭でのストレスとなっている要因を除去し、抜毛症が治癒するに至った。

## （4）拒食症の症例

### 1）年齢（学年）・性別
9歳8ヶ月（小学校4年生）・男児

### 2）家族構成
父・母・本児・弟

### 3）生育歴および症状経過

小さいときから友だちとのかかわりが少なく一人遊びが多かった。小学校に入学してから友だちがなかなかできず、クラスのなかにとけ込めない状態が続いた。

4年生になった頃から拒食傾向が現れ、学校の給食もまったく食べず、家庭でもあまり食事をとらなくなった。その頃から、「学校がおもしろくない」と言い、不登校の傾向もあらわれた。1ヶ月間で体重が4kgほど減少した。学校では成績は良く、クラスの子どもたちも本児のことを「良くできる子」とみなして、勉強のわからないところを本児に尋ねたりしていた。本児は「クラスの子に勉強を教えるのがいやだ」と母親に言っていた。学校を休んでいるときは、家で電子工作をつくるのが好きで、それに熱中していた。塾は休まず行っていた。

### 4）TS式幼児・児童性格診断検査結果（図7-2参照）

①情緒的に不安定で、感情のコントロールができにくい。
②依存欲求が強く、幼児返りの傾向がある。
③対人的社会行動が未発達で、非社会的行動をとりやすい。
④家庭においても学校においても、不適応性を示している。
⑤体質的にも過敏性がある。

### 5）症状の解釈

本児は、4年生になってクラス替えがあり、小学校に入ってからできた唯一の友だちとも離れ、孤立する傾向になった。そのことが情緒的な

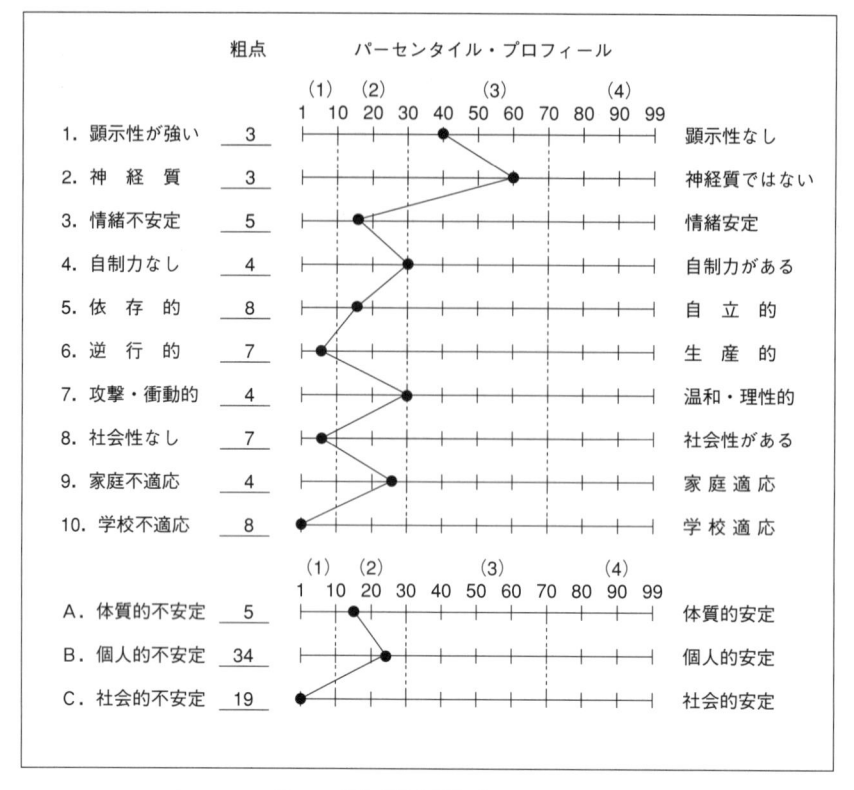

**図7-2 拒食症児の性格プロフィール**

不安定さをもたらし，母親に対する甘えと退行現象があらわれた。母子分離不安から非社会的行動である不登校があらわれた。そのような精神的緊張感の高まりが食欲減退をもたらし，拒食症状が発症したものと考えられた。

### 6) 治療方針

病院，学校，家庭との連携という立場から，次のような治療方針を決めた。

#### ①病院での対応

精神的緊張が拒食傾向をもたらし，体重減少に結びついたと考えられるので，薬物療法で食欲増進を図るとともに，心理療法で精神的緊張の除去を図るようにする。

#### ②学校での対応

学校に対する不安反応を取り除くため，学校での楽しみを見つけられるようにする。

#### ③家庭での対応

社会性を伸ばすため，親がうまく橋渡しをして，友だちと遊ぶ機会をつくるようにする。

### 7) 治療効果

①病院での対応により，精神的緊張も次第に薄れ，情緒的な安定も図られ，薬を服用してから食欲も戻り，体重も増加していった。

②学校での対応により，本児はワープロをするのが好きなので，学校の校長室においてあるワープロを毎日1時間程度することができるようにしてもらった。そのことで，次第に学校に対する不安もとれ，学校に休まず行けるようになった。

③家庭での対応により，日曜日に親が友だちを誘って，本児と一緒に魚釣りなどに連れていくようにした。本児も日曜日を楽しみに待っていて，友だちと本児でどちらがたくさん魚を釣るかを競うようになり，しだいに友だち関係も円滑になっていった。

本症例のように，精神的緊張感の高まりから拒食症状を呈した症例に対し，病院，学校，家庭との連携により，社会性を高め不安感を取り除くことにより，精神的緊張感を除去し，拒食症が治癒するに至った。

(5) まとめ

医学のなかに心理学・社会学的アプローチを導入した心身医学があらわれてきたと同時に，人間をその対象とする教育は心身相関の立場から全人的発達を目標とするべきである。子どもの心身症は**家族病理**に起因する慢性的ストレスが学校生活で顕在化することにより，あるいは学校での対人関係性の障害が原因で発症する場合がほとんどである。医療機関は心身症の子どもの支援のために家族や学校と緊密に連携し，お互いの専門性を理解し，それぞれが治療者の一員であると自覚した協力体制が必要である（二宮，2000）。

### 1) 病院での対応

小児心身症は，それらの症状が心理的要因から起こっているので心理的治療の果たす役割が大きいが，それらの症状はあくまで身体的反応であるので医学的治療も必要となる。その原因，症状，年齢，体質などをよく見きわめ，症例ごとに医学的方法と心理的方法を組み合わせ，心身の相互作用によってあらわれた症状の悪循環をどこかで断ち切ることを考えていかなければいけない。

### 2) 学校での対応

日常接している児童・生徒は，日々成長・発達を続け，つねに何かを感じ，考え，環境とのかかわりのなかで行動している人間なのである。そのような視点に立てば，児童・生徒の病気，症状，不適応行動，悩みなどを少しでも早期に発見し，適切な処置をとることも教師・養護教諭の任務ということになる。そのために，教師・養護教諭は児童・生徒を全人的にとらえ，その子どもたちの気持や欲求を感じとる敏感さを身につけ，一人ひとりの特徴を十分に発揮させるように導かねばならない。そして，児童・生徒に対して，今何をなすべきか，どのような働きかけをすべきか，静かに見守るだけでよいのか，そのようなことを適切に見きわめることのできる児童・生徒のよき理解者・助言者になる必要がある。

---

**家族病理**

欠損家族，不道徳家族，葛藤家族などの家族の病理が，人格形成に強い悪影響を及ぼすことは，犯罪者・非行少年の研究などを通じてよく知られた事実である。とりわけ母親の欠損は重大であり，父母の関係不良，父親の厳格・放任，母親の甘やかし・放任といった養育態度の欠陥が性格異常の形成に影響を及ぼすとされる。

### 3）家庭での対応

　心身症状を起こしやすい子どもは，生活のなかで過剰な刺激を与えられすぎ，また，欲求不満への耐性の弱さなどにより緊張感や不安感をもっていることが多い。したがって，なるべく家庭では心身ともにリラックスさせるようなかかわり方が大切である。自律訓練法などを家庭で適用するのもよい。また，スキンシップや言葉かけを十分に行い，適切な刺激を与えることも必要である。

　今後，医療機関と教育機関が対等の立場に立ち，病院，学校，家庭とがそれぞれの立場を尊重し，児童・生徒の心身症の治療に取り組むことが重要である。

[伊東真里]

## 参考文献

上里一郎　1982　乳幼児臨床心理学　福村出版　pp.195-205.
一番ヶ瀬康子　2000　障害者の心理　一橋出版　pp.9-23.
伊東真里　1996　教育臨床序説　金子書房　pp.79-122.
伊東真里　2004　小児心身症に対する総合的アプローチ「病院，学校，家庭との連携」　吉備国際大学社会福祉学部研究紀要，**9**, 147-153.
中司利一　1988　障害者心理　ミネルヴァ書房　pp.149-155.
二宮恒夫　2000　医療と教育の連携「心身症の子どもたちへの支援のために」　子どもの心とからだ，**9**(1), 7-12.
佐藤修策　1974　情緒障害児の心理と指導　小林利宣（編）　初等教育心理学要説　福村出版　pp.129-146.
相馬壽明　1995　情緒障害の治療と教育「治療教育の心理臨床の接点」　田研出版
高木俊一郎　1982　子どもをみる目「一人ひとりの健やかな成長を求めて」　学苑社
高木俊一郎　1983　子どもの心と体「子どもの心身症を中心として」　ぎょうせいヘルス・ライブラリー，**6**, 11-88.

---

### 習癖とチック

　チック症（tic）とは，特定の筋肉群が不随意的に繰り返す無目的な習慣性の運動である。その症状は決してまれなものではなく，小児の心身症として最もよくみられるものの1つであり，神経性習癖の中に含められる。チック症状のあらわれ方は極めて複雑で身体のいろいろな部位に起こり，特に顔面が多い。その中でも目のまわりの筋肉群の瞬目運動が一般的である。ときには突然の発声がみられ「アッ」と大声を出したり，汚言を連発するようなトゥレット症候群（Gilles de la Tourette 症候群）とよばれるきわめて複雑で難治性のものまで含まれる。

　DSM-Ⅲ-R（1987）の診断基準に従えば，チック症は「トゥレット障害」，「慢性運動性または音声チック障害」，「一過性チック障害」に分類される。「トゥレット障害」とは「A. 多発性運動チックおよび一つまたはそれ以上の音声チックの存在。B. チックがほとんど毎日起こり，一時的中断はあっても1年以上持続すること。C. 身体部位，数，頻度，複雑さ，重度が時によって変化すること。D. 21歳以下の発症。E. 薬物や中枢神経系の疾患を伴わないこと」である。また，「慢性運動性または音声チック障害」とは，「A. 筋肉運動または音声チックの存在。B.

チックが一時中断があるにしても，ほとんど毎回頻回起こること。1年以上の持続。C．21歳以下の発症。D．薬物中毒，中枢神経系疾患のせいではないこと」である。また，「一過性チック障害」とは「A．一つまたは多発性の筋肉運動および，または音声チックの存在。B．チックが少なくとも2週間の間ほとんど毎回頻回に生じるが，連続12ヶ月以上持続しないこと。C．トゥレット障害，慢性運動性，音声チック障害の既往歴がないこと。D．21歳以下の発症。E．薬物中毒，中枢神経系疾患ではないこと」である。

　チック症は児童期によくみられ，男児に多く女児の約3倍の出現率といわれている。その発生機序についてはいまだ明確ではないが，身体的要因としては微少な神経学的異常や脳波異常を伴うこともあり，脳神経系の明らかな異常が認められない場合を心因性のチック症としている。心理的要因としては過敏性体質で周囲の出来事，特に両親の干渉や厳格さに対して緊張度の高い子どもが多く，神経質で落ち着きのないことや自己中心的，小心，臆病，依存しやすい，強迫的傾向，抑うつ傾向などがみられやすく，情緒的な未熟さのある場合が多い。また，環境的要因としては母親の性格に神経質，几帳面，情緒不安定，干渉的などの傾向がみられ，父親は母親に対して無力であり，父親らしい力強さを示しえない場合が多く，その結果，母-子の未分化な関係が形成されていると考えられる場合がある。

　チック症の治療的対応については，軽度で一過性のチック症は特別な治療をしなくても予後が良い場合が多いが，慢性・多発性で特に発声や発語がみられた場合には難治例も多く，薬物療法や心理療法を必要とする。薬物療法としてはハロペリドールの有効性が示唆されている。心理療法としては自律訓練法・負の練習法などの行動療法，遊戯療法，箱庭療法，カウンセリングなどがあげられる。

　たとえば，チック症が心理的緊張による場合は緊張感を緩和する方法として自律訓練法などが用いられる。チック症状が習慣化している場合は症状を直接的に軽減する方法として負の練習法が用いられる。眼瞼チックであれば意図的に目を開閉する動作を1分間行い，その後1分間休憩するというセッションを10セッション程度行い，目の開閉運動を意図的に何回か繰り返すことにより習慣化しているチック症状を消失させるという手続である。親子関係に問題がある場合は子どもへのアプローチと並行して，親へのカウンセリングも必要と考えられる。箱庭療法による場合はチック症児の心理力動が明確に箱庭世界の中に描き出され，治療過程そのものが視覚的に追跡可能となる。

　さらに，このような治療的対応と同時にチック症児には多動，集中力欠如による学業不振，問題行動，友人関係の問題などが生じ学校不適応を起こすことも多いので，症児への教育的配慮も必要である。

（伊東真里）

# 第8章

# 多動性障害・学習障害

## 1. ADHD（注意欠陥／多動性障害）とは

### (1) ADHDとは

　ADHD（Attention-Deficit/Hyperactivity Disorder：注意欠陥／多動性障害）とは，不注意，多動性，衝動性の3つの特徴を示す障害であり，それらの症状が①7歳以前に始まること，②症状のいくつかが少なくとも6ヶ月以上持続すること，③それらの程度が不適応的で発達の水準に相応しないこと，が診断の基準となり，症状のあらわれ方によって①不注意優勢型，②多動性‐衝動性優勢型，③混合型，の3つの型に分けられている（表8-1）。ADHDの出現率はおよそ全体の3～5％程度（尾崎ら，2001）とされているが，これはADHDの子どもが1つの学級に1人から2人の割合で在籍することを示すものである。
　表8-2は，ADHDの子どもたちが実際に示すであろう具体的な様子の例をあげたものである。

### (2) ADHDの原因

　現在のところ原因として考えられるものに，①中枢神経系の何らかの機能障害，②脳内神経伝達物質（ドーパミン）との関連，③遺伝学的要因，など諸説があり，それらに心理社会的要因が複雑に絡まることが指摘されているが，最も支持されているのは，ADHDを脳の実行機能の不全から生じる行動抑制力の発達の遅れと反応遅延の障害（Barkley, R. A., 1995）ととらえる説である。

### (3) 実行機能の障害としてのADHD

　実行機能とは，刺激に対して即座に反応するのではなく，一度頭のなかで調整してから行動に移すという調整能力（田中，2001）である。
　実行機能が働くことで，刺激と反応の間に時間的な遅れが生じる（反応遅延）が，この刺激と反応との間の時間的な遅れによって，物事の性質を見極め，刺激に対してよりよく反応することが可能となる。
　また，何かを計画にそって進めることや，目標のために未来を見通して現在の行動を自己コントロールできるようにするのは，この実行機能の働きによるものである。
　バークレー（Barkley, R. A.）は，ADHDの症状は実行機能不全から派生するものであるとし，実行機能がうまく働いていれば反応遅延と自己

**ADHDの出現率**
　DSM-IV-TRでは出現率は全体の3～7％とされている。

**ADHDの不注意優勢型**
　バークレーはADHDの不注意優勢型（DSM-IIIのAttention Deficit Disorder; ADDのうち，多動を伴わないADDに相当）は多動を伴うADHDとは別の疾患である可能性を示唆している。

表 8-1　ADHD（注意欠陥／多動性障害）の診断基準　(DSM-Ⅳ-TR, 2000)

| 診断基準　注意欠陥／多動性障害 |
|---|

A．(1) か (2) のどちらか:
(1) 以下の不注意の症状のうち6つ（またはそれ以上）が少なくとも6ヵ月間持続したことがあり，その程度は不適応的で，発達の水準に相応しないもの:
〈不注意〉
(a) 学業，仕事，またはその他の活動において，しばしば綿密に注意することができない，または不注意な間違いをする。
(b) 課題または遊びの活動で注意を持続することがしばしば困難である。
(c) 直接話しかけられたときにしばしば聞いていないようにみえる。
(d) しばしば指示に従えず，学業，用事，または職場での業務をやり遂げることができない（反抗的な行動，または指示を理解できないためではなく）。
(e) 課題や活動を順序立てることがしばしば困難である。
(f) （学業や宿題のような）精神的努力の持続を要する課題に従事することをしばしば避ける，嫌う，またはいやいや行う。
(g) 課題や活動に必要なもの（例：おもちゃ，学校の宿題，鉛筆，本，または道具）をしばしばなくしてしまう。
(h) しばしば外からの刺激によってすぐ気が散ってしまう。
(i) しばしば日々の活動を怠ける。
(2) 以下の多動性－衝動性の症状のうち6つ（またはそれ以上）が少なくとも6ヵ月間持続したことがあり，その程度は不適応的で，発達水準に相応しない:
〈多動性〉
(a) しばしば手足をそわそわと動かし，またはいすの上でもじもじする。
(b) しばしば教室や，その他，座っていることを要求される状況で席を離れる。
(c) しばしば，不適切な状況で，余計に走り回ったり高い所へ上ったりする（青年または成人では落ち着かない感じの自覚のみに限られるかもしれない）。
(d) しばしば静かに遊んだり余暇活動につくことができない。
(e) しばしば"じっとしていない"，またはまるで"エンジンで動かされるように"行動する。
(f) しばしばしゃべりすぎる。
〈衝動性〉
(g) しばしば質問が終わる前に出し抜けに答え始めてしまう。
(h) しばしば順番を待つことが困難である。
(i) しばしば他人を妨害し，邪魔する（例：会話やゲームに干渉する）。
B．多動性－衝動性または不注意の症状のいくつかが7歳以前に存在し，障害を引き起こしている。
C．これらの症状による障害が2つ以上の状況〔例：学校（または職場）と家庭〕において存在する。
D．社会的，学業的，または職業的機能において，臨床的に著しい障害が存在するという明確な証拠が存在しなければならない。
E．その症状は広汎性発達障害，統合失調症，または他の精神病性障害の経過中にのみ起こるものではなく，他の精神疾患（例：気分障害，不安障害，解離性障害，またはパーソナリティ障害）ではうまく説明されない。


表 8-2　ADHDの中心症状と行動の様子の例　(尾崎ら, 2001)

| | ADHDの中心3症状 | 見られる様子（例） |
|---|---|---|
| 不注意 | ・注意・集中が適切にできない<br>・集中すべき時に集中できない<br>・注意が散漫 | ・整理整頓が苦手<br>・無くし物・忘れ物が多い<br>・ぼんやりする<br>・話しかけても聞いていないようにみえる |
| 多動性 | ・落ち着きがない<br>・不適切によく動く<br>・しゃべり過ぎ | ・授業中の立ち歩き<br>・体の一部をそわそわ動かす<br>・しゃべり出すと止まらない |
| 衝動性 | ・外部からの刺激に対して衝動的に反応する<br>・気持ちを抑制できない | ・順番が待てない<br>・質問が終る前に答える<br>・結果を予測せず行動する<br>・カッとなりやすい |

表8-3 実行機能の働きによる4つの過程 （Barkley, 1995）

| |
|---|
| A；刺激に対する即座の反応を抑制して待つ |
| 刺激に対して即座に感情的に反応するのではなく、刺激を事実として客観的に扱うことができ、状況によりよく対応することが可能となる（例；友だちのもつおもちゃが欲しいとき、すぐに手を出さずに「貸して」と言える）。 |
| B；行動の結果の予測 |
| 今、体験している出来事を過去の経験と照合し、その意味を理解し、より適切な反応を引き出す。過去・現在・未来の時間軸に従って、経験から学ぶこと、未来を予測しながら行動することが可能となる（例；計画をたてて行動する、他者との約束を守る）。 |
| C；自分への話しかけによる自己コントロール |
| 自分への話しかけ（内言）によって、自分の行動を規則や指示、計画にそって制御することが可能となる（例；「遊びの前に宿題を済ませなくてはいけない」という子どもの心のなかのつぶやき）。 |
| D；情報の分析と統合 |
| 入ってきたひとまとまりの情報を分解・分析して部分に分け、それらの部分を組み立て直して再構成し、新たな情報として発信する。問題解決能力や想像力、創造性に繋がる（例；新奇な1つの問題に対して、複数の解決法を考えてみる）。 |

抑制に関する4つのプロセスが可能になることを示している（表8-3）。

ADHDの子どもは実行機能不全により、刺激に対してすぐに反応したり、あるいは我慢することができなかったり、未来を見通して物事を計画的に進めることが苦手である。

### (4) 発達経過とともに体験する困難さ

乳幼児期には多動で気むずかしく、養育者にとっては育てにくい子どもではあっても、一日の活動が主に家庭のなかで営まれている限りには、ADHDの子どもにとって生活のなかで困難を体験することは多くはない。

ところが、集団生活の始まりによって、ADHDの子どもはさまざまな困難さを体験するようになる。たとえばADHDの不注意・多動性・衝動性のために、集団生活の場で求められる、ルールにそった行動をとることが困難になるなどである。

そして就学を迎えると、それまでに増してルールにそって行動することを求める場面・事柄が増える。注意集中の持続が困難であるために、学習活動にも影響が出ることもある。また、チームで行うスポーツ、ゲームなどへの参加が苦手な子どもも多く、友人関係につまずく子どももいる。

高学年になれば、友人関係や学習面での失敗経験がさらに重なり、自尊心が低下することもある。自尊心の低下は、ADHDの子どもの健全な人格発達を阻害する要因となる。

### (5) 指導と援助の在り方

ADHDの子どもへの指導と援助は、日常生活と教育の場でこそ保障されなくてはならない。以下、指導と援助のために必要なポイントを述べる。

ADHDの医療的ケア
　ADHDに対する医療的ケアとして中枢刺激剤のリタリン（薬品名；メチルフェニデート）の投薬があげられる。多動性・衝動性の軽減と注意集中力の向上に効果があるとされるが、服薬下で子ども自身が落ち着いて学習できたという達成感をもち、それによって学習への意欲を高めるために用いるもので、決しておとなしくさせることが目的ではない。また投薬は対症療法であること、副作用が現れることもあることなどにも留意しなくてはならない。

### 1）援助者のあり方として

①ADHDを正しく理解すること。

②子どもの姿を肯定的にとらえること。ADHDの子どもは，集団生活で見せるさまざまな困難さから，困った子どもとして，周囲にとらえられることが多い。

しかし，援助者がADHDの子どもに向き合って，彼らの様子をよく観察してみると，元気で活発，また実にユニークな創造の力を備えている子どもとわかる。援助者はさまざまな場面で多様な視点から，子どもの姿を肯定的にとらえ，かかわる必要がある。

③子どもの行動の背景をとらえること。子どもを取り巻く物理的環境要因と周囲のかかわりの要因について考えてみる。

たとえば与えられた課題を途中で投げ出してしまう場合，(a) 周りが騒々しくてその音に気をとられ，注意集中が妨げられた (b) 援助者の提示した課題の量・内容が多すぎた，などが考えられる。このように，援助者が子どもの行動の背景にある要因をとらえ，それらを調整することにより，子どもの行動も変化することを心に留めておく。

### 2）具体的な援助の方法

表8-4は，言語指示の与え方・注意集中時間への配慮・見通しを立てての行動・危険行動の回避，に関するADHDの子どもへの具体的な援助の例を示したものである。

**表8-4　ADHDの子どもに対する援助の例**

〈指示は具体的かつ簡潔に，望まれる行動を言葉で伝える〉

例；整理整頓が必要なときに
　　→「きちんと片づけなさい」「ちゃんと整理しなさい」よりも，
　　→「本は本棚に戻そう」「鉛筆は筆箱に入れよう」が望ましい。

〈注意集中時間への配慮〉

例；学習の時間を決めるときに
　　→1時間じっと着席して学習する，よりも，
　　→15分学習したら3分休憩，これを3回繰り返す，が望ましい。

〈見通しを立てて行動できるような援助〉

そのためには視覚的補助の使用が有効である。
例；①課題プリントの枚数で子どもが実際に"どれだけの量を学習すべきか"を目で見てわかるような手がかりで提示する。
　　②一日のおおまかなスケジュールを紙に書いて貼る（予定と時間の流れが確認しやすくなる）。

〈危険な行動の回避〉

例；①子どもが落ち着いているときに危険な行動や不適切な行動，反対に望ましい行動について具体的に話し合うことは，危険な行動を予防するのに有効である。
　　②子どもが衝動性から危険な行動をしようとする・してしまったときには，その行動を強く禁止する必要がある。
　　　ただし禁止と叱責は，子どもの行動に対するものであり，目的は子ども自身を守ること。決して子どもの人格を責めたり否定したりしてはならない。

　　もし，子どもの衝動的な行動で誰かを傷つけてしまった場合，
　(a) 傷ついた人を守るため，
　(b) 他者を傷つけることで傷つけた方の子ども自身がさらに傷つくのを防ぐため，
　の禁止と叱責が必要であるととらえるべきである。

## 2. LD（学習障害；Learning Disabilities）とは

### (1) LDとは
#### 1) LDとは―文部省の報告より―

1999年，文部省はLD（学習障害）を「基本的には全般的な知的発達に遅れはないが，聞く，話す，読む，書く，計算する又は推論する能力のうち特定のものの習得と使用に著しい困難を示すさまざまな状態をさすもの」であり，「その原因として，中枢神経系に何らかの機能障害があると推定されるが，視覚障害，聴覚障害，知的障害，情緒障害などの障害や，環境的な要因が直接の原因となるものではない」ということを示した。

つまりLDは，その子どもが生まれながらに備えている発達上の特性であり，教科学習を習得するための学習能力に困難が示される，認知・学習の問題であるととらえられ，そのためLDの判断は就学以降に初めて可能となる。

なお，DSM-Ⅳ-TRによれば，LDには，読字障害・算数障害・書字障害・特定不能の学習障害，があげられており，米国の公立学校生徒の約5％が学習障害を有するとされている。一方，1999年の文部省定義では，聞く・話すといったコミュニケーションスキルを含んだ定義となっており，前者を医学的なLD（狭義のLD; Learning Disorder）とすれば，後者は教育的・教育用語としてのLD（広義のLD; Learning Disabilities）といえる。なお本章では，後者の立場よりLDについて述べることとする。

> 学習障害児に対する指導について（報告）
> 学習障害及びこれに類似する学習上の困難を有する児童生徒の指導方法に関する調査協力者会議，1999より。

> LDサスペクト
> 就学以前の幼児期にLDが疑われる場合はLDサスペクト（LDの疑い）と判断される。

#### 2) LDの判断

LDの判断には現在のところ，主に以下の検査が用いられる。ただし1つの検査結果のみから判断するのではなく，必要に応じてそれぞれの検査を組み合わせ，個人の特性を総合的にとらえるようにする。

①WISC-Ⅲ（幼児にはWPPSI）

言語性と非言語性（動作性）の個人内差および，下位検査間の個人内差（ばらつき）を知ることができる。言語性と非言語性との間に大きな差がみられる，あるいは下位検査間に大きな差がみられる，等がLDの判断の指標となる。また言語理解，知覚統合，注意記憶，処理速度，の4つの群指数と群間の個人内差も示される。

②K-ABC心理・教育アセスメントバッテリー

同時処理（アナログ処理；情報を一瞬にとらえて判断する）と継次処理（デジタル処理；順々に提示される情報を処理する）のどちらがより得意か，といった個人の情報処理の特性を知ることができる。

③その他

ITPA言語学習能力診断検査，フロスティッグ視知覚発達検査等があげられる。

> K-ABC
> K-ABCでは，同時処理と継次処理を併せ認知処理能力とし，算数，言葉の読み，文の理解など獲得している知識に関連する習得度と比較することができる。

#### 3) LDのあらわれ方

LDのあらわれ方と付随する困難さを示す（表8-5）。

表8-5　LDのあらわれ方と付随する困難さ（太田ら,2000)

| 言語性LD | 他の能力に比して言語能力に著しい落ち込みがある。主に言葉の使用・言葉の意味理解に困難を示す。 |
|---|---|
| 非言語性LD | 他の能力に比して非言語能力に著しい落ち込みがある。主に形をとらえることや空間の位置関係をとらえるなどといった、視知覚・視空間認知に困難を示す。 |
| 注意・記憶障害 | 注意する，覚えておくといったことに困難を示す。(注意と記憶は学習の際，必要不可欠な力である) |
| 混合性LD | 言語性LDの問題と非言語性LDの問題を併せもつ。 |
| その他付随する困難さ等 | 粗大運動の苦手さ，手先の不器用さ，状況把握・判断力の弱さ，ソーシャルスキルの弱さ，等 |

#### 4）作業記憶の問題

作業記憶（working memory）とは，情報が入ってきたときに，これまでもっている知識と照合する，あるいは計算する等の作業する間だけ覚えておくものである（太田ら, 2000）。

LDの子どもにおいて，聞いたことを覚えておくことや見たものを覚えておくことに困難がみられるのは，この作業記憶に問題があることが指摘されている。

### (2) LDとADHDとの関係

LDの子どもとADHDの子どもが示す行動の中で表面的に似ている点があるため，この2つが混同してとらえられることもあるが，LDは主に認知・学習面での困難さが中核となり，一方ADHDは主に行動抑制と衝動抑制の困難さが中核となる，という点で相違している。

ただし，LDとADHDは脳の機能あるいはその発達に関連して生じることのある障害（上林, 2002）という点で，近接する障害であるといえ，実際にLDとADHDを併せもっている子どもも少なくない。

重要なのは，LD，ADHDという名称だけで子どもを扱うことや，レッテルを貼るのではなく，個人の特性に合わせた具体的な教育的配慮と援助の方法を考え，対処することである。

### (3) LDと認知の困難さ

LDは認知・学習の問題であるととらえられるが，LDの子どもが示すさまざまな困難さについての理解と対応を考えるとき，一人ひとりの認知特性に焦点をあてることが有効である。

特に学習に影響を与える認知として，聴覚認知（耳で聞いて理解するプロセス）と視覚認知（目で見て理解するプロセス）があげられる。

表8-6は，LDの子どもが示すであろう様子（例）と，それらの原因となる聴覚認知や視覚認知に関連する困難さをあげたものである。

### (4) 教育的配慮と援助の方法

援助者には，LDの子どもを"できない・わからない子ども"ではなく，"学び方やわかり方が違う子ども（Learning Differences）"としてとらえ，かかわることが望まれる。

表 8-6　聴覚・視覚認知に関連する困難さと示される様子(例)　(太田ら, 2000；尾崎ら, 2000)

| 聴覚認知に関連する困難さ | 示される様子（例） |
|---|---|
| ・音への気づきの困難さ<br>・音の聞き分けの困難さ<br>・音の図と地の弁別の困難さ<br>・聴覚的（短期）記憶の困難さ | ・聞いてないようにみえる<br>・言葉の聞き間違いや言い間違いが多い<br>・拗音・促音・長音を聞き間違う，書き間違う<br>・一斉指示が聞き取れない<br>・新しい言葉を覚えにくい |

〈たとえば〉教師が1時間目にクラスの児童に対し，
「4時間目は体育館シューズを持って体育館に行きます」と事前の指示をする。
⇒指示を聞くや否や，1人で体育館に走って行ってしまう。

| 視覚認知に関連する困難さ | 示される様子（例） |
|---|---|
| ・形の弁別の困難さ<br>・図と地の弁別の困難さ<br>・視覚的（短期）記憶の困難さ<br>・目と手の協応の困難さ<br>・空間認知の困難さ | ・文字の形が覚えられない<br>・似た形の文字を間違う<br>・黒板の文字を視写できない<br>・図形学習・漢字学習のつまずき<br>・行の読み飛ばしをする<br>・学校内で迷う<br>・鏡文字を書く<br>・筆算ができない |

〈たとえば〉板書されたことを連絡帳に写せない

　また援助者は，LDの子どもに対して"苦手なことはできなくていい"のではなく，"苦手なところもゆっくりできるようになる"ことを願いつつ，子どもが苦手を補うための方法を自分なりのやり方で，自らで獲得できる援助をする，という視点をもつことが重要である。
　そのために援助者に望まれることをあげる。

### 1）子どもの認知特性をとらえる

　例えば言語性LDと判断される子どものなかでも，一人ひとりの認知の特性は異なっているため，学習・援助の方法も個々に合わせて考えなければならない。
　そのために，一人ひとりの認知や情報処理の特性を知ることが必要になる。
　①得意な課題はどちらか；言語性課題と非言語性課題
　②得意な認知はどちらか；聴覚認知と視覚認知
　③優位な情報処理はどちらか；継次処理と同時処理
　これら3つを組み合わせて，一人ひとりに応じた援助のあり方を考えなければならない。

### 2）具体的な支援のあり方を知る

　LDの子どもへの指導では，
　①不得意な部分を引き上げる指導（主に低年齢・低学年の子どもに対する指導として）
　②得意な部分を使って弱い部分を補う・得意な部分をより強くする指導（中・高学年以上の子どもに対する指導として）
があげられる。

年齢の上昇に伴って指導法を切り替えていくことの必要性として，年齢が上昇するにつれ，できないことへの指導は子どもに対して，ますます自分のできなさや不甲斐なさを感じさせることになるため，さらに進学・就職・自立を見据えて自分で不得意な部分を補える方法を工夫できるようにするためである。また，学習の際に配慮すべき事柄を示す（表8-7）。

表8-7 具体的な援助のあり方（例）

〈教材〉
注意集中を促し，取り組みへの意欲を持続させるため，子どもが興味をもっているものを題材にする。
（例）子どもの好きなカード・ゲームを使用する。
　　　→文字の読みを練習する子ども；キャラクターの名前を読む。
　　　　計算の練習をする子ども；ゲームの勝敗に必要な点数の計算をする。

〈補助手段の使用〉
学習や日常生活場面で不得意な部分を補う方法を子どもに提示し，周りの他の子どもとは違った方法で問題解決することを認める。
（例）聞き取って覚えておくことが困難な子ども
　　　→テープレコーダーの使用，聞いたことをメモする習慣をつける。
（例）文字を書くのが苦手な子ども
　　　→ワープロ・パソコンの使用の練習，口頭での発表を認める。
（例）読むことが苦手な子ども
　　　→教科書の拡大コピー，援助者がまず読んで聞かせた後に，子どもが音読する。
（例）計算が苦手な子ども
　　　→タイルなどの具体物を使って学習する，電卓を使いこなせるように練習する。

## 3. ADHD・LDの子どもと養育者への援助の視点

### (1) 子どもへの援助の視点として——自尊心の低下を防ぐ

　失敗した経験，叱責される経験，非難される経験が積み重なり，自尊心が低下してしまっているADHDやLDの子ども，新しいことに挑戦する気がない，自信をすっかり失っているADHDやLDの子どもは決して少なくない。
　「どうせ僕（私）なんかダメなんだ」と子どもから発せられることがあるが，年齢が上がる程にその気持ちが強くなり，友人関係でのつまずき，集団に適応できない，その結果としてひきこもりや不登校に陥ることもある。
　ADHDやLDの子どもへの援助として，一番必要なのは自尊心の低下を防ぎ，自信を回復できるようなかかわりをすることである。そのためには，
　①子どもの"できないこと"ではなく，"今，できていること""得意なこと""興味をもって取り組めること"に焦点をあてること。
　②"できたこと・得意なこと"に対してその都度に褒めること。
　これらによって，自分にもできる，という意識が大きくなり，また援助者に認められたことで，成功経験が積み重なり，自尊心が守られ，自

己への評価が高まるのである。

しかし，子どもの自尊心の低下が著しく，健康な人格発達への影響が危惧される場合には，援助者は彼らに対する教育的援助だけでなく，心理的援助としてプレイセラピー，カウンセリングなどの心理療法が必要になることも心に留めておかなければならない。

### (2) 養育者への援助の視点として

ADHD，LDは，脳の機能や働きに関連する，子どもが生まれもった発達上の特性である。しかし，ADHD，LDに関する周囲の人の理解不足により，子どもの示すさまざまな困難さが，養育者の育て方のせいにされることも多い。養育者は家庭での養育のあり方を非難・批判されたり，責められたりすると，自分の子育てに対して自信をもてなくなってしまう。

周囲の人から非難・批判されると，養育者は子どもに対してきびしく接するようになり，養育者と子どもとの関係が不安定になる。

よって援助者は，子どもの行動・障害にのみ焦点をあてた援助ではなく，養育者自身および養育者と子どもとの関係も視野に入れて援助を行うべきである。

#### 1) 育てにくさに対する理解

ADHDやLDの子どもの生育歴において，言葉の発達が遅かったこと，やりとりしにくかったこと，集団（親子グループや幼稚園など）適応がむずかしかったこと，不器用だったこと，落ち着きがなかったことなどがよく報告される。これらは養育者に，育てにくさを感じさせる要因となる。

根来ら（2004）は，母親が感じる育てにくさの要因として，幼児側には乳児期の生理的要因，言語・認知発達および行動・情緒コントロールの要因，さらに母親側には配偶者等の周囲との関係，子育てへの感情，母親の心理的健康をあげている。

養育者が感じる育てにくさは，養育者側の要因と子ども側の要因が，親子間の相互作用のなかで，互いに影響し合って強められるものであり，年月を経る程に相互作用のパターンも定着する。

このようななかで，子育てに対して無力感をもち，自信を失っている養育者も少なくない。そのため援助者が，学習や行動コントロールに関する具体的援助の方法を提示しても，養育者が実行しない，あるいは受け入れない場合がある。

援助者は，養育者はなぜ実行しないのか，子どものことをわかっていないのではないかと感じ，養育者を非難したくなるだろう。

しかし養育者からすれば，子育てのなかでさまざまな失敗経験を積み重ねて消耗しきっているために，子どもに対する援助が必要だとは認識していても，養育者自身に心の余裕がなく，子どもを援助することができない場合もある。

このようなとき，援助者はゆっくり時間をかけて，養育者の気持ちや子どもに対する思いに耳を傾ける必要がある。それによって養育者をよ

り共感的に理解でき，さらに援助者と養育者の信頼関係を強めることができるだろう。

### 2）ペアレント・トレーニング

養育者の子どもへのかかわりの技術を高め，養育者と子どもとの関係を安定したものとなるように援助する方法として，ペアレント・トレーニングがあげられる。

ペアレント・トレーニングとは，主養育者としての親の養育技術を向上させることで子どもの適応行動を増やし，親の養育に関する自信の回復や不安，抑うつの軽減にも役立つ（岩坂，2004）ものである。

養育者が関係機関・関連団体などでこのトレーニングを受けることで，養育者に良い変化が生じ，養育者の変化が子どもの良い変化を生じさせ，この良い変化が，子どもとの相互作用のなかで強められ，養育者と子どもとのより安定した関係を築く手助けとなるものである。

### 3）養育者へのコンサルテーション

援助者と養育者が子どもに対する理解をともに深めることや，子どもへの援助のあり方を具体的に考え，実行するための話し合いの過程として，援助者による養育者へのコンサルテーションが位置づけられよう。

ここでのコンサルテーションとは，異なる専門性や役割をもつ複数の者が，子どもの状況および子どもへのかかわりについて話し合うプロセス（石隈ら，2003）をさす。

養育者へのコンサルテーションでは，援助者がコンサルタントとなり，養育者はコンサルティーとなる。

以下に具体的なコンサルテーションのあり方を示す（表8-8）。

> **コンサルタント，コンサルティー**
> ここでのコンサルタントとは，心理学的・教育学的知識によって援助対象の子どもを理解している，さらに子どもへの援助方法をもつ専門家としてのコンサルタントであり，コンサルティーとは，援助対象となる子どもへの養育のなかで，子どもの理解の仕方や援助の具体的な方法を求める養育者をさす。

**表8-8　養育者へのコンサルテーション過程**

| |
|---|
| ①；コンサルタントとコンサルティーの間で，援助対象となる子どもに関する情報を共有する。 |
| ②；コンサルティーが困っている点や問題の所在を明らかにする。<br>養育者が何に困っているか，あるいは子どものどのような部分を困難と感じているかについて，明らかにする。 |
| ③；コンサルタントは，コンサルティーが抱える問題を解決するために必要な情報や資源を提供する。<br>養育者が困っていることや，子どもの抱える困難さに対する具体的な対処法を援助者と養育者がともに考える。 |
| Ⅰ；子どもに対する有効な言葉かけのあり方，子どもの認知特性に合った学習の方法（家庭での学習は養育者に教師の役割を担わせることとなる。しかし養育者が教師の役割を担うには，負担が大きいことも援助者は理解しておかなければならない），日常生活のなかでの工夫など，具体的で実行可能な方法を提示する。 |
| Ⅱ；教育相談，訓練・学習機関をはじめとする，さまざまな外的資源を上手に使用できるような情報の提供や援助を行う。 |
| ④；コンサルティーは，コンサルタントが提示した情報や資源を，自由に取捨選択することができる。 |

## 4. むすびとして

　援助者は，子どもがADHDやLD，あるいはADHDやLDであるかもしれない場合に，その子どもの障害という外面にあらわれる事象ばかりに捕われ，訓練や課題達成という目に見える成果に重点を置いた指導をしがちになる。

　しかし，真に必要な援助というのは，子どもの自立を見据えて，子どもが自分で考え選び取る，自分で決定し，実行できる力をつけるための援助ではないだろうか。たとえ，子どもがどのような発達上の困難さをもつとしても，それはその子どもの一部分であるにすぎない。

　援助者には，発達の障害という子どもの一部分だけにとらわれず，子どもを全存在としてとらえ，健康な人格の発達を促す援助を目指すことが望まれるだろう。

[斉藤智美]

## 参考文献

American Psychiatric Association　高橋三郎・大野　裕・染谷俊幸(訳)　2003　DSM-Ⅳ-TR　精神疾患の分類と診断の手引　新訂版　医学書院

バークレー, R. A.　海輪由香子(訳)　山田　寛(監修)　2000　ADHDのすべて　VOICE

井上美子・滝口直子・白石正久(編)　1999　発達相談室の窓から――障害児医療と発達相談　クリエイツかもがわ

岩坂英巳　2004　第2章ペアレント・トレーニングとは　岩坂英巳・中田洋二郎・井潤知美(編)　AD／HD児へのペアレント・トレーニングガイドブック　じほう

上林靖子(編)　2002　AD/HDとはどんな障害か―正しい理解から始まる支援―　少年写真新聞社

松浦　宏(第4章編著)・石隈利紀・小野瀬雅人・永松裕希　2003　第4章学校心理士について　第2節学校心理学と学校心理士　日本教育心理学会(編)　教育心理学ハンドブック　有斐閣

文部科学省　2004　小・中学校におけるLD(学習障害)　ADHD(注意欠陥／多動性障害)　高機能自閉症の児童生徒への教育支援体制の整備のためのガイドライン(試案)

中川信子　1998　第4章「発達障害」について学ぶ　健診とことばの相談　ぶどう社

根来あゆみ・山下　光・竹田契一　2004　軽度発達障害児の主観的育てにくさ感　発達, **97**(25), 13-18.

尾崎洋一郎・池田英俊・錦戸恵子・草野和子　2001　ADHD及びその周辺の子どもたち―特性に対する対応を考える―　同成社

尾崎洋一郎・草野和子・中村　敦・池田英俊　2000　学習障害(LD)及びその周辺の子どもたち―特性に対する対応を考える―　同成社

竹田契一(監修)　太田信子・西岡有香・田畑友子　2000　LD児サポートプログラム　日本文化科学社

田中康夫　2001　ADHDの明日に向かって　星和書店

## 軽度発達障害と特別支援教育

　軽度発達障害とは，明らかに定義されるものではないが，機能的な障害が軽い発達障害をもった子どもの総称（竹田・山下，2004）として使用されている用語である。軽度発達障害には①ADHD，②LD，③高機能広汎性発達障害（知的遅れを伴わない自閉症のグループ；アスペルガー症候群，高機能自閉症などが含まれる），④発達性協調運動障害（粗大運動，微細運動の極端な不器用さを示す），⑤境界線知能及び軽度知的障害，が含まれる（杉山，2000）。

　このような軽度発達障害の子どもは，学習面，行動面，対人面などで配慮を必要とするが，知的発達に遅れがみられない（あるいは知的発達の遅れが軽微である）ため従来は特殊教育の対象とならず，その多くが通常学級に在籍し，十分な教育的支援を受けられないまま学校生活を送ってきたといっても過言ではない。

　さて，2002年に文部科学省が実施した「通常の学級に在籍する特別な教育的支援を必要とする児童生徒に関する全国実態調査」の結果では，知的発達に遅れはないものの，学習面や行動面で著しい困難を示す児童生徒の割合が実に全体の6.3％にのぼることが示された（ただし回答は担任教師によるものであり，医師等の診断や専門家の判断を経たものではないため，この割合がただちにADHD，LD，高機能自閉症の児童生徒の割合を示すものではない）。この結果は，学習や集団生活場面でさまざまな支援を必要とする児童生徒が，概ね1学級に1人〜2人の割合で在籍することを示す。

　このように，支援を必要とする児童生徒の一人ひとりのニーズに応じた教育的支援，すなわち特別支援教育を本格的に実施するための体制が，現在，整備されつつある（関連事項を表に示す）。

表　LD，ADHD，高機能自閉症の児童生徒への特別支援教育に関する事項

| ①文部科学省；2003年3月 |
|---|
| 『今後の特別支援教育の在り方について（最終報告）』<br>（特別支援教育の在り方に関する調査研究協力者会議） |
| （a）特殊教育から特別支援教育への転換<br>　盲・聾・養護学校の児童・生徒を対象とした従来の特殊教育から，ADHD，LD，高機能自閉症を含めて，障害のある児童生徒一人ひとりの教育的ニーズに応じた教育的支援を行う特別支援教育への転換を示した。<br>　※アスペルガー症候群については，言語機能には大きな困難性がみられないものの，他の行動特性は自閉症と同様であるために，教育的対応上は高機能自閉症と同様と考えることができる，としている。 |
| （b）特別支援教育を定義<br>　「特別支援教育とは従来の特殊教育の対象の障害だけでなく，LD，ADHD，高機能自閉症を含めて障害のある児童生徒の自立や社会参加に向けて，その一人ひとりの教育的ニーズを把握して，そのもてる力を高め，生活や学習上の困難を改善又は克服するために，適切な教育や指導を通じて必要な支援を行うものである。」 |
| ②文部科学省；2004年1月 |
| 『小・中学校におけるLD，ADHD，高機能自閉症の児童生徒への教育支援体制の整備のためのガイドライン（試案）』 |
| （a）2007年度までを目途に，すべての小・中学校におけるLD，ADHD，高機能自閉症の児童・生徒に対する支援体制の整備を目指す，と提言。 |
| （b）支援者側の役割を明確化<br>　学校・教育行政・専門家・保護者など，特別支援対象の児童・生徒を支援する側の役割を具体的に明示するとともに，必要に応じて各々が連携する必要性を示している。<br>　また，支援対象の児童・生徒が自己理解をすすめ，自らで支援の方策を探れるように，本人用のパートが設けられている。 |

特別支援教育の実施において重要なのが，個別の教育支援計画と個別の指導計画である。個別の教育支援計画とは，教育的支援が必要な児童生徒一人ひとりについて，教育・医療・福祉等の関係機関の関係者，保護者等が，乳幼児期から学校卒業後まで一貫した長期的計画を策定するものであり，個別の指導計画とは，教育的支援が必要な児童生徒一人ひとりの教育的ニーズに即して，指導目標や指導内容，指導方法等を具体的に盛り込んだ指導計画のことである（文部科学省，2004）。

　ここで大切なのは，計画にそって課題と目標が達成されたときに，そのことが支援を受ける児童生徒にとってどのような意味をもつのかという点である。筆者は特別支援教育が"できなかったこと"が"できるようになる"ことのみに焦点をあてるのではなく，学校生活・日常生活において，ひいては将来を見据えて，支援を必要とする児童生徒一人ひとりの，自分らしく生きる力を豊かにする支援であることを願ってやまない。

（斉藤智美）

**参考文献**
文部科学省　2003　特別支援教育の在り方に関する調査研究協力者会議　今後の特別支援教育の在り方について（最終報告）
文部科学省　2004　小・中学校におけるLD（学習障害）ADHD（注意欠陥／多動性障害）　高機能自閉症の児童生徒への教育支援体制の整備のためのガイドライン（試案）
杉山登志郎・原　仁　2003　特別支援教育のための精神・神経医学　学習研究社
竹田契一・山下　光　2004　軽度発達障害とその幼児期の特徴　発達, **97**(25), 6-12.

# 第9章

# 不登校・いじめ

## 1. 不登校

### (1) 不登校の現状

　文部科学省は，不登校を「何らかの心理的，情緒的，身体的，あるいは社会的要因・背景により，児童生徒が登校しないあるいはしたくともできない状況にあること（ただし，病気や経済的な理由によるものを除く）」と定義し，毎年全国の国公私立小・中学校を対象にその実数について調査を行っている。2002年度に不登校を理由に年間30日以上学校を欠席した児童生徒数は，前年度にくらべ若干減少傾向がみられるものの，全国の小・中学校を合わせて13万1,252人であり，小学校では280人に1人，中学校では37人に1人の割合で，その改善は教育上の大きな課題となっている。なお，高等学校については義務教育ではないために，登校，在籍は本人の意思によるものとされ，不登校に関する全国的なレベルでの公式統計は存在しない。

　さらに，文部科学省（1988：当時は文部省）は教育の場における効果的な対応を図るという観点から，不登校の児童生徒を類型化し，次のような分類を行っている（表9-1）。これは，あくまでも教育の場での教師の判定ということに主眼が置かれた分類であり，発達障害や精神的疾

表9-1　不登校のタイプ（態様）

| 区分 | 区分の説明 |
|---|---|
| 学校生活に起因する型 | いやがらせをする生徒の存在や，教師との人間関係等，明らかにそれと理解できる学校生活上の原因から登校せず，その原因を除去することが指導の中心となると考えられる型。 |
| あそび・非行型 | 遊ぶために非行グループに入ったりして登校しない型。 |
| 無気力型 | 無気力でなんとなく登校しない型。登校しないことへの罪悪感が少なく，迎えに行ったり強く催促すると登校するが長続きしない。 |
| 不安など情緒的混乱の型 | 登校の意志はあるが身体の不調を訴え登校できない，漠然とした不安を訴え登校しない等，不安を中心とした情緒的な混乱によって登校しない型。 |
| 複合型 | 登校拒否の態様が複合していていずれが主であるかを決めがたい型。 |
| 意図的な拒否の型 | 学校に行く意義を認めず，自分の好きな方向を選んで登校しない型。 |
| その他 | 上記のいずれにも該当しない型。 |

患の初期症状としての不登校などを含む，従来の精神医学的観点からの分類とは大きく異なっている。また，不登校の定義が学校へ行けない，あるいは行かないという状態像を基準としたものであるため，怠学系の不登校や意図的な拒否のタイプも含まれている。

### (2) 不登校とそれに関する用語の変遷

不登校の問題が，最初に注目されたのはアメリカである。すでに1932年に，ブロードウィン（Broadwin, I.T.）は，怠学（truancy）が大勢を占めていた当時の不登校のなかに，それとは異なる神経症的なタイプがみられることを，矯正精神医学会誌上で公表している。つづいて，ジョンソンら（Johnson, A.M. et al., 1941）が，分離不安（separation anxiety）を基調とした強い不安や恐怖のために登校することができない一群の子どもについて，学校恐怖症（school phobia）という呼称で報告を行ったが，当初からこうした子どもを恐怖症という，いわゆる神経症の一種とみなすことには疑問ももたれた。さらに1950年代になると，学校恐怖症の基調とされる分離不安は母親と別れることへの恐れであり，学校自体が恐怖の対象ではないということなどから，こうした呼称への反発もみられ，やがて登校拒否（school refusal）の用語が用いられるようになる。しかし，就学への義務感や不登校への罪悪感がみられるにもかかわらず登校できないという状態は，必ずしも登校を拒否しているとは考えにくいことから，この用語の使用についても当初から問題が残されていた。

その後，従来の学校恐怖症や登校拒否のように，それらを疾病単位や症候群としてとらえる立場とは異なり，症状の1つとみなす考え方がみられるようになる。こうした現象をまとまりをもった臨床単位と考えるのではなく，むしろさまざまな精神障害の経過においてあらわれる症状としてとらえようとする見方である。たとえば，アメリカ精神医学協会の疾患分類および診断基準であるDSM-Ⅲ（1980），DSM-Ⅲ-R（1987），DSM-Ⅳ（1994）には，学校恐怖症や登校拒否という項目はみられない。これは，それらは多くの障害の複合の結果であり，独立した臨床単位とはみなされないとする見解に基づいている。

わが国で不登校の問題が注目され始めたのは1950年代の後半とされる。それまで一種の怠学（怠け休み）としての認識しかもたれていなかったものが，強い不安や恐怖のために学校に行けないという症状をもつ児童生徒に対して，欧米で用いられていた学校恐怖症という呼称で，その症状や成因等について初めて関心が向けられるようになった（高木ら，1959，佐藤，1959，鷲見ら，1960）。その後，欧米での呼称の変遷に伴い，わが国でも登校拒否という用語が広く用いられるようになる。ところが，1980年代になると，数的増加やそれに伴う多様化によって従来の概念では把握できないケースも多くみられるようになるが，それらも含めて登校拒否として括られることが多く，この概念自体に曖昧さがつきまとうようになっていく。そこで，1980年代後半から，広く学校へ行けない，あるいは行かない状態や症状をさすものとして不登校が用いられるようになり，文部科学省の学校基本調査でも2001年度からこ

---

**分離不安（separation anxiety）**

子どもが母親から離れるときに示す不安反応。生後半年頃から生じ，1歳半でピークに達し，その後は徐々に弱まっていく。また，一般に3歳頃になると母親の一時的な不在に耐えられるようになるとされている。これ自体は病的な反応ではなく，健全な母子関係形成の指標ともされるが，4歳以降に強い分離不安がみられる場合には問題も残る。

**学校基本調査（basic census of school）**

学校教育行政上の基礎資料を得ることを目的に，文部科学省が毎年1回，幼稚園から大学院までのすべての学校種を対象に実施する悉皆調査である。1948年から継続的に実施され，その内容は学校数，在籍者数を初め多岐にわたっており，その結果は最終的には「学校基本調査報告書」として毎年刊行されている。

の用語が使われている。

## 2. 不登校の成因論と援助

### (1) 不登校の心理機制

治療や援助のあり方を方向づけるという観点から，不登校の分類や類型化，またタイプ別の成因論を含むその心理機制についてさまざまな理論が展開されてきた。高江洲（1981）は，不登校の成因論に関して，それまでに提出された考え方のなかで比較的安定したものとして，分離不安説，自己像説，場面逃避説，両性葛藤説，同一性形成・障害説をあげているが，紙面の都合上，ここでは分離不安説と自己像説について簡単に触れておく。

#### 1) 分離不安説

ジョンソン（Johnson, 1941），エステス（Estes, 1956）やアイゼンバーグ（Eisenberg, 1958）らによって唱えられたもので，母親との分離不安を不登校の成因とする考え方である。要約すれば，まず不安で両価的な傾向をもった母親によって過保護－過依存的な母子関係がみられるようになる。次に，子どものこうした過依存的な態度は母親の自由を束縛することになり，結果として母親に子どもに対する意識下の敵意が生じる。しかし，一般に子どもへの敵意は受け入れがたく，その代償または罪責感から，母親は一層過保護的な態度を募らせていく。このような関係のなかで，子どもに親に対する葛藤的で両価的な感情や態度が形成されていく。こうした母子関係を背景に，学校での出来事が引き金となって不安が生じると，親からの安定した支持が得られないことから，子どもの不安はさらに増幅される。それがまた母親の不安を煽り，子どもに対する無意識的な抱えこみが生じることになるが，そうした母親への反応として，子どもは不登校に陥るとするのである。以上のように，分離不安説では不登校は両価的で不安定な母子関係に由来し，分離あるいは独立への不安がその成因であるとする。

#### 2) 自己像説

不登校が分離不安と関連の深い幼年期に限らないことや，対象が学校に限定されており生活の全領域でみられるわけではないことなどへの疑問から，レーベンタールとシルズ（Leventhal & Sills, 1964）によって分離不安説へのアンチテーゼとして唱えられた理論である。親の過剰期待や過剰評価などにより，不登校児は自己を過大評価し，非現実的な自己像をもつようになる。しかし，現実の学校状況では，そうした自己像を維持することはむずかしいことが多い。たとえば，学習面での失敗や仲間関係でのトラブルなどが原因で自己像が脅威にさらされると，自己愛的に非現実的な自己像を維持しようとして，学校から退避し，許容的な家へ閉じこもることになるとする。これと類似した説に，鑪（1963）の自己理論（Rogers, C.R.）からの仮説がある。鑪はロジャーズが心理

---

両価的な（ambivalent）
　アンビバレンス（ambivalence）の形容詞型。アンビバレンスは両面感情，両面価値感情と訳されており，同一の対象に対して，愛と憎しみといった相反する感情や態度を抱くことをいう。

**自己概念（self-concept）**
　人が自分の属性（身体的特性，能力的特性，パーソナリティ特性や社会経済的地位など）や行動様式に対して表明する態度，判断，価値観などの総称であり，自己観とも訳される。自己像（self-image）も同じ意味で用いられることがあるが，一般に自己像や自己意識（self-consciousness）が比較的一時的なものであるのに対して，自己概念は相対的に恒常的であるとされる。

**悉皆調査（census）**
　社会調査の方法。センサスとも呼ばれ，対象となる母集団の全数調査を行う場合をいう。これに対して，母集団から標本を抽出して対象者とする場合には標本調査（sample survey）とよばれる。社会調査の多くは，経済性や統計的理由などから，無作為抽出法による標本調査が採用される場合が多い。

的不適応を自己の経験間の不一致（incongruence）としてとらえているのを受け，不登校児にとって学校状況での経験は自己概念（self-concept）に受け入れがたいものとして機能しており，そうした自己概念を維持するために学校状況を拒否するに至るとしている。
　この他に，不登校を思春期内閉症候群（juvenile seclusion syndrome）として，その特徴である内閉（自閉とは区別される）に積極的意味を見いだそうとする山中（1978）の視点も示唆に富むものである。

### (2) 不登校の経過・予後，および支援

　不登校は子どもが示す社会的な次元での状態や症状としてとらえられていることから，その範疇で括られるものは多様であり，経過や予後，援助のあり方も一括りにはできないのが現状である。また，発症年齢によっても違いがみられ，小学校低学年では比較的早期に学校復帰が可能とされるが，中学生以降になると2〜3年，場合によってはそれ以上の期間欠席が続くこともまれではない。比較的長期にわたる不登校の回復までの経過は，佐藤・黒田（1994）によって表9-2のようにまとめられている。
　その予後についても関心は高く，内外において数多くの調査がなされている。齊藤（1999）はわが国での主要な予後調査をまとめ，不登校の子どもの半数以上（おそらく7割強ほど）は社会的に良好な適応を示すようになるが，一部（2割強ほど）には社会的適応のむずかしい不安定な状態にとどまるものがあるとしている。また，現代教育研究会（2001）が，1993年に中学3年生で年間30日以上欠席した25,992人全員を対象に，20歳時点での現状とそれまでの経過を追跡した悉皆調査でも，20歳時の不就労・不就学率は22.8％であり，齊藤の報告と近似した結果となっている。
　かかわりや援助のあり方も，不登校のタイプ，発症年齢，経過の段階，援助者の立場などによって異なり，一括りにはできない。従来，神経症的不登校では親や周囲の期待や評価に翻弄された結果挫折に追い込まれた，就学への義務感や不登校への罪悪感が強い優等生息切れ型とよばれるタイプが典型とされてきた。ところが，近年では怠学との区別がつきにくい無気力型の増加が指摘されている。先の現代教育研究会の調査結果でも，約15％がこれに該当するとされるが，こうしたタイプでは豊かに休ませるばかりでなく，周囲（たとえば，担任教師）の積極的なかかわりが回復を促すことも報告されている。
　齊藤（1999）は不登校からの回復に影響を及ぼす要因をまとめ，①腹を据えた親の支持が存在したこと，②それに守られて子どもの心の再建が一定水準まで進んだこと，③外部の情報が適切な量とモード（押しつけを感じさせない遠いラジオの声のように）で途絶えることなく伝えられていたこと，④適度な高さのハードルたる社会的活動の場がタイミングよく出現したこと，⑤その活動との結びつきを仲介してくれる人や機関が存在していたこと，をあげている。こうしたことからも，家庭，学校，専門機関（児童相談所，教育相談機関，精神科診療所など）の協力的支援はもとより，基礎教育の学び直しや社会性の発達を促すような

表9-2 不登校の回復の経過

| 期 | 段階 | 状態 |
|---|---|---|
| 初期 Ⅰ期 | 身体的愁訴の段階 | 子どもが頭痛や腹痛など、からだの不調を訴えている時期で、身体の調子が悪いと親も子どもも思い、まだ登校拒否の始まりと気づいていません。 |
| 初期 Ⅱ期 | 不登校の合理化の段階 | 親や医師が、子どものからだの不調は、心理的なものからきていると思い始めて、不登校を疑います。子どもは学校について不満を述べ、学校に行けない責任は学校や友だちなどにあると言います。 |
| 中期 Ⅲ期 | 不安、動揺の段階 | 子どもの言うことは言い逃れだと、親は子どもを責め、登校を求めます。家庭のなかに登校をめぐって緊張感がみなぎります。それにつれて子どもは情緒的に落ち着きをなくします。この時期に、親は援助を求めて病院や専門機関を訪れますし、家庭内暴力も起き始めることもあります。 |
| 中期 Ⅳ期 | 絶望、閉じこもりの段階 | おどしたり、すかしたり、哀願したり、いろいろ試みても、自体は解決しないで悪化します。親も子も絶望感を覚えます。しかし、親はあきらめきれないで、子どもの具合のよいときをみはからって登校を促しますが、子どもは落ち着かず、家庭内暴力が続くこともあります。この時期には、子どもの部屋から学生服や教科書など学校に関係する物品が姿を消してしまいます。子どもの生活は乱れます。そして、子どもは外に出ないで自宅に閉じこもり始めます。閉じこもりは2〜3年間も続くことがあります。 |
| 中期 Ⅴ期 | あきらめ・自己探索の段階 | 絶望の時期を通りすぎて、親はあわててもしかたがない、1〜2年休むのもよい、長い人生だと覚悟を決めると、家庭内の緊張感がしだいになくなります。一方、子どもは好きなこと、たとえば、ファミコン、TVの視聴、小動物の飼育に熱中しながらも過去の自分を振り返りはじめ、「どうしてこんなことになったのか」と考えだします。 |
| 後期 Ⅵ期 | 回復の段階 | 子どもは、また一段と生活のなかで落ち着きを見せ始め、親やきょうだいが学校について触れても嫌がらず、ときには、その話に乗ってきます。乱れていた日常生活──起床、就寝時間、食事、室内の掃除、頭髪の手入れ、服の着脱──に活気とけじめが戻ってきます。隠していた学生服、本、ノートなどが少しずつ部屋のなかに姿をあらわすようになります。 |
| 後期 Ⅶ期 | 学校復帰の段階 | 4月、9月、1月などの学期始めや、修学旅行などの学校行事をきっかけに専門機関や学校のもとに復帰します。行ったり休んだりの散発的な登校からしだいに出席日数が増え、そして、完全に学校に復帰します。 |
| 後期 Ⅷ期 | 完全な回復の段階 | 完全に不登校から脱して、健全な生活をするようになります。親も子どもも学校へ行けなくなるかもしれないという不安から解放されます。 |

※原著では、不登校ではなく登校拒否と記されているが、用語の統一のためにここでは不登校に改めた。また、原著での登校拒否とは、心理的事由によるもの、特に神経症的登校拒否を指している。

「中間的な居場所」の提供が回復へ向けての重要な鍵となる。このような観点からの、今日の社会状況を反映した取り組みの一例として、学習指導員との電子メールの交換や、ネット上の掲示板での同世代の子どもたちとの交流などが盛りこまれた地域ネットワークによる支援も試みられており、一定の成果が報告されている（小林, 2003）。

## 3. いじめ

### (1) いじめの現状

文部科学省は，いじめを「自分よりも弱いものに対して一方的に，身体的・心理的な攻撃を継続的に加え，相手が深刻な苦痛を感じているもの。なお，起こった場所は学校の内外を問わないこととする」と定義し，毎年全国の公立小・中・高等学校と盲・聾・養護学校を対象に調査を行っている（ただし，盲・聾・養護学校については1994年度から実施）。2002年度のいじめの発生校数・発生件数は表9-3の通りであるが，発生件数等は前年度に比べ減少しているものの，依然として憂慮すべき状況にあるといえる。また，いじめの発生件数を学年別にみると，小学校から学年が進むにつれて多くなり，中学校1年をピークとして，その後は学年が進むにつれて減少する傾向がみられる。

**いじめ（bullying）**
いじめは横並び意識による異質性の排除や，過熱した受験競争がもたらすストレスなど日本独特の気質や風土と結びつけて語られることが多いが，何も日本ばかりの現象ではない。欧米を初め，世界各国のいじめの現状や取り組みについては「世界のいじめ」（森田, 1998），「いじめの国際比較研究」（森田, 2001）に詳しい。

表9-3 いじめの発生学校数・発生件数（公立学校, 2002年度）

| 区分 | 公立学校総数（校）| 発生学校数（校）| 発生率（％）| 発生件数（件）| 1校あたり発生件数（件）|
|---|---|---|---|---|---|
| 小　学　校 | 23,560 | 2,675 | 11.4 | 5,659 | 0.2 |
| 中　学　校 | 10,392 | 3,852 | 37.1 | 14,562 | 1.4 |
| 高　等　学　校 | 4,136 | 1,029 | 24.9 | 1,906 | 0.5 |
| 盲・聾・養護学校 | 933 | 43 | 4.6 | 78 | 0.1 |
| 計 | 39,021 | 7,599 | 19.5 | 22,205 | 0.6 |

（注）発生率＝発生学校数／公立学校総数×100
資料：文部科学省調べ

いじめの態様については表9-4に示す通りである。全体的にみれば，冷やかし・からかい（31.6％）が最も多く，言葉での脅し（17.9％）がこれに続く。学校種間での特徴をみると，小・中・高等学校と学校段階が上がるにつれて，言葉での脅し，暴力を振るうやたかりの割合が増加している。

表9-4 いじめの態様（公立学校, 2002年度）

| 区分 | 小　学　校 | | 中　学　校 | | 高　等　学　校 | | 盲・聾・養護学校 | | 計 | |
|---|---|---|---|---|---|---|---|---|---|---|
| | 件数 | 構成比 | 件数 | 構成比 | 件数 | 構成比 | 件数 | 構成比 | 件数 | 構成比 |
| | 件 | ％ | 件 | ％ | 件 | ％ | 件 | ％ | 件 | ％ |
| 言葉での脅し | 1,343 | 16.3 | 3,622 | 18.3 | 570 | 19.6 | 33 | 31.4 | 5,568 | 17.9 |
| 冷やかし・からかい | 2,484 | 30.1 | 6,506 | 32.8 | 826 | 28.4 | 20 | 19.0 | 9,836 | 31.6 |
| 持ち物隠し | 669 | 8.1 | 1,530 | 7.7 | 164 | 5.6 | 9 | 8.6 | 2,372 | 7.6 |
| 仲間はずれ | 1,582 | 19.1 | 2,562 | 12.9 | 255 | 8.8 | 13 | 12.4 | 4,412 | 14.2 |
| 集団による無視 | 472 | 5.7 | 1,027 | 5.2 | 104 | 3.6 | 4 | 3.8 | 1,607 | 5.2 |
| 暴力を振るう | 1,135 | 13.7 | 2,926 | 14.7 | 560 | 19.6 | 14 | 13.3 | 4,635 | 14.9 |
| た　か　り | 113 | 1.4 | 424 | 2.1 | 156 | 5.4 | 3 | 2.9 | 3696 | 2.2 |
| お節介・親切の押し付け | 110 | 1.3 | 241 | 1.2 | 41 | 1.4 | 4 | 3.8 | 396 | 1.3 |
| そ　の　他 | 356 | 4.3 | 1,007 | 5.1 | 231 | 7.9 | 5 | 4.8 | 1,599 | 5.1 |
| 計 | 8,264 | 100.0 | 19,845 | 100.0 | 2,907 | 100.0 | 105 | 100.0 | 31,121 | 100.0 |

（注）複数回答
資料：文部科学省調べ

## (2) いじめの心理機制

いじめがなぜ，どのような心理機制によって起こるのかという問題に関しては，これまでにいくつかの仮説が提出されてきた。その1つに，ダラードら（Dollard et al., 1939）の欲求不満 - 攻撃仮説（frustration-aggression hypothesis）を援用した解釈がある。この仮説を要約すると，①目標達成が阻止され，欲求充足ができないような心理状態に置かれると攻撃行動が発現する。この場合，攻撃の強さは欲求不満の強さに比例する。②攻撃性の抑制は，予想される罰，失敗，愛の対象の傷害に比例する。③攻撃性は欲求不満の起因者に最も強く向けられるが，それが阻止された場合，阻止による欲求不満がもとの欲求不満に付加・強化され，攻撃形式を変えたり，攻撃対象を置き換えて攻撃がなされる。④攻撃行動は欲求不満の量を減少させ，攻撃性を低下させる，となる。ここで注目されるのは，攻撃対象の置き換え（displacement）の問題である。

いじめは校内暴力が峠を越して収束に向かった1980年代に大きな社会問題として取り上げられるようになった。周知のように，対教師暴力を含む校内暴力は権威 - 服従関係の強化によって鎮静化に向かったとされるが，学校や教師という権威に対する直接的攻撃や反抗が力によって押さえこまれたとき，そこでの敵意や不満，攻撃性が陰湿な形で仲間に振り向けられたのが今日のいじめと考えることもできる。こうした問題に関して，小林（2003）は中学生の攻撃対象の変遷について触れ，攻撃対象が時代とともに外側から内側へ，校外から校内，校内から学級内へと変化し，1980年代になるとその対象が強者から弱者へと転換することを指摘している。

**置き換え（displacement）**
防衛機制の一種で，ある対象に向けられた無意識的な欲求や衝動を他の対象に向け換えること。これにより，最初の対象からの攻撃を防いだり，不安や罪悪感を解消することができる。

## (3) 今日のいじめの特徴

森田（1986）は今日のいじめの特徴を，①いじめの可視性の低下，②立場の入れかわり，③スティグマの拡大，④いじめの集団化，⑤歯止めの喪失，⑥いじめと非行との接点，としてまとめている。いじめの初期段階では，遊びやふざけを通して何らかのスティグマを貼りつけやすい子のあぶりだしが行われる。従来のいじめでは，弱い立場にあるものや，身体的，環境的負因に対してスティグマを貼りつける傾向がみられたが，今日のいじめでは弱者，強者にかかわりなく，正義感の強い子や真面目な子を含め，集団からはみ出すものすべてがその対象となる可能性があり，スティグマの拡大傾向がみられる。一旦，スティグマが貼りつけられると，いじめの対象は固定されるが，時として立場の逆転もみられ，加害者と被害者が入れかわることもある。

今日のいじめは学級集団全体を巻き込んだものが多く，特に中学校ではその傾向が顕著であるとされる。図9-1に示すように，いじめの集団化では学級に被害者，加害者ばかりでなく，それを取り巻く観衆や傍観者を含む4層構造がみられるようになる（森田，1986）。観衆とは直接には手を下さないが，いじめをはやしたて面白がって見いる層（積極的是認）であり，傍観者は自分に害が及ぶのを恐れ，見てみぬふりをしている層（暗黙的支持）である。また，被害・加害者とは，いじめた経験といじめられた経験を併せもつ層で，先に述べた立場の入れかわりの典型

**スティグマ（stigma）**
語源はギリシャ語で，肉体上につけられた焼印のことである。社会学や社会心理学でいうスティグマとは，当人に物理的，心理的，社会的不利をもたらすような個人的特徴をさし，社会的烙印と訳されている。

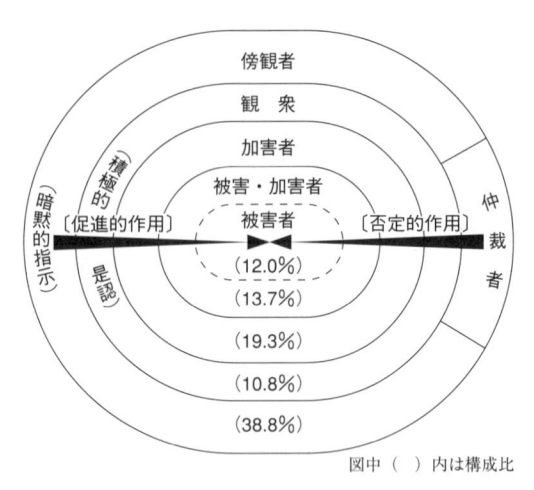

```
              傍観者
             観　衆
            加害者
          被害・加害者
  ［暗黙的指示］ 被害者  ［否定的作用］  仲
  （積極的促進的作用） (12.0%)         裁
           是認 (13.7%)             者
              (19.3%)
              (10.8%)
              (38.8%)
```

図中（　）内は構成比

**図9-1　いじめ集団の構造**

であるといえる。

　図に示されているように，傍観者のなかから仲裁者があらわれ，いじめの抑止に繋がるような否定的反作用がみられることが期待されるが，立場の入れかわりなどによって，自分に害が及ぶのを恐れることから，実際には十分な歯止めにはならないことが多いとされる。こうした集団化が進むと，学級内での抑止力は機能しなくなり，外部（担任教師を含む）からは見えにくい形で，陰湿で長期にわたるいじめが繰り返されるようになる。また，今日のいじめでは，恐喝や暴行など刑法に触れる行為がみられることも多く，非行との接点もその特徴の1つにあげられている。

### (4) いじめへの対応

　「児童生徒の問題行動等に関する調査研究協力者会議」(1996) は，いじめ問題へ取り組むにあたっての基本的認識として，①「弱い者をいじめることは人間として絶対に許されない」との強い認識に立つこと，②いじめられている子どもの立場に立った親身の指導を行うこと，③いじめは家庭教育のあり方に大きなかかわりを有していること，④いじめの問題は，教師の児童生徒観や指導のあり方が問われる問題であること，⑤家庭，学校，地域社会などすべての関係者がそれぞれの役割を果たし，一体となって真剣に取り組むことが必要であること，をあげている。

　こうしたことからも，加害者に対しては，いじめの非人間性や，それが人権を侵す行為であることに気づかせるとともに，他者の痛みを理解できるように指導することが必要となる。また，被害者に対しては，その言葉に徹底的に耳を傾け，心の痛みを共感する姿勢が強く求められている。理解者の存在は，被害者の気持ちを安定させ，いじめへの抵抗力や対抗力を引き出すことにもなる。さらに，いじめの集団化ということからすれば，加害者，被害者ばかりでなく，観衆や傍観者に対しても，そうした姿勢や態度は本質的には加害者と同じであるということに気づかせるような指導も必要となってくる。今日のいじめをみると，集団化

や非行との接点といった特徴から，教師を中心とした学校だけでの取り組みには限界がある。いじめ問題の解決には，学校ばかりでなく，家庭，地域社会，教育行政の関係者等が緊密に連携を図るとともに，それぞれの立場から，その解決に向けての具体的取組を，継続して実践していくことが求められているといえる。

[善明宣夫]

## 参考文献

Eisenberg, L.　1958　School phobia—A study in the communication of anxiety. *American Journal of Psychiatry*, **114**, 712-718.
Estes, H.R. et al.　1956　Separation anxiety. *American Journal of Psychiatry*, **10**(4), 682-695.
現代教育研究会(代表・森田洋司)　2001　不登校に関する実態調査　平成5年度不登校生徒追跡調査報告書
Johnson, A.M. et al.　1941　School Phobia. *American Journal of Orthopsychiatry*, **11**(4), 702-711.
稲村博　1994　不登校の研究　新曜社
小林正幸　2003　不登校児の理解と援助　金剛出版
Leventhal, T., & Sills, M.　1964　Self-image in school phobia. *American Journal of Orthopsychiatry*, **34**, 685-695.
森口秀志・奈浦なほ・川口和正(編)　2002　ひきこもり支援ガイド　晶文社
森田洋司　2003　不登校―その後―　教育開発研究所
森田洋司・清水賢二　1994　新訂版　いじめ―教室の病い―　金子書房
齊藤万比古　1999　不登校だった子どもたちのその後　こころの科学, **87**, 81-87.
高江州義英　1981　栃木県における登校拒否対策―教育と医療との連携―　栃木医会誌, **12**, 38-40.
佐藤修策　1959　神経症的登校拒否行動の研究―ケース分析による―　岡山県中央児童相談所紀要, **4**, 31-37.
佐藤修策・黒田健次　1994　あらためて登校拒否への教育的支援を考える　北大路書房
高木隆郎・川端利彦・田村貞房・三好郁男・前田正典・村手保子・澄川　智　1959　長欠児の精神医学的実態調査　精神医学, **1**, 403-406.
鑪幹八郎　1963　学校恐怖症の研究(Ⅰ)―症状形成に関する分析的考察，児童精神医学とその近接領域, **4**, 221-235.
内山喜久雄(編)　1983　登校拒否　金剛出版
山中康裕　1978　思春期内閉 Juvenile Seclusion―治療実践よりみた内閉神経症(いわゆる学校恐怖症)の精神病理　中井久夫・山中康裕(編)　思春期の精神病理と治療　岩崎学術出版
鷲見たえ子・玉井収介・小林育子　1960　学校恐怖症の研究　精神衛生研究, **8**, 27-56.

## ひきこもり（社会的ひきこもり）

　ひきこもり（social withdrawal）とは病名や診断名ではなく，不登校と同様に1つの状態像をさす用語である。わが国では，1970年代後半から徐々に増え続け，今日では全国で100万人を超えると推定されている。厚生労働省の「地域精神保健活動における介入のあり方に関する研究班」（2000年度設置）の行った調査研究では，ひきこもりとは「①6ヵ月以上自宅にひきこもって社会参加しない状態が持続しており，②分裂病などの精神病ではないと考えられるもの。ただし，社会参加しない状態とは，学校や仕事に行かないまたは就いていないことをあらわす」と定義されている。こうした定義に加え，社会参加しないという状態に，不就学，不就労ばかりでなく家

族以外の親密な対人関係がみられないことも含め，これらのいずれか1つでも満たされている場合には社会参加しているとみなすとする斉藤（2002）の見解もある。

　このように，ひきこもりは学校に行くことや，仕事に就くこともなく，家族以外との人間関係を避けて家に閉じこもっている状態をさしている。長期化に伴い，対人恐怖，強迫症状，抑うつ気分，不眠，家庭内暴力，被害念慮，希死念慮や自殺企図等がみられることもあるが，こうした症状もひきこもり状態からの脱却に伴って軽減したり，消失することが知られており，二次的なものとみなされる。また，年齢や性別に関して，これまでに報告された調査結果を総合すると，ひきこもりは20歳代が最も多く，女性にくらべ男性の割合が圧倒的に多いことが知られている。不登校との関係も指摘されてはいるが，本文中でも述べたように，後にその7割強が良好な社会適応を示していることからも，単純に不登校からひきこもりに移行すると考えるのは間違いである。

　ひきこもりはDSM-IVにその項目がみられることからもわかるように，わが国特有の現象ではない。しかし，欧米にくらべ，量的にも，質的にもより深刻化していることも指摘されている。こうしたことから，当事者の病理という問題を超えて，それを文化・社会的状況の反映としてとらえ，個人に対するカウンセリングや精神療法のみならず，家族を介しての治療的介入が大きな意味をもつとする見方もある。斉藤（1998）はひきこもりを個人，家族，社会の3つのシステムが接点（コミュニケーション）を失い，それがきっかけとなって悪循環が起こっている状態とみなす。ここで問題となるのが，世間体を気にしてその事実を隠そうとしたり，誰にも相談せずに抱え込もうとするわが国特有の家族システムのあり方である。そこで，家族システムの悪循環を断ち切り，健全なコミュニケーションを取り戻すためには，当事者のみならず家族をも巻き込んだ援助が求められることになる。こうした観点からのアプローチは，犯人探しの不毛性から脱却し，援助や支援のあり方を方向づけるという意味において有効性が高いと考えられる。

　近年，市民グループ，NPO，カウンセラーや医療機関等，民間によるひきこもり支援の動きは急速に高まっている。その一例として，ひきこもり当事者やその家族に対する支援活動を行っている約140もの団体や個人を紹介した全国版のガイドブックも出版されている。こうした動きと相まって，公的機関の動きにも注目すべきものがある。厚生労働省（2001）は，「社会的ひきこもり」をめぐる地域精神保健活動のガイドライン（暫定版）を全国の精神保健福祉センター，保健所，児童相談所などに配布し，当事者以外の家族をも含めた対応など相談活動の充実をはかっている。ガイドラインでは，①ひきこもりは誰にでも起こりうる事態であること，②なまけや反抗ではないこと，③過保護や放任など過去の家族の問題が原因とは決めつけないこと，④対処の仕方次第では解決できる問題であることなど，援助に向けての原則が明確にされている。また，このガイドラインでは家族支援の重要性が強調されており，これまでの当事者中心の援助から一歩踏み出した提言内容となっている。

（善明宣夫）

**参考文献**
斉藤　環　1998　社会的ひきこもり―終わらない思春期―　PHP研究所
斉藤　環　2002　「ひきこもり」救出マニュアル　PHP研究所

# 第10章

# 行為障害

## 1. 行為障害の定義と発症時期

　神戸市の児童連続殺傷事件（酒鬼薔薇事件）や佐賀県のバスジャック事件は，大胆で残虐な事件内容とともに犯人がいずれも未成年であったことでも世間に驚きを与えた。そして彼らは行為障害（conduct disorder）と判断されたことから，この精神疾患名も有名になり，同時に未成年者による反社会的な行動は行為障害と診断されるケースが増えてきた感もある。また非行臨床の現場に携わっていると，目の前の非行少年のほとんどが行為障害と診断されるのではないかと思われたりもする。当然非行を考えるうえで行為障害は忘れてはならない診断概念である。しかし必ずしも非行や犯罪が行為障害とストレートに関係しているわけではない。これまで曖昧な理解の基準しかもち得ていなかった非行臨床専門家にとって，行為障害は頼もしい診断基準としてあらわれた。それゆえにこの診断を重視し，非行の原因として帰属させやすく，社会の認識もまた行為障害という診断名に悪質な行為というラベルづけをしてしまうおそれをもっている。しかしながら一方で，行為障害の診断基準は，短気で粗暴，家出，窃盗や強盗，放火，動物への虐待行為などを繰り返す子どもに対して，厄介者でかかわってはいけないという見方ではなく，他の障害と同様に治療対象者であるという視座を与えてくれる。一般的にどうにも理解しがたい行動に一定の理解の枠組みをもてる意義は大きい。

　また，違った視点で行為障害を見直すと，発達臨床的に明確な区分がなされていることが特徴として浮かび上がる。すなわち，行為障害を理解することは，子どもの発達に関係する分野に携わる人々に重要な診断概念となる。特に障害児教育に携わる人たちには必要な知識であろう。

　行為障害の診断基準は明確である。診断には，他の障害と同様にDSM-Ⅳ-TR（以後DSM-Ⅳ）（American Psychiatric Association, 2000）やICD-10（World Health Organization, 1992）が活用される。両基準ともに子どもの反社会的行動の特徴を提示しているが，詳しくみると若干の違いがある。DSM-Ⅳの診断基準は表10-1の通りである。他者の基本的人権や規範を侵害する行為が過去12ヶ月間存在し，4種の下位診断基準の1つが最近6ヶ月以内に認められることが基本的な基準となる。下位診断基準は①人や動物に対する攻撃性，②所有物の破損，③嘘をつくことや窃盗，④重大な規則違反の4種である。下位診断基準の内容のど

表 10-1　DSM-Ⅳ-TR における行為障害の診断基準概要

A. 他者の基本的人権または年齢相応の社会的規範または規則を侵害することが反復し、持続する行動様式で、以下の基準の3つ（またはそれ以上）が過去12ヶ月の間に存在し、基準の少なくとも1つは過去6ヶ月の間に存在したことによって明らかとなる。

〈人・動物に対する攻撃性〉
(1) いじめ，脅迫，威嚇
(2) 取っ組み合いの喧嘩
(3) 重大な身体的危害を与えるような武器の使用
(4) 人に対して残酷な身体的暴力
(5) 動物に対して残酷な身体的暴力
(6) 被害者の面前での盗み
(7) 性行為の強要

〈所有物の破壊〉
(8) 重大な損害を与えるための故意の放火
(9) 故意による他人の所有物の破壊（放火以外）

〈嘘をつくことや窃盗〉
(10) 住居，建造物，車への侵入
(11) 物や行為を得るためや，義務を逃れるための虚言
(12) 被害者の面前以外での価値のある物の窃盗

〈重大な規則違反〉
(13) 13歳以前から始まる親の禁止にそむいた夜遅くの外出
(14) 一晩中，家をあけることが2回以上（または，長期の家出が1回）
(15) 13歳以前からの怠学

B. 臨床的に著しい社会的，学業的，または職業的機能の障害を引き起こしている。

C. 18歳以上の場合，反社会性パーソナリティ障害の基準を満たさない。

小児期発症型：10歳になるまでに行為障害に特徴的な基準の少なくとも1つが発症
青年期発症型：10歳になるまでに行為障害に特徴的な基準は全く認められない
発症年齢特定不能：発症年齢不明

軽　症：診断を下すのに必要である項目数以上の行為の問題はほとんどなく，および行為の問題が他人に比較的軽微な害しか与えていない
中等症：行為の問題の数および他社への影響が軽症と重症の中間
重　症：診断を下すのに必要な項目数以上に多数の行為の問題があるか，または行為の問題が他者に対して相当な危害を与えている

　れをみても，反社会的な行動で他者や社会に損害を与える行為である，それぞれの行為は現実的な状況として容易に想像できる項目で成り立っている。
　ICD-10では，行為障害は児童及び青年期に発現する反社会的，攻撃的または反抗的な行動特徴が反復して示されるものとして定義されている。そして通常は男児に多く，過度のけんかやいじめ，動物や他人への残虐行為，破壊行為，怠学・家出，虚言，怒りによる行為，反抗的で挑発的な行動などが繰り返される重篤な状況を例示している。激しい攻撃的行為や破壊行動，あるいは虚言といった内容はDSM-Ⅳと同様である。ICD-10の特徴は，行為障害を「家庭限局性行為障害（conduct disorder confined to the family context）」，「非社会性行為障害（unsocialized

conduct disorder)」,「社会性行為障害 (socialized conduct disorder)」,「反抗挑戦性障害 (oppositional defiant disorder)」,そして「他の行為障害 (other conduct disorder)」の5種に区別しているところにある。

「家庭限局性行為障害」は家庭内暴力や金銭の盗み出しなどが該当し,家庭の外では逸脱行動がみられない特徴をもつ。「非社会性行為障害」は同年齢の仲間集団に入れないことが条件であり,だいたいにおいて単独の逸脱でなされ,弱いものいじめ,過激なけんか,暴力,従順でない態度,不作法,協力的でない態度,動物や他の子どもへの残虐な行為などである。佐賀バスジャック事件を起こした少年は,事件以前にこの型の行為障害と診断されていたようである。「社会性行為障害」は非社会性と違い,仲間集団に所属している者に適用される。仲間と一緒に逸脱することが条件ではなく,単独で反社会的行動を起こしても診断を阻害するものではない。「反抗挑戦性障害」は9歳から10歳未満に適用され,挑戦的かつ反抗的な行動を示すものの,より重大な反社会的または攻撃的な行動がないことが条件となり,年少児の障害を分類しやすくするために加えられた診断基準であると明記されている。すぐに怒りだし,言うことを聞かず,協調せずに反発ばかりして自分の非を認めようとしないため,周りの者を苛立たせ安心を与えない子どもという特徴が反抗挑戦性障害に該当する。反抗挑戦性障害に示される診断基準は,家庭限局性,非社会性,社会性の行為障害にも含まれているため,年齢制限とともに診断確定には厳密さが必要となる。なおDSM-Ⅳにある反抗挑戦性障害は行為障害の一類型ではなく,8歳以前に発現し青年期早期以降に顕在化することはない一障害として考えられ,行為障害の先行因子とされている。ICD-10における最後の類型である「他の行為障害」はいわゆる例外規定であり,診断基準を満たすものの分類できない場合にあてはまる (表10-2)。

**表10-2 ICD-10における行為障害の診断基準概要**

診断の基準となる行動
　小児期及び青年期に通常発現する
　・過度の喧嘩やいじめ
　・動物や他人への残虐行為
　・所有物へのひどい破壊行為
　・放火
　・盗み
　・繰り返し嘘をつくこと
　・学校のずる休みと家出
　・たび重なるひどいかんしゃく
　・反抗的で挑発的な行動
　・持続的で激しい反抗

これらの行動のうちどれでも,その程度が重篤であれば診断可能。ただし,単発の反社会的行為は含まない。

除外基準は,統合失調症,躁病,広汎性発達障害,多動性障害,うつ病などの,まれであるが重篤な病体を基礎とするもの。

家庭限局性行為障害,非社会性行為障害,社会性行為障害,反抗挑戦性障害,他の行為障害に区分される。

以上，DSM-IVとICD-10における診断基準を概観してきたが，両基準における基本的な共通事項は，反社会的な行動を「繰り返す」ということである。単発の行為は除外されるので非行があれば行為障害と診断することはできない。このことについてDSM-IVにおいては「他者の基本的人権……を侵害することが反復し」，ICD-10では「反復し持続する」と表現される。

次に発達臨床的視点からすると，DSM-IVは10歳未満で特徴的な基準が1つ以上存在する場合を「小児期発症型」，10歳までには存在しない場合を「青年期発症型」と区分して発達年齢を重視している。そもそも行為障害は反社会性パーソナリティ障害の前駆的な意味をもつ診断名としてみなされやすく，反社会性パーソナリティ障害と診断するには18歳以上で15歳以前に行為障害が認められる者に該当しなければならない。行為障害の明確な症状は「通常小児期中期から青年期中期までにあらわれる」とされる。ICD-10においても小児を対象とした診断である。幼少からかんしゃくを起こしやすく，他者に暴力を振るう行動が目立ち，虚言が多く，学童期から怠学が続くという子どもが行為障害の診断対象となる。

## 2. DSM-IV-TR と ICD-10 の違い

これまで述べてきたように，行為障害の診断にはDSM-IVとICD-10の2種が存在する。しかし両者には違いもみられる。DSM-IVは発症年齢とともに，軽症，中等症，重症の3分割で症状の程度の特定を勧める。また，ICD-10が行動形態として家庭限局性，非社会性，社会性の区分に意義を認めているのに対して，DSM-IVは攻撃性，破壊，虚言や窃盗，規則違反という行動内容にとどめ，行為の態様については言及していない。また，行為障害の初期症状とされる反抗挑戦性行為障害はICD-10にしかない。一方でDSM-IVでは反抗挑戦性障害が別個に設けられている。どちらの診断基準を採用するかは診断者本人によるが，たとえば非社会的な行為かそうでないかを判断するような必要性がある分，ICD-10による診断は複雑なように思われる。DSM-IVの前版であるDSM-IIIはICD-10と同じように社会化型と非社会化型を想定していたが，その後非行形態による分類を取りやめ変更している。両者の診断内容について齊藤（2002）は，情緒的な結びつきを基にした依存と怒りの複雑な情緒状態を扱うICD-10の反抗挑戦性行為障害は反社会的行動で定義すべき基準を曖昧にし，他の行為障害も含めて「明快さを欠いている」と述べている。行為の内容による診断が，対人関係と情緒状態をも含めた基準となっていることに困難さが認められるということである。

## 3. 非行との関係

行為障害は子どもの反社会的行為を対象とした診断名であり，犯罪と

の関係が強い反社会性パーソナリティ障害を診断するうえでの決定基準の1つであることからみて，行為障害と非行との関連性が高いことは明白である。実際，非行を起こした子どもを理解するためには有効な診断基準である。それでは非行のある少年のうち，どの程度の割合が行為障害と診断されるのだろうか。

まず非行少年の法的措置について述べておく。我が国では，非行少年の法的定義は表10-3のようになり，犯罪少年，触法少年，ぐ犯少年の3種に分けられることが多い。まず罪を犯して家庭裁判所の審判を受けることを基本条件とし，そして年齢を基準に区別する。警察による補導は審判を受けるまでには至らない不良行為少年として取り扱われる。基本的に14歳未満は児童福祉法の対象となり，軽くない非行内容に対しては児童相談所への送致がなされ審判を受ける。その後児童養護施設や児童自立支援施設への送致が決定される場合がある。14歳以上の子どもは少年法の対象とされ，在宅での審判ケース以外は少年鑑別所に入所し，その後審判を受ける。そして非行性が高いと認められた場合は少年院への送致がなされる。このシステムでいえば，10歳未満の小児期発症型の子どもは児童相談所送致になり，その後児童自立支援施設で生活することがありえるのがわかる。実際，殺人事件を起こして行為障害と診断され，児童自立支援施設で教育を受け直すというケースが存在する。

**表10-3　非行少年の区分**（平成14年版犯罪白書から）

家庭裁判所の審判に付すべき非行少年は，犯罪少年，触法少年及びぐ犯少年の3種類であり，以下の内容による。

1　犯罪少年：14歳（刑事責任年齢）以上20歳未満の罪を犯した少年
2　触法少年：14歳未満で刑罰法令に触れる行為をした少年
3　ぐ犯少年：将来罪を犯し，または刑罰法令に触れる行為をするおそれがある少年
　①保護者の正当な監督に服しない性癖がある。
　②正当な理由なく家庭に寄りつかない。
　③犯罪性のある人もしくは不道徳な人と交際し，またはいかがわしい場所に出入りする。
　④自己または他人の徳性を害する行為をする性癖がある。

しかしながら，何らかの違法行為によって教育的措置がなされた者のすべてが行為障害であるとはいえない。たとえば，少年鑑別所に入所した男女を調査した研究（Harada *et al*., 2002）では，行為障害と診断された少年の比率は56.1％であった。そのうち小児期発症型は4.5％で，症状の程度に関しては重症型が64.7％であった。同様に少年鑑別所に入所した少年を対象とした他の研究（近藤ら，2004a）においては56％，男女別では男子57％，女子52％の比率が示された（しかしその差は有意ではなかった）。年齢別で検討すると，行為障害と診断された少年の率は男女ともに加齢に従って減少していた。一方で，少年鑑別所から重度の非行性を教育対象とする特別少年院に送られた子どものうち90％が行為障害と認められ，年少の少年（すなわち，若年から非行性が高い少年）を対象とする初等少年院では86％，児童自立支援施設送致は82％という高率であった。少年鑑別所に入所する子どもは，不処分，不起訴，保護観察，試験観察，児童自立支援施設送致，少年院送致者，

少年
　法的には女子も少年と呼ばれる。

そして検察官送致のいずれかの審判結果を受ける。これらの審判結果のうち，児童自立支援施設や少年院に送致された子どもは非行性が高く，家庭や学校から離れて新たに教育を受けるための生活を送る。すなわち，非行を起こした子どものなかで，児童自立支援施設及び少年院という施設での処遇が必要と判断された子どもは行為障害である確率が高いという結果が示されている。

　以上の研究から，行為障害と診断される子どものなかには，攻撃性や破壊性，あるいは信頼や規則を裏切るような言動を繰り返すために，非行少年として社会的に処遇されている場合のあることがわかった。ただし，行為障害と診断されうる子どもの全体数からみた比率は把握することが困難である。

## 4．他の障害との関連

　注意欠陥／多動性障害（Attention-Deficit/Hyperactivity Disorder，以後ADHD：第8章参照）と反抗挑戦性障害（Oppositional Defiance Disorder，以後ODD）ODDは行為障害との関連性が強い。DSM-IVではこれら3種の障害が「注意欠陥および破壊的行動障害」としてカテゴリー化されており，ADHDとODDは行為障害の併存症状として認められることがある。

　ただし，通常，ADHDの子どもの衝動行為内でみられる破壊的行動はルールを無視した行為ではなく行為障害とは診断されにくい。しかし例外的に社会的基準を無視した行為もみられ，ADHDと行為障害の両基準を満たす場合がある。そのときはそれぞれの診断名を与えておくことになる。ODDも規則や他人の基本的人権を無視するような深刻な行為が持続することはないが，ODDの全特徴が行為障害で認められることから，行為障害と診断しうる場合はODDとは診断しない。

　このように行為障害，ADHD，そしてODDはそれぞれに特徴をもち区別されるべき障害であるが，行為障害の発症プロセスにおいてADHDとODDがときにその姿をみせることがある。これら3種の障害は症状発生的にどのような関連があるのだろうか。齋藤・原田（1999）はADHDの子どもがODDに移り，さらに行為障害への経過をたどる場合があることを示している。そしてその考えをもとに近藤ら（2004b）はADHDから行為障害までの変遷プロセスについて検証調査を行っている。この研究では，少年鑑別所に入所した非行少年を対象に行為障害，ADHD，ODDの既往歴のある者と，現在それらのどれかに診断される者を同定し，「ADHD→ODD→行為障害」という診断変遷プロセスが検討された。その結果，児童期のADHD傾向を有する者は現在のODD傾向を有する状況と関係し，さらに現在行為障害の診断基準に該当した項目数が多い者との関連も強いことがわかった。現在のODD傾向を強める他の要因としては家庭内の問題や学校不適応等も加わること，現在の行為障害の激しさには，反抗挑戦的態度だけでなく不良集団からの影響や保護領域からの離脱などの要因も影響を及ぼすことが推測された

```
                    ┌─────────────┐
                    │ 不良集団か   │
                    │ らの影響・   │
┌─────────────────┐ │ 保護領域か   │
│ 現在の行為障害の激しさ │←│ らの離脱等   │
└─────────────────┘ └─────────────┘
          ↑
┌──────────┐ ┌─────────────┐
│家庭内の問  │→│ 現在のODD傾向 │
│題・学校不  │ └─────────────┘
│適応等     │       ↑
└──────────┘ ┌─────────────┐
             │児童期のADHD傾向│
             └─────────────┘
```

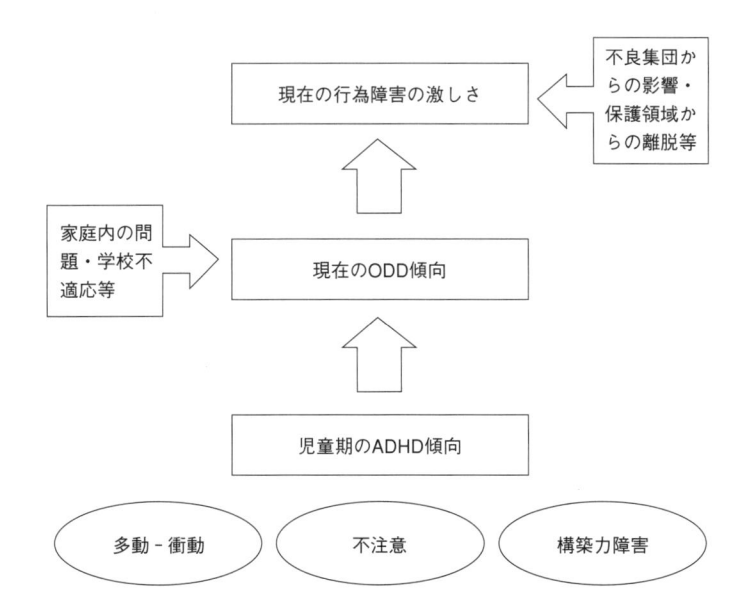

( 多動-衝動 )　( 不注意 )　( 構築力障害 )

**図10-1** 「ADHD→ODD→行為障害」症状変遷プロセス（近藤ら, 2004による図を筆者が一部修正・加筆）

(図10-1)。近藤らの調査結果は，行為障害とそれ以外の注意欠陥および破壊的行動障害との関連性を示すものであり，特に行為障害に至るプロセスという視点で非行をとらえ，治療方針を策定する必要もあることを提示している。

## 5. 行為障害の治療

　行為障害の診断基準に発症年齢や重症度が含まれていることからわかるように，行為障害と診断された子どもにもさまざまなタイプがあると理解する必要があり，行為障害の診断名を受けたということで一括りに同じ治療を行うことはできない。しかしながら行為障害の治療へのアプローチは，一般的に，環境の整備，対人関係の修正，そして薬物による治療という3種の方法が共通してとられているようである。

　行為障害の発現は遺伝因子と環境因子に影響される。環境の整備はこの環境因子への治療的介入に該当する。具体的には家庭環境，学校環境，あるいは他の社会環境から発現誘発因子を取り除くことを示す。行為障害の子どもは規範の内面化が困難であり，その場だけの自己都合を基準にした反社会的な行動に出やすい。しかし，たとえば物事には適切な対応法があり，人とはお互いに約束すべき事柄があることを教え，それらの事実を意識して守るように日頃から指導することで，反社会的で不適切な行動を抑制することは可能である（近藤ら, 2004b）。そのような教育を最初にそして何度も行える場は家庭であり，家庭内の治療的な教育を行える環境を整えることは重要な作業である。家庭内教育が不十分な場合，たとえば親の不和やいさかい，あるいは家庭運営のために仕事に多くの時間を割かざるをえず，子どもに十分に対応できる時間をもてな

い状況が存在するならば，家庭機能の立て直しを考えたり，家族に代わる教育者がいるようにしたりする家族支援の必要がある。次に必要な環境整備の対象は学校や地域である。学校や地域における教育的治療の特徴は，集団内で教育するということである。ルールの無視，攻撃的・破壊的な行動，虚言などの不適切な行動傾向に対して，集団内でそして対人関係において修正していくことが可能となる。また，不適応状態による学業や身体活動能力の発達の遅れを取り戻すといった働きかけも重要課題であり，学校および地域がもつ役割は大きい。

　環境整備による子どもへのアプローチの目的は，子どもが自己評価を高め，自己統制力を強めることにある。しかしながら，行為障害に対して周囲が迷惑がり，子どもが疎外されたり危険視されたりすることがある。また，行為障害と診断された子どもの親は，その行為自体から受ける影響に加えて，反社会的パーソナリティ障害にも至るおそれがあるような診断名がつくことによる不安や希望喪失が生じ，子どもの教育・治療への動機づけが低下することもある。治療を円滑に進めるためには，周囲の者の動機づけが低下しない工夫が必要となる。そして，子どもとじっくりと対応していくために，家庭内教育も含めて，絶えず専門家による指導を加えていく必要がある。当然，薬物療法の併用も専門家が必要な理由の1つとなる。

　現在，子どもの行為障害を含む精神症状への社会的認識の変化と医療体制の整備によって，社会内教育・治療の機会は増大している。しかし一方で，これらの介入を行うためには教育や治療が行えるための社会的基盤，すなわち症状に対する一般的な認識の更なる変化が求められること，学校などの受け入れ体制や教育体制の確立，そして「相談しやすい」，「通いやすい」，「入院して治療を受けやすい」といった教育・医療の拡充を図る必要性もまだまだ強い。現状をみると，必ずしも社会が十分な整備プランをもって進んでいるわけではなく，家族が地道な活動をしたり，学校や病院が独自で取り組み始めたりしている状況が多い。行為障害の子どもが，健全で適応性のある行動を学び，症状の改善を図れる社会を作るためには，さまざまな社会領域を含めた系統的で効率的な教育・治療システムの形成を目指す必要がある。

　最後に，行為障害の治療をどこで（誰が）行うかという問題についての1つの考え（齊藤, 2002）を紹介しておく。行為障害の診断基準が作成されたのは比較的新しく，それまでの間は，行為障害の少年を含む非行少年に対する治療は児童自立支援施設や少年院などで行われてきた。この場合，治療は処遇と称され一定の指針のもとで再教育プログラムがなされてきた。しかしDSM-IVやICD-10における診断基準が一般化すると，行為障害は矯正教育的な治療に加えて精神医療の対象として把握されるようになった。また，ADHDやODDの子どもへの治療が一般化していくにつれ，併存する障害として行為障害が認識されてきたことと，ADHDなどの障害をもつ子どもの家族や，それに対する精神科医などによる治療体制が整えられつつあることから，行為障害は病院，児童相談所，あるいは他の援助施設などでの治療対象として考えられるようになってきている。教育機関として子どもを受け入れる学校もまた等しく

障害についての認識を深めつつあり，身近な障害として認めようとしつつある。このような現状を踏まえると，従来の非行関連の矯正・再教育機関の処遇に対して，「行為障害以外の精神障害が存在しており，その治療が優先されるべきであると判断される場合」は，非行事実があったとしても矯正教育よりは治療が優先されるべきであると考えられる。そしてADHDなどの依存症としての行為障害は「年少例ほど教育機関と医療機関の介入が中心」になり，「年長になるにつれて……医療的介入の意義は減っていく」。年少の子どもに関しては教育や治療を優先し，年長者には反社会的行為の経歴の長さによる症状の固定化や反社会的パーソナリティ障害への移行，そして社会的責任の比重が高まってくるという理由で医療的措置の必要性は減少すると考えられる。

[大野太郎]

## 参考文献

American Psychiatric Association　高橋三郎・大野　裕・染矢俊幸（訳）　2002　DSM-Ⅳ-TR 精神疾患の診断・統計マニュアル　医学書院
Harada, Y., Sato,Y., Sakuma, A., Imai, J., Tamaru, T., Takahashi, T., & Amano, N.　2002　Behavioral and Developmental Disorders among Conduct Disorder. *Psychiatry and Clinical Neurosciences*, **56**, 621-625.
近藤日出夫・大橋秀夫・淵上康幸　2004a　行為障害の実態について　矯正医学, **53**(1), 1-11.
近藤日出夫・大橋秀夫・淵上康幸　2004b　行為障害と注意欠陥多動障害（ADHD），反抗挑戦性障害（ODD）との関連　矯正医学, **53**(1), 21-27.
齋藤万比古　2002　児童精神医学の立場から　こころの科学, **102**, 28-35.
齋藤万比古・原田　謙　1999　反抗挑戦性障害　精神科治療学, **14**, 153-159.
WHO　融　道男・中根允文・小見山　実（訳）　1993　ICD-10 精神および行動の障害―臨床記述と診断ガイドライン―　医学書院

---

### 暴力的な行動の理解

　文部科学省の報告（2003）によると，学校内における暴力行為の発生件数は中学校が最も多く，次いで高等学校，一番少ないのは小学校である。小学校と高等学校は件数は例年ほぼ横ばいの数値を示している。中学校は上昇したり下降したりと数値に激しい差があるものの，発生件数は1万の単位であり，小学校から高等学校までを総計すると毎年約3万件にもなる。この多数といえる件数は，子どもの生活において怒りなどの感情をコントロールできず暴力に訴える状況が数多くあることを示しているといえよう。
　私たち大人は，このような子どもの暴力行為をどのようにとらえ防げばよいのだろうか。1つの解決法としては，ストレスという概念をもとに暴力行為を見直してみることがあげられる。ストレスモデル（stress model）による暴力行為の理解は次のようになる（大野, 2001）。
　まず暴力を誘発するための何らかの刺激が人や物から子どもに加えられる。たとえば「授業中は話をしないように」という教師からの注意が刺激になることがある。次に子どもがその刺激を自分への脅威を与えるものとして理解し，自分の思うようにならない状況に至ったことに不満を

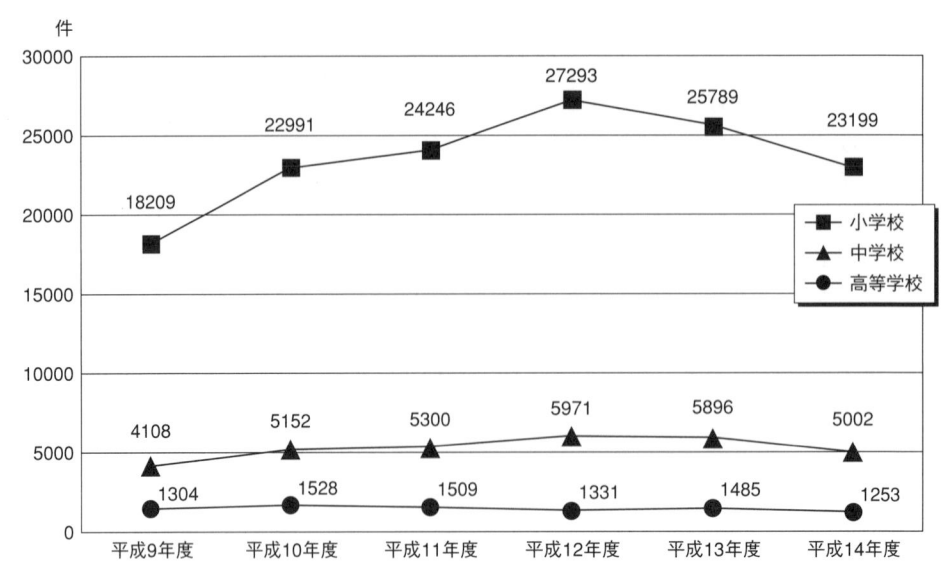

```
件
30000
                              27293
                      24246          25789
         22991                              23199
25000
         
20000
  18209

15000

10000
                              5971   5896
         5152   5300                        5002
5000  4108
      1304  1528   1509   1331   1485   1253
   0
     平成9年度 平成10年度 平成11年度 平成12年度 平成13年度 平成14年度
```

■ 小学校
▲ 中学校
● 高等学校

文部科学省「平成14年度の生徒指導上の諸問題の現状について（速報）」
をもとに筆者が作成

**図　学校における暴力行為発生件数**

強める。「楽しく話しているのに，どうして思うようにさせないのか」あるいは「人前で注意をされたのが格好悪い」とか。このような不満が怒りを生む。「馬鹿にしやがって」などと。その後身体の緊張が強まる。筋肉が緊張し，心臓がバクバクいうような状態である。こうなるとどうにかして嫌悪感情や身体の興奮を鎮めなければならなくなる。このような課題解決を迫られている場面に陥っている状態をストレス（stress）という。そして怒りや身体の興奮状態を鎮めるために，子どもは脅威を与えてきた相手に暴力という行動で対処したり，関係のない者に八つ当たりしたり，その場にある物を蹴ったり壊したりする。すなわち暴力はストレス低減のための対処行動なのである。しかし誤った対処行動である。もっと他に良い方法があったはずである。暴力を振るう子どもはストレスを感じると，暴力で対処するという学習がなされてしまっているから，他に良い方法が見いだせないのである。それならば，新たに良い対処をとれるようにする学習を行えばよいことになる。学習される良い対処には，「自分の思い通りにしたい」という誤った考えを修正する論理的思考，相談相手をもつ（ソーシャルサポートの充実），リラクセーション，身体活動といった行動がよく選ばれる。

　誤った対処を正しい対処に変えるようにすることを目的にした活動をストレスマネジメント（stress management）という。ストレスの発生は子どもも大人も関係なく一定のプロセスを経る。それゆえストレスマネジメントは子どもから高齢者まで行えることが特徴である。実際，学校ではストレスマネジメントを教える授業が増えてきつつある（たとえば，古角・百々, 2004; 坪田, 2004; 宮城・比嘉, 2004; 大野, 2002）。この現象は，「キレる」という暴力的な行為に悩まされてきた学校が，新たな予防策を取り入れ効果を発揮しだしたことを示している。ストレスマネジメントのもう1つの特徴は一次予防を目的としていることである。キレる前になんとかしようという一次予防は，教室で大勢の子どもたちに教えることができる有効な暴力抑制教育となっている。

（大野太郎）

**参考文献**

古角好美・百々尚美　2004　「心の教育」としてのストレスマネジメント教育プログラム——ARCS動機づけモデルを通して——　日本ストレスマネジメント学会第3回大会プログラム抄録集, 50.

宮城政也・比嘉依里子　2004　中学生におけるストレスマネジメント教育の効果について　日本ストレスマネ

ジメント学会第3回大会プログラム抄録集, 55.
文部科学省　2003　平成14年度の生徒指導上の諸問題の現状について（速報）
大野太郎　2002　包括的ストレスマネジメント教育実践に関する研究　早稲田大学大学院人間科学研究科博士学位論文
大野太郎　2001　ストレスマネジメント教育のすすめ　健康教室, **611**, 44-48.
坪田　泉　2004　中学校の総合学習におけるストレスマネジメント教育のこころみ(2)―3年計画で取り組む包括的ストレスマネジメント教育2年目を迎えて―　日本ストレスマネジメント学会第3回大会プログラム抄録集, 53.

# 第11章
# 統合失調症・気分障害・人格障害

　思春期から青年期にかけて臨床の現場でみかける障害に，統合失調症と気分障害がある。人格障害は他の精神疾患とは別の枠でとらえられるが，心理臨床の問題の基盤となる人格のゆがみを定義したものである。本章は各疾患をDSM-Ⅳによる定義を中心として展開するが，厳密な定義に終始するのではなく，より具体的な臨床像を，その発症率，年齢に始まり，病前状態，症状，障害をきたす領域，治療，そして予後について可能な限り整理することを目的とする。

## 1. 統合失調症

　統合失調症は2002年以前は日本では精神分裂病として知られていた。英語でのschizophreniaという呼称には変化はない。旧名称の精神分裂病は，ときとして精神が両極面に分裂する疾患であるという誤解を招いたが，統合失調症という新名称は，人格や精神的な機能の統合の支障をより明確にあらわしている。統合失調症は，一般的には妄想と幻覚を主とした代表的な精神病として知られているが，副分類があり，その症状は多様である。

> **精神病**
> 神経症に対して比較的重度の心の病をさす。

### (1) DSM-Ⅳによる分類
#### 1) 統合失調症のサブタイプ
　統合失調症としての主症状を共有しながらも，それぞれのタイプにより特徴となる症状がある（衣笠・相田, 2003）。
　①妄想型：妄想や幻聴へのこだわりが特徴であるタイプ。
　②解体型：解体した会話，行動，不適切な感情が特徴であるタイプ。
　③緊張型：無動あるいは逆の過活動性，奇異な姿勢や常同運動，反響言語や反響動作が特徴であるタイプ。
　④残遺症：妄想・幻覚，奇異な行動と言動の減少，また緊張病性行動の欠如，および陰性症状の存在が特徴であるタイプ。つまり陽性症状は減退したが，陰性症状が残っている統合失調症の慢性化した状態である。

#### 2) 気分障害との関連
　統合失調症の症状を有しながら気分障害様の症状を呈する場合には，統合失調感情障害と診断され，抑うつ型，躁うつ型，躁型がある。統合

失調感情障害と，気分障害で精神病様の症状を呈している場合は，異なる疾患であるので，診断には注意が必要である。

### (2) 疫病学的データ

①発症率は人口の0.7％，男女比5：4として報告されている。統合失調症の症状は認知的，社会的，職業的と多領域にわたり，生活に影響を与える疾患である。20％が寛解に至るが，慢性化しやすい。7割から8割の患者は治療を続行することが必要となる。

②発症年齢は思春期から30歳代であるが，発症年齢の上限は近年，上昇する傾向にある。

### (3) 病前状態

研究による実証的なデータは一貫していないが，統合失調症の患者が病前に分裂病型の人格障害に類似した人格特徴を呈している点が示唆されている。また認知能力にアスペルガー症候群に似た障害が発病以前から存在するという仮説もある。病因については環境要因と生物学的要因の双方が論じられている。生物学的要因においては脳内物質の不均衡が指摘されている。

**アスペルガー症候群**
高機能自閉症をさす。知能テストにより測定される総合的な知能指数は平均以上だが，個別の認知能力に不均衡が認められる。

### (4) 症状

陽性症状と陰性症状に分類される。陽性症状は，健常者には存在しない状態で，統合失調症の患者に認められるものであり，陰性症状は健常者には備わる機能が統合失調症患者に欠如しているものをさす。陽性症状はその奇異さから注意を受け，治療の焦点になるが，陰性症状はときとして治療の対象を免れることがあるので注意が必要である。

#### 1）陽性症状

妄想と幻覚はその特異さのために統合失調症の根幹の症状のように誤解されがちだが，実は統合失調症以外の精神疾患（例：物質依存症）にも妄想や幻覚はあらわれる。

##### ①幻覚

現実には存在しないものがあたかも存在するかのように知覚される現象をさす（高橋, 1998）。各知覚領域に対応した幻覚があるが，代表的なものは幻聴（存在しない物音や声が聞こえる場合）と幻視（存在しないものや人が見える場合）である。他に各知覚器官に応じて幻嗅や体感幻覚がある。これらのうち最も出現度が高いのは幻聴であり，その性質により自己肯定（ego syntonic）幻聴と，自己否定（ego dystonic）幻聴がある。自己肯定幻聴は患者本人にとって肯定的な内容の幻聴であり，例として男性患者の場合，若い女性が『あなたは素敵だ』と言う声が聞こえる。逆に自己否定幻聴は患者にとって不安や恐怖をもたらす内容の幻聴であり，治療者としてはより注目すべきタイプの幻聴である。例として，『お前は死ぬべきだ』といった命令が聞こえる場合があげられる。このような幻聴に対し，自殺未遂あるいは他傷の事態にいたるケースもあるので周囲の者は幻聴の内容と，幻聴が発生する状況を把握しておく

ことが必要である。

②妄想

　妄想とは現実に適さない誤った判断に基づいた強固で訂正が困難な考えをさす。妄想の具体的な内容により，被害・迫害妄想（例：「周囲の者が自分を阻害し，危害を加えようとしている」），嫉妬・関係妄想（例：「配偶者が不貞をはたらいている」），誇大妄想（例：「自分は天才でノーベル賞を受賞予定である」），身体感覚妄想（例：「自分の腎臓が動くのが感じられる」）等がある。またその内容において種類がやや異なるが同じ妄想の分類に入れられるものに，思考奪取妄想（例：「何者かに思考が奪われてしまう」，思考吹入妄想（例：「自分のなかに他人の考えを入れられる」），思考放送妄想（例：「自分の考えが周囲の者に知られている」）がある。不安やストレスにより妄想はより強度になり，患者が妄想の内容に従い行動に移ることもある。治療者としては妄想の妥当性を直接否定することは避けるべきである。患者にとって妄想は現実として迫り不安や混乱をもたらす。妄想・幻覚の両方について，治療に良く反応し，また優れた洞察力をもつ患者に対しては，妄想や幻覚が完全には除去されなくとも，それらは現実の存在ではなく，症状の一部であり，彼らの環境を脅かすことがないことを説明可能である。治療により妄想や幻覚が除去された後でも，服薬の中断や，ストレスの増加から病状が一時的に増悪し，これら症状が再発することがある。この場合は症状の再発と精神状態の関連を理解する機会になれば，効果的な患者教育の機会ともなるであろう。

表11-1　妄想の種類

|  |
| --- |
| 被害・迫害妄想 |
| 嫉妬・関係妄想 |
| 誇大妄想 |
| 身体感覚妄想 |
| 思考奪取妄想 |
| 思考放送妄想 |

③思考障害

　思考障害は統合失調症の根幹ともいえる症状であり，論理的思考の障害をさす。具体的には表11-2のような特徴をもった思考パターンが例としてあげられる（山下, 2004）。

表11-2　思考障害の種類 (山下, 2004)

| | |
| --- | --- |
| 連合の弛緩 | 話と話の関連性が弱まり，脈絡がつかみにくい |
| 思考滅裂 | 連合の弛緩が極端になり，話の関連性が欠如している |
| 言語新作 | 自分だけの言葉をつくり出す |
| 言葉サラダ | 関連のない言葉がならべられる |
| 思考制止 | 考えがとまってしまう |
| 思考迂遠 | 細微にこだわり目的の考えに達しない |
| 思考奔逸 | 迅速に多方面へ話が飛ぶ |
| 思考保続 | 同じ言葉を何度も繰り返す |

## 2) 陰性症状

感情面では感情の平板化や感情鈍麻がみられる。感情の起伏に乏しく，状況に適した感情表現が困難となる。意欲の減退や集中力の欠如，自閉・回避傾向，日常生活での活動量の低下やADL（activities of daily living）の欠如が認められる。思考停止，反応遅滞，思考や言語の欠乏も陰性症状の一種である。

個人差はあるが，症状の進行に伴い，社会生活，就労，学業に困難をきたす。社会生活面ではひきこもりがみられるようになる。対人関係においては，表情や感情が平板になる感情鈍麻，あるいは感情不安定のために，それまでの対人関係の保持が困難になる。就労や学業の困難さは，ひきこもり行動や，集中力の障害に起因する。これらの状況は患者本人からは「疲れ気味で仕事（学業）に取り組めない」，周囲からは「ふさぎこんでいるようだ」と受け止められ，精神疾患のあらわれであると気づかないことも発病早期にはある。また認知・思考能力の低下も同様に就労や学業に支障をきたす。

### (5) 治療

投薬を中心としながら他の治療法も組み合わせたアプローチが効果的である。抗精神病薬は定型，非定型に分類され比較的新しく開発された非定型抗精神病薬は副作用が少なく，特に陽性症状の緩和に有効とされている。ただし種類によっては白血球の量や肝機能に影響を及ぼす薬もあるのでその使用と患者の身体疾患の有無に注意すべきである。精神疾患全般に共通するが特に統合失調症に特有の問題として，服薬の中断を防止することが重要である。このためにも支持的な精神療法や，患者教育，家族との連絡も忘れてはならない。統合失調症において低下しがちな社会的能力の訓練の場としてSST（social skills training），自立能力を保つためにADLトレーニング，またこれら双方を可能にした地域に根付いた職業・生活能力のリハビリテーションが有効である。

### (6) 予後　自立した生活

統合失調症の患者は適切な治療とサポートが可能であれば多様なレベルでの自立生活が可能である。地域においての就労・治療・居住への動きがアメリカでは盛んであり，日本でも同様の傾向がある。これは，患者や患者の家族のQOLを向上させるのみならず，病状の慢性化や，施設病，あるいはたび重なる入院や緊急治療による費用の増大を防ぐことにも役立つ。自立生活の妨げになるのは治療や服薬の中断に起因する病状の再発である。ゆえに患者が定期的に通える治療施設と密接な関係を保ち，患者の通院が途絶えればすぐに治療者が連絡をとる状態であることが望ましい。成人患者のなかには治療を受ける行為自体を自身の病状，あるいは弱みを認めることと同定しているため，治療の中断に帰結することがある。再発の防止対策としては治療の一環として，患者の機能レベルや興味に適した職業的技能のリハビリを組み込むことである。就労行為は，患者の社会人としての存在や健全な部分と同一視されるので，受け入れられやすい。

---

**ADL**
入浴，洗顔や衣服の着脱，服薬といった日常生活において必要とされる基本的な活動を総称したもの。

**SST**
基本的な社会的スキルや症状管理を具体的な目標を定めてロールプレイ等を通じ，訓練するモデルである。70年代にアメリカで発案されてより90年代半ばより日本でも精神病院やデイケアで適用されている。

## 2. 気分障害

### (1) DSMによる分類

気分障害には，抑うつ病，躁病と躁うつ病がある。躁うつ病はうつ状態と躁状態を繰り返す場合をさし，両極性気分障害ともいわれる。また気分障害には幻覚・妄想といった精神病様の症状が伴う場合もある。

### (2) 疫病学的データ

#### 1) 発症率

疫病学的に躁うつ病の発症率は人口の0.2％～0.5％といわれ，抑うつ病の発症率は人口の3％程度である。特に抑うつにおいては女性の発病率が高いといわれている。これについては，「女性は感情的である」という社会通念により女性においての気分障害の診断率が高いことも疑問視されていることは述べなければならない。また同様の理由から，男性の患者にとっては気分の不調を主訴とした受診に抵抗があることから，男性の気分障害が十分な臨床的注意を得ていないともいえる。

#### 2) 発症年齢

気分障害の初発年齢は思春期から30歳代までといわれるが，ライフスパンを通じて発症しうる。病因については生物学的要因と環境要因の双方が認められている。危機的な状況や強度のストレスが鬱積することにより発病に至ることがある。また必ずしも否定的ではない出来事でも，主たるライフイベントに関連したストレスが発病のきっかけになることが知られている。五月病や，職場での昇進が例である。女性においては出産や閉経等，ホルモンレベルの変化に伴う発病も認められる。季節や日照時間の変化に伴う気分障害の発現も，SAD（seasonal affective disorder）として知られている。

> **五月病**
> 新たな環境への適応を要する時期である新年度の4月や5月に発症しやすく，学生やサラリーマンに認められる。疲労をはじめとする身体症状からうつ的な感情まで症状は多様である。適応障害の一種とも考えられる。

### (3) 症状

#### 1) 抑うつ状態

身体的な症状としては以下のものが代表的である（高橋，1998a）。食欲・性欲の減退，あるいは食欲の過度な増加，睡眠障害（入眠困難，熟眠困難，中途・早期覚醒，過眠）が知られている。社会的な回避やひきこもり，絶望感，無力感，焦燥感，自責感，自殺念慮は，抑うつの代表的な症状である。それまで楽しんでいた趣味や娯楽に興味を失う。活動量に低下がみられ，仕事・学業・家事における生産性の低下が認められる。また多様な身体的な症状（例：頭痛，胃痛）も日本では抑うつとの関連を疑うべき場合が多い。比較文化的研究では，日本人をはじめアジア人は抑うつ的感情を身体化する傾向が他の人種に比較して高いことが述べられている。

#### 2) 躁状態

気分の高揚，万能感に始まり，これらが行き過ぎると焦燥感や現実に

即した判断力の低下から，不適応行動に至ることがある。活動量が増加し，多弁・多動になり，食事や睡眠を必要とせず，疲労を感じない時期がある。たとえば現実の可能性が低く大がかりなビジネスプランを立てて遂行しようと試み，衝動的かつやみくもに買い物をした（shopping spree）結果，多額の負債を負う場合があげられる。躁うつ病では抑うつ状態と躁状態を繰り返す。

感情障害の症状が長期化することにより，学業，就業に困難をきたす。うつ状態，躁状態において，症状の表出は異なるが，対人関係に困難をきたし，集中力持続の困難や，一定の活動レベルの持続が不可能になることから，社会生活に支障をきたす点は同様である。強度のうつ状態では自殺の可能性がある点に注意が必要である。躁状態ではまれに社会的規範を外れた行動をとり，法的な問題に発展する場合がある。

### (4) 治療

投薬と精神療法（特に認知行動療法）のコンビネーションが最も効果的とされている。特に抑うつの場合には投薬と認知行動療法の組み合わせによる治療が一般的である。躁うつ病の治療において注意すべき点は，躁状態の時期には問題が容易に表出するので治療の対象となりやすいが，躁の影の部分ともいうべきうつ状態が治療の対象になりにくいことである。よって躁病と誤解し，躁うつ病の適切な治療がなされていない場合があるので，躁状態にある患者と相対した場合でも，うつ症状の有無について確認すべきである。

### (5) 予後

予後は比較的良好であり，病前までの機能レベルに回復も可能だが，再発の可能性はある。再発のきっかけとなるのは不適切な治療の中断や，日常生活における強度のストレスや，危機的な出来事である。治療終結時には，これらを留意点として患者と再発時の対処法を考慮するのが望ましい。

## 3. 人格障害

DSMによる分類では，人格障害はその特徴により3グループに分類されている。これを人格障害の3つのクラスターとよび，合計10種類の人格障害がクラスターA，クラスターB，クラスターCに分類されている。人格障害はその純粋な形で診断基準を満たす場合は臨床的には頻出せず，むしろそれぞれの特徴を有するが診断基準は満たさないことが一般的である。各人格障害の症状の特徴を知っておくことが有用である（町沢，2003）。

### (1) クラスターA「奇妙さを特徴とする」

クラスターAに属する人格障害には分裂病質人格障害，分裂病型人格障害，妄想性人格障害の3種類があり，その奇妙さや風変わりさ，あ

表11-3 人格障害の分類 (APA, 1994)

| | |
|---|---|
| クラスターA | 分裂病質人格障害 |
| | 分裂病型人格障害 |
| | 妄想性人格障害 |
| クラスターB | 反社会性人格障害 |
| | 境界性人格障害 |
| | 自己愛性人格障害 |
| | 演技性人格障害 |
| クラスターC | 回避性人格障害 |
| | 依存性人格障害 |
| | 強迫性人格障害 |

るいはエキセントリックさを共通点とする。

### 1) 分裂病質人格障害

社会的・対人的興味が少なく孤立する傾向にある。孤独な生活環境に身を置き，親密な関係が欠如している。他者の評価に無関心にみえる。感情の起伏に乏しい。統合失調症の発症前あるいは残遺状態と類似しているため，混同されやすいが，妄想・幻覚はなく，認知的な障害はない。

### 2) 分裂病型人格障害

分裂病型人格障害は分裂病質人格障害と酷似した名称のため混乱されやすいが，別個の特徴を有する人格障害である。分裂病型人格障害は統合失調症の症状と類似した部分があり，具体的には奇妙な考え，対人関係への興味の欠如，関係念慮がそうである。他者とのかかわりに対する不安があり，孤立しがちである。感情の表現が硬直しており，柔軟性に欠け，考え方や話し方，ときには服装やいでたちが風変わりである。また妄想に近い，ときとして魔術的な，奇妙な信念をもっており，それを揺るがせることは困難である。

**関係念慮**
すべての出来事が自分に関係しているとの妄想的な思い込みをさす。例として人が話しているのを見かけると，必ず自分のことを話題にしていたに違いないと強固に思い込む。

### 3) 妄想性人格障害

妄想性人格障害は他者への猜疑心によって特徴づけられる。つまり「他者が自分に対して害を及ぼそうとしているのではないか」という考えにとらわれているため，対人関係においてしばしば困難をきたす。配偶者や恋人が浮気をしていると強固に信じ，職場で阻害されていると感じる。他者に対して批判的であり，思考は柔軟性に欠ける。社会的な場における現実吟味能力が弱いため，その考えを変えるのは至難である。他人の何気ない言葉のなかに自分を批判するような意図が隠されていると思い込み，また他者を信頼しないために秘密を打ち明けることはない。周囲からは防衛的で敵意の強い人物とみなされる傾向にある。

### (2) クラスターB「情動的混乱を特徴とする」

クラスターBに属する人格障害は反社会性人格障害，境界性人格障害，演技性人格障害，自己愛性人格障害の4種類であり，その表出は異

なるが情動の混乱と不安定さが共通点である。

### 1）反社会性人格障害

反社会性人格障害の特徴は嘘をつき，人を操作する試みにある。衝動性や攻撃性が強く，無責任である。反社会性人格障害は他者への不信感を特徴とするが，妄想性人格障害とは異なり，他人に依存せず，自分の独立性を誇示するため，自分の能力等を実際より大きくみせようとする。反社会性人格障害は犯罪者の人格プロフィールと関連があるとされ，ソシオパシー（sociopathy）とも称されてきた。成人期になって反社会性人格障害と診断される場合には，思春期以前に窃盗，けんか，放火，虚偽癖の傾向が示されている。

反社会的人格障害と併存する精神障害の代表としては感情障害，不安障害，薬物依存を中心とした依存症があげられる。すべての人格障害のなかでも最も治療が困難であり，内観や洞察を求める個人精神療法は一般的に不適切である。家族や法的施設による要請といった外的要因により半ば強制されて治療に至ることが多く，治療に対する姿勢は拒絶的，反抗的，あるいは虚偽的である。

### 2）境界性人格障害

境界性人格障害は人格障害のなかでも最も注目され，議論の的となり，見解のなかには他の人格障害とまったく異なるレベルで扱われるべきであるとするものもある。ボーダーラインと称されることもあり，これはかつて境界性人格障害が狂気と正気，あるいは精神病と神経症の境界（ボーダー）に存在する障害とみなされたことに起因する。また境界性人格障害における境界は，**自我境界**の障害をさすという見解もある。ここではDSM-Ⅳに基づいた基準に沿って症状を説明する。衝動的で，発作的な自傷行為，性行為，自殺未遂，薬物使用，といった行動に走る。強い虚無感や怒りをもつ。対人関係は両価的であり，他者に対する評価が理想化と侮蔑の間で極端に動く。愛情欲求は強く，また愛情対象から拒絶されるのではないかという強い不安をもつ。

境界性人格障害は他の精神障害と併存することが多く，主たるものに気分障害，薬物依存や摂食障害，PTSD（post traumatic stress disorder）があげられる。病因論として生育期における虐待や不適切な親子関係が論じられている。

治療においては**分離**（splitting）が課題となる。さらに境界性人格障害の患者は治療者に強い逆転移を起こさせ，魅力的な女性の患者が多いという論説もあり，不適切な治療関係に至らぬよう，治療者には相当な力量が必要である。境界性人格障害の病因や治療については多くの論説があるが，カーンバーグ（Kernberg, O.）やフリーマン（Freeman, W.）が代表的である。

### 3）自己愛性人格障害

自己愛性人格障害の特徴は，自分は普通の人より抜きん出て優れたところのある，特別な人間だという考えに集約される。自分について特別

---

**ソシオパシー**
社会精神病質人格と訳され，道徳的良心を欠如し，社会的規範や他者の権利への無視することをいとわない人格特徴をさす。重篤な罪を犯す者や，犯罪行為を楽しむ者はソシオパシーであるとみなされる。

**自我境界**
自分と他者の区別や境界を示す心理的な枠組みを示す。

**分離（splitting）**
境界性人格障害の中核的な一症状であり，対人関係において相手を理想化した完璧な人物としてとらえる一方，別の人物を悪い者として両極端にみなす傾向をさす。同一人物を対象としても同じ現象が起こりうる。患者本人の内面的にも分離が生じている場合は，自己を誇大し尊大にとらえたかと思えば，自分の何もかもが嫌になるといった主観的な経験になる。医療施設や教育機関において周囲を自分にとって良い者と悪い者に分裂し，医療スタッフや教職員の間に亀裂が生じることもまれではない。

にIQが高い，エリートである，成功しているといった幻想に取りつかれていることもある。周囲からの評価を気にし，賞賛を欲求するが，それでいて他者に対する共感性に欠ける。その言動や態度は尊大で傲慢であることが多い。理想化された自己像を守ることにとらわれているため，批判や失敗の危険を避けることから，職業や学業上での行き詰まりが起こりやすい。このような状況ではうつ病状の症状を併発していることがある。逆に尊大な自己像が維持されているときには周囲には躁状態と映る。自己愛性人格障害と併発しやすい精神障害としては薬物依存や摂食障害があげられる。

　自己愛性人格障害のなかには強い攻撃性が存在することもあり，治療のなかで不用意に肥大した自己像を指摘することは，敵意を招くので，患者のどの側面に焦点をあてるかの決定には注意が必要である。自己愛性人格障害については多くが論じられており，代表的な著者としてはコフート（Kohut, H.）やカーンバーグがあげられる。

### 4）演技性人格障害

　演技性人格障害の根幹となる症状はその感情表現の浅さ，変わりやすさと，内容の乏しさである。言動や態度，いでたちや服装が劇的であり，大げさである。自分が注目の的や座の中心になっていないと楽しくなく，自分が魅力的だとの思い込みから，性的な部分を強調する服装や振る舞いを示すこともある。周囲や環境の影響を受けやすい。対人的には実際の関係よりも親しいと思い込み，そのように振る舞うので周囲にはなれなれしく映る。

　演技性人格障害は古くはヒステリー性人格障害あるいはヒステリーと称された。ヒステリーの精神障害としての歴史から女性のみが発症する人格障害と論じられた経過もあるが，現在は男性患者の存在も認められている。演技性人格障害と併存する主たる精神障害には身体化障害がある。

### (3) クラスターC「不安を特徴とする」

　クラスターCに属する人格障害には回避性人格障害，依存性人格障害，強迫性人格障害の3種類があり，表出の様は異なるが，いずれも強い不安の存在を共通項としている。

### 1）回避性人格障害

　回避性人格障害の特徴は回避的な行動であり，特に対人的なかかわりを避けることにある。他者の批判や拒絶を極度に恐れており，友人関係は限られており，恋人や配偶者との親密な関係をもつことはむずかしい。職場や学校といった集団のなかでは特に不安が高まる傾向にある。他者の目を恐れるため，消極的で，新しいことに挑戦することが少なく，その生活は比較的習慣化（ルーチン化）していることがみられる。表面的には自尊心が低いようだが，内面的には他者に対して批判的であり，強い怒りをもっていることもある。

　回避性人格障害と併存している精神障害には社会不安障害をはじめと

する不安障害があげられる。日本では回避性人格障害はひきこもりと関連している。回避的であり，対人的な不安が高いことが多いので患者本人から積極的に治療を求めることは少ない。治療においては，良好な治療同盟を築き，患者のペースを尊重するのが重要である。

### 2) 依存性人格障害

依存性人格障害の中核的な症状は自己に対する無力感と，それから生じる他者への日常生活や物事の決定における依存である。自分では何もできないという考えにとらわれており，強力で万能な他者が自分の面倒をみなければ生きていけないと信じている。よって大抵その魔術的ともいえるパートナーにしがみつくようにして生活しているが，関係が終わると，一人でいることに対する恐怖から，すぐさま自分の面倒をみてくれる他者を探す。他者からの愛情や支持を確保するために，自己主張や反対意見を述べるのは困難であり，不本意なことでもしてしまうことがある。精神力動学的には口唇期的性格とみなされる。日本では依存的人格障害が頻発するために診断がなされていないという説もある。比較文化的な見地からすれば，日本を含めたアジア諸国の女性の伝統的な価値観と，依存性人格障害には密接な関連があるという議論もなされている。うつ病や不安障害を併存していることが多い。治療においては，治療者に対する従順さと依存性の強さが顕著になるので転移と逆転移に留意し，また治療終結後のサポートシステムの有無を確認することが重要である。

### 3) 強迫性人格障害

強迫性人格障害は，過度に良心的であり，自己批判が強く，社会的規範や自らが属する組織の規則にとらわれている。精神力動学的な観点からは，肛門期的人格とみなされてきた。柔軟性や創造性に欠ける傾向がある。細部へのこだわりから物事の全体像を見失い，多くの課題に対して優先順位をつけるのが困難なことから，仕事や学業が難航することがある。対人関係においては社会的な地位の上下を非常に気にしてかかわり，社交的な場においてはリラックスして振る舞うことが困難である。対人関係や感情の表出において抑制がみられる。外的にあるいは権威者が定めた規範に従うことを重んじるために，自己主張が苦手である反面，細部へのこだわりから周囲に対する不平不満が鬱積していることもある。過度の良心の存在は，自らの性的な欲求に対する内的な葛藤と関連している。頑固であり，融通性に欠ける傾向が強い。過度に禁欲的，節約家であり，住居が捨てられないものであふれることもある。

強迫性人格障害は強迫性障害とは異なるものであり，その前駆的なものでもない。しかし強迫性人格障害と併存する精神障害に強迫性障害が含まれている。また併存するものに不安障害，うつ病がある。権威と形式を重んじることから治療においては一見治療者に対して従順であるが，柔軟な感情表出が苦手であるために，治療は困難である。

人格障害は，主として対人関係に困難をきたすが，人格障害のみで治療にいたる場合はまれである。これは，人格障害をもつものは洞察力を

欠如する場合が多いことと，人格障害のみを有する場合は，基本的な社会生活，たとえば就労や自立した生活には支障をきたさないことに起因する。人格障害が治療の対象になるのは，他の精神疾患と併発した場合がほとんどである。

(4) 治療・予後

境界性人格障害，および強迫性人格障害においては投薬の効果が認められている。境界性人格障害は認知行動療法による治療も適している。他の人格障害は投薬や精神療法による大きな効果を認めるのは困難である。人格障害の治療においては特に疾患を治療するよりは症状の緩和を意図とした治療が重点的となる。効果的な治療のためには，人格を基盤から変容させるよりも，患者の生活の中で問題をきたしている具体的な思考や行動パターンに介入するほうが適切である。また治療のプロセスそのものにおいて，各人格障害の特徴が影響をきたすので，その特徴に応じた治療スタンスが重要となる。たとえば，反社会的人格障害においては治療者の権威を疑問視することが予測されるし，依存性人格障害においては，治療者に強く指示的になることを望むかもしれない。人格障害の治療は経験を積んだ治療者でなければ困難をきたすことが予測される。

[最上多美子]

## 参考文献

American Psychiatric Association　高橋三郎・花田耕一・藤縄　昭(訳)　1994　DSM-Ⅳ精神疾患の分類と診断の手引き　医学書院

衣笠孝幸・相田信男　2003　精神分裂病　小此木啓吾・深津千賀子・大野　裕(編)　心の臨床家のための精神医学ハンドブック　創元社　pp.233-248.

町沢静夫　2003　人格障害とその治療　創元社

坂本玲子・神庭重信　2003　双極性感情障害(躁うつ病)　小此木啓吾・深津千賀子・大野　裕(編)　心の臨床家のための精神医学ハンドブック　創元社　pp.223-232.

桜井昭彦　2003　うつ病　小此木啓吾・深津千賀子・大野　裕(編)　心の臨床家のための精神医学ハンドブック　創元社　pp.213-222.

高橋俊彦　1998a　感情病または気分障害　高橋俊彦・近藤三男　大学生のための精神医学　岩崎学術出版社　pp.111-118.

高橋俊彦　1998b　精神分裂病　高橋俊彦・近藤三男　大学生のための精神医学　岩崎学術出版社　pp.119-126.

山下　格　2004　主に内因によるもの　山下　格　精神医学ハンドブック　医学・保健・福祉の基礎知識　第5版　日本評論社　pp.75-136.

### 認知能力リハビリテーションについて

統合失調症の中核的な症状に認知機能の障害がある。特に慢性で重症の統合失調症には集中力，記憶力，注意力，そして高度の認知機能に困難がみられる。認知機能の低下は日常生活上広範囲

にわたり影響を与える。記憶力の低下のために病院での予約や服薬の時間を忘れてしまう。整理整頓ができないため住居が乱雑であり，金品や保険証等の重要書類をたびたび紛失する。グループ療法に参加していても時間中座って話を聞くことができない。集中力や注意力の低下のために作業所で教示に従えない，といった困難があげられる。これらの問題はしばしば患者の無気力（inertia），無関心と誤解されるが，リハビリテーションによる対処は可能である。認知機能障害のもたらす状況が，治療者にとっても患者にとっても十全な（optimal）状態での治療の続行や，積極的な治療法を追及する妨げとなることがある。ひいては自立生活の困難さや，QOLの低下と関連するともいえる。

これら認知機能障害は薬物療法のみでは治療が難航する傾向があるため，米国においては10数年前から認知能力のリハビリテーションを行うことで統合失調症をはじめとする重度の精神障害者の全般的な治療の効果と，QOLの向上に努めてきた。認知能力のリハビリテーションは元来，事故や脳梗塞による脳機能障害を対象として開発された。脳機能障害には統合失調症の認知機能障害とその症状と影響における類似点が認められることから適用された。

認知能力リハビリテーションの理論や手法にはメダリア（Medalia, 2004），マクガーク（McGurk, 2003）らの研究が代表的なものとして知られており，日本の臨床現場での適用も期待されるところである。メダリアの認知能力リハビリテーションを一例として紹介すると，NEAR（Neuropsychological and Educational Approach to Rehabilitation）と名づけられたこのモデルはコンピュータープログラムを使用し，セラピストが適切な支持とガイダンスを与えることで，患者の認知機能の向上から社会的機能の回復が可能である。NEARは理論的には神経心理学，教育心理学，そして学習理論を背景としている。患者個人の認知能力，興味や学習スタイルに適切なコンピュータープログラムを選択し，1週間に1度から2度のペースで定期的にリハビリテーションを行う。患者は無理なく自分に合ったペースで作業を進めることが可能であり，コンピュータープログラムとセラピストの双方から支持的かつ的確なフィードバックを得る。リハビリテーションを開始するにあたり，治療対象とする認知機能を明確に定め，通常半年から1年間で終了するまでの間，定期的にその変化を測定する機会が設けられている。確実な認知能力の向上や，リハビリテーションに積極的に参加しているという達成感，あるいはコンピューターを使用しているという自信が，生活の他の側面に好ましい影響をもたらしたことが報告されている。たとえば，認知能力リハビリテーションを半年間以上続けている患者に，復学したり復職したりしたケースがあげられている。対象となる患者の背景は限定されておらず，またその機能水準は高機能者のみに限定されているものでもなく，多様である。リハビリテーションにはコンピューターを使用するが，パソコン使用経験者である必要はないこともあって，その適用範囲は幅広いといえるであろう。NEARは専門の訓練を受けた心理学者，セラピストやソーシャルワーカーにより施行される。このモデルに限らず，認知能力リハビリテーションは統合失調症の中核的な症状である認知機能障害に有効であることから，精神科・神経科の外来，入院病棟，さらにデイ・ケアや職業訓練施設等，多様な機関で展開されている。

（最上多美子）

**参考文献**

Medalia, A., & Lim, R. 2004 Treatment of cognitive dysfunction in psychiatric disorders. *Journal of Psychiatric Practice*, **10**(1), 17-25.

McGurk, S., & Mueser, K.T. 2003 Cognitive functioning and employment in severe mental illness. *Journal of Nervous and Mental Disease*, **191**(12), 789-798.

# 第12章

# 神経症・心身症

## 1. 神経症概念と心身症概念

### (1) 神経症概念とICD-10

　神経症という概念は18世紀に提唱され，精神分析の創始者フロイト(Freud, S.)がヒステリー研究を行って以来，症状の記述とその病因論，治療論を展開して定着してきたものである。しかし近年，アメリカ精神医学会(1994)の「精神疾患の分類と診断の手引き(DSM-Ⅳ)」では，神経症という用語は，まったく使われなくなっている。DSM-Ⅳでは多次元的観点から，1軸で症候論的診断，2軸でパーソナリティ障害，3軸で身体疾患あるいは身体状態，4軸で心理社会的ストレスの強さ，5軸で心理的・社会的・職業的機能の全体的評価を行い，多軸診断を行うようになっている。臨床現場では，2軸のパーソナリティ診断において，パーソナリティを精神力動的に病態水準あるいは発達水準としてとらえた場合，神経症パーソナリティ構造という言い方をすることがある。神経症パーソナリティとは，現実を検討する能力はだいたいにおいて健康であり，社会的基準を積極的に逸脱するようなことはないものの，本人にとっては受け入れがたい感情や苦痛を与える不安や葛藤がある水準のパーソナリティ構造を意味している。一方，精神病パーソナリティ構造は，現実検討機能が障害されている水準をさし，それらの中間(境界)にあるパーソナリティ構造を境界パーソナリティとよび，DSM-Ⅳの2軸では，境界性人格障害や自己愛性人格障害などのパーソナリティ障害が下位分類されている。DSMによる診断を行う場合でも，神経症という言葉はそのような意味合いで用いられることがある。

　世界保健機関(WHO)(1992)の「精神および行動の障害の臨床記述と診断ガイドライン(ICD-10)」では，神経症は一部分的に使用されるにすぎなくなった。そこで本章では，従来「神経症的」とよばれた問題をICD-10にならい，そのいくつかを事例を通じて説明したいと思う。

### (2) 心身症概念

　心身症というと，心の病気と身体の病気とどちらを考えるだろうか。先にあげたDSM-Ⅳでは，心身症は1軸に「身体的病態に影響する心理的諸因子」を診断し，3軸に身体疾患を記述することになっている。本章の後で説明する神経症性障害としての身体表現性障害は，心身症には含まないことになっている。しかしながら臨床的には，重なり合うとこ

---

**精神疾患の分類と診断の手引き(DSM-Ⅳ)**
　アメリカの精神医学会による精神医学の診断と分類のための基準である。これにより診断の妥当性と信頼性が高まり，症例研究や臨床研究における科学性や論理性も高まり，国際共同研究等が発展した。その結果，各々の症候学，発症年齢，経過，合併症，素因，有病率，性比などのデータが蓄積された。

**精神および行動の障害の臨床記述と診断ガイドライン(ICD-10)**
　世界保健機関(WHO)による精神障害の診断と分類のための国際疾病分類である。

ろもあり，はっきりと区別できないと考えられる。

　日本心身医学会の診療指針（1991）では，「心身症とは身体疾患のなかで，その発症や経過に心理社会的因子が密接に関与し，器質的ないし機能的障害が認められる病態をいう。ただし神経症やうつ病など，他の精神障害に伴う身体症状は除外する」と定義している。この指針からすると，心身症を身体疾患であると明確に規定している。しかしながら，心と身体を別々の存在として考えることは，実際的ではなく治療上にも混乱を起こしかねない。

　心身症の治療の場合，まず身体的側面からアプローチし，病気について生物学的な因子を探索することから始め，心理社会的側面も精査し，病気に注目するばかりでなく，病気に悩む人というホリスティックな視点で心身両面から総合的・統合的に病態を理解することが望ましい。

## 2. 神経症的問題のあらわれ

### (1) 神経症性障害

　ICD-10では，神経症性障害として①不安・恐怖障害，②強迫性障害，③適応障害，④解離性障害，⑤身体表現性障害の5つに分類されている。不安・恐怖障害とは，通常危険でない，ある状況や対象に対してパニックになるような強い不安を感じるものである。強迫性障害とは，何度も繰り返して同じ考えが浮かんできたり，無意味に思われるような儀式的な反復行為によって不安を解消しようとするものである。適応障害とは，ストレスが多い日常生活の結果，主観的に苦しく情緒不安定な状態となり，社会生活環境になじめず，適応上で支障をきたすものである。解離性障害とは，過去の記憶や自分が時間的に同一であるという感覚が部分的あるいは完全に失われるものである。身体表現性障害とは，心の葛藤や不安が身体症状に置き換えられてしまうものである。

### (2) 神経症的問題の発生する要因

　神経症的問題は，遺伝によってその人がもって生まれた素質的要因，そして乳幼児期以来どのような発達を遂げてきたか，そのプロセスでどのような葛藤や不安を感じていたかという発達的要因，それらを促進してきた環境的要因などで多次元的に構成されて生じるものである。そしてそれらの葛藤や不安を個人がどのように緩和し，対処してきたかも問題になる。

　また，長く不況の続く社会では，経済活動が停滞し，学生にとっても就職困難な状況になっている。学校教育においては，学力低下論議の高まりの一方で，指導内容の削減が行われた新教育課程に基づく教育が始まり，そのねじれを埋めるために塾通いをするニーズがますます増え，それとともに受験競争は相変わらず激しいために，子どもたちにとってストレスの高い状況であると推察される。学校生活の対人関係でも，友だち関係に波風を立てないよう相手がどう思っているかをつねに気づかい，自分の感情をコントロールするのにエネルギーを使い，とかくスト

レスをためやすい環境であると考えられ，不適応を起こすとしても不思議はないだろう。

### (3) 防衛機制

葛藤や不安，ストレスなどの問題に対処しようとする方法を心理学用語では防衛機制とよぶ。神経症的問題の場合は，抑圧（問題が意識されない）が基調とされており，より未熟な対処法が用いられる精神病水準やパーソナリティ障害水準のものとは区別されている。その他の神経症的防衛機制には，責任を他へ転嫁するような合理化や，本心とは逆のことを言ったり行動したりするなどの反動形成，感情を知的な観念によって回避するような知性化，抑圧された感情が本来の対象から別の対象に代わる置き換えなどがある。

このように葛藤が生じたときに，どのような感情や不安を体験し，それをどのように対処するかによって，精神病理をおおよそ4水準に分けることができ，それぞれの病態水準に優勢な防衛機制をあげることができる。しかしながら，健康な人でもときに病理的な防衛を用いることがあるし，精神疾患をもつ人でも適応的な防衛によって現実に対処することも可能である。つまりどのような防衛機制をよく用いるかによって，病態水準も決まってくる。さまざまな防衛機制をフロイト（Freud, A., 1936）やヴェイラント（Vaillant, G.E., 1986）を参考に表12-1に整理した。

表12-1　防衛機制（Freud, A., 1936 と Vaillant, G.E., 1986 を参考）

| | |
|---|---|
| **精神病性あるいは自己愛性防衛** | |
| 妄想性投影 | 自分の妄想的な衝動や不安を対象に投影する |
| 否認（精神病性） | 外的現実を認めないで無視する |
| 歪曲 | 自分の欲求等をあたかも客観的現実のように知覚する |
| **未熟性防衛** | |
| 投影 | 自分の願望等を対象のもののように知覚する |
| 投影性同一視 | 自分の願望等を対象に投影し，あたかもその対象がその願望等を抱いているかのように知覚する |
| 分裂 | 良い自己と悪い自己，良い対象と悪い対象を分裂させる |
| 行動化 | 衝動や不満，不安を直接的な行動によって解消する |
| 理想化 | 対象を「すべて良いもの」とみる |
| 脱価値化 | 対象を「すべて悪いもの」とみる |
| 躁的防衛 | 抑うつの悲哀や罪悪感を意気高揚・過剰な活動化で回避する |
| 解離 | 意識に解離を生じて，本人には意識されない |
| **神経症性防衛** | |
| 抑圧 | 意識から締め出される |
| 合理化 | 責任を他へ転嫁する |
| 置き換え | 本来の欲求や対象を他へ移行して代理的な満足を得る |
| 反動形成 | 本心と逆のことを言ったり，行動する |
| 知性化 | 感情を知的な観念によって回避する |
| 隔離 | 思考と感情，あるいは感情と行動や態度とを切り離す |
| 打ち消し | 不安や罪悪感が消えるまでやり直しをする |
| 自己への反転 | 対象へ向かう感情を自己へ向けかえる |
| **成熟性防衛** | |
| 愛他主義 | 相手の幸せを自分のことのように感じて行動する |
| ユーモア | 直接的に言うとふさわしくないことを上品なジョークに置き換えて言う |
| 抑制 | 好ましくない感情や葛藤などを意識的にコントロールする |
| 期待 | 欲求不満を生じるような事態を悲観せずに耐えて待つ |
| 昇華 | 直接的に満たすことのできない欲求を社会的により価値の高いものに置き換えて満たす |

## 3. 心身症のあらわれ

心身症は、身体疾患であるという最近の指針の流れのなかで、具体的にどのような疾患があるかについて成田（1993）がまとめているものを表12-2に引用する。心理社会的な因子が強く影響することによって、このように実にさまざまな身体疾患が存在する。極端な言い方をすると、ほとんどの身体疾患は、心身症とみなすことが可能であり、そうした視点で心と身体をケアしていく必要があるだろう。実際の治療に関して、たとえば表12-2に示されている気管支炎や本態性高血圧に対しては、身体医学的治療の果たす役割の比重が大きく、過敏性大腸症候群や過換気症候群に対しては、心理的治療の役割が大きい。そのように身体医学的アプローチと心理社会的側面からのアプローチをバランスよく行うことが大切である。

表12-2 代表的心身症（成田，1993）

| | | |
|---|---|---|
| 1 | 循環器系： | 本態性高血圧症、起立性調節障害、心臓神経症、一部の不整脈、ほか |
| 2 | 呼吸器系： | 気管支喘息、過換気症候群、神経性咳嗽、ほか |
| 3 | 消化器系： | 消化性潰瘍、潰瘍性大腸炎、過敏性大腸炎症候群、神経性食思不振症、過食症、心因性嘔吐症、腹部緊満症、空気嚥下症、慢性肝炎、ほか |
| 4 | 内分泌代謝系： | 甲状腺機能亢進症、肥満症、糖尿病、ほか |
| 5 | 神経系： | 偏頭痛、緊張性頭痛、自律神経失調症、ほか |
| 6 | 泌尿器系： | 夜尿症、過敏性膀胱、インポテンツ、ほか |
| 7 | 骨筋肉系： | 慢性関節リウマチ、痙性斜頸、書痙、チック、ほか |
| 8 | 皮膚系： | 慢性じんま疹、円形脱毛症、抜毛症、皮膚掻痒症、湿疹、ほか |
| 9 | 耳鼻咽喉科領域： | メニエール症候群、咽喉頭異常感症、耳鳴り、嗄声、失声、乗物酔い、ほか |
| 10 | 眼科領域： | 緑内障、眼精疲労、心因性視力障害、眼瞼痙攣、ほか |
| 11 | 産婦人科領域： | 月経困難、月経異常、更年期障害、不感症、不妊症、ほか |
| 12 | 小児科領域： | 起立性調整障害、夜驚症、心因性発熱、再発性腹痛、ほか |
| 13 | 手術後の状態： | 腸管癒着症、ダンピング症候群、ポリサージャー、ほか |
| 14 | 口腔領域： | 突発性舌痛症、義歯神経症、口臭症、ほか |

## 4. 事例による神経症・心身症の理解と対応

以下に事例を提示するが、これらの事例は同じ疾患の事例をいくつか合成して、一般的にしばしばみられる形として記述したもので、これらを通じて神経症や心身症の理解を深め、身近な支援者としての、あるいは専門家としての対応を説明したい。

**【不安・恐怖障害の事例】**

Aさんは、列車やバスなどの乗物に乗ると居ても立っても居られないくらいの恐怖感を感じるようになった。わけもなく不安を感じ、そのまま乗っていられず、目的地に到着する前に途中下車した。どこかへ行くときには、かなり時間がかかるにしても歩いていくことを選んだ。しか

---

恐怖症性不安障害（ICD-10）

通常危険でない、（患者の外部の）ある明確な状況あるいは対象に対して不安が誘発される。その結果、これらの状況あるいは対象は特徴的な仕方（パニック発作や特定の恐怖症等）で回避される。他の人々が問題となっている状況を危険とも脅威的ともみなさないと知っても、その不安は軽減しない。

## 4. 事例による神経症・心身症の理解と対応

しそれでは生活に困り，カウンセリングを受けに来るようになった。

Aさんは自分がそんなに恐怖を抱く理由がわからなかった。しばらくカウンセリングに通ってきても，いっこうに原因となるようなことは明らかにならなかった。Aさんがカウンセラーとうち解けて話ができるようになり，すっかり信頼するようになって，ある「秘密」が話された。それは性にまつわる葛藤であり，Aさんにとっては自分自身を嫌悪し，とても受け入れられないことであった。その秘密を周囲の人が知ってしまったら，どんなふうに思われるか，どんなふうに自分が扱われるかということに強い不安を覚えていたのだった。そのように秘密をめぐって自分への嫌悪感や罪悪感，周囲の人からの反応の恐怖感が，外出するときに必要な乗物への恐怖に置き換えられていた。

秘密を打ち明けた後も，Aさんの葛藤はなかなか収まらなかった。自分への嫌悪感について考えていくと，それはかつて父親に抱いていた嫌悪感と関連していることがわかった。しかし父親は既に亡くなり，故人を嫌悪することにも葛藤をもっていた。Aさんは父親のことを話すことへの抵抗感を乗り越え，また家庭内の秘密をも話していった。そうやって過去の気持ちを整理することによって，父親に対する感情も好きだったところと嫌悪するところがうまく分かれ，どちらも自分の素直な気持ちであると自覚した。そんなふうに良くも悪くもある父親への愛情がAさんの中で確信されていくと，自分自身の現実も少しずつ受け入れられるようになっていった。このようにAさんは自分の秘密を話せる聞き手を得て，自分のなかにわだかまっていた感情を整理することができたのである。このような聞き手は別にカウンセラーとは限らず，友人の間で話すことによって十分解決可能である。ただ，Aさんの話を批判的に聞かず，また十分聞かないうちから「一般的にもよくあることだ」とか，「嫌悪する必要はない」と説いたり，安易に慰めたりしないなどの配慮は必要である。

### 【強迫性障害の事例】

B君は，高校2年生になってものにさわると汚く感じて手を洗わないと気が済まないようになった。しばしばせっけんで長時間洗うため，手はあかぎれて痛々しかった。学校から家に帰ると，衣服や鞄の洗濯から始まり，2時間くらいかけて風呂で身体を洗わないといけなかった。家では自分のもちものを家族がさわることを許さず，少しでも触れると家族を怒り，きれいにすることを家族にも強要し，不潔恐怖に家族を巻き込むことになった。それが不合理なことであり，他の人は気にしないことなのに，自分だけがこだわっているとわかっていたが，やめられなかった。B君はあれもこれもコントロールしようとし，そのために行動が非常に制限されるようになった。そうした行為に本人も家族も疲れ果ててしまったが，どうしてもやめられなかった。そしてとうとう学校にも行けなくなってしまい，病院に入院することになった。

もともとB君の父親は倹約家で家の電気や水道の使い方をはじめ，日常的なことについて非常に細かく家族に指示する人だった。母親はそれを守り，とても几帳面であった。彼は小さい頃から，そのような環境

**強迫性障害**

強迫性障害の病像は，反復する強迫思考あるいは強迫行為である。強迫思考とは，本人の意思に反して繰り返し心に浮かぶ思考であり，しばしば苦悩をもたらす。強迫行為は何度も繰り返される常同行為であり，しばしば無意味で効果がないと認識し，不快に感じているがやめられないものである。

で育ち，「こうしなければいけない」と考える傾向があった。しかしその一方で，そのようなやり方に反発も覚えていた。完璧にしないと気が済まないB君は，自分の思うようにはならない現実に葛藤をもち，また周囲の友だちとの間でもズレを感じていた。そんな自分が許せず，すべてをコントロールしようとしていたのだった。

　カウンセリングの経過のなかで，B君は自分のなかの怒りや攻撃の感情に気づき，それを「汚いもの」と思わなくてもよいと思うようになっていった。強迫的なスタイルはいくらか緩んで柔軟性もでてきたが，その基本的特徴はなかなか変わらなかった。成田（1994）は，強迫的スタイルという硬い殻を「棘がいっぱいでその外皮はなかなか硬いが，中味は脆弱でグシャグシャ」な「サボテンのよう」とたとえている。

　病院では，日常的な場面において，彼がよくやっているところは肯定的に評価され，彼がダメだと思っているところもそれでいいのではないかといった対応がなされていた。すなわち，B君の「こうあるべき」という構えを緩和する働きかけが行われていた。そのような入院生活がしばらく続き，B君は葛藤がなくなりはしないものの，「何とかしよう」とするのではなく，「まあこんなものでよい」という柔軟で大丈夫という感覚をもつことができるようになった。そして，両親に対しては，不満は強く感じていたが，あれだけ困らせたにもかかわらず，見捨てずにつきあってくれることに対して，親の思いを感じとることができた。そうして，現実と折り合いをつけるようになって，再び学校に行けるようになった。

### 適応障害
大きな生活の変化やストレスの多い生活上の出来事等に対して生じる主観的な苦悩と情緒障害の状態の結果，日常生活に適応するうえで支障となる。

### 分離－個体化
第一の分離－個体化は，乳幼児が36ヶ月かけて母親から自立していく過程で①分化期，②練習期，③再接近期，④個体化期からなる。母親との十分な共生関係の中で絶対的信頼を経験した後で，乳児は運動能力の獲得とともに，母親からの分化が始まる。子どもは母親から離れて外の世界の探索に乗りだし，自分自身の活動に夢中になっているが，周期的に母親のもとに戻って安心感を得る。そうして自分の意志で母親から離れ好きなところへいける喜びを感じる一方で，分離不安を感じ，母親を求める行動を示す。そのような依存と自立の葛藤を乗り越えて個体化に向かう。同様に青年期に第二の分離－個体化を迎え，自分らしさともいえる個別性を獲得していく。

## 【適応障害の事例】

　大学入学後，C君は学生生活になじめないので，大学をやめて郷里に帰ろうかと思っていた。大学では人とどう接していいのかわからなくて，仲の良い友だちもできず，学生生活になじめなかった。一人暮らしをすることや自分の専攻する学科でやっていくことに自信をもてなくて，自分の選択が間違っていたのではないかと思い，再受験を考えるようになっていた。家族や高校時代の友だちは，せっかく入った大学だから，すぐやめなくてもよいのではないかと言う。C君も頭ではわかるが，このまま大学でやっていく決心もつかなかった。

　C君は孤立無援に感じてカウンセリングを受けに来た。そこで涙ながらに話をするような状態だった。そんなふうに不安や自分の弱さを話す面接がしばらく続いた。しかしあるときからC君はカウンセリングに来なくなった。その後カウンセラーから連絡をとると，C君はとりあえず大学を続けることにして授業に出席し，話ができる友だちも2，3人できたということであった。

　C君は親元から離れて淋しさや虚しさ，つまり分離不安を感じ，さらに自分から積極的に友だち関係をつくったり，自発的に行動を起こすことに自信がもてなかったのである。つまり依存と自立の葛藤のなかで一時的に抑うつ的になっていたと考えられる。こうした問題をブロス（Blos, P., 1971）は「第二の分離－個体化」の葛藤とよんでいる。このような問題を抱えて，C君は学生生活に適応障害を起こしていた。

C君がこのような問題から抜け出したのは,「まずはやってみよう」と自分で決めて行動し始めてからである。そうなったのは,家族や高校までの友だち,カウンセラーに不安を話すことによって,自分の感じている不安と現実との区別ができ,不安と距離をとることができるようになったからである。そして大学で話をする友だちができるようになり,カウンセリングでは,話しても何も変わらないと感じるとともに,愚痴ばかり言っているような自分を嫌に感じていた。不安が解決したわけではないが,自発的に行動してみようという気持ちがしだいに強くなり,依存性と自律性のバランスが回復して,不安を抱えながらも自主的に学生生活を送るようになったのである。

**【解離性障害の事例】**
　女子大生のDさんは恋人からふられてしまった。その別れはDさんからすれば唐突であり,理不尽なものであった。どうしても納得がいかなかったが,彼の方はそれ以上説明しようともせず,会おうともせず拒絶的であった。Dさんはこの事態が信じられず,恋人を失った喪失感,悲しみ,憤慨などが入り交じった感情にほんろうされていた。あるときDさんは学校で倒れてしまった。医務室に運ばれてそのうち意識は回復したが,念のために検査を受けに近くの病院へ友だちにつきそわれて受診した。身体的には特に異常所見は認められなかった。そうして家に帰り,日常生活に戻った。しかし,翌日Dさんは前日の記憶がなかった。
　その後も心配した友だちから世話をしてもらいながら,Dさんは日常生活を送ったが,記憶は回復しなかった。あるとき,キャンパスで元彼氏と出会い,その後に再び倒れてしまった。友だちはDさんが失恋で痛手を負っていると察し,Dさんといつも一緒に過ごし,いろいろ話も聞いてくれた。しかし,そういう生活がしばらく続くとさすがに友だちも疲れてしまい,Dさんの母親に連絡して一緒に生活してもらうことになった。母親に面倒をみてもらう生活が数週間続いて,Dさんは落ち着きを取り戻していった。
　Dさんは失恋という受け入れがたい事実に直面し,不快な感情に悩まされ,自分では解決できなかったのであるが,そのようなときに彼女は倒れ,一時的な記憶を失う解離状態を示したのである。記憶を失うことによりに,不快な葛藤を回避し,友だちや母親から世話を焼いてもらい,依存欲求も満たされることで,落ち着いていったのである。
　解離性障害については,テア(Terr, L., 1995)が指摘するように心的外傷との関連が示唆されている。特に幼児期の虐待が解離を誘発しやすいことが注目されている。辛い記憶をしばらく棚上げにしておく抑圧は,よくみられる防衛機制であるが,考えたり意図しなくても意識の外に押しのけられる。解離されるには,自分を感情や思考,関連性の意識などからはずされてしまわなければならない。解離では,記憶を取り入れ,刻み込み,貯蔵する心理的装置の一部が停止されているわけである。抑圧では,記憶は完全に刻み込まれ貯蔵されているが,取り出すことができないだけである。このように辛い記憶から自分を守るための安全装置として解離は働いている。

**解離性障害**
　外傷的な出来事や解決しがたく耐えがたい問題,あるいはストレスフルな対人関係等と関連して,過去の記憶や同一性と直接的な感覚の意識,身体運動のコントロールの正常な統合が部分的にあるいは完全に失われることである。

**身体表現性障害**
　病像は，身体的所見は異常が認められず，身体的基盤がないという医師の保証にもかかわらず，医学的検索を執拗に要求するとともに繰り返し身体症状を訴えるものである。

【身体表現性障害の事例】
　Eさんは研究者になろうと思って大学院に進学した。最初のうちは充実した研究生活を送り，指導教官からも褒められていたが，専門の勉強をすればするほど研究がむずかしく感じられるようになり，研究生活は思ったよりもきびしくたいへんであった。研究室の友だちと話していて，自分が研究者に向いているか，研究者としてやっていけるかどうか漠然と不安に思っていたが，とにかく研究活動に専念していた。しかし，あるときから咳と腹痛に苦しむようになった。内科を受診したが，身体的な異常所見は認められなかった。そういう経緯でEさんは指導教官に相談した。
　指導教官はEさんに対して，研究には向いていないとか，そのような悩みは誰しも経験するものだから心配しないようになどと言わず，Eさんの気持ちをじっくり聞いていった。何度か相談をした後でEさんは，どうも現在の研究が本当にしたかったわけではなく，どこか背伸びをしていたことを自覚した。しかしながら，もし進路変更をすると，他の人が自分のことをどう思うだろうかと気になり，なかなか決心がつかなかった。ただ，指導教官は自分の意思を尊重してくれるようで安心し，しばらく本当に自分がしたいことは何かを考えた。その結果，このまま研究をすることは，かえって自分を欺いていると思うようになった。他にやりたいことがだんだん明確になってきた。そして人がどう思うかよりも，自分のしたいことをやろうという気持ちになり，休学することにした。やりたいと思っていることにチャレンジしてみて，それが自分の求めていることであると確認できたら，その時点で退学し進路変更しようと思った。Eさんは挫折したようにみえるかもしれないが，Eさん自身は，自分の進みたい方向をごまかすことなく，しっかり見据えることができて安心したと言っている。

【心身症の事例】
　Fさんは，会社勤めの30代の男性で最近過労気味であった。そして，吐き気と腹痛があり，内科を受診して胃カメラ検査を受けたところ，胃潰瘍と診断された。Fさんは薬物療法を受けたが，なかなか症状は改善しなかった。そこで医師は休養を指示するとともに，カウンセリングを紹介した。
　Fさんは元来真面目であり，仕事についても強迫的にするところがあった。胃潰瘍については，情緒的な問題と関連があることを最初は否定していた。Fさんはどちらかというといきいきとした感情に乏しく，失感情症（Sifneos, 1984）的傾向があると考えられた。カウンセリングを続けていくうちに，これまであまり意識していなかった職場に対する不満やノルマをめぐって上司との間でストレスフルな関係があったことに気づいていった。これまで漠然と感じていた不満やストレスを聞いてもらい，自分のなかで明確に整理され楽になっていった。そうして3ヶ月の休養の後に復職した。
　心身症になりやすいパーソナリティとして，冠状動脈疾患と**タイプA行動パターン**が一般に認められている。そのほか成田（1993）は，心

**タイプA行動パターン**
　①自分が定めた目標を達成しようとする持続的な強い欲求，②競争を好み追求する傾向，③永続的な功名心，④時間に追われながらの多方面にわたる活動，⑤身体的精神的活動速度を常に速めようとする習癖，⑥身体的精神的な著しい過敏性，などを特徴とする。

身症者によくみられるパーソナリティとして，強迫パーソナリティ，自己愛パーソナリティ，境界パーソナリティを指摘している。3者に共通する特徴と連続性について，自己像の両極化とコントロールという機制を見いだしている。強迫パーソナリティでは，劣った・悪い自己を優れた・良い自己にすべく，自己と外界をコントロールしようと強迫的に努め，そのコントロールが身体諸機能にまで及ぶとしている。自己愛パーソナリティでは，劣った・悪い自己像が意識されることを回避するために，他者との関係から後退し，自己の身体をコントロールするようになるとみなされている。境界パーソナリティでは，優れた・良い自己像と劣った・悪い自己像とは分裂し，一方が活動しているときには他方は意識化されない。優れた・良い自己像が活性化しているときには自己の身体も優れた・良い身体として体験され，劣った・悪い自己像が活性化しているときには身体も劣った・悪い身体として体験されるので，こういう心理的自己体験が身体の機能に影響すると説明している。

[内野悌司]

## 参考文献

American Psychiatric Association　高橋三郎・花田耕一・藤縄 昭(訳)　1994　DSM-IV精神疾患の分類と診断の手引き　医学書院
ブロス, P.　野沢栄司(訳)　1971　青年期の精神医学　誠信書房
フロイト, A.　外林大作(訳)　1958　自我と防衛　誠信書房
成田善弘　1994　強迫症の臨床的研究　金剛出版
成田善弘　1993　心身症　講談社
日本心身医学会教育研修委員会(編)　1991　心身医学の新しい診療指針　日本心身医学会
シフニオス, P.　丸田俊彦・丸田純子(訳)　1984　短期力動精神療法　岩崎学術出版社
テア, L.　吉田利子(訳)　1995　記憶を消す子供たち　草思社
Vaillant, G.E.　1986　*Empirical studies of ego mechanism of defense*. American Psychiatric Press.
WHO　融 道男・中根允文・小見山 実(監訳)　1992　ICD-10 精神および行動の障害の臨床記述と診断ガイドライン　医学書院

## アディクションと共依存

　アディクション（addiction）はドイツ語のズーフト（Zuft）の同義で、ズーフトは人格障害の一種で、衝動的な欲求が制御できない状態をさす。廣中（2001）はアディクションを「ハマる」という口語で説明しているが、習慣、中毒、嗜癖を意味し、最近では依存（dependency）という言葉がよく用いられる。依存は①物質依存、②プロセス依存、③人間関係依存に分類できる。

　まず物質依存はアルコール、薬物や煙草といった物質摂取によって生じる快楽に沈溺する。従来、依存はこの物質依存を意味していた。次にプロセス依存は行為の始まりから終わりまでのプロセスに伴う快楽に夢中になる。行為としては、ギャンブル、ショッピング、恋愛、セックス、食行動、仕事、さらには虐待・暴力行為（多くは家庭内での）を含めることができる。

　人間関係依存は人との関係での没頭である。このような人間関係は共依存（co-dependence）ともいわれている。共依存の定義はさまざまであるが、メロディ（Mellody, P., 1989）は「他の人間の行動が自分に影響するのを許す人間、あるいは、その人の行動を支配するのにとりつかれた人間」と定義している。たとえば母親が自分を犠牲にしてまで子どもに尽くす行為は一見、母性愛に満ちた行為とも思えるが、その行為によって子どもを支配しているとも考えられる。

　共依存は下記のような自己についての障害を示すと、メロディは述べている。

　①自己愛の障害：適度な自己評価を体験できない。低い自尊心か、傲慢・誇大性かの両極端である。
　②自己保護の障害：自己と他者の境界設定ができずに、たやすく他者に侵入したり、他者の侵入を許したりする。
　③自己同一性の障害：自己に関する現実を適切に認識することが困難である。
　④自己ケアの障害：自己の欲求を理解し、他者に伝えられない。
　⑤自己表現の障害：自己の現実（年齢、役割や状況）にそって適切に振る舞ったり、表現することができない。

　共依存は機能不全家族で育つことによって形成される。機能不全家族は家族仲の悪さ、けんか、暴力や虐待の絶えない家族だけでなく、完全主義、几帳面や真面目といった堅苦しい抑圧的な家族も含まれる。このような家庭で育つと、見捨てられ不安、不安定感や屈辱感が強まり、慢性的な空虚感をもち続ける。そのために外の力を借りて、人、ものや行動で空虚感を満たそうとする。これらが共依存のメカニズムである。

　ところでアダルトチルドレン（adult children）という言葉もよく用いられる。アダルトチルドレンはアルコール依存症の親のもとで育ち大人になった人のことであるが、1930年代からアメリカで使われ始めた。最近では、機能不全家庭で育った人も含めた概念になっている。その行動や性格傾向については割愛するが、共依存になることが多いとされる。

（大石史博）

**参考文献**
廣中直行　2001　人はなぜハマるのか　岩波書店
Mellody, P.　内田恒久訳　1989　児童虐待と共依存　そうろん社

# 第13章

# 摂食障害・対人恐怖

　本章では，青年期に好発する摂食障害と対人恐怖について取り上げる。両者は一見まったく違う病像を示すように思われるが，共通性もある。それは，両者とも自己主張のなさ，自分のなさを訴え，他者への迎合性と状況依存性が強い特徴である。そのような自分のあり方，適応スタイルと病態との関連に注目し，事例を紹介しながら，それぞれについて説明する。なお，これらの事例は同じ疾患の事例をいくつか合成して，一般的にしばしばみられる形として記述している。

## 1. 摂食障害とは

### (1) 摂食障害の概念

　食生活が豊かになり，テレビや雑誌，友だちとの会話等でも，おいしい料理，レストランがよく話題となり，美食に対する関心が高い。その一方で，親の仕事や子どもの塾通い，クラブ活動の忙しさ等のため，家族がそろって食事をする団らんの風景は少なくなってきている。すなわ

表13-1　神経性無食欲症と神経性大食症（DSM-Ⅳ）

| | 神経性無食欲症 |
|---|---|
| A | 年齢と身長に対する正常体重の最低限，またはそれ以上を維持することの拒否（例：期待される体重の85％以下の体重が続くような体重減少；または成長期間中に期待される体重増加がなく，期待される体重の85％以下になる）。 |
| B | 体重が不足している場合でも，体重が増えること，または肥満することに対する強い恐怖。 |
| C | 自分の体の重さまたは体形を感じる感じ方の障害；自己評価に対する体重や体形の過剰な影響，または現在の低体重の重大さの否認。 |
| D | 初潮後の女性の場合は，無月経，つまり，月経周期が連続して少なくとも3回欠如する（エストロゲンなどのホルモン投与後にのみ月経が起きている場合，その女性は無月経とみなされる）。 |

| | 神経性大食症 |
|---|---|
| A | むちゃ食いのエピソードの繰り返し，むちゃ食いのエピソードは以下の2つによって特徴づけられる。<br>　1　他とはっきり区別される時間の間に（例：1日の何時でも2時間以内の間），ほとんどの人が同じような時間に同じような環境で食べる量よりも明らかに多い食物を食べること。<br>　2　そのエピソードの間は，食べることを抑制できないという感覚（例：食べることを止めることができない，または何を，またはどれほど多く食べているかを抑制できないという感じ）。 |
| B | 体重の増加を防ぐために不適切な代償行動を繰り返す，たとえば自己誘発嘔吐；下剤，利尿剤，浣腸，またはその他の薬剤の誤った使用；絶食；または過剰な運動。 |
| C | むちゃ食いおよび不適切な代償行動はともに，平均して，少なくとも3ヶ月にわたって週2回起こっている。 |
| D | 自己評価は，体形および体重の影響を過剰に受けている。 |
| E | 障害は，神経性無食欲症のエピソード期間中にのみ起こるものではない。 |

ち，食べることは楽しみで生活に潤いをもたらす一方で，本来楽しいはずの家族で食卓を囲む場面は，淋しく味気ないものとなってきている。また，やせていることが美しい条件であるといった偏った価値観に翻弄される時代風潮において，ダイエットが人々の関心になり，不適切な食行動ややせるための行動が行われることが多い。つまり食べることにまつわるさまざまな問題が生じ，摂食障害は今日の時代のありようを象徴する1つの病像ということができる。

健康的なダイエットから深刻な拒食まで，また，健康なやけ食いから激しい過食・嘔吐まで，その程度や背景はさまざまで，摂食障害には多様なスペクトルがある。アメリカ精神医学会（1994）の「精神疾患の分類と診断の手引き（DSM-Ⅳ）」では，表13-1のように神経性無食欲症と神経性大食症，およびそれ以外の特定不能の摂食障害として定義されている。

### (2) 摂食障害の経過

最初は何気なく始めたダイエットで体重の減少に成功すると，達成感や自信をもったり，周囲の人からやせたことを指摘されることで喜びを感じることがある。そうすると，ますます体重減少が目標となり，ダイエットにはまっていくようになる。体重の減少が進んで，ガリガリにやせるなど体形の異常があっても，それを認めることはできず，むしろ太ることへの恐れからやせや食事へのとらわれで減量に努めることになる。

体重が低下するにつれ，栄養不足で身体の基礎代謝が抑えられ，生理が止まったり，低体温や寒さを感じやすくなったり，身体にさまざまな不調があらわれてくる。脈が遅くなったり，血圧が低下したり，髪の毛のツヤがなくなり抜けやすくなったり，皮膚がカサカサになってくる。内臓の方も肝機能障害や腎機能障害が起こりやすく，著しくやせて低カリウム血症などの電解質異常を起こすと，致死的な不整脈の原因になることもある。

精神的にはイライラ感が強まり，ささいなことに敏感になることも多いが，何よりも体重や食事に関心が集中し，心理的視野狭窄といえる状態に陥る。食行動異常としては，料理へ過剰に関心を示したり，買いだめや隠れ食い，盗み食い，夜間の摂食，家族の食事への過干渉などが起こりやすい。その他の行動上の問題として，周囲を支配しようとしたり，ひきこもりを示したりすることがある。自傷行為やアルコール・薬物乱用，盗癖などの問題があらわれることもある。このような異常行動などの問題は，村上（2003）によると，ミネソタ実験とよばれる飢餓の影響に関する研究によって，低体重による脳の機能異常から生じると考えられている。

体重が身体的な忍容限界に近づくと，不適切なダイエットの反動から摂食衝動が強まり，自分ではコントロールできないほど食欲が高まり，過食の状態に入ることが多い。元の体重を超えてしばらくすると過食が収まる傾向にある。そして，体重が増えるにつれて，やせや食事へのとらわれは和らぎ，体重増加を受け入れることができると，元の生活に戻

**ミネソタ実験**

半飢餓状態に置かれた被験者は，体重減少や基礎代謝の低下に伴う徐脈や低体温などの身体的変化とともに精神的な変化も見せた。たとえば，食事に関する関心が異常に高まり，他のことに集中することが困難で料理にとても関心を示した。また，古本や不必要な物を買いだめし，後になって，どうしてそんなものを買ったのか本人たちも不審に思った。食行動では，隠れ食いや盗み食い，残飯の生ゴミをあさる者があらわれた。食事制限が解かれると，多くの者が過食に陥って，大量に食べては吐くことを繰り返す者もあらわれた。精神状態も不安定になり，自傷行為や自殺企図を行う者さえ出た。このように摂食障害に特有と思われていた食行動異常や精神症状が，問題行動が健常な人でも飢餓状態に置かれると，同じようにあらわれることが明らかになった。

ることも可能となる。

しかし，体重増加が受け入れられないと，過食をする一方で，嘔吐などで低体重を保とうとし，過食・嘔吐が慢性化しやすくなる。つまり体重増加が受け入れられるかどうかが，回復の鍵になるのである。

## 2．摂食障害の事例

　女子大学生のAさんは，標準体重で身長からしても平均的な体重であった。しかし，自分では太っていると思い，太っているとしたいことをする資格がないと思っていた。そこでダイエットを始め，体重は低下し，見た目にもそれがわかる程になった。あるとき，友だちからやせてきれいになったねと言われ，非常に嬉しく感じた。そのため，ますますやせてきれいになりたいとダイエットに夢中になった。そうしていると，それほど空腹感を感じなくなり，体重が着実に減って少ない数字を示すことやこれまで着られなかった細めの服を着ることができるようになって喜びを感じた。それまではどこか自信がなく，何をしたらよいのかわからないような気持ちであったが，ダイエットを始めてからは，体重の減少が目標となり，それが着実に実行できていることに自信を持ち，周囲からも注目されるようになって喜びを感じられるようになった。

　そのうち体重は減らなくなったが，もっとやせようとして体重や食べ物にこだわるようになって，標準体重を下回るほどやせた。すると生理は止まり，冷房がやたら寒く感じるようになったり，階段の上り下りに息が切れるなど，身体に変調を感じるようになった。食べなくてはいけないと思いながらも，体重が増えることは恐ろしく，また思い切って食べようとしても，のどが締めつけられるようで食べられなかったり，少し食べると気持ち悪くなったりしていた。家族や友人から食べるようにいわれると，自分でもわかっているのにできないだけに，無性に腹が立ち，激しく反発するのであった。そして，いつも食べ物のことが頭から離れず，他のことをしようとしても集中できず，イライラした気分ですごしていた。

　あるとき，思いのほか食べてしまい，それからは食べるのを止められなくなってしまった。しかし食べた後に体重が増えるような気がして怖くなり，食べたものを吐かなくては気持ちが収まらなかった。さらに食べたものを早く出してしまいたくて指をのどに突っ込んで吐いたり，下剤を使ったりするようになった。食べて吐くという行動を繰り返す自分にAさんは自己嫌悪を感じた。食べたり吐いたりするのを自分の弱さと感じ，何とか変えようとして頑張ったが，どうしようもなくなってカウンセリングを受けに来た。

　Aさんは自分の意志の弱さや性格のせいで過食や嘔吐をすると考え自己嫌悪していたが，カウンセラーから過食は低栄養状態に陥ると起こる本能的な行動であり，またさまざまな問題行動はAさんのせいではなく，低体重による脳の機能異常から生じると説明されて安心した。Aさんは吐くのは太りたくないのと，やせて人からほめられたいためであっ

たと振り返り，その後カウンセリング場面で泣くことができるようになった。そんなある日，Ａさんは前の回にカウンセラーが言った言葉に傷ついて，家に帰って泣いたことを打ち明けた。カウンセラーに直接そういう感情が言えるようになったわけである。その後，徐々にＡさんは周囲の人にも自分の意見や感情を伝えるようになってきた。それに対して他の人から，自分が恐れていたような反応が返ってくることはなく，受け止められることを実感した。こうしてＡさんは，人の思惑や感情を気にして，自分の思いや感情を外に出さずに「飲み込む」ことから，「吐き出し」てもよいと思うように変わっていった。

　それまで意識しなかった，両親や友だちに感じていた葛藤や不満，怒りをカウンセラーに語るようになった。Ａさんは自分のなかの受け入れがたいものを他者にではなく自分の身体に投影し，自分を劣った悪いものと感じていたわけである。以前なら不満や怒りなどを悪い感情とみなして排除しようとしていたが，この頃には否定的なことを感じてもよいと思うようになり，たとえ否定的な感情があっても，相手の良い部分も評価できるようになり，全体的に安定した見方や感情をもつようになった。

　「こうでなければいけない」という気持ちが和らいで，「まあいいか」と妥協できるようにもなった。過食や嘔吐について，それまでは自分の意志でコントロールしようとしていたが，「過食・嘔吐の利点」（下坂，1988）を自覚し，病気なのだから仕方ないと思うようになってきた。すなわち「悪い」とか「弱い」と思っていた自分を，ありのままの自分の一部として受け入れることができるようになったのである。Ａさんは過食・嘔吐が治まって，将来の方向性も決まってカウンセリングを終える日を迎えた。「私は強くなったり弱くなったりすることができるようになりました」と言って去っていった。

　Ａさんは何でも自分が頑張ればよいと思っていて，弱音を吐くことも，人に何かを要求することも頼ることもほとんどなかった。その一方でいつも周囲の人の期待に応えようとして葛藤を抱えていた。そういうなかでＡさんは「本当の自分って何だろう」と考えていたのである。本当の自分とは何かという問題について，ウィニコット（Winnicott, D.W., 1977）は「本当の自己」（true self）と「偽りの自己」（false self）という考え方で説明している。「偽りの自己」は服従的であるが，「本当の自己」は自発的で創造的であると述べている。また，ブルック（Bruch, H., 1979）は摂食障害を自律性の障害とみなしている。Ａさんは人の思惑や期待などを気にする「偽りの自己」から，こうしたいとかこうしようという自分の意思や感情を尊重する「本当の自己」へ変化することができ，自律性を再獲得したと考えられる。

## 3. 摂食障害への対応

　摂食障害に陥っている人が，専門家を受診したり相談することをためらうのは自然なことである。家族や友人から勧められてもなかなか決心

がつかない。そこで、まずは身体の調子に本人自身が目を向けるようにしていくことから始めるとよい。たとえば、体温や脈拍数を定期的に測ってもらったり、ちょっとした運動で息切れしないかなど体力の低下について考えてもらうのである。そうして身体の変調を本人が感じることができたならば、内科を受診し検査をしてもらう。摂食障害は身体に影響を与えることが多いので、検査の結果、異常がみつかれば、そこから治療に導入することが可能になり、異常がみつからなくても定期的に受診して身体状態をチェックすることは意味がある。そのように身体の面からアプローチし、本人が身体の発するサインに耳を貸すことができるよう促し、心にも意識を向けるよう援助しながら、精神科や心療内科につないでいくことが望ましい。ただ、治療を行うことによって、食べることや体重に意識が集中し、ますます食べられなくなったり、過食・嘔吐の悪循環に陥ることもある。そういうときには、急な回復を目標とせず、日常生活でできていることを維持し、楽しんでやれることを少し増やすくらいを目標にするのがよい。

　周囲の者は本人を説得して、バランスのとれた食事をさせようとしたり、過食や嘔吐をやめさせようと躍起になるものであるが、あまり頑張らない方がよい。拒食の場合は、まずはお菓子でもよいから、本人が食べやすいもの、好きなものから食べてもらうようにする。そして次第にエネルギーになるものを食べられるようにしていく。過食の場合は、食べることをコントロールしようとするのではなく、自然に身を任せるのがよい。本人が身体の発するサインを受け止めることができるようになるのが大切であり、それができるようになれば、徐々に食べることも落ち着いてくるものである。体重が増えることへの抵抗は強いが、体重が増えることが思っていたほど怖くないことを本人が自覚するまで見守る気持ちで待つのがよいといえるだろう。本人が食べることや体重へのとらわれが強いので、周囲の者は一緒になって騒がず、少しゆとりをもってかかわり、それが本人に伝わることで、悪循環から抜け出す手がかりともなるのである。

## 4. 対人恐怖とは

### (1) 対人恐怖の概念

　対人恐怖は、人見知り、過度の気づかい、対人緊張という一般にもみられるレベルから、対人恐怖症といわれる重症のものまであるが、精神医学事典によると、対人恐怖症は、「他人と同席する場面で、不当に強い不安と精神的緊張が生じ、そのため他人に不快な感じを与えるのではないか、いやがられるのではないかと案じ、対人関係からできるだけ身を退こうとする神経症の一型」と定義されている。すなわち、人そのものを対象として恐怖するのではなく、相手との関係において、自分が人にどうみられるか、自分が人に不快感を与えないかといったことを恐怖するものである。重症の場合、自分が人に危害を加えるのではないかといった関係妄想的な不安をもつ者がある。山下ら（1985）によると、

以下の特徴があげられる。①自分には相手に不快・緊張を与える欠点があると感じている（対人性をもつ欠点の存在）。軽症例が精神的欠点つまり性格を悩むのに対して，重症例では自己の身体的欠点が問題とされ，しかもその欠点が他者に対して加害性をもつ。②その存在に関する確信はきわめて強固である（確信性）。③その欠点は相手の動作や行動から直感的に感じられる（関係妄想性）。④この妄想体験は一定の状況内にとどまり，それ以上に発展することはない（妄想体験の限局性）。⑤生育歴や性格，状況要因などから症状形成が了解的に把握できる（了解性）。また，同様に村上（1985）は「思春期妄想症」として，思春期において一時的にみられる関係妄想を取り上げている。妄想体験の限局性や了解性の特徴から精神病とは区別してとらえられている。

### (2) 対人恐怖の特徴

鍋田ら（1988）は，対人恐怖症の特徴として，迎合性ないし相手を優先するという他者配慮性と，ゆがんだ自己愛あるいは強い自己顕示性として示される自己中心性という2つの方向性を指摘している。

対人恐怖は，人見知りレベルで一般にもしばしば認められる現象であるが，鍋田らは，対人恐怖症者と同様の性格傾向を有する健康者とを比較することで，何が病態発生に重要な要因であるかを調査している。その結果，2つの相違点が見いだされている。①対人恐怖症状のある者が，自らの性格傾向や適応の仕方あるいは自己全体に対して，嫌悪感，否定意識を抱いていること。②適応するためのパターンについて，対人恐怖症状のある者が，かたくなに虚勢をはり自己の弱点を隠し続け，他者に対して素晴らしい自分を演じ続けようとしているのに対して，症状のない者では，がんばってもダメと判断したら，要求を下げたり，あきらめたりするということ，自分のダメさを他者に吐露したり，あえて自分の対人不安を他者に語りかけることで，自分の思い込みを修正しようとするという自己開示性の高さを示すこと，合う人と合わない人を分けてつきあっているという対象関係の柔軟性を示していること。すなわち，対人緊張があっても，自分の性格をどのように受け入れ，自分らしい適応スタイルや柔軟性をどのように身につけるかが，症状を形成するようになるか，適応的になるかを左右していると考えられる。

## 5. 対人恐怖症の事例

大学生のB君は，もともと相手に自分がどう映るかと他人の評価を気にする方だったが，意味もなく人目を気にしたり，自分の視線が気になるようになってきた。何をやっても何を考えても誰かから否定されるような気がし，考えや行動が中断され，また人前では緊張し，人のなかに入っていきにくくなって，日常生活にも支障をきたした。そこで，カウンセリングを受けに来た。

B君は初めのうちカウンセラーに対しても緊張している様子だった。カウンセラーはそのことを指摘しながら，そういう自分を変えていこう

として相談に来ているＢ君の努力を肯定的に評価し，ざっくばらんに話をしていった。Ｂ君はインターネットやメールで人と交流するのは好きであり，面と向かって人と話をしたりするのは緊張するが，もともと自分のことを人に話すのは好きであることに気づいた。それは相手の反応を気にしなくてよいからであった。しかしあるとき，所属しているメーリングリストでのやりとりで，はめをはずし過ぎてメーリングリストの管理者から注意されてしまった。そのとき，子どもっぽい自分が露見してしまったようで，恥ずかしく感じた。その一方で，人前で恥をかかされたことに激しい怒りも感じるようになった。この経験について語るなかで，彼は自分が人から嫌われたり拒絶されることを不安に思っていること，そのために自分の子どもっぽさや悪いところが人に悟られないよう隠そうとしていたことに気づいた。

　その後，Ｂ君は自分が特に対人緊張を感じるようになったきっかけについて，つきあっていた女性と別れてからということに思い至った。それまでＢ君は彼女に対して非常に気を遣って大切にしていたのであるが，彼女はそういうＢ君に堅苦しさを感じていた。その一方で，何でも自分の思う通りにしてもらえると期待しているＢ君に彼女はうっとうしさを感じていたのである。Ｂ君はどうして自分が嫌われるのかわからず，腹立ちや情けなさを感じていた。それとともに，何をやっても中途半端でうまくいかないと感じ，将来どんな職業に就くか，これから自分がどう生きていこうとしているのかといったことが，どこか不明確で自信がもてなかった。彼女にはそういう自分を見透かされ，愛想をつかされて別れたと思っていたのである。すなわち，ダメな自分を見透かされ，見放されることを恐れていたと理解した。

　Ｂ君は対人関係がうまくいかないと感じていたが，それは相手が自分をどうみているかを気にしすぎ，自分の方が相手に壁をつくっていたところがあったと思うようになった。人から認められたい，評価されたいという気持ちがあまりにも強く，ありのままの自然な自分が出せず，対人場面で緊張や恐怖を感じていたこともわかってきた。しかし他方で，周囲の人への気遣いや配慮は自分の良さでもあり，そこは変えたくないと思う肯定的な気持ちも芽生えてきた。

　Ｂ君はそんなふうに人の評価を気にし，完璧にふるまおうとする自分に違和感を抱くようになってきたものの，なかなかそれは変わらなかった。夏休みで帰省していたときに両親と自分との関係である謎が解けた。あるときＢ君はちょっとした失敗をしたのであるが，そのときに自分が両親に対して一生懸命言い訳をし，素直で良い子であろうとしていたことに気づいたのである。Ｂ君の家庭は愛情にあふれ，母親は過保護なところがあった。父親にはきびしいところがあり，良い成績をとってきたり，Ｂ君が誇らしく思うことに対してもほめてくれたことはなかった。心配性な母親はＢ君の成績が落ちたり，ちょっとした失敗に対して落胆するところがあった。Ｂ君はそういう両親から良い評価を失いたくなく，理想的な自分であり続けようとしていたとわかったのである。

　親や周囲の評価に振りまわされている自分を自覚して，Ｂ君はもっと自分の思うようにしようとか，完璧でなくてダメなところがあってもよ

**アイデンティティ確立のための発達課題**

①基本的信頼と基本的不信，②自律性と恥・疑惑，③積極性と罪悪感，④生産性と劣等感，⑤同一性と同一性拡散，⑥親密さと孤独，⑦生殖性と停滞，⑧統合と絶望。これらの発達課題はそれぞれの段階で得られうる成功した解決と不成功な解決の対極の言葉で表現されているが，成功的な解決のみを体験することが望ましいのではなく，その両極をバランスよく体験し，成功的な解決が優勢であることが望ましい。

いではないかと思うようになってきた。そうして試行錯誤するうちに，自分らしい人とのつきあい方ができるようになって，徐々に対人恐怖も和らいでいった。

B君には，人前では完璧にふるまいたいという「理想自己」と，劣っていると卑下する「恥ずべき自己」（岡野，1998）との間でジレンマがあり，さらに自分が将来何をしたいかわからないというアイデンティティの問題もあった。エリクソン（Erikson, E.H., 1973）は人間の生涯にわたるアイデンティティ確立のための発達課題を8つの対概念として提示している。その1つに「自律性」の獲得をあげ，それがうまくいかない場合に「恥や自己疑惑」の感覚が強まると指摘している。B君の場合は，そのような問題が対人恐怖症としてあらわれたが，人の評価を気にする他律的な自分から，自分はこれでよいという自分らしさを再確認することができて回復している。

## 6. 対人恐怖症の発達的要因

鍋田（1982）は，対人恐怖症者の発達状況における幼児期の問題点を4つに大別し，その最大公約数的な問題点を以下のように指摘している。彼らの多くは親の豊富な愛情のもとに育ち，幼児的な自己愛を増大させている。対人恐怖症者がその愛情を供給する者に対して，完全に受け身的な（あるいは迎合的，ときには被虐的な）態度をとっている。すなわち，親の側の意向に沿わないと，攻撃性を向けられたり，愛情を撤去される恐れを抱いており，依存性と承認を求めようとする欲求を高め，敵意と衝動の表出について不安を抱かせ，大人の権威に対して懸命に従おうとする態度を助長するとしている。

学童期の問題としては，初めての社会状況（見知らぬ他者と出会い，他者とどう接し，自分は他者にどう受け取られるのかという不安を抱く状況）において，学校という場の要請に（素直に）合わせ，相手に合わせ，受け身的になることで，評価され，大切にされ，特別扱いを受け，すべての不安，恐れを解決できたと述べている。このように家庭内で形成された性格傾向を社会状況においてより強化するとともに，同年輩者での親密な関係の形成に失敗し，家庭内状況のゆがみが修正されるのではなく，再現されたところに問題があると指摘されている。そして，エリクソンの指摘している積極性の獲得という発達課題を達成するよりも，他者から評価されることにエネルギーを集中し，無機的な世界に関心を向け，そういう世界で仕事を完成させ，自己評価を自己の行為を通じて高めるというプロセスを獲得していない問題がある。それとともに，ますます高い達成動機が育まれるのである。

思春期混乱を契機に対人恐怖症を発症する要因については以下のように説明できる。

①学童期に得ていた高い評価を失い始める。

②現実検討能力が増大し，他者をより分化した形で認知できるようになるため，他者の存在が今までになく異様にみえ始める。

③受け身的で過大な自我理想のため，異様な他者に出会った不安の原因を自己に求め，他者のこれまでにない距離のある態度やどうとらえてよいかわからない自分への眼差しを自己評価が下がったために示される他者の拒絶と受け取り，そのすべての原因は，自らが高く評価される素晴らしい自己という自我理想に沿えないためであると考え，羞恥感として体験する。

④思春期に生じてくる自己表現のニーズの高まりと性欲の高まりは，受け身的で衝動を抑制する傾向をもち，積極性を獲得してこなかった彼らにとっては，自我違和的であり，それを他者に示せば評価を失うという不安を生じやすい。

⑤受け身的自己愛を失いかけていた時点で思春期自体がもつ自己愛が増大してくると，そのギャップを空想（幻想）で補おうとする。この肥大した空想あるいは幻想と，現実との解離に悩むわけである。

B君も上記のような発達状況にあって，周囲の評価を気にし，他者に合わせることを優先し，受け身的で過大な自我理想に苦しんでいたのである。

[内野悌司]

## 参考文献

American Psychiatric Association　高橋三郎・花田耕一・藤縄　昭(訳)　1994　DSM-Ⅳ精神疾患の分類と診断の手引き　医学書院

ブルック, H.　岡部祥平・溝口純二(訳)　1979　思春期やせ症の謎―ゴールデンケージ　星和書店

エリクソン, E.H.　小此木啓吾(訳編)　1973　自我同一性　誠信書房

村上伸治　2003　拒食と過食の治療―身体に注目して　こころの科学, **112** 拒食と過食, 28-34.

村上靖彦　1985　対人恐怖症の特殊なかたち・近縁の病態―「思春期妄想症」　精神科MOOK, **12** 対人恐怖症(高橋　徹編)　金原出版

鍋田恭孝　1982　対人恐怖症の臨床的研究第1報―発達状況の特徴―　精神神経学雑誌, **84**(7), 525-541.

鍋田恭孝・菅原健介・片山信吾・越川裕樹　1988　自己意識からみた神経症とその周辺(第2報)　精神医学, **30**(12), 1297-1304.

岡野憲一郎　1998　恥と自己愛の精神分析―対人恐怖から差別論まで―　岩崎学術出版社

下坂幸三　1988　アノレクシア・ネルヴォーザ論考　金剛出版

ウィニコット, D.W.　牛島定信(訳)　1977　情緒発達の精神分析理論　岩崎学術出版社

山下　格・笠原敏彦　1985　対人恐怖症の概念と臨床像　精神科MOOK, **12**　対人恐怖症(高橋　徹編)　金原出版

### 性同一性障害

ヒトの性には生物学的雌・雄（female, male）をあらわす性（sex）と，心理社会的な女性性・男性性（feminity, masculinity）をあらわす性意識，性別（gender）があるとされている。生物学的性はX，Y染色体の組み合わせによって遺伝的に決定されるものである。しかし，両性の中間型である間性あるいは半陰陽とよばれるものもあるように，その区別は絶対的なものとはいえな

い。生物学的性と自分で認知している心理・社会的性（女性性あるいは男性性）とが一致しないとき，これを性同一性障害とよぶ。しかしながら，このようなよび方自体に問題性が内包されている。というのは，本人の心理・社会的性の自己認知が生物学的性と一致しないことで障害とよぶからである。そのため性別違和症候群（gender dysphoria syndrome）というよび方もあらわれるようになった。

生物学的には女性で自己認知が男性の場合FTM（Female to Male），生物学的には男性で自己認知が女性の場合MTF（Male to Female）とよばれている。FTMにしてもMTFにしても，生物学的には完全に正常であり，しかも自分の肉体がどちらの性に所属しているかをはっきり認知していながら，その反面，人格的には自分が別の性に属していると確信しているわけである。しかしながら，社会生活のなかでは生物学的な性に応じた「性別役割期待」を求められるため，本人はさまざまな違和感や葛藤などに直面する。たとえば，FTMでは乳房がふくらむこと，月経を迎えるなどの身体的特徴に対する違和感に加え，座って排尿したり，スカートをはくこと，女の子とのグループつきあいなどに強い抵抗感がもたれることがある。MTFではペニスや声変わりなどへの違和感に加え，言葉づかいや激しい運動を伴う遊びなどに抵抗感をもたれることがある。それらのことに関連して，周囲の人たちとのつきあいで葛藤を感じることもある。だが，生物学的性と心理・社会的性の違和感に対する世間の理解はまだ十分とはいえず，むしろ心ない言葉をかけるなどの偏見があるのが事実である。

日本の医学界では，1996年埼玉医科大学において性転換の外科的療法の倫理的判断を求めた申請に対する審議経過と答申が発表され，性同一性障害の手術療法は正当な医療行為と判断され，治療的環境の整備が本格的に取り組まれるようになり，性同一性障害の診断および治療に関するガイドラインが作られるに至った。

診断は，①性の自己意識（gender）の決定，②生物学的性（sex）の決定，③除外診断（何らかの精神障害のために自己の性意識を否定するものではないことを明らかにする），④診断の確定という順序に従って行われる。

治療は，第一段階で精神療法，第二段階でホルモン療法，第三段階で手術療法が行われる。精神療法では，それまでの生活史のなかで，性同一性障害のために受けてきた精神的，社会的，身体的苦痛について，じっくり時間をかけて話し合われる。そして，いずれの性で生活するのが自分にとってふさわしいかを選択するか話し合われる。その結果，選択した性に対する適合感が持続的でかつ，安定しており，希望する性で生活することがふさわしく，選択した性で生活することに伴う，身体的，心理的，家庭的，社会的困難に対応できると判断されると，第二段階のホルモン療法に進む。しかし，ホルモン療法開始の条件として，満20歳であることやホルモン療法の効果と限界について，家族やパートナーにも説明を行い，納得を得る努力をすること等があげられている。それは第三段階に進むときも同様であり，家族や近親者の理解や同意を得ることがむずかしい場合がある。伝統的な価値観の根強い社会においては，たとえ本人のことを必死で考える家族にとっても，性同一性障害およびその治療は受け入れがたい現実であることが多い。

このように治療的環境は少しずつ整備されてきているが，社会的環境はまだそれに追いついていないのが実情である。それゆえ，性同一性障害の治療を望む人には，身近な良き理解者や支援者が必要となる。私たちは性や性同一性に関することに関心をもち，多様な価値観やライフスタイルに開かれた態度をもって，理解していきたいものである。

（内野悌司）

# 第14章

# 対象喪失と臨死

## 1. 対象喪失とは

　人生は喪失体験の連続であるといっても過言ではない。私たちが人生のさまざまな局面で幾度となく経験する，愛着や依存の対象を失うという体験は，対象喪失（object loss）とよばれる。小此木（1979）によると，対象喪失には近親者の死や自己の死だけでなく，失恋，親離れ，子離れ，転勤，海外移住，転校，アイデンティティや自信の喪失，所有物の喪失，身体的喪失なども含まれる。また，森（1990）は，喪失する対象について，①親密感や一体感を抱いていた人物の喪失，②かわいがっていた動物や使いなじんでいたものの喪失，③慣れ親しんだ環境の喪失，④自分の身体の一部の喪失，⑤目標や自分の描くイメージの喪失という5つのカテゴリーに分類している。さらに対象喪失は，このような喪失対象の観点からのみではなく，喪失の形態（内的対象喪失と外的対象喪失など）や状況（自発的喪失と非自発的喪失など）の観点からもとらえることができる。

　対象喪失によって起こる一連の心理過程は，悲哀（mourning）と呼ばれる。フロイト（Freud, S.）は，1917年に発表した『悲哀とメランコリー』という論文のなかで，人間関係に関するエネルギーの一種であるリビドーは，愛する対象やその対象に関連するすべての事象に結びついているとした。そしてこのリビドーを，存在しない愛の対象から解放する過程が悲哀であり，その作業は悲哀の仕事（trauer arbeit）とよばれる。この悲哀の仕事という考え方は，後にグリーフワーク（grief work）ともよばれ，特に死別関連の領域で長年にわたって支持されてきた。しかし近年になって，この考え方に関して科学的根拠が乏しいことが指摘され，その限界が認識されつつある（Wortman & Silver, 1989）。

　次節以降では，対象喪失の諸相として，身体もしくは身体機能の喪失である中途障害，愛する人の喪失である死別，そして自分自身の喪失である臨死についてそれぞれ論じていく。

**内的対象喪失と外的対象喪失**
　内的対象喪失とは心のなかだけで起こる喪失体験であり，外的対象喪失とは心の外にある対象が実際に失われる経験である（小此木, 1979）。

## 2. 中途障害

### (1) 障害の発生と受容

　児童期以降，特に青年期や成人期における**身体障害**の発生は，人生の

## 身体障害

　障害者基本法では，障害は身体障害と，知的障害および精神障害に大別される。そして身体障害は，視覚障害，聴覚・言語障害，肢体不自由，内部障害と，これらの障害を複数併せもつ重複障害に分類される。身体障害の原因を疾患別にみると，心臓疾患や脳血管障害，骨関節疾患の割合が高い。

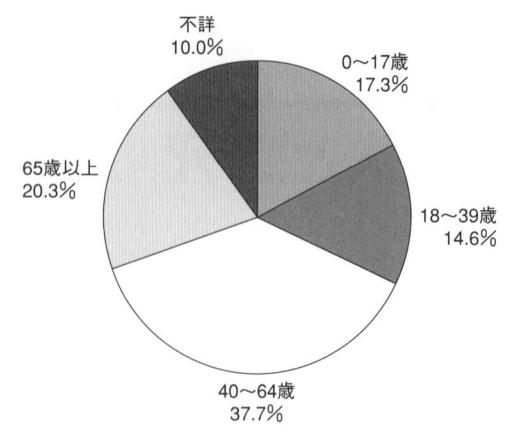

**図14-1　身体障害者の障害発生時の年齢分布**
(厚生労働省・平成13年度身体障害児・者実態調査)

- 不詳　10.0%
- 0～17歳　17.3%
- 18～39歳　14.6%
- 40～64歳　37.7%
- 65歳以上　20.3%

なかで最も劇的で過酷な体験の1つである。このようにある年齢までは正常に発達したが，何らかの原因によって生じた障害は，生得的な障害である先天的障害に対して，後天的障害あるいは中途障害とよばれる。身体障害者の障害発生時の年齢は図14-1の通りであり，中高年齢層での中途障害が多い。先天的障害では家族の心理的問題が大きいが，中途障害の場合，本人の心理的問題いわゆる障害受容が重要となる。

　障害受容理論を最初に提唱したグレイソン（Grayson, M., 1951）は，障害受容に対する身体，心理，社会の3つの側面からの複眼的視座の必要性を指摘している。この指摘は，障害受容が障害者個人によってのみなされるのでなく，社会的側面も重要な関連因子であることを示唆するものである。またグレイソンによると，障害者に対する社会の否定的態度である「外からの圧力」と，自我が障害された身体像を再構成しようとする無意識の苦闘である「内からの圧力」という2つの圧力にそれぞれ打ち克つことが，障害受容に必要な課題である。すなわち，健常者として生活してきた社会への障害者として統合する過程と，障害された身体を新たな自分の身体として認知する過程を彼は強調している。

### (2) 価値転換理論

　障害受容に関する代表的な理論の1つである価値転換理論では，障害の主観的な意味（価値）が強調され，障害者はそれまで培ってきた価値観を変えることによって障害を受け入れられるようになるとされる。価値転換理論は，第二次世界大戦の戦傷者を主たる対象として面接調査を行ったデンボーら（Dembo, T. et al., 1956）と，その考えを拡張したライト（Wright, B. A., 1960）によって展開された。彼らによると障害受容には，①価値範囲の拡張，②身体的価値の従属，③比較的価値（相対的価値）よりも資産価値（絶対的価値）の重視，④障害に起因する様々な波及効果の抑制，という4つの価値変換が重要であるという。価値範囲の拡張とは，たとえば対麻痺患者が下肢を使って歩けなくても車椅子移動が可能であることに気づくというように，失った価値（麻痺などの身体障害）は本質的ではないと感じることである。身体的価値の従属は，

身体的な外見や能力に最高の価値を置かず，人格などの内面性を重視することである。比較的価値よりも資産価値の重視とは，外在的な基準との比較における価値ではなく内在的な価値を重視する，すなわち比較において自己を評価しないことを意味する。そして，障害に起因する波及効果の抑制とは，障害により失われた価値をその個人の一部の身体機能や能力の低下としてとらえ，それを個人全体の評価の低下や人格の障害として，障害者本人や周囲の人々が一般化しないことである。

なお，人間の価値観や価値体系は国民性や生活史によって左右されると考えられる。したがって，日原（1996）が指摘するように，このような価値変換理論をわが国にあてはめるには，日本の国民性や生活史に合った価値体系をできる限り明らかにする必要がある。

### (3) 段階理論

1960年代から70年代にかけて興隆してきた段階理論は，身体障害の発生から障害受容に至るまでの心理過程に経時的変化の段階を想定する考え方であり，背景となる理論の違いによって大きく2つに分けることができる。一方は，障害を喪失としてとらえ，その後の心理的反応を回復過程とするものである。これはフロイト（1917）の悲哀の仕事という考え方に基づいており，たとえばコーン（Cohn, N., 1961）の段階理論では，①ショック，②回復への期待，③悲嘆，④防衛，⑤適応という5つの段階が示されている。もう一方は，ストレス学説の影響を受け，障害を1つの危機としてとらえ，その対処過程を強調するものである。フィンク（Fink, 1967）による段階理論では，①ショック，②防衛的退行，③自認，④適応という4つの段階があげられている。

段階理論は，中途障害者の心理過程を臨床場面で解釈する際の一助として有用であると考えられる。しかし段階理論に関しては，すべての中途障害者がこれらの段階を経るのかという蓋然性や，みな一律に適応段階へ至るのかという画一性が問題点として指摘され，さらに臨床的印象や逸話に基づく仮説にすぎないとの批判もある。

## 3. 死別

### (1) 通常の悲嘆と病的悲嘆

死別後にみられる心身の不調の多くは，通常の悲嘆（normal grief）とよばれる一時的な反応であり，不適応ではない。通常の悲嘆は，①身体的反応，②情動的反応，③知覚的反応，④行動的反応に分類できる。身体的反応には，睡眠障害や食欲減退，疲労感，頭痛，故人の症状に類似した症状（たとえば，心臓発作による死の場合では，動悸）などがある。情動的反応としては，悲しみをはじめ，怒り，抑うつ，不安，無気力感，罪責感・自責の念，自尊感情の低下，孤独感，解放感・安堵感などがみられる。知覚的反応には非現実感，幻覚，侵入的想起などがあり，行動的反応には，混乱・動揺，集中力の低下，ひきこもり，アルコール摂取や喫煙の増加，探索行動などがある。このような死別後の悲嘆反応

**侵入的想起**
　故人もしくは死の状況について，自分では意識せずに自然と思い返してしまい，いったん思い出すと，そのことが頭を離れずに繰り返し考えてしまうこと。

**探索行動**
　故人の行きそうな場所や故人との思い出の場所に出かけるなど，故人を探し求める行動。

には，死の種類（予期せぬ死，子どもの死，自殺・殺人による死など），パーソナリティ，故人との関係（アンビバレントな関係，依存関係），ソーシャルサポート，併発的な危機（他の家族成員の死，退職など），死別以前の健康状態など多様な要因が関係する（Sanders, 1993）。

病的悲嘆（pathological grief）に関しては，①悲嘆の持続期間が極端に長くて，いつまでも解決されない慢性あるいは遷延性の悲嘆，②喪失時には悲嘆を表出せず，あるきっかけで強い悲嘆反応を示す遅発性あるいは抑制された悲嘆，③通常の悲嘆反応が非常に激しく，臨床上のうつ病やパニック発作などと診断される症状を呈する誇張された悲嘆，④抑圧された悲嘆が身体症状や問題行動としてあらわれる仮面悲嘆がある。また，アメリカ精神医学会の「精神疾患の分類と診断の手引き（DSM-IV）」では，"正常な"悲嘆反応に特徴的でない症状があげられており，これらは死別反応と大うつ病エピソードの鑑別に有用であるとされる。

### (2) 段階モデルと課題モデル

ボウルビィ（Bowlby, J., 1969）が築いた愛着理論によると，悲嘆は本質的には分離不安であり，死別は愛着対象からの望まない分離ととらえられる。この愛着理論の見地から，ボウルビィは悲嘆プロセスとして，①無感覚，②思慕，③混乱と絶望，④再建の4段階を示している。このような段階モデル（stage model）あるいは位相モデル（phase model）は，主に死別者の精神内部の状態や行動に関する性質や順序について示し，多くの場合，喪失後の反応を時間順に順序づけようと試みる。それに対し，課題モデル（task model）は，死別後の適応過程を一連の課題の達成と考え，現象の発生に必ずしも順序を提案していない。ウォーデン（Worden, J.W., 1982）は死別者が取り組むべき課題として，①喪失の事実を受容する，②悲嘆の苦痛を乗り越える，③死者のいない環境に適応する，④死者を情緒的に再配置し，生活を続ける，という4つの課題をあげている。課題モデルでは死別者は行為者であり，課題の遂行は死別者自身によって着手し，達成されなければならないとされる。

### (3) 家族の死に伴うストレス

家族，特に配偶者を亡くした後，さまざまなストレスを経験することは決してまれではない。坂口・柏木（2002）は，配偶者の死後のストレスとして，生活環境の変化，日常生活上の困難，経済的問題，家族関係の悪化，死別後の雑事，心ない言葉や態度をあげている。彼らが配偶者を亡くした人を対象に実施した調査によると，回答者の3人に1人以上が周囲の人の心ない言葉や態度に傷つけられた経験をしていた。遺族を傷つけかねない言葉や態度の例を表14-1にいくつかあげてみる。

### (4) 遺族ケア

遺族ケアは，①情緒的サポート，②道具的サポート，③情報的サポート，④治療的介入に分けて考えることができる。情緒的サポートにおいて，まず注意すべきことは，遺族の心をさらに傷つけないことである。サポートを提供する側は，不用意な言葉や態度がストレッサーにもなり

---

**"正常な"悲嘆反応に特徴的でない症状**

①死に際して生き残った人がとった，またはとらなかった行動以外の事柄に対する罪悪感，②生き残った人が，自分が死んだ方がよかった，または亡くなった人と一緒に死ぬべきだったと考えること以外の死に関する思考，③無価値観に病的なまでにとらわれていること，④著しい精神運動制止，⑤長く続く著しい機能の障害，および⑥亡くなった人の声を聞く，または一過性にその人の像を見るという考え以外の幻覚体験など。

表14-1 遺族を傷つけかねない言葉や態度

1. 安易に励ますこと
   相手の気持ちを無視して，安易に「頑張れ」と励ますことは，遺族の負担になりかねない
2. 押しつけがましいアドバイスをすること
   相手の気持ちを考えずに，一方的なアドバイスを与えることは本人の自己満足でしかなく遺族の助けとはならないであろう
3. わかったふりをすること
   「あなたの気持ちはよくわかります」といった言葉を安易に発し，わかったふりをすることは遺族に不信感を抱かせるかもしれない
4. 早く立ち直るようプレッシャーをかけること
   悲嘆プロセスに要する時間は人それぞれであり，「いつまでも泣いていても仕方ないでしょう」などの言葉は，正常な悲嘆プロセスを妨げかねない
5. 悲しみを比べること
   悲しみは人それぞれなので，比べることはできないし，他の人と比べて自分の方がましだったからといって，癒されることはないであろう

うることに留意する必要がある。安易な励ましや押しつけがましいアドバイスをするのではなく，相手の心の声にじっくりと耳を傾けることが大切である。その一方で，遺族がサポートを必要とするのは，情緒的な側面ばかりではない。家事や育児，人間関係上のトラブルなど，実際的な問題に直面し，ストレスを感じている方も多くみられる。したがって，このような問題に対する直接的な援助，いわゆる道具的サポートも必要となる。情報的サポートに関して，遺族のなかには，さまざまな悲嘆反応を体験し，このまま良くならないのではないかと不安を感じている人がいる。通常の悲嘆や悲嘆プロセスについての知識を提供することで，彼らは安心感を得ることができるであろう。また，遺族の自助グループや各種行政サービスなどの社会的資源に関する情報を提供することも，深い悲嘆のなかで自ら調べる余裕のない遺族には有効なサポートとなるはずである。治療的介入とは，病的悲嘆に対する精神科医やカウンセラーなどによる専門的な治療，いわゆるグリーフセラピーのことである。家族や友人・知人など専門家ではない援助者は，死別者に病的悲嘆が懸念される場合，速やかに専門家に相談し，委託することが大切となる。

遺族ケアは，緩和ケアの重要な働きの1つと位置づけられており（WHO, 1994），わが国でも，多くのホスピス・緩和ケア病棟において，遺族ケアの取り組みが積極的に行われている。2002年12月時点の調査報告によると，全国のホスピス・緩和ケア病棟の95％で何らかの遺族ケアプログラムが提供されており，各種プログラムの実施状況は表14-2の通りである。

表14-2 日本のホスピス・緩和ケア病棟における遺族ケアプログラム（坂口ら，2003）

| | |
|---|---|
| 手紙送付 | 89％ |
| 追悼会 | 75％ |
| 電話相談 | 64％ |
| 葬儀参列 | 39％ |
| 知識や情報の提供 | 38％ |
| 家庭訪問 | 27％ |
| サポートグループ | 19％ |

2002年12月調査時現在

緩和ケア
　治癒を目的にした治療に反応しなくなった患者に対する，積極的で全人的なケアであり，痛みや他の症状のコントロール，精神的，社会的，霊的な問題のケアを優先する。緩和ケアの目標は，患者と家族のQOLを高めることである。緩和ケアは，末期だけでなく，疾患の初期段階からすべての治療過程においても適用される。

## 4. 臨死

### (1) 末期患者の4つの痛み

　厚生労働省の平成15年簡易生命表によると，日本人の平均寿命は，女性が85.33歳で19年連続世界一であり，男性は78.36歳でアイスランド，香港に次いで第3位である。しかし，いくら長寿になろうとも，われわれは死を避けることはできない。「人間の死亡率は100％である」といわれるように，人は例外なく死を迎える。では，死に直面したとき，人はどのような体験をし，どのような心理プロセスをたどるのであろうか。

　死を目前にした人が経験する可能性のある苦痛には，身体的苦痛，精神的苦痛，社会的苦痛，霊的苦痛という4つの痛みがあり，これらを合わせて全人的痛み（トータルペイン）とよばれる（図14-2）。それぞれの痛みは相互に影響を及ぼし合い，痛みを増大させたり，和らげたりする。末期の患者は，身体的に痛むだけでなく，全人的に痛むのである。このような全人的な痛みに対応するため，医師や看護師に加え，ソーシャルワーカーや宗教家，理学療法士，作業療法士，薬剤師，栄養士，ボランティアなどによるチーム医療が重要となる。

**霊的**
　WHOによると，霊的（spiritual）とは，人間として生きることに関連した経験的一側面であり，身体感覚的な減少を超越して得た体験をあらわす言葉である。多くの人々にとって「生きていること」がもつ霊的な側面には宗教的な因子が含まれているが，「霊的」は「宗教的」と同じ意味ではない。霊的な因子は身体的，心理的，社会的因子を包含した人間の「生」の全体像を構成する一因子とみることができ，生きている意味や目的についての関心や懸念と関わっていることが多い。特に人生の終末に近づいた人にとっては，自らを許すこと，他の人々との和解，価値の確認などと関連していることが多い。

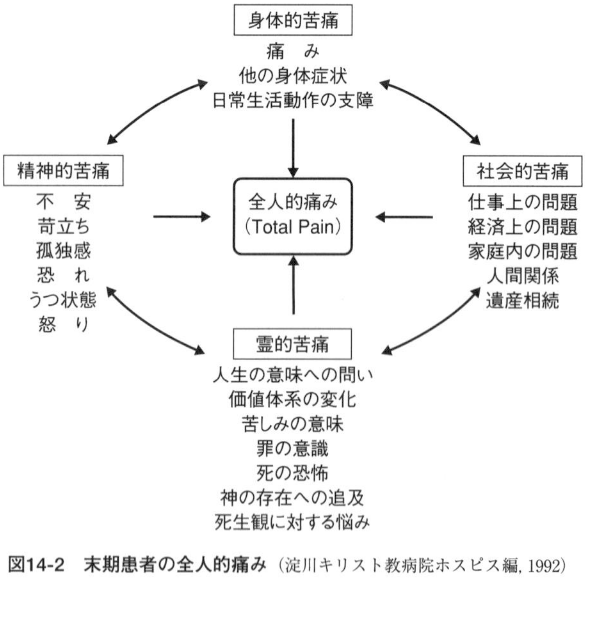

**図14-2　末期患者の全人的痛み**（淀川キリスト教病院ホスピス編, 1992）

### (2) キューブラー・ロスの死の5段階モデル

　アメリカの精神科医キューブラー・ロス（Kübler-Ross, E., 1969）は，200余名の末期患者にインタビューを行い，『死ぬ瞬間』という著書のなかで，死に至るまでの心理プロセスを5つの段階に整理している（図14-3）。第一の段階は否認（denial）である。「何かの間違いだ」「自分に限ってそんなことはありえない」と，その事実を認めようとしない段階である。否認は自己防衛機制の1つであり，受け入れがたい事実に直面

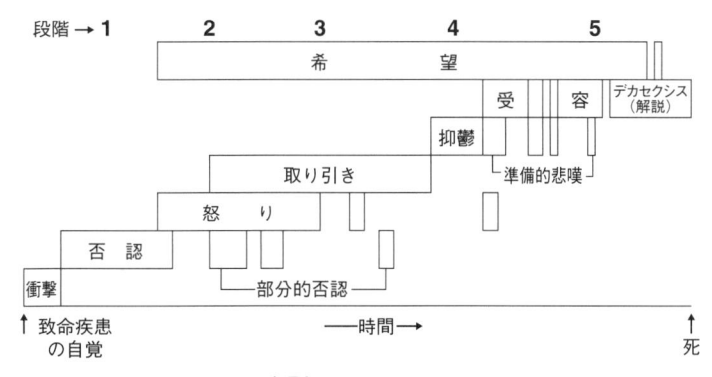

図14-3 死にゆく過程のチャート (Kübler-Ross, 1969)

したときに起こる正常な心の働きであるとされる。第二の段階は怒り（anger）である。「なぜ自分が死ななければならないのか」「どうしてあの人じゃないのか」という怒りの気持ちである。見るものすべてが怒りの種となり，しばしば家族や医療関係者にやり場のない怒りが向けられる。第三の段階は取り引き（bargaining）である。ここでいう取り引きは，たいてい神との間でなされ，「もしこの病気が治り，元気になることができれば，教会への奉仕に一生を捧げます」といった約束をすることである。第四の段階は抑うつ（depression）である。キューブラー・ロスはこの抑うつを，反応性うつ状態と準備性うつ状態に区別している。反応性うつ状態は，たとえば自分の足で歩けなくなったために陥るうつ状態であり，準備性うつ状態は迫りくる死への心の準備をするためのうつ状態である。最後の段階は受容（acceptance）もしくはデカセクシス（decathexis）とよばれ，患者は自分の運命に怒りも抑うつも覚えない段階に達する。あたかも苦痛との闘いが終わり，長い旅路の前の最後の休息のときが来たかのような時期である。なお，死を目前にした患者すべてが受容に到達するわけではないし，5段階を順序通りたどるとは限らない。受容したかにみえた人が，再び否認を示すこともある。またキューブラー・ロスはこれらすべての段階を通じて，患者は「治るかもしれない」という希望をもち続けることを強調している。

### (3) 日本人の末期患者の心理プロセス

キューブラー・ロスが示した5段階モデルはアメリカ人の患者を対象とした研究に基づいており，国民性や癌告知の実施状況の違う日本の場合と異なるかもしれない。柏木（1997）はホスピス医として2,000名を超える人々を看取った経験から，日本人の末期患者の心理プロセスを説明している（図14-4）。それによると，日本では病名がはっきりと告げられていない状況が少なからずあり，その場合，患者の多くは治るかもしれないという希望をもって闘病生活を送る。しかし，病状が悪化するにつれ，どうもこれはおかしいという疑念が生じ始め，この疑念が不安につながる。このとき種々の疑問について，柏木の経験では，尋ねる人が2割，尋ねない人が8割程度であるという。尋ねない理由としては，恐れ，否定，自制，遠慮，不信，いたわりがあると分析されている。尋

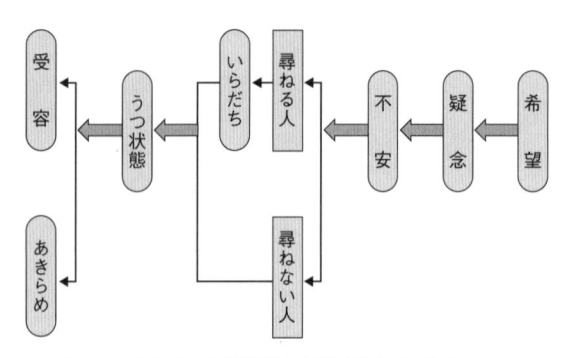

**図14-4　日本人の末期患者の心理プロセス**（柏木, 1997）

ねる人は，医療関係者や家族から的確な答えが返ってこない場合，苛立ちを感じ，そしてアメリカ人の場合と同様，うつ状態に移行していく。一方尋ねない人は，疑念や不安を心のなかに閉じこめながら，うつ状態に陥る。そして最終段階として，受容とあきらめが示されている。受容した人には，死を受け入れる積極性と周囲の者との人間的連続性がみられ，看取る者はあたたかさを感じ，看取り後に「これでよかったのだ」という心の澄みを感じるという。一方，あきらめの人の場合，死に対する消極性と人間的非連続性がみられ，看取る者は冷たさを感じ，看取り後に「これでよかったのだろうか」という何かモヤモヤした心の濁りが残るとされる。

### (4) 望ましい死

　カール・ベッカー（2000）が日本人を対象に行った調査では，病院で死にたいという人はわずかで，家族や自然に囲まれて臨終をむかえたいと希望する者が多かった。加えて，積極的な延命を望む者は1割以下で，痛みを取り除き，静かに，穏やかに死にたいとの希望が多くみられた。また，塚越（2000）は望ましい死について，①老衰によって眠るように死をむかえること，②苦しまず，周囲の人に迷惑をかけず，ポックリ死ぬこと，③死を受容してむかえること，④美しく死ぬこと，⑤家族や親しい人に見守られ，家で死ぬこと，⑥人間として尊厳のある死をむかえること，⑦人生を整理して死ぬことの7つにまとめている。しかし，今のところ，日本人にとっての望ましい死の構成要素や構造に関する体系的な研究は行われていない（平井・森田，2003）。これらを明らかにすることで，日本人に相応しい終末期医療のあり方が方向づけられるものと期待される。

［坂口幸弘］

# 参考文献

ベッカー, C.（編著） 2000 生と死のケアを考える 法藏館
ボウルビィ, J. 黒田実郎・大羽 泰・岡田洋子・黒田聖一（訳） 1976 母子関係の理論 I愛着行動 岩崎学術出版社
ボウルビィ, J. 黒田実郎・吉田恒子・横浜恵三子（訳） 1981 母子関係の理論 III対象喪失 岩崎学術出版社
Cohn, N. 1961 Understanding the process of adjustment to disability. *Journal of Rehabilitation*, **27**, 16-18.
Dembo, T., Leviton, G.L., & Wright, B.A. 1956 Adjustment to misfortune ― A problem of social-psychological rehabilitation. *Artifical Limb*, **3**, 4-62.
フロイト, S. 井村恒郎他（訳） 1970 悲哀とメランコリー フロイト著作集・第6巻 人文書院
Grayson, M. 1951 Concept of "acceptance" in physical rehabilitation. *Journal of American Medical Association*, **145**, 893-896.
日原信彦 1996 障害の受容と適応 保坂 隆（編） 現代のエスプリ リハビリテーションの心理学 至文堂 pp.73-84.
平井 啓・森田達也 2003 Good Death Concept. 緩和医療学, **5**, 86-87.
柏木哲夫 1997 死を看取る医学 日本放送出版協会
キューブラー・ロス, E. 川口正吉（訳） 1971 死ぬ瞬間 読売新聞社
森 省二 1990 子どもの対象喪失―その悲しみの世界 創元社
南雲直二 1998 障害受容―意味論からの問い 荘道社
小此木啓吾 1979 対象喪失 中央公論社
坂口幸弘・柏木哲夫 2002 家族の死がもたらすストレス：地域に期待されるグリーフケア 生活教育, **46**(2), 7-12.
塚越フミエ 2000 望ましい死，望ましくない死 河野友信・平山正実（編） 臨床死生学事典 日本評論社 pp.26-27.
WHO（編） 武田文和（訳） 1994 がんの痛みからの解放とパリアティブケア―がん患者の生命へのよき支援のために 金原出版
ウォーデン, J.W. 鳴澤 實（監訳） 1993 グリーフカウンセリング 川島書店
Wortman, C.B., & Silber, R.C. 1989 The myths of coping with loss. *Journal of Consulting and Clinical Psychology*, **57**, 349-357.
Wright, B. A. 1960 *Physical disability ― A psychological approach.* New York: Harper & Row.
淀川キリスト教病院ホスピス（編） 1992 ターミナルケアマニュアル第2版 最新医学社

---

## 熟年離婚

　厚生労働省の人口動態統計によると，平成15年の離婚件数は28万3,906組であり，前年をやや下回ったものの，明治32年以降の最高水準を依然として維持している。離婚率（人口千対）は2.25で，結婚が43秒に一組なのに対して，1分51秒に一組の割合で離婚が発生していることになる。最も多い離婚の理由としては「性格の不一致」があげられている。ここでいう性格の不一致とは，性格的な相性の問題だけに限定されず，価値観や行動様式が異なり，お互いが許容できないことを意味していると思われる。

　近年，同居期間が20年以上の中高年層の夫婦の離婚，いわゆる「熟年離婚」が注目され，マスコミなどでも取り上げられている。下図に示す同居期間別での離婚件数構成割合の年次比較をみると，同居期間の短い「5年未満」で離婚した夫婦の割合が1950年には65.3％を占めていたが，2000年では38.0％と大幅に低下している。一方で，「20年以上」の夫婦の離婚は，1950年では3.5％にすぎなかったが，2000年では16.5％となり，長く夫婦生活を送ってきた夫婦の離婚

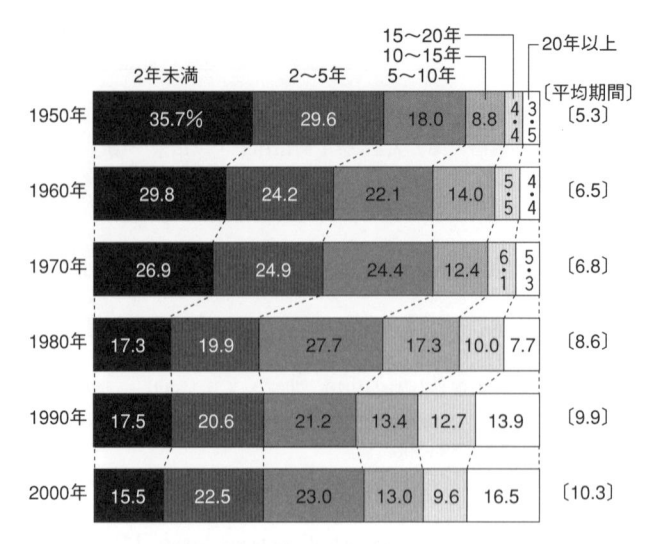

| | 2年未満 | 2〜5年 | 5〜10年 | 10〜15年 | 15〜20年 | 20年以上 | 〔平均期間〕 |
|---|---|---|---|---|---|---|---|
| 1950年 | 35.7% | 29.6 | 18.0 | 8.8 | 4.4 | 3.5 | 〔5.3〕 |
| 1960年 | 29.8 | 24.2 | 22.1 | 14.0 | 5.5 | 4.4 | 〔6.5〕 |
| 1970年 | 26.9 | 24.9 | 24.4 | 12.4 | 6.1 | 5.3 | 〔6.8〕 |
| 1980年 | 17.3 | 19.9 | 27.7 | 17.3 | 10.0 | 7.7 | 〔8.6〕 |
| 1990年 | 17.5 | 20.6 | 21.2 | 13.4 | 12.7 | 13.9 | 〔9.9〕 |
| 2000年 | 15.5 | 22.5 | 23.0 | 13.0 | 9.6 | 16.5 | 〔10.3〕 |

**図　同居期間別離婚件数の年次推移**（湯沢, 2003）

は年々増加する傾向にある。特に「35年以上」での離婚件数の増加率が顕著であり，1995年から2002年までの8年間で離婚件数の増加率が2.7倍（ちなみに離婚総件数での増加率は1.4倍）に達したと報告されている。

　こうした熟年離婚の増加の背景には何があるのだろうか。熟年離婚の場合，妻側からの申し出によるケースが大半である。柏木他（1996）の調査によると，中高年層の夫婦の間で結婚生活や配偶者への満足度に大きなギャップがあり，妻側の満足度が著しく低いことが示されている。たとえば，「もう一度結婚するとすれば」との質問に，中高年層の夫の7割以上が「今の妻と」と回答したのに対して，「今の夫と」と回答した妻は半数に満たなかったという。このように中高年層の夫婦において，主に妻側の不満が蓄積された状態にある離婚予備軍は決して少なくはないといえる。

　また，熟年離婚に限らず離婚が増えている背景には，社会全体の結婚観や離婚観の変化が考えられる。総理府の国民生活白書によると，「結婚しても相手に満足できないときは離婚すればよい」との考えに賛成する人の割合が，1979年には23％であったのに対し，1997年には54％となっていた。近年では一度の離婚歴のことを「バツイチ」とよぶなど，離婚へのタブー視はますます弱まってきている。このことは，女性と中高年層での再婚率の上昇にも反映されている。

　わが国では，平均寿命が延びるにつれ，子育て期は結婚生活前半の短期間にすぎず，その後の人生の期間が長くなってきている。熟年離婚は，子育ての責任を果たした後のライフコースとして，女性の出した答えの1つであり，現在の不満のある結婚生活よりも，たとえ経済的，社会的な安定を失ったとしても，新しい生活を始めるという女性の積極的な生き方のあらわれである。では，そのとき，はたして男性はどのような生き方を選ぶのであろうか。

（坂口幸弘）

**図版出典**
湯沢雍彦　2003　データで読む家族問題　日本放送出版協会

# 第15章

# 高齢期の精神障害と認知症

## 1. 高齢社会の進展

　少子化と寿命の伸長を背景に，日本の人口の高齢化は急速に進んでいる。2050年には高齢化率（65歳以上の高齢者が全人口に占める割合）が35％を超え，国民の3人に1人が65歳以上の高齢者という本格的な高齢社会の到来が予測されている。

　日本の人口高齢化は，世界でも類をみないほど急速に進んでいる。高齢化率が7％を超えた社会を「高齢化社会」，14％を超えた社会を「高齢社会」とよぶが，日本の高齢化率が7％から14％になるまでに要した期間は，1970年から1994年までの25年であった。それに対し，スウェーデンは85年，アメリカでは70年，最も短いドイツでも45年を要している。

　また，高齢者のなかでも特に75歳以上の後期高齢者人口が増加しつつあり，高齢者人口の中での高齢化が顕著である。現在では，前期高齢者（65歳以上74歳以下の高齢者）人口は1,376万人，後期高齢者人口は1,055万人と前期高齢者が多いが，2018年には後期高齢者人口が前期高齢者を上回ることが予測されている。

　このように，平均寿命の伸長によって多くの人が長寿を享受できるのは喜ばしいことである。しかし一方では，人口高齢化に伴って健康面でさまざまな障害を抱える人の増加が懸念されている。高齢者に介護が必要となる身体的要因の多くは，脳血管障害と認知症である。厚生労働省の統計によると，2002年時点で高齢者の約7％を占める介護や支援を必要とする認知症高齢者が，2030年には10％になることが推計されている。図15-1は，年齢別にみた認知症の発症率を示したものである。

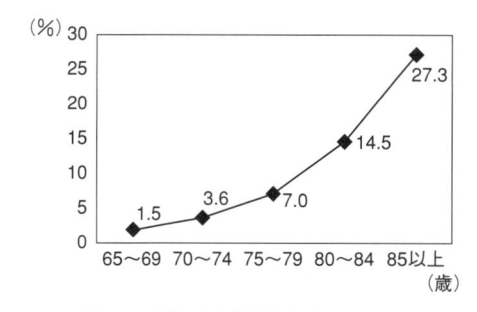

図15-1　認知症年齢別発症率（大塚ほか，1992）

**認知症**
　精神薄弱と同様に，痴呆という言葉も不快語であるため，厚生労働省は用語検討委員会で6つの候補（認知障害，認知症，記憶障害，アルツハイマー，もの忘れ症，記憶症）に絞り込み，国民の意見を聴取した。その結果，認知障害が最も多く，次いで認知症，記憶障害の順であったが，認知障害はすでに精神医学分野で使われているため，今後混乱する可能性があるとして，認知症という用語がふさわしいと判断した。厚生労働省は2005年より行政用語を認知症に変更し，さらに法改正も行い法律用語としても用いることを決定した。

75歳以下では5％に満たない認知症の発症率が，85歳以上になると20％近くなり，4〜5人に1人の割合で認知症であることがわかる（大塚ほか，1992）。

認知症はさまざまな精神症状を伴う精神障害であり，その症状のあらわれ方には個人差が大きい。そのため，家族などの周囲の人々や介護者にとって，個々の状態に応じた対応が求められ，重い負担となりがちである。高齢者人口の増加が予測される今日，高齢化社会を豊かなものにするために，正しい理解に基づく高齢期の精神障害の予防と適切な対応が求められている。

## 2. 機能性精神障害

**高齢期の神経症**

神経症は心理的原因による心身機能の障害である。あらわれる症状によって，抑うつ神経症，心気神経症，不安神経症，強迫神経症，ヒステリーなどの類型に分けられる。高齢期の神経症には抑うつ神経症や心気神経症が多くみられ，強迫神経症やヒステリーは少ない。抑うつ神経症はうつ病に似た抑うつ気分や意欲の減退があるものの，自責感や妄想などはみられない点でうつ病と区別される。心気性神経症は身体の異常がないにもかかわらず身体の変調を繰り返し訴えたり，自分自身の健康状態について過度にこだわりを示すものである。高齢者は身体疾患にかかりやすく慢性的な身体疾患を伴いがちなため，心気神経症は高齢者に多い神経症である。神経症は環境の変化による葛藤などの心因によるものが多いため，特に環境調整やカウンセリングなどによる治療が必要である。精神療法では，グループを利用した音楽療法や回想法などが有効だとされている。

### (1) 高齢期の精神障害の特徴

認知症やうつ病を代表とする高齢期の精神障害は，器質性精神障害と機能性精神障害に分類することができる。器質性精神疾患には認知症をはじめとして，心疾患などの内科的疾患に起因する精神障害や，薬物の副作用やアルコールや薬物依存などの薬剤や精神作用物質に起因する精神障害も分類される。一方，統合失調症や妄想性障害，気分障害，心因性障害は機能性精神障害に分類される。

精神障害は高齢期だけでなく若い年代でも発生するが，高齢期以前の精神障害の大部分は機能性精神障害である。それに対して，器質性精神障害は加齢とともに発症率が上昇し，高齢期には器質性精神障害の占める割合が高くなる。

高齢期の精神障害には，高齢期になって初めて発症した精神障害と，高齢期以前に発病し完治しないまま高齢期まで至ったもの，高齢期以前に発症し高齢期になって病態が変化したものがある。高齢になって発症した精神障害は，認知症を主症状とした脳の老化による障害が大きな割合を占め，高齢期固有の疾病として理解されている。一方，うつ病や神経症などの機能性精神障害は，その診断基準において他の年代にみられる症状や経過と区別されることはない。しかし，高齢期の精神障害には，高齢者の身体機能，疾病の有無，老化の程度，ライフスタイル，生活の状況，生活歴などさまざまな要因との関連が深く，病状や経過，治療への反応は非定型である。そのため，高齢期の精神障害の理解と対応には，身体・生理的，心理的，社会的側面を包括した総合的な視点が必要とされる。

### (2) 高齢期のうつ病

うつ病は，躁病や躁うつ病とともに気分障害とよばれ，①抑うつ気分，②日常の活動における興味，関心，喜びの喪失が主症状の精神障害である。うつ病はその他に，③食欲の低下や減退，④不眠あるいは睡眠過多といった自律神経機能の障害や，⑤焦燥感，運動の静止，⑥疲れやすさや気力の減退，⑦悲観的な思考，無価値感，⑧思考力や集中力，決断力の低下，⑨希死念慮や自殺念慮などの症状があるか，その症状が明らかに

個人にとって正常でないということが診断の基準となっている。

先行研究を集めたメタ解析の結果（Beekman *et al.*, 1999）からは，高齢者のうつ病の有病率は13.5％であり，地域に暮らす高齢者の約8人に1人はうつ病症状をきたす可能性が示唆されている。

うつ病の発症には，もともとのうつ病を発病しやすい個人の性格的要因とともに身体的要因，生活上おこる変化への不適応などの心理社会的要因が関連している。高齢期は，近親者との死別や身体機能の低下などの喪失のライフイベントの多い時期であり，身体疾患の罹患率も高い。そのため，若い世代で発症するうつ病には遺伝的要因の影響が大きいのに対し，高齢期のうつ病は環境的要因や身体疾患の影響が強いという特徴がある。また，身体疾患がうつ病の発症に関連していたり，うつ病による意欲の低下や食欲不振などから全身衰弱となるなど，身体的な病気や障害といった心身の相関が強くあらわれやすい。症状のあらわれ方にも高齢期の特徴がみられる。高齢期のうつ病は，若い世代に比べて悲哀の訴えが少なく，不眠や食欲不振，頭痛，便秘などの身体症状が前面に出る「仮面うつ病」とよばれる形をとることが多い。また，不安や焦燥感が顕著であり，不安神経症や躁状態ともまちがわれやすい。この他にも，主観的な記憶障害の訴えや，精神活動の低下から認知症のような印象を与える症状を示す場合や，被害妄想や関係妄想といった意識障害を伴いやすい。このように，高齢期のうつ病は，その非定型性のために他の疾患との区別がつきにくく，早期の発見がむずかしい原因となっている。

### (3) 高齢期のうつ病への対応

高齢期のうつ病への有効な対応として，①適切な状態の評価と自殺などの危険性の回避，②高齢者と援助者への障害に関する情報提供，③併存する身体的疾患の治療，④社会的支援の充実があげられる。

高齢期のうつ病は，身体機能の低下によって自立を喪失した生活状況や身体疾患などの身体的要因が深く関連している。一般に身体障害が重症であるほどうつ病も重症であるとされる。そのため，病院や福祉施設に入院，入居している高齢者や，在宅介護を受ける高齢者のような身体障害の度合いが高い場合，常にうつ病への配慮が求められる。また，投薬などによる身体的側面の治療と同時に，行動療法をはじめとする精神療法や環境調整のような心理社会的側面への対処が重要であり，多くの専門分野の協働による援助が必要とされる。医療や福祉の社会的支援の導入に加え，うつ病の高齢者にとっては，家族などの周囲の人々との信頼関係の構築による支えや見守りが，症状の改善に向けて有効である。その際，リハビリテーションや気分転換の活動を勧めるなどの叱咤激励は，高齢者を追いつめることになり，病状をかえって悪化させる危険性がある。むしろ高齢者の話をよく聞き，支持的・受容的に接し，高齢者にとって安心できる環境を整えることが大切である。

## 3. 器質性精神障害

### (1) 認知症

認知症 (dementia) とは脳の障害のために，いったん獲得された知能が病的に低下することをいう。経過は基本的には進行性で完治する方法がない。厚生労働省の報告によると，器質性精神障害の約 90％はアルツハイマー病と脳血管性認知症である。いずれも疾患に特有の脳の器質的病変と脳の老化によって発症する障害である。

認知症の診断に用いられる，アメリカ精神医学会による DSM-Ⅳのアルツハイマー病と脳血管性認知症の診断基準を表 15-1，表 15-2 に示す。DSM-Ⅳに改訂される以前は，DSM-Ⅲが認知症の診断基準として用いられることが多かった。改訂後は認知症の全般的な定義はなくなり，それぞれの疾患別の診断基準が示されている。

表 15-1　アルツハイマー病の診断基準

A．多彩な認知欠損の発現。以下の両方により明らかにされる。
　(1) 記憶障害（新しい情報の学習，以前に学習した情報を想起する能力の障害）
　(2) 以下の認知障害の 1 つ以上。
　　　(a) 失語（言語の障害）。
　　　(b) 失行（運動機能が損なわれていないにもかかわらず，動作を遂行する能力の障害）。
　　　(c) 失認（感覚機能が損なわれていないにもかかわらず，対象を認識または同定できない）。
　　　(d) 実行機能（計画を立てる，組織化する，順序立てる，抽象化する）の障害。
B．基準 A (1) および A (2) の認知欠損は，それぞれが社会的または職業的機能の著しい障害を引き起こし，病前の機能水準からの著しい低下を示す。
C．経過は，ゆるやかな発症と持続的な認知の低下により特徴づけられる。
D．基準 A (1) および A (2) の認知欠損は，以下のいずれによるものでもない。
　(1) 記憶や認知に進行性の欠損を引き起こす他の中枢神経系疾患（例：脳血管性疾患，パーキンソン病，ハンチントン病，硬膜下血腫，正常圧水頭症，脳腫瘍）。
　(2) 痴呆を引き起こすことが知られている全身性疾患（例：甲状腺機能低下症，ビタミン B$_{12}$ または葉酸欠乏症，ニコチン酸欠乏症，高カルシウム血症，神経梅毒，HIV 感染症）。
　(3) 物質誘発性の疾患。
E．その欠損はせん妄の経過中にのみあらわれるものではない。
F．その障害は他の第 1 軸の疾患（例：大うつ病性障害，統合失調症）ではうまく説明できない。

表 15-2　脳血管性認知症の診断基準

A．多彩な認知欠損の発現。以下の両方により明らかにされる。
　(1) 記憶障害（新しい情報の学習，以前に学習した情報を想起する能力の障害）。
　(2) 以下の認知障害の 1 つ以上。
　　　(a) 失語（言語の障害）。
　　　(b) 失行（運動機能が損なわれていないにもかかわらず，動作を遂行する能力の障害）。
　　　(c) 失認（感覚機能が損なわれていないにもかかわらず，対象を認識または同定できない）。
　　　(d) 実行機能（計画を立てる，組織化する，順序立てる，抽象化する）の障害。
B．基準 A (1) および A (2) の認知欠損は，それぞれが社会的または職業的機能の著しい障害を引き起こし，病前の機能水準からの著しい低下を示す。
C．局在性神経兆候や症状（例：深部腱反射の亢進，進展性足底反射，偽性球麻痺，歩行障害，1 肢の筋力低下），または臨床検査の結果の証拠がその障害に病因的関連を有すると判断される脳血管性疾患（例：皮質や皮質下白質を含む多発梗塞）を示す。
D．その欠損はせん妄の経過中にのみあらわれるものではない。

## (2) アルツハイマー病

### 1) アルツハイマー病とは

アルツハイマー病（Alzheimer's disease）は，20世紀のはじめにドイツの精神医学者アルツハイマー（Alzheimer, A.）が報告した脳疾患である。アルツハイマー病は，記憶や認知機能の障害を中核症状とする進行性の認知症であり，脳の一部の神経細胞の脱落とアルツハイマー神経原線維変化とよばれる神経細胞の減少や老人斑に特徴づけられる。

40代から60代前半の初老期に発生する場合をアルツハイマー病，高齢期に発生する場合をアルツハイマー型認知症とし，両者をあわせてアルツハイマー型認知症ということもあるが，発症の時期による本質的な違いは病理的にない。

現在，認知症高齢者の約半数がアルツハイマー病であると推測され，加齢とともに発症率は上昇する。女性にやや多い疾患であるが，発症の原因については明らかにされていない。

### 2) アルツハイマー型認知症の経過

アルツハイマー型認知症の進行の経過は7～8年といわれるが，2年以内の急速な経過や20年近くに至る場合もある。

初期は，不安や抑うつ，睡眠障害を前ぶれに，いわゆる物忘れといわれる記憶や記銘力の障害があらわれる。時間や場所に対する見当識障害も初期からみられ，判断力も低下しがちである。そのため外出先で自宅がわからなくなり保護されるなど，日常生活に影響を及ぼしたり周囲の人が異常に気づくようになる。記憶障害や認知機能の低下は，さまざまな認知症に共通してみられるが，初期から出現するのがアルツハイマー病の特徴である。

中期は，知的機能の低下が顕著となり，記憶障害や状況理解の低下，論理的思考の障害から混乱に陥ることもある。初期にみられる時間や場所の見当識障害に続き，中期には人に対する見当識が障害され，子どもや配偶者などの身近な人が認識できなくなる場合もある。歩行障害や筋肉のけいれんなどの運動機能にも障害や多幸や抑うつ状態など感情面での変動もみられる。

これらの症状とならび，アルツハイマー病ではさまざまな精神症状や行動面での問題が生じ，介護負担を増大させる要因となっている。アルツハイマー病に多くみられる精神症状は，物盗られ妄想，抑うつ，不安，睡眠障害，夜間せん妄などである。行動の問題には，異食，過食などの食行動の異常，弄便などの不潔行為，徘徊などがある。認知症の進行とともにこれらの症状は減少し，徐々に自発性の低下や意欲の減退が目立つようになる。同時に，日常生活動作能力（ADL）の低下のために身辺自立が困難となり，日常生活にも介助を要するようになる。末期に近づくと著しい知能低下と排泄，嚥下などの身体の基本的な機能の障害が生じ，最終的には無言，無動状態となり昏迷・昏睡状態に至るが，それ以前に身体的合併症により死に至ることも少なくない。

---

**初老期の認知症（アルツハイマー病）**

40歳代から65歳までの初老期に発症するアルツハイマー病では，65歳以降に発症する場合に比べ進行が早い。65歳以上に発症する場合と，病理的には本質的に同じであるが，高齢で発症した場合，神経症状はあまり目立たないのに対し，若い年齢で発症の場合では中期から末期にかけて失語，失認，失行，けいれん，運動障害などの神経症状があらわれる。また，高齢で発症した場合は，脳の病的変化に加えて社会・心理的要因などの影響が症状にあらわれるが，若い年齢での発症の場合は，脳の病的変化の進行による影響が直接あらわれやすい。

**初老期の認知症（ピック病）**

ピック病の多くは45歳から50歳代で発症し，アルツハイマー病よりも発症の頻度は少ない。原因は不明であるが，大脳全体にわたる萎縮を示すアルツハイマー病と異なり，側頭葉や前頭葉といった脳の特定部分に極端な萎縮が起こる。発症の初期には頭痛やめまい不眠などの自覚症状がみられることが多い。ピック病では病状がかなり進行しても，記銘力や記憶力が維持されていることが多く，この点でもアルツハイマー病と異なっている。意欲の低下や無関心などの人格や情動の変化によって周囲の人々に気づかれることが多い。また感情の抑制が難しくなり，逸脱した行動をとるなど行動面の異常があらわれることもある。

### (3) 脳血管性認知症
#### 1）脳血管性認知症とは

　脳血管性認知症は脳梗塞や脳出血などの脳血管性疾患によって，脳が障害を受けて起こる認知症をいう。脳血管性認知症はその病態から，突然生じる脳梗塞などの後遺症として2次的に生じる場合と，小さな脳梗塞の多発による多発梗塞型の認知症などに分類することができる。

　脳血管性認知症の発症の原因となる脳血管性疾患は，高血圧や糖尿病，高脂血症が強い危険因子となっている。そのため高血圧の予防や，食事療法や運動療法などの糖尿病に対する治療，飲酒や喫煙の管理などによって，脳血管性精神障害をある程度予防することが可能である。わが国の認知症は，以前は脳血管性認知症の占める割合が高かったが，現在ではアルツハイマー病の方がやや高くなっている（中島ほか，1998）。その背景には，脳血管性疾患の予防と医療技術の進歩による脳血管性認知症の減少や，後期高齢者人口の増加によるアルツハイマー病の増加がある。

#### 2）症状の経過

　脳血管性認知症の発症はアルツハイマー病よりも急激で，脳梗塞などの発症のたびに段階的に症状が進行する。脳血管性障害のごく初期の症状に感情や人格変化，頭痛，めまいなどがあるが，これらの症状から病気として自覚されることはむずかしく，記憶の障害が顕著となって初めて，周囲の人から認知症を疑われ診断を受ける場合が多い。初期の段階では，主に人物の名前や日時が忘れやすくなるなどの記憶の障害が認められやすい。また，意欲の低下や抑うつ感情がみられるため，うつ病と間違われやすいという特徴がある。感情障害を伴いがちであるが，日中は穏やかであっても，夕方から夜間にかけて不穏状態となる夜間せん妄が出現するなどのように症状のあらわれ方に変化があるのも脳血管性認知症の特徴の1つである。初期には病態を把握する病識が比較的確かである。そのため現状や将来への懸念も加わり，初期の脳血管性痴呆の症状には強い不安感を伴うことも多い。また脳血管性認知症では，記憶障害が認められても理解力や判断力は残っている場合がある。これは知的機能の障害のあらわれ方が，脳の損傷を受けた部分によってむらがあるためである。このようなことから脳血管性認知症はまだら認知症ともよばれている。しかし，認知症の程度が進むと，知的機能の障害は広範囲に及ぶようになりこの特徴は薄れていく。脳血管性認知症では，感情失禁，不安，うつ状態などの感情障害や睡眠障害，不穏，妄想，幻覚，せん妄などの精神症状が長く存在するため，脳血管性認知症の介護にはこれらの精神症状の正しい評価と対応が求められる。

## 4. 認知症のアセスメントと心理的アプローチ

### (1) 認知症のアセスメント

　認知症の有無を確かめるスクリーニングのために，認知症の中核症状である知能の低下について評価する方法が用いられている。認知症が疑

われる高齢者を対象とするため，視覚的な設問を避け短時間で施行できるような簡便な知能検査が認知症のスクリーニングに適しているとされる。現在わが国で最も普及している検査に，改訂長谷川式簡易知能評価スケール（HDS-R）がある。この検査は，年齢，日時・場所の見当識，記銘，計算，数字の逆唱，言語の流暢性の9項目で構成されている。その他にも，国立精研式痴呆スクリーニング・テストや西村式（N式）精神機能検査，MMS（Mini-Mental State）などがある。

認知症の重症度評価は，認知症の程度を数値で示し，重症・軽症というように分類するために行う。重症度の評価のためには，認知症の症状の総合的な把握が必要である。そのため知能障害だけでなく知能障害に伴う精神症状や行動の異常，日常生活機能の低下が観察によって評価される。客観的な行動観察による検査の長所は，身体機能の低下から言語によるコミュニケーションがむずかしくなった高齢者に対しても施行可能であり，常に一定の基準で評価を行える点である。

このような認知症の重症度評価のための尺度でよく用いられているものに，柄澤式「老人知能の臨床的判断基準」がある。その他にはFAST（functional assessment staging）や日常生活における精神機能と認知症に随伴する精神症状・行動異常の具体例に基づき評価するNMスケールおよびN-ADL，CDR（clinical dementia rating scale）などがある。

### (2) 認知症高齢者のための心理療法

認知症高齢者が増加している近年では，高齢者自身や家族などの周囲の人々の福祉のためにも，認知症の早期発見と早期対応が求められるようになった。認知症の早期発見によって，認知症が進んだ際の治療方針や財産の管理方法などについて高齢者が自らの意思を表示することが可能になる。また，介護者にとっても，認知症や社会的サービスについての知識を早い段階に得られ，高齢者の症状や状態への対応にゆとりが生まれるなど，介護負担の軽減にもつながる。初期の認知症では，記憶障害は顕著であるが社会性は保たれていることが多く，認知症の進行した高齢者を対象とするようなレクリエーション活動は，高齢者の自尊心を傷つける可能性がある。むしろ初期の認知症高齢者には，認知症や社会的サービスについての情報提供などを行う心理教育的なアプローチが必要とされる。また，認知機能の低下を最小限に抑えるために，リアリティ・オリエンテーション（RO）の手法を用いた活動を実施したり，家事や園芸などの日常的な活動を用いたグループセラピーが行われたりしている。グループセラピーでは，参加者同士がグループのテーマを共有し仲間意識を強めることで対人交流が促進される。その結果，参加者の社会性が向上し，感情表出が豊かになるなどの効果がもたらされる。

比較的進行した認知症高齢者を対象とする心理療法は，回想法・音楽療法・芸術療法などがあり，高齢者の意欲の向上や情緒の安定などの効果が確認されている。現在では，高齢者の入所施設や病院，デイサービスセンターなどにおいて，認知症高齢者のグループを対象としたこれらの心理療法が行われるようになり，認知症高齢者のQOLの向上やケアの質の向上に役立てられている。

［日下菜穂子］

---

**リアリティ・オリエンテーション（RO）**

リアリティ・オリエンテーションは，時間や場所，人，物などの見当識の訓練によって，現在への方向づけを行うことを目的としている。一般的なプログラムは，名前や年齢，職業，家族関係などの個人的情報，今いる場所，今日の日づけなどの見当識，方角や物の名前などの常識，判断力について，ボードやカード，時計，カレンダーなどを利用して訓練される。リアリティ・オリエンテーションでは，認知の障害の程度に応じて，買い物や電話などの日常生活の動作を用いることもあり，その際は自尊感情の維持や社会性・協調性の回復が目的とされる。

**回想法**

回想法は，アメリカの精神医学者バトラー（Butler, R.N., 1963）によって提唱された高齢者を対象とした心理療法である。

過去の回想を聴き手との交流の手段として用い，その関係のなかでコミュニケーション能力の維持，向上や社会性を高めていく技法である。回想法は，語り手が自由に記憶を思い出し語れるようリラックスした楽しい雰囲気の中で行われる。聴き手が語り手の話を支持的で共感的に受け入れ，その共感を伝えることで，聞き手と語り手の信頼関係が形成される。その結果，語り手の自尊感情が回復されたり，社会参加の意欲を高めたりする効果につながる。また，グループでの回想法への参加は，同世代間の社会的交流を楽しむことができるだけでなく，セラピーに関わる他の世代にも自分の過去の生活や経験，自分の生きた文化や伝統を語り伝えることにもなり世代間交流の楽しみにもつながる。

## 参考文献

American Psychiatric Association　高橋三郎・大野　裕他(訳)　1995　DSM-Ⅳ精神疾患の分類と診断の手引き　医学書院

ボールドウィン, R.C. 他　鈴木映二・藤澤大介他(訳)　2003　高齢者うつ病診療のガイドライン　南江堂

Beekman, A.T. et al.　1999　Review of community prevalence of depression in later life. *British Journal of Psychiatry*, **174**, 307-311.

Butler, R.N.　1963　The life review: An interpretation of reminiscence in the aged. *Psychiatry*, **26**, 65-76.

中島健二・上野祥博他　1998　痴呆の有病率―高齢化率25％(65歳以上)の町における疫学調査　日本老年医学雑誌, **35**, 530-534.

野村豊子　1998　回想法とライフレビュー　中央法規出版

大塚俊男・本間　昭　1991　高齢者のための知的機能検査の手引き　ワールドプランニング

大塚俊男他　1992　わが国の痴呆性老人の出現率　老年精神医学雑誌, **3**(4).

折茂　肇　2002　新老年学　東京大学出版会

柳澤信夫　2001　からだの科学, **218**.

## 高齢期の回想

　過去を思い出す過程や行為を回想（レミニッセンス）というが，単に過去の記憶そのものをさすのではなく，自分の生活を振り返る際に過去の出来事や人，感情などの心的状況に触れる体験を意味する。回想とライフレビューとは，表出の形式が似ているため区別がむずかしいが，ライフレビューは回想に含まれる1つの形式であり，回想を吟味することで回想に解釈と評価を加える行為がライフレビューである。高齢者が老いに適応し心豊かに高齢期を過ごすうえで，過去の思い出を通して，過去，現在，未来にわたる人生全体を統合的に受け入れていくライフレビュー（life review）の過程は，高齢者にとっての重要な役割を担っている。

　従来の回想に関する研究では，この回想とライフレビューが混同されて用いられていることも少なからずあり，回想そのものが高齢者に多い行為であるようにとらえられがちであった。そのため，高齢期には過去を振り返る頻度が高まるといわれてきた。しかし，実際には人生の折々に過去を回想することはどの世代にも共通した行為であり，若者と高齢者でその頻度は大きく違わないことが明らかにされている（Romaniuk & Romaniuk, 1983）。一方，回想の内容には高齢者と若者の間で違いが見いだされている。高齢者は若者より多くの出来事を思い出し，その内容は葛藤を伴う否定的な出来事であることが多い。回想機能尺度（Reminiscence Functions Scale: RFS）による研究（Webster, 1993）からは，回想の退屈しのぎ，死の受容，アイデンティティの確立や問題解決，対人交流，親密性の維持，苦しみの再体験，知恵の伝達といった機能が見いだされている。そのなかで，若者の回想にはアイデンティティの確立や問題解決の機能が大きく作用しているのに対し，高齢者の回想においては，親密性の維持や死の受容が回想の重要な機能となっていることが明らかにされた。

　アメリカの精神科医のバトラー（1963）は，ライフレビューを過去の再編成により自分の人生に価値と意味を与え，死の受容を可能にさせる高齢者にとって意義のある行為だと定義している。高齢者の回想の重要な機能である親密性の維持や死の受容はこのバトラーのライフレビューの定義と重なる部分がある。そのため，ライフレビューこそ高齢者の回想の特徴的な形であるといえるだろう。

高齢者の回想には，さまざまな機能があるとされており，回想によってもたらされる効果によって回想を分類した研究からは，①統合的回想，②手段的回想，③情報伝達・交流回想，④叙述的回想，⑤逃避的回想，⑥強迫的回想の型が見いだされている（Wong & Watt, 1991）。そのうちの統合的回想と手段的回想は，高齢期の適応を促す効果がある回想の型であるとされる。

　回想の機能を活用し，高齢期の心理的発達の理解や高齢者のケアへの応用に広く役立てられている手法の1つに回想法がある。回想法は，回想を介して他者と良好な人間関係を築き，そこから考え方や感情など個人の内面について考えを深め，人格の成長をもたらす心理的援助の方法である。バトラーによって回想が高齢者の精神疾患の治療に応用されて以来，回想法は高齢者の心理・社会的側面に働きかける有効な方法として，心理や福祉・医療などの高齢者にかかわる分野において広く取り入れられるようになった。治療を目的とした心理療法としての回想法には，心理的な対人援助についての専門的訓練が必要とされる。一方，回想法の目的によっては，心理療法の知識や技術の基礎を踏まえたうえで，レクリエーションの一環として日々の活動に回想を応用し取り入れることもでき，対人援助にかかわるさまざまな職種の人によって，それぞれの専門的立場からの実践がなされている。回想法は，元来，健康な高齢者やうつ病を患う高齢者などを対象として発展してきた技法であるが，わが国では認知症高齢者を対象にした回想法が広く応用され，医療や福祉施設で積極的に実施されている。

（日下菜穂子）

**参考文献**
Romaniuk, M., & Romaniuk, J.K.　1983　Life events and reminiscence: A comparison of the memories of young and old adults. *Imagination, Cognition and Personality*, **2**, 125-136.
Webster, J.　1993　Construction and validation of the reminiscence functions scale. *Journal of Mental health Counseling*, **12**, 270-278.
Wong, P.T.P., & Watt, L.M.　1991　What types of reminiscence are associated with successful aging? *Psychology and Aging*, **6**(2), 272-279.

# 第Ⅲ部
## 発達臨床心理学のテクニック

# 第16章

# 発達支援

## 1. 発達支援とは

### (1) 発達支援における発達臨床

今日まで，発達心理学による発達支援では，発達段階の特徴や発達課題の理解，発達要因の解明等による取り組みがなされ，臨床心理学による発達支援では，個人の能力の分析や心理的問題の解明等による取り組みがなされてきている。最近の発達支援の実践においては，単に発達心理学や臨床心理学の理論と実践の知見から各々用いてかかわるのではなく，「生涯発達という時間軸を基本として，その過程における発達課題と生じやすい心理障害，それらへの心理的支援方法」（下山，1998）を見いだそうとする発達臨床の発想による取り組みが求められてきている。そのような発達支援では，人を個としての存在だけでとらえるのではなく，人と人の関係存在として理解され，その人の生きている関係性への支援がなされ，障害や病を抱えつつも自己の人生を主体的に生きられるような支援がなされるのである。

また，古澤（2002）は，発達を個人に内在することのみでみるのではなく，個人と個人を取り巻く社会との交互作用による共有事象ととらえ，人を理論的枠組みにはめこむことよりも，日常の何気ない生活や行為に目を向け，人の考えや感情，信念がどう変わり，人生を送っているか，ありのままに関心を向け，人が主体的に生きることの重要性を指摘している。そして，表16-1に示すように，現代社会における発達支援のあるべき方向性を，①自己の人生の物語を生きる主体的な発達を支援する方向性，②自己の人生を展開する時間的存在としてとらえる生涯発

表16-1 発達支援の方向性 （古澤, 2002より作成）

| 発達支援の方向性 | 方向性の概要 |
| --- | --- |
| ①人間の主体性回復への発達支援 | 今日の社会で人は他者からの指示によって行動せざるをえない状況に追いやられ，主体的に生きにくくなってきている。家族や職場，公共社会等での自己と他者の人間関係にも同様のことが起こってきている。人生を物語る（ナラティブ）ことを通しての自己確認こそ人が主体的に生きるという課題についての方向性を見いだすための支援を提供できる。 |
| ②生涯的視点に立つ発達支援 | 人間の発達の予測を立てる時点を頻繁に設けて，支援を繰り返していこうとする。継続的な支援体制を組むことによって事象を根気よく見つめながら支援していく。 |
| ③複数文脈による発達支援 | ミクロの状況をマクロな状況へと視点を拡大する発達支援の方向性。たとえば，親子関係はミクロの視点からは二者システムととらえられるが，マクロの視点からは文化・社会・歴史という大きな文脈の中でとらえて支援が可能となる。 |

達の視点から支援する方向性，③関係存在としての発達をミクロからマクロに視点を拡大する発達支援の方向性，の３方向性として述べている。

### (2) 発達支援の対象

ここでいう発達支援の対象は，知的障害・自閉性障害・注意欠陥／多動性障害（ADHD）・学習障害（LD）等の発達障害，統合失調症，神経症，心身症等，不登校，いじめ等である。実際にかかわる主な対象は子どもや大人とその親・家族であることが多いが，発達支援の担い手側である保育士，福祉施設指導員，教員，カウンセラー等の発達支援者もコンサルテーション等においてときには支援対象者になりうる。

### (3) 発達支援の場と発達支援者の役割

発達支援が実際に行われる場は，表16-2に示されるように，教育の領域では幼稚園や小・中学校・高校・大学であり，福祉の領域では保育所や通所・入所施設・児童相談所，保健センター等であり，医療の領域では保健所，病院，医療センター等である。心理臨床により行われる発達支援の役割名称は心理相談員，心理判定員，カウンセラー等様々であり，他の職種の発達支援者達と協力し合いながら発達アセスメントや教育相談，心理相談，心理療法，カウンセリング等，個人への介入やコンサルテーションによる地域支援等の取り組みがなされている。

表16-2　発達支援の場と発達支援者の役割（井上, 1999；長崎, 2002 より作成）

| 発達支援領域 | 発達支援の場 | 発達支援者の役割名 |
| --- | --- | --- |
| 家庭 | 家族にかかわる場（保健センター，保育所，学校，地域社会等） | 臨床心理士等 |
| 教育 | 幼稚園・小・中・高等学校・養護学校・児童クラブ<br>大学（学生相談室）<br>教育センター | スクール・カウンセラー<br>カウンセラー<br>教育相談員 |
| 福祉 | 児童相談所<br>療育事業関連施設・保育所 | 心理判定員<br>臨床心理士 |
| 医療 | 病院・クリニック<br>保健センター・保健所 | 臨床心理士<br>心理相談員 |
| 司法 | 家庭裁判所<br>少年鑑別所・少年院 | 調査官<br>法務技官 |

また，家族以外で発達支援対象児・者と日常的に多くかかわっているのは，教育領域では教員，福祉施設領域では保育士や指導員，医療領域では医師，保健師等である。したがって，この教員や保育士等の発達支援者と発達支援対象児・者やその家族とのかかわりをどう支援するかが発達支援の鍵となり，その具体的取り組みの１つとして事例研究やコンサルテーションがあげられる。

### (4) 発達支援における倫理

発達支援者が発達支援を実践する際に気をつけるべく倫理的視点について，古澤（2002）は下記のようにまとめている。

①**支援する側と支援を受ける側**
［対等な立場］発達支援の場は，支援する側と支援される側によって構成されており，上下関係の論理になることなく相互尊重によって成り立つ関係を認識することが求められる。
［働きかける側の責任］発達支援の活動は相手に影響を与えるものであり，社会的にも人道的にも最大限の配慮をもちつつ，行為すべきもので，支援を受けている側の立場，背景，見通し等について慎重な考慮のもとに支援する側として何ができるかという着実さのもとに実行していくことが求められる。

②**発達支援をめぐる倫理原則**
［原則1：支援を受ける側への尊重］十分な説明を受けられることと当事者が選択・同意・拒否を行える手続きが支援のあらゆる段階において成り立つようにする（informed consent）。
［原則2：守秘義務の履行］支援を受ける側が社会的弱者の立場にある場合，訴えを出しにくく，プライバシーの保護に一層の注意を払う。
［原則3：支援を受ける側への恩恵］支援を受けることによる恩恵の明確化と成果の報告等フィードバックを行う。
［原則4：支援を受ける側への公正］支援活動そのものが支援を受ける側に対して平等であるようにする。

## 2. 発達支援方法

### (1) 発達支援における発達臨床的対応

　発達支援における発達臨床的対応は，表16-3に示されるように，主として①発達支援ニーズの把握，②発達臨床的対応，③発達臨床的対応の評価 の3つの過程からなる。
　発達臨床的アプローチのうち心理療法等については，他の章で詳しく述べられているので，本節以降ではアセスメントや事例研究，コンサルテーションについて述べ，さらに発達障害の発達支援についても述べる。

表16-3　発達支援における発達臨床的対応過程（下山, 1998；早坂, 2003より作成）

| 発達支援対応目的 | 具体的対応方法 | 対応概要 |
| --- | --- | --- |
| 発達支援ニーズの把握 | 面接法・観察法・検査法 | どのような問題や困難性が生じているかについて支援対象者から情報を収集する。 |
| 発達臨床的対応 | 事例研究・コンサルテーション・心理療法 | 問題や困難性をどのような方法により対応していくか見通しを立て，問題や困難性の改善を目指して臨床的に対応する。 |
| 発達臨床的対応の評価 | 面接法・観察法・検査法・事例研究・コンサルテーション | 発達臨床的対応の過程とその結果を再検討。対応の継続あるいは新たな臨床的対応を考えて再対応していく。 |

### (2) 心理アセスメント

　どのような問題や困難性が生じているかについて情報収集し，発達臨床的対応を決定するために心理アセスメントが用いられる。情報収集の

ための心理アセスメントには，支援対象者から直接収集する行動観察や面接と，間接的に収集する検査法がある。心理アセスメントでは支援対象者について，面接や検査，観察によって，支援対象者の発達状況やパーソナリティ特徴等の個人の問題や困難性，対人関係等の関係性の問題や困難性について多面的に情報が収集され，総合的に理解し適切な評価が行われる。

### 1) 心理アセスメントの過程

下山（1998）は心理アセスメントを「何らかの臨床心理学的援助を必要とする事例（個人または事態）について，その人格や状況，および規定因に関する情報を系統的に収集，分析し，その結果を総合して事例への介入方針を決定するための作業仮説を生成する過程」と定義し，その過程を以下の5段階に分けてとらえている。

①受付段階：事例の基礎情報（状況，申し込み理由）を確認し，依頼者の申し込みを受け付ける。

②準備段階：受付で得られた情報を基にアセスメントの計画案を練る。

③情報収集段階：面接，観察，検査の技法を用いて必要な情報を得る。

④情報処理段階：情報の分析結果を総合して問題となっている事柄の意味を解釈し，作業仮説（見立て）を構成する。

⑤結果報告段階：作業仮説を必要に応じて依頼人，または当事者に伝える。

### 2) 面接法・観察法・検査法

心理アセスメントは，支援対象者の問題や困難性の状況，経過（発達歴，相談歴，病歴，教育歴，過去の対応），背景（生活史，家族構成，地域社会との関係）等の情報収集が主な目的となっているが，情報収集する過程の面接や検査の過程においてすでに，同時進行の形で臨床的かかわりが始められていることになる。面接法，観察法，検査法の各々の方法とそれらの意図，方法概要を表16-4に示している。

①面接法：面接法は情報収集のための調査面接法と心理支援のための臨床面接法があり，心理臨床の主たるアプローチである。面接における人と人の関係性のなかで情報交換したり，考えを伝えたり，問題を解決したりする。

②観察法：観察法の主な方法は行動観察であり，支援対象者の行動を環境との関係から観察し，分析して，行動の特徴や法則性を明確にする。

③検査法：検査法は，知能検査と人格検査に大別され，知能検査（ビネー式，ウェクスラー式等）は知的機能を測定し，人格検査（ロールシャッハ・テスト，TAT等）はパーソナリティを測定する。単一検査のみで評価することなく，いくつかの検査を用いられることが多い。

面接や行動観察，検査等から得られた心理アセスメントの結果からの情報をもとに事例研究やコンサルテーションが行われる。その後，アセ

表16-4　心理アセスメント：面接法・観察法・検査法（下山, 1998より作成）

| アセスメント方法 | | アセスメント意図 | 方法概要 |
|---|---|---|---|
| 面接法：<br>対話を通して | 臨床面接法 | 心理支援 | 支援対象者の話を中心にして非構造的に、共感的に聞く。 |
| | 調査面接法 | 情報収集・情報交換 | 情報収集目的にそった質問を構造的に、系統的に行う。 |
| 観察法：<br>行動を通して | 自然観察法 | 行動特徴・行動法則性の明確化 | 支援対象者の日常の自然な状態を観察する。 |
| | 実験観察法 | 行動特徴・行動法則性の明確化 | 観察目的に合わせ観察状況に統制や操作を加えて行う。 |
| 検査法：<br>課題を通して | 知能検査 | 知的機能の測定・評価 | 知的機能を客観的に測定し、知能指数（動作性・言語性）を算出する。 |
| | 人格検査 | パーソナリティの測定・評価 | 課題に対する反応を基に人格特性を数量化して測定する。 |

スメント結果を支援対象者やその他の発達支援者に伝えたり，臨床的アプローチの方法の決定に用いられることが多い。

### (3) 事例研究

事例研究（case study）は，ある特定の事例（個人，集団）を対象に面接や観察，検査等を実施し，支援対象事例の個別性や問題性，特殊性，関係性等に視点をあて，情報の収集と整理，問題性等の明確化，臨床的対応の検討や対応の過程を分析・考察する方法である。実際の事例研究は事例検討会（case conference）において支援開始時，支援途中，支援終結時の時間的経過とともに支援スタッフの間で実施される。

発達臨床的視点からは，事例研究は，①臨床的事例研究（特徴的な事例の記述とそのメカニズムの検討），②発達的事例研究（個人の発達に影響を及ぼす諸要因の関連等の検討），③実験的事例研究（教育的働きかけと発達の関係の検討）の3種類に分けられる（成田, 2002）。

### (4) コンサルテーション

コンサルテーション（consultation）は，コミュニティ心理学の発想から出発した地域社会への介入方法の1つである。コンサルテーションの定義について，山本（1986）は「コンサルテーションは，二人の専門家（一方をコンサルタント（consultant）とよび，他方をコンサルティ（consultee）とよぶ）の間の相互作用の1つの過程である。コンサルタントがコンサルティに対して，コンサルティの抱えている（中略）問題をコンサルティがより効果的に解決できるよう援助する関係」と述べている。コンサルタントは，精神医学，臨床心理学，社会福祉等の専門家であり，コンサルティは，教師，保育士，施設指導員，保健師等地域社会で活動している専門家である。

コンサルテーションでは，支援対象者を専門家一人で抱え込む（専門家中心主義）のではなく，支援対象者は地域社会の人々によって支えられており，地域のなかにコンサルタント（支援者）が専門性をもって参加していく（地域中心主義）チームアプローチである。たとえば不登校の場合，不登校の子ども（支援対象者）とかかわるのは教員（コンサルティ）であり，教員をコンサルタント（支援者）が専門性をもって支援し，子どものことを理解し，教員として子どもと対応できるよう教員を支えていくのがコンサルテーションによる取り組みである（山本，

> **コンサルテーション（consultation）**
> 地域社会にあって何らかの形で心理的問題に関係している人をコンサルティ（consultee）と呼び，そのコンサルティが社会的役割を有効に果たせるように専門的観点から支援するのがコンサルタント（consultant）であり，両者の相互活動がコンサルテーションである。

1986)。コンサルテーションは1つの目標に向けて専門性をもつ支援者達が協力して取り組むアプローチである。

## 3. 発達障害の発達支援

### (1) 発達障害とは
#### 1) 障害の概念

障害の定義については，これまで世界保健機構（WHO）の1980年の第1版の国際障害分類（International Classification of Impairments, Disabilities and Handicaps：ICIDH）で示されてきたが，2001年に第2版の「生活機能・障害及び健康の国際分類」（International Classification of Functioning, Disabilities and Health：ICF）に改訂されて示されている。この2つの分類の主な内容を表16-5に示している。この分類の改定で意図されているのは，障害と健康という二分論でとらえるのではなく，障害を個人の問題としてとらえた医療モデルと社会の問題としてとらえた社会モデルを統合しようとしていること，障害だけの視点からとらえた3つの階層レベル「機能障害，能力障害，社会的不利」で一方向性の作用でとらえていたのに対して，「生活機能・障害・健康」の視点から3つの活動レベル「心身機能，活動，参加」が互いに影響し合う双方向性からとらえ，障害を活動の制限（activity limitation）や参加の制約（participation restriction）としてとらえていることである。

どんな健康な人でもいつかは能力の低下や障害の問題に直面する。障害児・者の発達支援をする際，障害児・者の発達を障害と健康という二分論からとらえたり，能力や障害を個の所有物とみなすような個体能力論からとらえたり，関係論のみでの対応をしていたりしていては現実的対応ができない（長崎，2002）。障害児・者の生涯に視点をあてながら，個としての存在，人と人の関係存在双方から統合的に理解され，障害児・者自身が自己の人生を生きられるような発達支援が求められる。

#### 2) 発達障害の概念

近年，障害児・者が示す発達の遅れやゆがみは，決して固定したものではなく，適切な学習環境等の環境設定をすることにより，発達を促進

---

**世界保健機構（The World Health Organization：WHO）**
1945年にサンフランシスコ会議で構想が提案され，1948年に国際連合の専門機関として発足した。伝染病対策や国際疾病分類（ICD）の作成，医薬品供給等幅広い活動を行なっている。

---

表16-5 国際障害分類（ICIDH）と生活機能と障害及び健康の国際分類（ICF）の概略 （WHO，1980, 2001）

| | 1980年の国際障害分類（ICIDH） | 2001年の生活機能と障害及び健康の国際分類（ICF） |
|---|---|---|
| 分類の視点 | 障害をマイナス面から分類 | 生活面でのプラス面を加えて分類 |
| 3つのレベル | 障害の状態像を一方向性の作用で示す<br>　機能障害→能力障害→社会的不利<br>障害と病気を区別して分類し社会的不利を位置づけたが，社会的不利を被る原因は個人の機能障害や能力障害が原因という方向性がある | 健康の状態像を相互作用で示す<br>　心身機能・構造—活動—参加<br>能力を心身機能・構造，活動，参加でとらえ，この3次元ごとに機能障害，活動制約，参加制約の問題が生じるという相互作用性がある |
| 表現方法 | 障害者（disabled person） | 障害を伴う人（person with a disability） |
| モデル | 医療モデル | 医療・社会統合モデル |
| 背景因子 | （特に考慮点なし） | 環境因子や個人因子を背景因子として重視 |

し，歪みを緩和して行くことが可能であるという考えのもとに，障害を「発達障害」という視点からとらえるようになってきている。また，運動・認知・社会適応の3領域の発達が全般的に遅れているものを全般性発達障害（例：ダウン症等の知的障害）として，いずれかの領域で発達が不ぞろいであったりゆがんだりするものを広汎性発達障害（例：自閉性障害）としてもとらえてきた。このような発達障害の視点を踏まえて，アメリカ精神医学会の「精神疾患の分類と診断の手引きDSM-Ⅳ」（1994年）では，「幼児期，小児期または青年期に初めて診断される障害」として，「精神遅滞，学習障害，運動能力障害，コミュニケーション障害，広汎性発達障害，注意欠陥および破壊的行動障害」等に分類している。個々の障害についての詳細は他の章を参照されたい。

**精神疾患の分類と診断の手引きDSM-Ⅳ**
アメリカ精神医学会（American Psychiatric Association）が発行している「精神疾患の分類と診断の手引き」（Diagnostic and Statistical Manual Mental Disorders）のことを略してDSMとよび，Ⅳは第4版目を指している。精神疾患の診断を下し，研究や治療ができるよう診断カテゴリーが明確に記述されている。

### 3）発達障害に対する発達支援

発達障害児・者の理解の視点として，表16-6に示しているように，全体性，関係性，状況性，時間性の4つの視点が考えられる。発達障害児・者の発達支援には，理論的枠組みで個体内の能力を評価して横断的に理解するだけでなく，発達障害児・者の全体像を，生活のなかで関係性や状況性を踏まえながら，生涯という縦断的な視点からの理解と取り組みが求められる。

以下，発達障害児・者に対する具体的な発達支援について，就学前の発達支援，学校教育支援，社会参加支援・地域支援に分けて述べていく。

## （2）発達障害児の就学前の発達支援

発達障害児の就学前の発達支援は，保健センターや医療機関での早期発見・早期療育，発達相談から始まる場合が多い。親や家族が抱いている悩みや問題に答えながら子どもの発達ニーズを適切にアセスメントしながら対応していくことが求められる。そのためには，親や家族に対して，早期から発達促進，問題行動の理解や対応，障害に関する認識等を深めるかかわり等，家族の生活全体にわたる支援を継続的に行うように

表16-6　発達障害児・者の理解の視点（岡本，1993より作成）

| 視点 | 視点の内容 |
|---|---|
| 全体性 | 一人の人間としての把握。特定の理論で現象を把握してもそれは一部であり，一部の理解を絶対化して発達障害児・者の全体像を評価し，特定のラベルを貼り，本質をとらえたとすることには問題がある。発達障害児・者の全体像へ近づく努力が必要。 |
| 関係性 | 従来の発達障害理解は個体論的視点に立った個体の究明が中心であったが，人間の行動は対人関係上で展開されるのであり，発達障害児・者理解は関係的視点をもたない限りその本質を見失う。 |
| 状況性 | 関係は何らかの状況を背景として働く。発達テストを受けるときのような実験的状況からの理解だけでなく，家庭での日常生活状況での理解，学校生活状況での理解，発達障害児・者が育っている社会・文化的状況での理解からとらえる必要がある。 |
| 時間性 | 発達そのものが時間的変化の一種だが，短期間で横断的に人の平均的傾向との関係で理解するだけでなく，個々の発達障害児・者を時間的に長期に理解する必要がある。 |

する。併せて保育所，通園施設，幼稚園等への保育支援をコンサルテーション等により発達支援者が協力して取り組むようにする。

**1）親・家族の発達支援**

発達障害児の親や家族にかかわる際，発達障害児の発達を促進するという視点でかかわるだけでなく，親としての発達，家族としての発達を促そうという発達支援の視点が必要である。具体的には，①障害児の親・家族として出会う困難，②子育てへの自信回復，③家族のライフサイクルと危機，④ストレス等から生じる親・家族の悩みとのかかわりの過程でなされていく場合が多い。

①障害児の親・家族として出会う困難：親や家族が子どもの障害に直面して心理的ショックを受け，親・家族としての機能が低下することがある。親として，家族として障害をどう理解し，どのようにわが子を受け止め，育てていくかが問題となってくる。このような親や家族の典型的なショックや悲しみの過程を段階的にとらえる理論として障害受容のステージ理論がある。支援者がかかわる際にこの障害受容のステージ理論が用いられるが，ステージ理論は支援者側の理想とする障害児の親像・家族像を親や家族に求め，さらなる負担を招きかねない。障害の理解やわが子の受容，自己受容に困惑している親・家族を，まず支援者側があるがままに受容すべきであり，子育てへの自信回復やストレスを和らげることにつなげることが必要である。

②子育てへの自信回復：子どもの発達や障害の状態，障害から生じる問題への配慮や対応の方法を伝え，見通しをもって子育てできるように支援する。特に母親は母と子の絆を確立するのに必要な発達初期の母子相互作用の機会が少ないため，母子でかかわる楽しさを経験できるような具体的遊び方等を伝える。また，そのような具体的なかかわり方を学べる機会を療育施設や保育所等に求め，子育てに関する地域の資源を利用できるよう連携・調整する。

③家族のライフサイクルと危機：発達障害児の誕生はそれまでの家族の生活スタイルに変化を引き起こす。家事や育児，仕事等について夫婦や家族の相互協力を得る等，家族間の協力体制を整え，家族としての発達を促進する。療育・保育の出発点から両親面談等を行い，父親を育児協力者ととらえるのではなく，父親という養育者となる役割，機能について認識を深めていく。きょうだいに対しては，子どもらしさを消失していないか，見捨てられ感を感じていないか等に配慮し，きょうだい自身の自己肯定感を重んじられるような子育てに取り組めるよう支援する。

④ストレス：障害受容でのショックや悲しみ，日々の子育て負担，家族が互いに期待する家族像と現実とのギャップ等，ストレスとなるものには否定的な影響が多くみられる。しかし，ストレスが家族間の協力や子育ての喜び，地域の人々の理解等，親や家族の生きていく意味の発見や地域社会への参加による広がり等につながることも多く，より肯定的な方向へ働くように取り組むようにする。療育や保育による支援は，日常保育から生じる一時的ストレスを軽減し，親や家族に時間的余裕を与

えることになる。

### 2) 発達相談および早期発見

発達相談や早期発見で行われる心理アセスメントについては本章2節で述べているので，ここでは早期発見の場や発達相談における親や家族の主訴のとらえ方，早期発見としての健診について述べる。

①主訴のとらえ方：親や家族から出される主訴は，言葉の発達の遅れや基本的生活習慣の未確立等能力上の問題であることが多い。確かに発達上の問題や障害による問題が主訴と理解して発達相談等に取り組むことが多いが，一緒に生活するうえで何が本当に困るのかが問題とされる前に，このまま学校に行けるか心配という親や家族自身の不安の問題になり，平均的な発達でないという事実が主訴とされる（鯨岡, 2001）ことがある。発達相談や早期発見の場で受け止めるべき問題は，発達の遅れや障害だけでなく，平均的で健康な子どもを失う，平均的で健康な子どもの親でなくなるという親自身の不安や喪失感も受け止め，対応することが必要である。その次に，訴えられている問題を日常の生活の中でとらえることが必要となり，親や家族自身に問題が生じているのか，子ども自身に問題が生じているのか，子どもと親・家族の関係性に問題が生じているのか，その他の環境に問題があるのかに視点をあてながらかかわっていくようにすべきである。

②健診：母子保健法（1965年）によって母子健康手帳の交付，3ヶ月健診，3歳健診等保健所を中心として健診が実施され，1977年に1歳6ヶ月健診が市町村の事業として開始され，次第に早期診断・療育システムが整ってきた。また，学校保健法により就学児に対する健康診断が実施され，特別な教育を必要とする児童への就学指導がなされるようになった。健診で行われるのは，子どもの発達アセスメント，親や家族に対する子どもの発達状態の理解促進，具体的なかかわり方や療育・保育施設へとつなげることである。平均的な子どもの発達像と比較する視点から発達検査や聞き取りを行うと，親や家族はありのままの子どもの姿について相談できなくなったり，子どもを否定的にとらえたりするようになるので注意が必要である。

### 3) 療育施設・保育所・幼稚園での療育・保育支援

療育施設や保育所，幼稚園での療育・保育による発達支援には，発達障害児と指導員や保育士，教員とのかかわりによる発達支援と，各々の保育現場でのコンサルテーションによる現場支援がある。

①保育場面での直接的発達支援：保育・教育場面での対応の基本的視点は，障害児の発達支援（発達や障害の状態に応じて適切な課題を与え，諸能力を育む）と障害児の社会参加（周囲が障害を適切に理解し，障害の特徴に応じた環境作り）である（浜谷, 2002）。保育所は幼稚園に比べると複数担任が多く障害児の受け入れが進み支援条件が整備されており，統合保育がなされやすい条件にある。

②保育現場へのコンサルテーションによる現場支援：保育現場におけるコンサルテーションは，発達臨床の専門家チームの巡回指導によるも

の，保育指導に対するもの，親や家族への支援のあり方に対するものがある。保育現場へのコンサルテーションでは，記録を基に検討していくこと，担当者の孤立を防ぐこと，関係者で方向性を共有していけるようにすることが配慮点としてあげられる（無藤, 2002）。

### (3) 発達障害児の学校教育支援

発達障害児が就学すると，学校教育支援として，特殊学校（盲・聾・養護学校）や特殊学級，通級学級，通常学級で教育がなされる。ここでは学校教育における発達臨床的支援と特別支援教育の概要について述べる。

#### 1）学校教育支援

教育は保育と共にすべての子どもに対する発達支援の主たる働きかけである。画一的な教育システムに子どもたちを合わせるのではなく，一人ひとりの子どもに対応した教育がなされるべきである。発達障害に対する臨床的支援を学校教育という視点からとらえると，子ども自身が選択できる多様な支援形態として，チームティーチング等の複数教師による指導や個別的な配慮による具体的な指導，通級による指導があげられる。同時に，個に応じた発達支援プログラムの実施にあたって，心理教育アセスメントや個別の指導計画（IEP）の作成，教師へのコンサルテーションが行われる必要がある（上野, 1998）。

#### 2）障害児教育での発達臨床的アプローチ

学校教育場面で特に発達障害児に用いられている主なアプローチは以下の通りである（霜田, 2003）。
①幼児の指導：ポーテージプログラム，ワシントン大学プログラム
②身体動作の指導：理学療法，作業療法，ムーブメント教育，動作法
③感覚・知覚の指導：モンテッソーリ教育法，フロスティッグ視知覚能力促進法，感覚統合法
④言語・コミュニケーションの指導：インリアル・アプローチ，語用論アプローチ
⑤情緒の指導：遊戯療法，音楽療法，芸術療法
⑥行動全般の指導：応用行動分析学による指導，TEACCHプログラム

#### 3）特別支援教育

2003年3月の「特別支援教育の在り方に関する調査研究協力会議」の「今後の特別支援教育の在り方について（最終報告）」で，障害の程度に応じ特別の場で指導を行う「特殊教育」から障害のある児童・生徒一人ひとりの教育的ニーズに応じて適切な教育的支援を行う「特別支援教育」への転換をはかることが提言され，特別支援教育を支える具体的な3つの仕組み（個別の教育支援計画の策定，特別支援教育コーディネーターの指名，広域支援連携協議会等の設置）について述べられている。これらを基に教育支援体制を整備するためのガイドラインが作成され

---

**個別の指導計画（IEP：Individualized Education Program）**
児童生徒一人ひとりの障害の状態等に応じたきめ細かな指導が行えるよう，学校における教育課程や指導計画，当該児童生徒の個別の教育支援計画等を踏まえて，より具体的に児童生徒一人ひとりの教育的ニーズに対応して，指導目標や指導内容・方法を盛り込んだもの。1999年3月告示の盲学校，聾学校及び養護学校学習指導要領において，重複障害者の指導，自立活動の指導にあたり作成することとされた。

**特別支援教育**
最終報告（2003年3月）では特別支援教育について，次のように定義している。「特別支援教育とは，これまでの特殊教育の対象だけでなく，その対象でなかったLD，ADHD，高機能自閉症も含めて障害のある児童生徒に対してその一人ひとりの教育的ニーズを把握し，当該児童生徒のもてる力を高め，生活や学習上の困難を改善又は克服するために，適切な教育や指導を通じて必要な支援を行うもの。」

た。たとえば，「個別の指導計画」は学校内において児童生徒一人ひとりに対する指導目標や指導内容を盛り込んだものだが，最終報告の提言では，児童生徒の生涯にわたって一人ひとりのニーズを把握し支援するという視点から，関係者・関係機関との連携により適切な教育的支援を行うよう「個別の教育支援計画」を策定することが重要とされ，連携協力を重視した計画の策定，実施，評価（「Plan-Do-See」の過程）を行い，よりよい教育的支援をしようとしている。

しかし，特別支援教育としての教育現場では，通常学級という集団の中で担任教師の個別配慮による指導に負うところが大きく，担任教師は指導困難に悩み，指導力不足と評価されやすい。担任だけの問題とせず，学校全体の連携や発達支援専門家スタッフとのコンサルテーションが求められるところである。

### (4) 発達障害児・者と家族への社会参加支援・地域支援
―コミュニティ心理学による取り組み

学校教育卒業後の発達障害児・者の進路は，一般就労，家事従事，作業所や更生施設入所・通所等と，社会変化，障害の程度によりさまざまである。雇用面では，通常の試験等では採用されることは少なく，職場実習を進路・就職につなげられるよう企業に依頼したり，採用された後にも卒業生に対しアフターケアを行ったりする。しかし，行き場所が見つからず家庭から巣立つ年齢になっても長期間親に対して依存状態にある場合も多く，地域での活動が制約される場合が多い。したがって，発達障害者とその家族の生涯支援としての社会参加支援，地域支援が重要となってくる。社会参加支援，地域支援に視点をあてた臨床的取り組みとしてコミュニティ心理学があげられる。

#### 1) コミュニティ心理学

コミュニティ心理学による臨床的対応の基本発想として，①悩める人の援助は地域社会の人々のとの連携のなかで行う，②心理臨床の専門性を広げ，新しいアイデンティティを確立する，③密室である相談室を出て，地域社会を土俵にした心理臨床の専門的援助をしていくコミュニティ心理学的発想への転換（山本，1986）があげられる。コミュニティ心理学により，個人への介入が中心であった心理臨床に危機介入やコンサルテーション等の社会的システムへの介入と発想が導入され，地域支援，社会参加支援の実現化の可能性が高まることになる。

#### 2) コミュニティ心理学による支援方法

コミュニティ心理学による臨床的支援方法として，危機介入（個人，家族，集団），コンサルテーション（福祉施設，学校，地域社会等），家族環境への働きかけ等がある。

地域活動やコミュニティ活動におけるコンサルテーションの方法は，コミュニティ心理学の基本的姿勢を技術的にあらわしたものである。コンサルテーションは，受付，診断，資料収集，関係づけ，問題の範囲の限定，資源の利用，決定，終結という過程を通して展開されていく（山

---

**個別の教育支援計画**
障害のある子どもにかかわるさまざまな関係者が子どもの障害状態等にかかわる情報を共有化し，教育的支援の目標や内容，関係者の役割分担などについて計画を策定するもの。計画の対象は障害のある幼児や児童生徒で特別支援教育の必要なもので，障害の範囲は視覚障害，聴覚障害，知的障害，肢体不自由，病弱，言語障害，情緒障害，LD，ADHD，高機能自閉症等となっている。

**Plan-Do-See の過程**
Plan-Do-See の過程は，実態把握（see），指導目標・内容の設定・指導計画の作成（plan），指導法の実施（do），指導効果の評価，指導目標等の再選定と循環する過程である。

**コミュニティ心理学**
山本（1986）の定義では，「コミュニティ心理学とは，さまざまな異なる身体的社会的文化的条件をもつ人々が，だれもが切りすてられることなく共に生きることを模索するなかで，人と環境の適合性を最大にするための基礎知識と方略に関して，実際に起こるさまざまな心理社会的問題の解決に具体的に参加しながら研究を進める心理学である」とされている。

**危機介入（crisis intervention）**
災害や事故，病気等により何らかの変化が起こり危機の状況に直面し，自分の力では解決できないような状況にある人に対し，そのような危機を回避したり，新しい状況をつくり出したりできるようにする援助。

本, 1986)。その結果，コンサルティが，自分の責任を明確にできたり，効果的に対処できたりするようになり，発達障害児・者とその家族のライフサイクル，ライフステージに応じた長期的な日常生活や社会生活の支援，そのための地域におけるネットワーク作り等に取り組めることになる。

[中村義行]

## 参考文献

American Psychiatric Association　高橋三郎・大野 裕・染矢俊幸(訳)　1995　DSM-Ⅳ精神疾患の分類と診断の手引き　医学書院

古澤頼雄　「現代社会における発達支援」　浜谷直人　「保育・教育場面での問題への対応」　長崎 勤　「発達を支援するとは」　成田健一　「臨床発達心理学の基礎研究法　現代社会の問題を捉える視点」　長崎 勤・古澤頼雄・藤田継道(編)　柏木惠子・藤永 保(監)　2002　シリーズ／臨床発達心理学①臨床発達心理学概論——発達支援の理論と実際——　ミネルヴァ書房

平山 諭・早坂方志(編)　2003　発達心理学の基礎と臨床　第3巻　発達の臨床からみた心の教育相談　ミネルヴァ書房

井上忠典　1999　心理臨床の現場　弘中正美・濱口佳和・宮下一博(編)　子どもの心理臨床　北樹出版

石隈利紀　「学校臨床」　下山晴彦　「青年期の心理障害と臨床援助」　上野一彦　「発達障害とその臨床的援助」　下山晴彦(編)　1998　教育心理学Ⅱ——発達と臨床援助の心理学　東京大学出版会

鯨岡 峻　2001　発達と心理臨床　下山晴彦・丹野義彦(編)　講座臨床心理学5　発達臨床心理学　東京大学出版会

無藤 隆　2002　保育現場への支援とは　藤崎眞知代・本郷一夫・金田利子・無藤 隆(編)　柏木惠子・藤永 保(監)　シリーズ／臨床発達心理学⑤育児・保育現場での発達とその支援　ミネルヴァ書房

中村義行・大石史博(編)　2005　増補版障害臨床学　ナカニシヤ出版

岡本夏木　1993　子ども理解の視点と方法　岡本夏木(編)　新児童心理学講座17巻　金子書房

霜田浩信　2003　障害児への教育臨床フィールドにおける指導技法　菅野 敦・橋本創一・林 安紀子・大伴 潔・池田一成・奥住秀之(編)　新版障害者の発達と教育・支援——特別支援教育／生涯発達支援への対応とシステム構築——　山海堂

WHO　1980　International Classification of Impairments, Disabilities and Handicaps.

WHO　2001　International Classification of Functioning, Disability and Health.

山本和郎　1986　コミュニティ心理学——地域臨床の理論と実際——　東京大学出版会

# 障害児の親の心理

**対象喪失と悲哀の過程**

わが子に障害があると気づくとき，親は，強いショックや悲しみの渦にのまれる。その悲しみは，わが子の誕生前から期待していた健常な子どもという対象を喪失した悲しみであり，健常な子どもを産み，育むはずであった親としての自分という対象を喪失した悲しみである。障害児の親は，健常な子ども像とその親像を失う。この二重の対象喪失を，障害児の親は，特に，母親は体験する。「対象を失うことの悲しみをどう悲しむかは人間にとって永遠の課題」（小此木，1979）である。この対象喪失を，障害児の親は悲哀の過程によって浄化し，新たな価値を創造して再起していく。悲哀の過程を通してわが子とのかかわりを整理し，心の中でわが子を穏やかな存在として受け入れるようになっていく，まさに，障害児の親のわが子の受容は，対象喪失と悲哀の過程であるといえる。

**障害受容：価値転換論とステージ理論**

今日まで，障害受容は何かを失った状態からの価値転換の過程でもあるという考えから，ライト（Wright, B. A., 1960）の価値転換論が発展し，障害受容の過程はショックから再起等まで一連の同じような段階を経るというステージ理論（たとえば，障害児の親の障害受容の場合，①ショック，②否認，③悲しみ・怒り，④適応，⑤再起という典型的な段階）が論じられてきた。上田（1983）はこれらの研究成果と自身の研究や体験を基に「受容とは『あきらめ』ではなく，否定できない現実から目をそむけることなく主体的に受け止め，直面していくことであり（中略），障害受容の本質は，価値の転換にあり，障害をもつことが人を劣等的なものにするという『比較的・相対的』価値観から，障害によって失われない多面的な人間的な価値があるという『存在的・絶対的』価値観へ脱却すること」が重要であると述べている。

障害児の親の障害受容についても，障害受容の過程を親がどう乗り越えていくかがその後の家族の行方を左右するという考えから，わが国では最近まで障害受容が臨床の場で重視されてきていた。しかし，障害受容の段階は誰にも同じような順序で同じような最終段階に到達するものではなく，子どもが成長していくごとにさまざまな状況に出会い，そのたびに悲哀や困難の形が変化していくものである。

**障害児の親へのかかわり**

臨床の場で，障害受容を障害児の親に求めることが必ずしも親の心理的支援となりえないことがある。南雲（2002）は障害の負った後の心の苦しみを緩和する方法には，①自分自身から生じるもの（自己受容）と②他人から負わされるもの（社会受容）の二通りがあるが，自己受容だけ

表　障害の受容を支える4つの価値転換（Wright, B.A., 1960）

| 価値転換の視点 | 障害の受容を支える価値転換の内容 |
| --- | --- |
| ①価値の範囲の拡大 | 失ったと思っていた価値以外にいくつもの価値が存在すると心の底から認識。 |
| ②障害の与える影響の制限 | 自己の障害の存在は直視しているが，障害が自己の存在全体の評価に波及させないよう抑制。 |
| ③身体の外観の従属化 | 外見より人格的な価値等の内面性を重視し，身体を価値の下位に位置する認識。 |
| ④比較価値から資産価値への転換 | 一般的標準との比較価値にとらわれず，自己に内在する価値に目を向ける。 |

が障害受容の問題として扱われ，社会受容に目を向けてこなかったことを指摘している。一度は障害受容できた，自己受容できたと思いながら，療育手帳の申請のとき，就学相談のとき，きょうだいがいじめられたとき，卒業後の進路選択のときなどに，また，悲哀の過程が繰り返され，再びショックや混乱が起こり，仮の受容でしかなかったことに気づかされる。このような繰り返される障害受容は，社会受容されていない契機ととらえることができる。

　親のステージ理論による適応は，臨床家の適応してほしいという要求であって親の望みではない。理論的枠組みから予測される理想的人間像，完成体としての人間像を追い求めている間は，かかわり手には目の前の親の姿は見えてこない。理想的な親像を求めるあまり，理想的な臨床家としてかかわろうとしているときがある。理想的な臨床家像を追い求めている間は目の前の親は見えてこない。親とかかわっている臨床家自身が理想的臨床家像の喪失体験と直面するときなのである。

（中村義行）

**参考文献**
南雲直二　2002　社会受容—障害受容の本質—　荘道社
中村義行　1998　親・家族の問題　今塩屋隼男（編）　障害児保育総論　保育出版社
中村義行・大石史博（編）　2005　増補版障害臨床学　ナカニシヤ出版
小此木啓吾　1979　対象喪失—悲しむということ—　中央公論社
上田　敏　1983　リハビリテーションを考える　青木書店
Wright, B.A.　1960　*Physical disability – A psychological approach*. Harper & Row. pp.106-137.

# 第17章

# 学校教育相談

## 1. 学校教育相談とは

### (1) 学校教育相談の成り立ち

　教師はまず何よりも教科を教える専門家であることが期待される。しかし，家庭や社会といった生徒を取り巻く環境の急激な変化は，学校で生活する生徒にも反映されており，不適応に陥ったり問題行動を示す生徒も増加している現状では，すべての生徒が人として心理的により健康に成長できるように指導や援助をすることが近年求められるようになっている。このような背景から，学校での教職員による教育相談活動が盛んに展開されるようになってきた。

　学校教育相談は，生徒が生きがいをもって日々の生活を送り，将来を担う一人の社会人として成長できるように指導や援助を行う教育実践であるが，図17-1に示すように，学校での教育援助の守備範囲は広く，特に不適応をきたす児童生徒を援助するために，心理療法，カウンセリングの理論や技法，あるいはパーソナリティの発達や不適応に関する理論，人間観を取り入れようとしてきたのである。

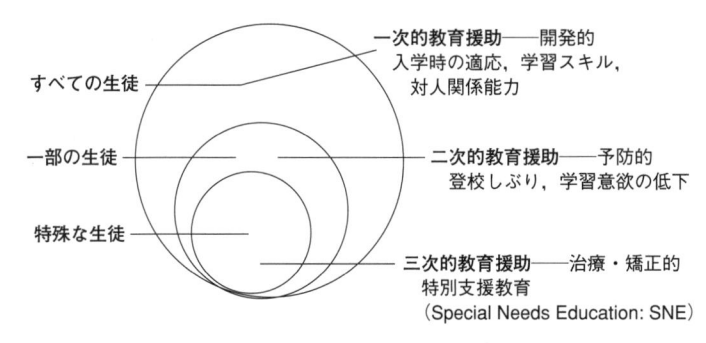

```
すべての生徒 ─── 一次的教育援助 ── 開発的
                                入学時の適応，学習スキル，
                                対人関係能力

一部の生徒 ──── 二次的教育援助 ── 予防的
                                登校しぶり，学習意欲の低下

特殊な生徒 ──── 三次的教育援助 ── 治療・矯正的
                                特別支援教育
                                (Special Needs Education: SNE)
```

**図17-1　教育援助の諸相**

　学校教育相談の取り組みが始められた初期には，カウンセリングをそのまま学校で実践しようとする動きもあったが，それは学校での教育実践からは遊離したものとなってしまい，その結果，学校という場や教師という立場と役割を活かすことができず，期待したような成果が得られないことも多かった。そのために，教師間に対立や混乱が生じたりもして，学校教育相談としては定着しなかった。このようなことから，学校教育相談は，教師はカウンセラーではなく，あくまでも教師であるとい

う認識のもとに行う教育実践として位置づけられ展開されるようになってきた。

### (2) 教育相談とカウンセリング

学校教育相談は、これまで不適応の心理学的援助の方法として発展してきたカウンセリングを学校という場で活かそうとしてきた。このためにしばしば学校教育相談は学校カウンセリング、学校教育相談を担当する教師は教師カウンセラーとよばれてきた。しかしこのことは、教師がカウンセラーになることではないし、学校でカウンセリングを実践することでもない。教育とカウンセリングはともに、生徒、あるいはクライエントが人として心理的により健康に成長できるように援助、指導しようとすることでは共通の目標をもっている。

しかし、教育とカウンセリングは、表17-1に示すように、その役割、両者の関係、実践される場、対象といったことに根本的な違いがある。学校教育相談を実践するためには、その違いについて認識しておくことが必要である。学校教育相談は、教師が学校という場で生徒や保護者に対して行う独自の新たな教育実践として創造されなければならないものなのである。

表17-1 教育とカウンセリングの主な違い（一丸, 2000を修正）

|  | 教育 | カウンセリング |
|---|---|---|
| 役割 | 教科を教えることによる知識の習得の援助と成績の評価が求められる。校則違反、逸脱行動、不適切な言動を指導し、必要に応じて処罰をする。 | 価値観にとらわれず、自由で中立的な立場から、クライエントを共感的に理解し、受容することに専念し、パーソナリティの成長を援助する。クライエントを評価したり、処罰することはない。 |
| 関係の特徴 | それぞれに相手を選ぶ自由がなく、一定期間はその関係を絶つことができない（小学校では6年間、中学校、高等学校では3年以上の関係をもつことができない）。教師一人と複数の生徒との関係。 | カウンセラーとクライエント相互の自由意志に基づく関係であり、いつでも解消できるし、期限が限定されていない。またカウンセラーとクライエントは、一対一の関係。 |
| 場の特徴 | 学級、校内、校外、家庭といった開かれた時間の限定されていない場。 | 面接室や遊戯療法室という決まった場で、時間も両者の合意によってあらかじめ決められた閉じられた場。 |
| 対象 | 大多数がほぼ健康な生徒。 | なんらかの問題行動や不適応に陥っているクライエント。 |

### (3) 生徒指導と教育相談

学校教育相談のこれまでの実践で、学校教育相談は、生徒を甘やかすだけだとして、しばしば生徒指導との間に対立が生じることがあった。教師は、生徒の校則違反、社会的な決まりを守らないこと、逸脱行動、不適切な言動などに対して注意や指導を行い、ときには処罰しなければならない。このような役割は、これまで生徒指導といわれてきたが、はたして注意や指導、ときには処罰するという生徒指導は、受容や共感を中心とする学校教育相談とは相容れず、対立するものであろうか。

学校教育においても、共感し受容するという母性的機能と、善悪を教

**生徒指導**
　一人ひとりの生徒の個性の伸長を図りながら、同時に社会的な資質や能力、態度を育成し、さらに将来において自己実現ができるような資質、態度を形成していくための指導・援助であり、個々の生徒の自己指導力の育成を目指すものである（阪本, 1990）。

表17-2　生徒指導と教育相談の比較　(桑原, 1999)

| | 生徒指導 | 教育相談 |
|---|---|---|
| 役割 | しつけ不十分な子，人の迷惑がわからない子など，いわゆる社会的行動の未学習な生徒に現実原則に基づく行動のあり方を教えていく。教師は，生徒の校則違反や約束違反，逸脱行為，不適切な言葉遣いなどを軽視せず，それらへの指導を通して，生徒の人格の育成をはかるべきだと考える。 | 緊張や不安の強い子など，心理的不適応問題を抱える子ども，生徒への心理的援助活動を行う。子どもの表面的な行動にとらわれることなく，背景にあるその子の資質や生育歴，家庭環境などを把握し問題行動の意味（そうならざるをえなかったのはなぜか？　など）を明らかにしていく「生徒理解」を重視する。 |
| 対象 | 全校生徒を対象とする。個々の生徒への取り組みばかりでなく，生徒集団を対象とした指導を行う。 | 特殊な問題をもつ生徒を対象とする個別的な働きかけが中心である。 |
| 対応 | 緊急な問題へ迅速に対処する。即効性を求める。指導の際には，教師側のチームワークや結束を必要とする。地域社会との連携を重視する。 | 「人は頭でわかっていても，行動に移せないことがある」ことを踏まえ，注意や説教といった働きかけよりも，自己洞察や自己成長が生徒の内面からわき起こるような働きかけを心がける。表面的行動の解決にとどまらず，その子の資質や生育歴，家庭状況などからくる固有の問題に取り組もうとするため，時間がかかることが多い。<br>生徒（保護者）と相談担当者の二者関係で進めることが多い。 |

え，不適切な行動は制限し，必要ならば処罰するという父性的機能が生徒が人として健康に成長するのには欠かせない。学校教育相談では主に母性的機能，生徒指導では主に父性的機能が重要であるが，学校教育相談と生徒指導のそれぞれにおいても，この2つの機能が欠かせない。教育相談と生徒指導は対立や矛盾を抱えてはいるけれども，相互が補い合い，統合されねばならない（表17-2参照）。

### (4) 児童・生徒との信頼関係の構築

　現代は学校，教師が一つひとつの教育実践の「質」，一人ひとりの子どもに対する働きかけの質を通して，親の支持や尊敬，信頼を勝ち取っていかなければならない時代である。また学校は先に述べたようにカウンセリングといった専門的な相談機能をもたない組織である以上，さまざまな不適応問題への対応を求められても，そこでの対応にさまざまな危惧が生じることはいうまでもない。

　しかし，その対応のありようは専門家の活動たるものである必要はなく，大切なのは日頃の教育実践のなかで培われている「児童・生徒，あるいは家庭との関係」の見直しである。児童生徒の個の尊重という新しい教育テーマが掲げられ，個を尊重するためには，一人ひとりの子どもの保護者との連携を密にする必要がある。保護者の協力なしには，学校という集団のなかでは，「個の尊重」もありえないし，また親・家庭は子どもの問題解決のための重要な資源ともいえる。

　ただ，教職員にとって陥りやすい問題は，児童・生徒やその保護者との信頼関係は，すでにできているか，容易に形成できるものであるという過信である。自分のクラスの児童・生徒であるからといっても，相談を行うための関係と日常的な学校生活のための信頼関係は，基本的に類

似しながらも異なるものである。しかし，日常的な関係が基盤になると過信しやすく，むしろ相談が効果をあげない最大の要因が，相談に値するような関係が成立していないことであることはあまり知られていない（東，1993）。先に述べたカウンセリングでも，教育相談であろうとも，いずれの方法論であっても，その方法を最大限に効果的にするための前提が治療関係の成立である。具体的な方法がどのように有効であったとしても，その方法が効果的になるためには，基本的な信頼関係を形成する努力が最優先するのである（吉川，1998）。

## 2. 学校教育相談の実際

### (1) 担任による教育相談
#### 1) 児童生徒の問題の早期発見と対応

不登校，神経症的問題，非行，傷害事件など，今日，指導や援助が必要な生徒は，急激に増加してきており，こうした生徒への指導や対応が求められるようになってきている。また学齢期にある生徒は，急激なパーソナリティの発達段階にあるので，心理的にはほぼ健康な生徒であっても一時的な悩みや葛藤をもつものである。担任は，こうした生徒への援助を最も適切に行える立場にいる。早く気がつき，適切な対応をすることは，担任にしかできない学校教育相談の重要な役割である。担任はまた，同年齢の生徒で構成された学級を受けもっている。そのために，その年齢で期待される平均的な行動や成長から，生徒の状態を理解することができるということもある。またたとえば学校緘黙のように，問題行動や不適応によっては，学級という集団において顕在化するものもある。このような生徒に対して，実際にどのように指導や援助を進めていけばよいのかといったことについて学んでいかなければならない。

#### 2) 相談内容による限界設定

担任として相談にあたる場合は，課題や問題をもったすべての生徒へ対応ができるわけではないことを自覚しておかなければならない。担任の置かれている立場や役割から，不適応に陥っている生徒や問題行動のある生徒への個別的な援助は非常に限られている。担任が自分で対応できるかどうかは，「長く続けられるかどうか」，また「腹の底から（その生徒が）わかるかどうか」ということから判断すべきである。「『やれないこと』を本当に自分で受け入れることができるかどうか」と，自分の限界を知っていることが大切である（桑原，1999）。このように不適応や問題行動をもつ生徒のなかには，教師だけでは指導や援助が困難であり，精神科医，小児科医，スクール・カウンセラー，臨床心理士といった学内や学外の専門家による治療やカウンセリングが必要な者も少なくない。しかし，そのような生徒もクラスの一員であり，主な生活の場は学校にあるので，教師はこうした専門家と連携して学校での教育に責任をもってあたらなければならない。

### 3）保護者への対応

生徒は，保護者が家庭でどのように接するかに強く影響されるので，担任の保護者への対応が欠かせない。その際，担任は，まず保護者のそれまでの努力を尊敬することが大切である。担任からすれば保護者の養育がどのように不適切なものに思われようとも，保護者は自分にできるだけ精一杯の努力をして養育してきているものである。保護者は，自分の子どもへの責任を全面的に負っているということを認識しておかなければならない。担任は，数年間という期間の限定されたかかわりであるが，保護者と子どものかかわりは，一生続くものである。そのためにも担任は保護者の意向や決定を尊重することが求められる。

### 4）活動の振り返りと引き継ぎ

担任は，1年から数年と期間が限定されている。そのために担任は，しばしば学校教育相談の取り組みの結果を中途半端に感じたり，ときには無能感に陥ることがある。たとえば不登校の生徒へ熱心にかかわっても，登校できないままに担任を変わらなければならないこともある。そのような場合，登校できなかったとしても，明るくなった，外出するようになった，熱中するものができたといったように，その生徒の全体像から考えてみることである。担任を変わる場合，次の担任への引継ぎをしなければならない。どのような生徒であり，どのようなかかわりをし，どのように変化し，次の課題は何かといったように，それまでの指導や援助をまとめ，次の担任に伝えるのである。それまでのかかわりを振り返ることで，新しく気がつくことがあったり，学ぶことがある。また生徒への指導や援助に熱心に取り組む体験から，教育とは何か，子どもはどんな存在であるのか，不適応や問題行動は何かといったような根本的な疑問が投げかけられることもあり，しばしば教師としての成長がもたらされることもある。

## （2）教育相談担当者の役割

### 1）担任へのサポート

教育相談担当の教師の最も大切な役割は，生徒への直接的な対応よりも日々生徒への指導や援助に取り組んで苦労し，悩んでいる担任をサポートし，良き助言者となることである。そのため，生徒と担任，さらに2人のかかわりをよく理解し，担任の役に立つような助言・コンサルテーションをすることが求められる。たとえば，担任が行っている相談内容をある程度把握することで，生徒のもつ問題や課題を理解し，必要があれば，担任だけでの対応が困難であるか否かの判断を行うことになる。また担任への助言，コンサルテーションにおいて大切なことは，その担任のエンパワーメントであり，方法論的アドバイスに偏したものであったり，相談に対する危惧や不要な心配を助長するものであってはならない。

### 2）援助的学校システムの構築

臨床心理士，精神科医，小児科医といった学校外の専門家，専門機関，

---

**学校でのコンサルテーション**

教師や保護者は，子どもの問題をどう援助するか悩むことが多い。そのとき，スクールカウンセラーや教育相談担当教員などが，その専門の立場から，困っている教師や保護者が子どもの問題解決を効果的に援助できるように働きかける活動のことをさす。コンサルタントとしてのカウンセラーや教育相談担当教師，そして教師や保護者が援助の対象である子どもの状況について検討し，今後の方針などを話し合う場でもある。

あるいは児童生徒とかかわる学内の養護教諭をはじめとする教職員，スクール・カウンセラーといった人たちへの協力を要請し，相談状況を作りあげる役割を担うことになる。生徒が専門家の治療やカウンセリングを受けている場合は，常時，専門家と連絡をとりながら，助言を受け，その生徒に応じた指導や援助を担任とともに工夫していくことになる。このようなことから，教育相談担当の教師は，臨床心理学，カウンセリング，精神医学などについて基礎的知識を備えていることが求められる。

教職員間の連携を組織化するうえでは，教職員間の生徒指導・教育相談などの力量を把握することが必要であり，組織化のためのキーマンとして細かな打ち合わせなどの場所・時間を提供することが大切である（吉川，1998）。その他，保護者を対象としたコンサルテーションを行うことも仕事の1つであるし，臨床心理士など他の専門家を講師に招いての校内事例検討会を行うことも大切な役割といえる。

### (3) 養護教諭の役割

養護教諭という立場では，多様な機能を重複して期待される存在である以上，そのすべてにある程度の対応が望まれる。母親的な意味での保護的な役割や，医療的な援助や情報の窓口としての役割や，教職員の相談のコンサルタント的役割などもある。特に身体的な問題への対応が中心的課題となるように思われがちであるが，近年，いじめ，登校拒否，性の逸脱行動，薬物乱用等の問題行動の増加により，むしろ非社会的，あるいは反社会的不適応児童生徒の利用が非常に増えている。彼らにすれば養護教諭が唯一の理解者に，保健室が唯一の居場所になりうる可能性を期待されることも少なくない。

保健室を訪れる子どものなかには，身体面だけでなく，学習面，友人関係，家庭事情などさまざまな訴えをもって相談を求めてくる者も相当数いる。また内的な悩みや葛藤を言葉で表現せずに，身体的な不調として訴えている場合も少なくない。さらに登校してきても授業には出席せずに，保健室でときをすごすいわゆる「保健室登校」という現象も目立ってきている。このように保健室は家庭と教室との中間にある「心の居場所」であり，児童生徒にとって，安らぎの場，一人でいてもおかしくない場，クラスの枠を超えて交われる場，評価されずに話ができる場として機能している。そして心の問題の予防と早期発見の場として，養護教諭は児童生徒の悩みに耳を傾け，身体的不調の背景に眼を向けることで，子どもの発するさまざまなサインに気づくことが大切になる。

しかし，仕事の場が保健室という特別な空間であるがため，他の教職員との連携が困難になる場合も多く，またそれぞれの事例ごとにとるべき役割が大幅に異なるため，結果的に校内での立場も微妙に異なることがある。

保健室では，児童生徒は学校の教職員や生徒だけでなく，親にも見せない自分の内面を表出することもあるだけに，彼らには慎重に対応しなければならない。また内容によっては担任に話しづらいこともあり，個別に援助しなければならないこともある。そして，それぞれの担任の活

動を直接的に援助しうる立場であるがゆえに，個々の事例ごとの役割分担として，父性的役割と母性的役割のそれぞれを使いこなす必要が出てくる。もちろん，養護教諭という立場は，その活動が学校システムのなかで特別なものであると認識されることが多いため，決定的な役割があるわけではない。むしろ，個々の養護教諭がもっている特徴が反映されるような組織があれば活動は効果的となる。その場合も他の教職員との連携をはかりつつ，コンセンサス作りの場に積極的に参加することが必要である。

## 3. 問題の理解と心理アセスメント

### (1) 正常・異常の診断

大切なことは，どこまでが正常といってよい範囲であり，どこまでいくとそれは問題を生じうるのかといったことの弁別である。それぞれの個性のなかでそれなりに何とか生活していくという意味では，多くの子どもは正常な範囲にいることになる。それが障害，あるいは学習不振とよばれるような問題として取り上げられるに至る限界がどこかにあるはずであり，それを個別的に知っておかなければならない。児童期なら児童期における大ざっぱな発達的傾向やそれぞれの低学年，中学年，高学年における傾向というものを知る必要がある。もとよりそれには個人差が大きいので平均的な傾向にすぎないけれども，やはりそれを心得ておくことは必要なことなのである。

### (2) 行動や問題の多面的理解

不適応状態にある生徒に適切な心理的援助，指導（心理的援助と環境調整を含めた処遇）を行うためには，まず生徒，問題を理解することが必要である。得られた情報を統合的に記述し，彼ら自身の利益のために適切に情報を活用させていくのである。

#### 1) 問題発生の経過，原因，背景を考える

家庭環境（家族関係），養育環境などの情報を集める。なぜ，このような問題が発生したのかという視点である。さらにそれまでの対応方法を調べることになる。誤った行動を指導，矯正しようとして，とっている対応や指導がうまくいかず，問題として事例化していることが多い。それまでとってきた対応，指導方法を含めて，アセスメントをすることが大切である。

#### 2) 因果関係にこだわらない

不適応症状と原因との関係は複雑である。心理的に不適応な症状は，多くの身体疾患とは異なり，特定の原因に対応して1対1の関係で生じるものではない。ある心理的な不適応症状が，ただちに特定の原因に対応することはないし，ある原因が必ずしも同じ症状を引き起こすとはいえない。たとえば，学校で暴力を振るう子どもの場合，家庭のしつけが

---

**心理アセスメント**

ある個人または集団をいっそうよく理解するために，特定の技法を系統的に適用することであり，個人のもつ異常性や病理の診断，個人に欠けているものの判定にとどまらず，その人間がもつ積極的価値をも含めて多面的に分析し，また彼らの状態を発達的，流動的に把握してから，こうした情報を統合的に記述し，彼ら自身の利益のために適切に情報を活用させていく過程のことをいう（Korchin, J., 1976）。

不十分なために自分をコントロールできないかもしれないし，あるいは，男らしさとは，暴力を振るうことだという価値観を身につけていたり，家庭や学校で自分の存在が不当に無視されているという欲求不満の代償であったり，知能が低く成績が悪いことを補償して自己顕示的になろうとしていることのあらわれかもしれない。

　心にかかわる事象では，あまり原因の特定にこだわらないほうが良く，また「わかること」よりも「わからないこと」を明らかにしておくことが大切である。

### 3) 健康な部分，変化に目を向ける

　アセスメントにおいては，児童生徒に欠けているものの判定にとどまらず，その個人がもつ能力，人間関係，趣味，興味をも含めて，積極的価値をも含めて多面的に情報を得ることが大切である。それらが，問題解決に向けての内的，外的資源になるからである。また彼らの状態を固定的・静態的にとらえず，つねに変化発達しているものとして流動的に把握することが大切である。

### 4) 誰にとっての問題なのか

　問題行動という場合，問題にしている誰かが存在している。「問題行動」の性格は，児童・生徒と問題にする「誰か」との間で決定されてくるということも視点に入れなければならない。問題行動は，ときと場面が違えば，普通の行動であるとみなされることもあり，同じ行動でも，相手の違いによって問題行動になることもある。学校場面においては教師側の要因が大きな比重を占めることになり，教師が何を問題として取り上げるのかということが大きな要因をしめる。相談等の臨床の場においては，担任が代わるごとに，同じ生徒の「問題行動」が消えたりあらわれたりすることはよくある。

## (4) 行動の意味を考える

### 1) 個人的主観的な意味を大切にする

　生徒一人ひとりが独自な性格をもち，ものの見方，考え方，感じ方がそれぞれに違っていることを常に念頭においておかなければならない。客観的には同一の環境に置かれていても，その環境に対する生徒一人ひとりの見方，感じ方は異なっているのであり，それぞれに独自の意味をもった心理的環境が存在していることに留意していなければならない。

### 2) 成長過程のなかに位置づける

　発達は1次関数的な形としてはあらわれないところに意味がある。学校教育相談あるいは教師によるカウンセリング的かかわりにおいて，発達援助が大きな目標となると述べた。発達という言葉には，「前進する」とか「上位の段階に移行する」などのプラスのイメージが付与されている場合がほとんどである。こうした発達というものに対するイメージは決して誤ったものではない。しかし，発達には個人差があり，一般的に期待されるような発達段階をたどることばかりを期待すべきではないと

いうことも十分認識しておくことが重要である。発達というものが決して直線的に，一方向的に進むものではなく，逆戻りすることや行きつ戻りつすることもあり，そのことが重要な意味をもつこともあるということを知っておく必要があるだろう。

### 3) 肯定的な意味を見つける

　一見どころかどう見ても否定的にしか思えないような行動，たとえば思春期・青年期の「不登校，ひきこもり」などについては，いったいどのように考えていったらよいのだろうか。山中（1978）はひきこもっている間，彼らの心的エネルギーは内に向かって，内界の活動に費やされ，この間，外的には一種の不適応状態になるが，内では，青年期の大きなテーマであるアイデンティティの形成が行われ，それが確立されるとエネルギーは再び外に向かい始めるという。このときの外的不適応は，成長・発達していくためにはむしろ必要なものなのである。また河合（1980）は，思春期を蝶のサナギにたとえ，子どもとしての幼虫時代が終わり，大人としての成虫になる前のさなぎが思春期にあたるとし，外からはじっとして動かないようにみえるが，なかではものすごい変容が起こっているのだと述べている。両者に共通しているのは，「思春期・青年期のひきこもり」のもつ肯定的な意味に注目し，それを保障していくことが，周囲の大人がかかわっていく際に重要だと指摘している点である。否定的にみえるものには，発達途上で観察されるさまざまな現象のみならず，不適応とされる現象でも，そこには成長の芽，可能性が隠されているということにわれわれは注意しておかなければならない。

### (5) 全体的な視点からの理解

　学級や学校への不適応とは，個人内の欠陥，個人の適応能力，適応過程にだけ関心が払われやすい。不適応，悪いこと，病的なこととされ，治療，矯正の対象となるのは，その個人ということになりやすいが，それではその子どもの関係的な側面がはぎ落とされ，個人の能力，個人内の問題のみを問題としてしまいやすい。心は行動を媒介にして，社会，他者と相互に関連しあうことで，成立している。心の問題を関係のなかでとらえ直すことが大切である。子どもを含む関係全体から，子どもの問題をとらえるのである。そのためには，家族，クラス，地域のなかの関係そのものの特徴を理解することも必要になる。

## 4. 家庭との連携，家族への介入

### (1) 家庭との連携

　問題解決のためには，児童生徒の保護者を援助し，積極的で豊かな人間関係を築くことが大切である。家庭との連携をつくることが，子どもに対しての間接援助であると同時に，保護者の問題に対する直接援助でもある。保護者は親であると同時に，一人の人間でもある。子どもの問題で親として自信がもてず，自分を見失っている場合もあれば，自身の

苦難が大きすぎて，親の役割を適切に演じる余裕を失っている場合もある。親との面接の留意点として，次のようなことをあげることができる。まず第一は，誰が必要と感じて，面接をするのかということである。たとえば，教師が理由があってよび出す場合などは，よび出されたことをどのように受け止めているのか，父母の気持ちを汲み取る必要がある。また子どもの意に沿い，親と面接する場合は，子どもの気持ちをよく確認しておき，子どものためにと熱心なあまり，親を責めないよう気をつける必要がある。親からの要請の場合は，親が援助を求める場合と，親からの苦情の場合がある。どちらにせよ，親も苦悩し躊躇したうえの相談のことが多く，その気持ちを受容し，場合によっては，専門機関との適切な連携を検討することが大切である。また親の訴えを聞き，気持ちのレベルを受容したうえで，原因探しより子どものためにこれからどうするのが一番良いのか，協力して考えることが大切である。

　第二に，親面接をするときの基本的な留意点として，次のようなことをあげることができる。①敬意を表する。②決して責めない。③見捨てない。④良さを見つける。⑤一緒に考える。⑥親の辛さや苦悩に共感する。⑦プライバシーに配慮する。

### (2) 母親面接の意味

　先に述べた家庭との連携において，重要な役割を果たすのが母親であり，現実的に母親と担任との面接が最も実現しやすいものといえるが，橋本（1994）によると，母親が語る子どもの話は文字通り子どもの事実を語っている他に，「子どもの話」を通して，母親自身が語られているという。母親との面接で「語られる子どもの問題」に母親自身の未解決な問題が重なって語られたりするというのである。実際「何のため来ているのかわからないけれども，話すことが私にとっていいのです」と述べる母親は意外と多く，母親自身が「語る場」としての面接を必要としているのである。

　母親は子どもの問題の解決に訪れ，担任教師を相手に語る場を与えられたことにもなり，母親面接は母親が子どものことを語ることを通して，個の視点を取り戻す場となるのである。

　先の橋本（1994）は，女性は母親になるプロセスで，いったん個としての自分を壊し，子どもと一体化して体外に産み出すことで母親になると指摘しているが，母親は長く続く子育ての過程で，子どもとの関係に埋没し，個としての視点を失っていくのであろう。母親がそのような子どもとの一体的な世界を，担任に向かって言葉を探し語ることは，母親の能動的な行為であり，個としての営為となる。子どもとの一体化した世界を語っていても，担任が教室で1対1で母親の話を聞くという母親面接の構造そのものが，母親の語りを保証し，内面化の作業を可能にするといえる。

### (3) 心理教育的な家族との面接

　心理教育とは，「慢性疾患に代表されるような継続した問題を抱える人たちに対する教育的側面を含んだ一連の援助法」のことをいい，知

識・情報の共有，日常的なストレスへの対処技能の増大，集団で行う場合は，参加者同士のサポートを基本とするもので，どう体験しているか，どう対処しているかに配慮しつつ行う教育的プログラムの総称」とされる（後藤，1998）。このアプローチは今日の家族療法の考え方，つまり家族そのものの問題解決能力を信じ，それを発揮させるよう援助するという流れのなかに位置づけられており，この定義にも示唆されているとおり，学校現場にも応用できる発達援助的な家族支援の方法である。

　図17-2は，2つの援助形態の比較であるが，Aはいわゆる助言モデルである。専門家がリードして指導，教育，治療を行う形態であり，緊急事態あるいは医療では救急のモデルがこれにあたる。しかし，問題が継続してくると，協同モデルが有効で，この2つの形態がタイムリーに使い分けられるのがよいとされる。ただ心理教育の重要な部分は，知識，情報の伝達と教育的部分であるが，どうしても助言モデルのようになりやすい場合，協同モデルを意識して行うのである。

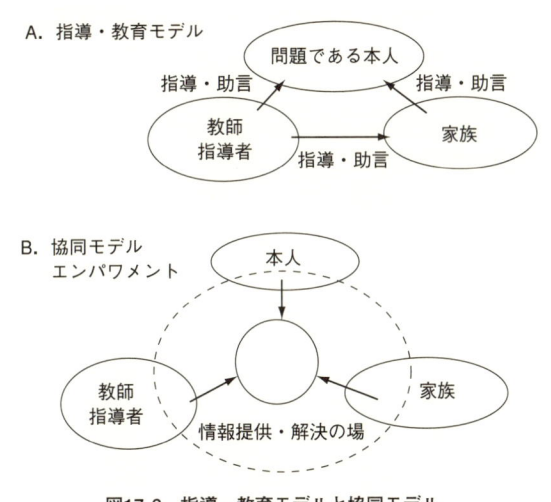

**図17-2　指導・教育モデルと協同モデル**

　この心理教育では，本人や家族から情報を得ると同時に専門家からも情報が提供され，情報の共有に基づいて，本人や家族のもつ解決能力を確認しつつ，家族を支援していくというのが基本的プロセスである。このような心理教育の考え方を基本にした家族面接では，以下のような段階で進められる。

### 1) 歓迎とオリエンテーション

　温かい歓迎の態度が大切で，次いで相談者がリラックスできるような雰囲気のもとでオリエンテーションを行う。その際，家族に対しては，家族のせいや育て方で病気になったわけではないこと，障害をもった人を身内にもって生活していくことは，どんな人にとっても簡単なことではないから，サポートが必要であること，適切な知識と情報があれば，家族は病気の経過に大きな影響を与えることができることを伝える。また「どう体験しているか」ということに配慮しつつ情報提供し，問題に関しての全体像を共有する。さらに，「どう受け取られているか」とい

う家族からのフィードバックが必要で，家族が気軽に質問ができるような支持的な態度をとる。

### 2）問題と対処法に関する知識の共有

本人，家族の体験と治療者（助言者）や専門家の一般的客観的知識を総合して，問題とそれへの対処についての全体像を共通にする。問題に関して話してもらう場合には，大概困った場面や行動についてのことが必然的に多くなるが，その時，改善したことや，どういう場面で少しは良くなるのか，どういうことがあるとその問題が少し良くなるのかなど，プラス面も聞く。

### 3）解決可能，実行可能なことを一緒に考える

前のステップで，全体像の共有がうまくいっていると，過大な期待や非現実的な要求，過剰な自責感などは少し軽減しているので，次に来るときまでに，解決可能な小さな目標を立てることが可能になる。大概は，今までの対処行動のリストのなかから選んで続けてみるということになる。

### 4）親の会・家族教室などを開く

家族の今までの努力や現在の問題への対処法を聞いて，それを肯定的に評価する。解決すべき問題があれば，具体的な問題，行動レベルの問題に絞る。その問題について参加者全員と検討して当面の解決法を考える。

［西川隆蔵］

## 参考文献

後藤雅博（編）　1998　家族教室のすすめ方―心理教育的アプローチによる家族援助の実際　金剛出版
橋本やよい　1994　母親面接の導き手としての「子ども」　山中康裕・岡田康信（編）　身体像と心の癒し　岩崎学術出版社
一丸藤太郎・菅野信夫（編）　2002　学校教育相談　ミネルヴァ書房
河合隼雄　1980　大人になることのむずかしさ　岩波書店
Korchin, S.J.　1976　*Modern clinical psychology, Principles of invention in the clinic and community.* New York: Basic Books.
桑原知子　1999　教室で生かすカウンセリング・マインド　日本評論社
宮田敬一（編）　1998　学校におけるブリーフセラピー　金剛出版
岡村達也・加藤美智子・八巻甲一（編）　1995　思春期の心理臨床―学校現場に学ぶ「居場所」づくり　日本評論社
氏原　寛・谷口正巳・東山弘子　1991　学校カウンセリング　ミネルヴァ書房
坂本昇一　1980　わが国における生徒指導の歴史　新生徒指導事典　第一法規
山中康裕　1978　思春期内閉　Juvenile seculusion―治療実践よりみた内閉神経症（いわゆる学校恐怖症）の精神病理　中井久夫・山中康裕（編）　思春期の精神病理と治療　岩崎学術出版社
吉川　悟　1998　協同的学校システムのあり方―教育相談への効果的な学校システム形成に向けて　宮田敬一（編）　学校におけるブリーフ・セラピー　金剛出版

# スクール・カウンセラー

**1. 文部科学省事業によるスクール・カウンセラー**

　スクールカウンセラーの主な活動目的は、児童・生徒の心理的問題の解決と予防、発達促進、ならびに学校に援助の体制を根づかせることであるが、具体的には、①児童生徒への直接的援助（カウンセリング、居場所づくり、心理的アセスメント）、②教師への援助（コンサルテーション、専門機関への橋渡し、研修活動）、③保護者への援助〈カウンセリング、ガイダンス、保護者の会の運営、専門機関の紹介〉、④地域の啓発（講演会）といった活動が行われる。学校内で児童・生徒の心の支援、ならびに児童・生徒にかかわる保護者や教師の援助を行う専門家ということになるが、現在、スクール・カウンセラーの多くは、日本臨床心理士資格認定協会の認定する「臨床心理士」であり、一般的に、週8時間～12時間の非常勤として学校に派遣され、一校に専従する「単独校方式」と、ある学校を拠点としながらも、より幅広く学区や地域の複数校を受けもつ「拠点校方式」の2つの活動形式がある。

　このスクールカウンセラー事業が、1996（平成7）年度、文部省（現、文部科学省）によって実施されたときには、全国で154の小学校、中学校、高等学校に配置されたが、2000（平成12）年度には、2250校へと驚異的な速さで拡げられている。また、2000（平成12）年の日本臨床心理士会や文部科学省の発表によると、スクール・カウンセラーの配置校では不登校児童・生徒の減少が認められている。2001（平成13）年度からはスクールカウンセラーの配置が制度化され、将来的に全国約1万の公立中学校すべてへの配置が進められている。

**2. スクール・カウンセラーの有効性と課題**

　スクール・カウンセラーの最大の特徴は、カウンセラーが外部から派遣された心の専門家であるということであり、決められた枠のなかで、つまり、一定の時間、校内の特定の場所で相談・援助活動を行うという点にある。このことにより児童・生徒、保護者は安心して相談ができ、特に児童・生徒にとっては、この安心できる関係によって、自由な自己表現や感情の交流が保障され、心理的成長や問題の解決を支援することができる。しかし、一方でこのことが、教師にとっては、生徒についての情報が入手できないといった距離感を引き起こし、教師とスクール・カウンセラーとの交流が少なくなったり、場合によっては「相談室では何が行われているのか」という教師側の不信感を招くこともある。また、身近にスクール・カウンセラーといることで、児童・生徒に適切かつ迅速な対応ができ、安心でき、教師の負担を軽減することにもつながるが、そのため教師が児童・生徒の問題を全面的にスクール・カウンセラーに委ねてしまうという場合もある。あるいは逆に、「相談すると自分の教育能力が問われるのではないか」といった思いを抱き、教師とスクール・カウンセラーの接点が少なくなるという事態が生じる場合もある。大切なことは、スクール・カウンセラーが派遣された学校風土をよく理解し、学校組織に馴染むとともに、教師との相互理解と協力関係を築くということである。また村山（1998）はスクール・カウンセラーの学校への貢献として、不登校の子どもへの対応など、児童生徒・保護者への直接的援助活動以外に、以下のようなことをあげているが、教師とスクール・カウンセラーとでは、児童・生徒に関わる視点も自ずと異なるのであり、互いにその視点の違いを尊重し合い、それぞれの専門性を生かし合うことが重要であり、それにより、児童・生徒の問題行動への理解や対応が充実していくといえる。

　①コンサルテーションの有効性：生徒・保護者へのかかわり方について教師の相談にのったこと。

　②専門家としての優秀なスキル：箱庭療法、家族療法、動作法、自律訓練、危機介入、グルー

プ・アプローチなど，派遣されたカウンセラーが得意のスキルを発揮して問題解決に貢献したり，教師を協同セラピストとして面接にあたったりして，役立った。
　③校内研修を通じて，カウンセリングの理解が深まった。
　④事例検討会で教師のもたない視点の提供：派遣された学校のニーズに応じて，カウンセリング，教師へのコンサルテーション，フィールドワーカー，校内研修の講師，事例研究会のスーパーヴァイザーなどの多面的な役割を果たしていることがうかがえ，現場の役に立った。

〔西川隆蔵〕

**文献**
村山正治　1998　臨床心理士によるスクールカウンセリング　氏原 寛・村山正治(編)　今なぜスクールカウンセラーなのか　ミネルヴァ書房

# 第18章

# 来談者中心療法

　来談者中心療法は，ロジャーズ（Rogers, C.R.）によって提唱された。
　来談者（クライエント）とは，治療者のもとに相談に訪れる人のことである。ロジャーズは，クライエントは潜在的に成長や適応へと向かう動機をもつと考え，治療関係のなかで適切な条件さえ整えば，クライエントは自然に自己成長の道をたどることができると考えた。そして，解釈や助言などによって治療者が面接をリードしていくのではなく，クライエントを主体として進めていく治療のあり方を「来談者中心」と名づけたのである。
　ロジャーズは，自らの臨床実践を基にこの来談者中心というアプローチに至っており，必ずしも最初から一貫した理論体系があったわけではない。ハート（Hart, J.T. 1961）は，ロジャーズの考えは大きく分けて，①非指示療法の時代（1940〜1950），②来談者中心療法の時代（1951〜1957），③経験主義的アプローチの時代（1957〜），に区分されるとしている。また，これらの呼称に加え，ロジャーズはその晩年には人間中心的アプローチという言葉を用いるようになっている。
　したがって，厳密にいうならば「来談者中心療法」はロジャーズの考え方のなかでも中期のものだけをさすことになるのだが，本章ではこのような理論的な変遷にも触れつつ，来談者中心療法の時代を中心にロジャーズの考えを紹介したい。

## 1. 非指示療法から来談者中心療法へ

　ロジャーズは『カウンセリングとサイコセラピィ』（1942）のなかで，それまで行われていた命令・禁止を用いる方法，訓戒，示唆，助言，知的な解釈を用いる方法について，これらは，治療者こそが個人の目標や，状況を判断する基準となる価値が何であるかを決定する資格のある人だとしており，良い方法であるとみなされがちであるが，クライエントに真のパーソナリティの変化をもたらすものではないと述べた。そして，治療者が面接の主導権を握り，クライエントの問題を発見し，診断し，処置を与える指示的なカウンセリングについて，これをクライエントの依存性を高め，クライエントを治療者の選択した目標に向かわせるとして批判する一方で，クライエント自身に目標の決定を委ねる非指示的なカウンセリングが，クライエントの洞察と自己理解を増大させ，自分の問題を自主的に解決することを助けると主張した。

**洞察**

精神分析療法をはじめとするさまざまな心理療法において用いられる概念で，心理療法のなかでクライエントが自らの感情，欲求，行動，症状，他者との関係，過去の（外傷的）体験，あるいはこれらの関係などに関する，それまでは気づかなかったような事柄について気づくことであり，症状や行動の変化に重要な役割を果たす。ロジャーズ（1946）は洞察反応とよばれるものには①それまで関係がないと見られていた事柄の間に関係があることに気づく，②自己概念を変える，という2つの側面があるとし，しばしば否定的な情動的内容をもつ話題の後で，また治療者の単純な受容（第3節参照）の直後に生じることが多いとしている。

**ラポール**

心理療法や心理検査の場面で治療者とクライエントの間に形成される信頼関係。

そしてこのような新しいカウンセリングの方法は，
①成長・健全さおよび適応へと向かう個人の衝動を重視し，正常な成長や発展が起きるよう個人を解放する
②知的な解釈よりセラピーにおける情動的な要素を強調する
③過去よりも治療場面での状況を強調し，成長の経験としてのセラピー関係そのものに重きをおく
といった特徴をもつのだとし，また，1つの特定の問題を解決するものではなく，個人の自立性や統合を目的とするとした。やがて，このロジャーズの提案した方法は非指示療法とよばれるようになった。

この非指示療法では，まずクライエントが治療のために訪れ，治療者との間にラポールが形成される。そして治療者が非権威的で受容的な雰囲気のもとでクライエントに自由な感情の表明を促すと，まず否定的な感情が表明される。治療者によるこうした否定的な感情の認識や受容のもとでその表明が十分に行われると，その後クライエントから自発的に成長への積極的な衝動が表明されるようになり，洞察が行われる，という過程をたどるとされた。そして，治療者には，カウンセリングの場面において，暖かく応答的であるとともに，クライエントがさまざまな圧力や強制から解放されて自由に感情を表現できるようにすることが求められた。しかし，この非指示療法の段階においては「非指示」という言葉に象徴されるように，治療者のあり方はしばしば「〜しない（指示しない，助言しない，など）」という消極的な形でとらえられがちであった。

1951年に出版された『クライエント中心療法』のなかでは，これらの考えを発展させ，治療者が単に受け身的に指示を行わないことはクライエントにとってはしばしば拒否や無関心と受け取られることがあると指摘した。そして，クライエントの知覚している世界を，クライエントが理解しているように治療者が理解し，そうした治療者の理解をクライエントに伝え返すことの重要性を強調するようになった。このような考え方の基盤には，第2節で詳しく述べるように，その瞬間におけるクライエントのさまざまな経験が生じる経験の場と，自分についての定型的な知覚である自己構造とのずれ（不一致）が心理的な不適応感を引き起こしているのだとした独自のパーソナリティ理論がある。

## 2. 来談者中心療法におけるパーソナリティ理論

### (1) 経験の世界と自己構造（自己概念）

ロジャーズは，人の行動には，その人がどのように世界を知覚しているのかが重要な役割を果たしていると考えた。先にあげた『クライエント中心療法』のなかでは，「個人はすべて，自分が中心であるところの経験の世界に存在し，場に対して，その場を知覚するままに反応する」と述べている。

ロジャーズによれば，この「経験の世界」は，客観的で絶対的な世界なのではなく，それぞれの個人が主観的に知覚した場である。そして，

個人の行動は、その人が自分を取り巻く世界をどのように知覚したかによって決定される。したがって、個人の行動を理解するためには、外的な要因そのものよりも、その個人が世界を知覚するときの枠組み（内部的照合枠）に沿って理解する必要があるといえる。

また、カウンセリングのなかではクライエントがしばしば自分自身について述べ、クライエントが自己を含んだ経験の世界について違った見方をするようになったとき、それにふさわしい行動の変化が起こることから、個人の経験している現象の場のなかでも自己に関するもの、すなわちその人が自己をどのように知覚しているのかということが特に重要であるとした。

こうした自己についての知覚（経験の世界）の一部は、成長に伴って自己構造（自己概念）として徐々に体制化されていく。この自己構造は、その個人が直接に経験した価値づけや、他者との評価的な相互作用のなかでその個人に投げかけられたさまざまな価値づけによって形成される、自己についての定型的な知覚である。具体的には、自己の特性や能力の知覚（自分は〜な性格である、自分は〜が得意である（苦手である）、など）、他人や環境との関係における自己についての知覚と概念（自分は…に対して〜と感じる、など）、経験および対象に結びついたものとして知覚される価値の性質（自分は〜を良いことである（悪いことである）と思う、など）、理想や目標（こうなりたいというポジティブな誘意性をもつもの、あるいはこうなりたくないというネガティブな誘意性をもつもの）などから構成されており、これらは全体としての一貫したまとまりをもつ。

そして、個人の行動は、自己の発達と共に自己構造とほとんど矛盾しない形で生起するようになり、自己構造と矛盾する経験は自分自身のものとして認められないか、歪曲して経験される。これを図式化したものが図18-1である。

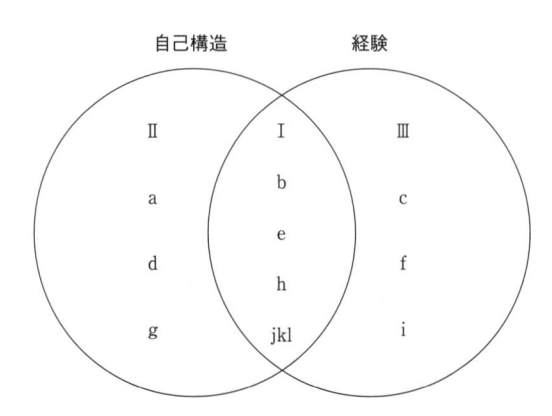

**図18-1　全体的パーソナリティ**（Rogers, 1951）

ローマ数字（Ⅰ〜Ⅲ）は2つの円によって区分された領域を、アルファベット記号はそれぞれの領域における個々の経験要素を示す。

領域Ⅰ：自己構造と経験の場が重なっている領域で、この領域ではクライエントのさまざまな経験（b, e, h, j, k, l）はそのままの形で自己構造として意識化されている（経験が自己構造と一致している）。

領域Ⅱ：自己構造と経験の場にずれがあり、この領域ではクライエントの経験（a, d, g）は自己構造に合うような形に歪曲されて認識されている（経験が自己構造と一致していない）。

領域Ⅲ：自己構造と経験の場にずれがあり、この領域に属するクライエントの経験（c, f, i）は、クライエントの自己構造と合わないものであるため否認されている（経験が自己構造と一致していない）。

ロジャーズは，パーソナリティはこのように一部が重なり合った2つの円で示すことができるとした。右側の円は経験の場であり，すべての感覚様式を通じて個人によって経験される流動的な現象の場である。また，左側の円は自己構造（自己概念）であり，個人の特性や関係についての定型的な知覚で，意識化することが可能である。

そして，個人がその時点において経験している現象の場は，自己構造と調和している領域もあるが，必ずしも調和しない領域もある。自己構造と調和しない経験はその人にとっては脅威を与えるものとして体験されるため，それはまったく意識されないままにとどまるか（領域Ⅲ），あるいは自己構造に合うような形に歪曲されて取り込まれる（領域Ⅱ）。さらに，こうした脅威の体験が潜在的な心理的緊張状態をもたらす。このような状態では，自己構造と矛盾する新しい経験は，そのままの形で自己構造に取り込まれず，また自己構造はこれらの自己構造と調和しない経験に対して防衛的であり，硬直化してしまっている。このように自己構造と経験が調和していない状態を不一致の状態とよび，心理的な不適応やそれに伴う問題の多くは，経験の場と自己構造が著しい不一致の状態に陥っているような状態から引き起こされていると考えられる。

### (2) 実現傾向

ロジャーズによれば，人間をはじめとするすべての有機体（生命体）には自らを維持し，強化しようとする動機がある。この動機を実現傾向といい，有機体はこの実現傾向を満たすために，自己の知覚した経験の場においてさまざまな行動を行うのである。ロジャーズ（1957）は，人間のもつ破壊的な衝動についてもその存在を否定しないが，より深いところにあるのは発達，分化，協力関係に向かう傾向であり，また自分や他者をより発展させ進化させていこうとする傾向で，適切な条件が与えられれば人は自然とそうした傾向に従うのだとしている。このような考え方はときにあまりにも楽観的に過ぎるとして批判もされているが，こうした人間存在についての肯定的な見方，あるいは人間のもつ潜在的な成長力への信頼といったものが来談者中心療法の根底にあるといえる。

そして人間は，実現傾向を満たすようなさまざまな行動のなかで，徐々に自分は今このような欲求をもっている，自分とはこんな人間である，などということを意識するようになり，このように自分として意識されたものが自己構造となっていく。しかし，この実現傾向とともに人間には配慮を求める欲求がある。幼児にとっては生育のために養育者の配慮が重要であり，そうした配慮を受けるために養育者の評価，あるいは養育者から求められる自分といったものがしだいに自己構造に取り入れられる。

つまり，自己構造の形成には，自己の実現傾向に基づく直接の経験とともに，他者から取り入れた価値体系が非常に大きな影響力をもちうるといえる。もし，ある欲求や感情をもつこと自体がこうした重要な他者から取り入れた価値体系と一致せず，そのような経験をもつことが重要な他者からの拒否を招く場合，これらの欲求や感情は自己構造から閉め

出されるか，あるいは変形されて取り込まれることになり，前項で述べた自己構造と経験の不一致が起こることになる。そして，すでに述べたように，こうした自己構造と経験の不一致が心理的な不適応感を生むのである。

この不一致が解消されるためには自己構造が経験により開かれたものとなるよう再構成される必要があるが，自己構造と経験の不一致は個人にとっては脅威として知覚されるので，説得や解釈による方法はクライエントに脅威を与えるだけであって治療上十分な効果は得られない。むしろ自己構造に脅威を与えない許容的な条件のもとで，初めて自己構造と矛盾・対立するような経験も知覚され検討されるようになり，その結果として自己構造の再体制化が可能になる。すなわち，個人の全体性があるがままに承認され，尊重される人間関係において，経験の場と自己構造との間の分裂は解消し，人格の再統合が可能になるのである。

### (3) 十分に機能する人間

治療の過程では，以上で述べたような経験と自己構造の不一致が解消され，経験の場と自己構造のずれが小さくなる。これはすなわち経験が自己構造とより一致している状態に近づいていくことである。その結果，潜在的な不安や緊張は減少し，日々の生活状況への適合性が改善され，よりいっそう自己統制ができるようになり人生に対処する能力も増してくると考えられる。そして，ロジャーズ（1961）は後に，治療過程におけるこのようなパーソナリティの変容について，これをクライエントが十分に機能する人間に近づいていくプロセスであるとした。

このプロセスは以下のような特徴をもつとされている。

①経験に対してますますオープンになる：さまざまな刺激（外部の環境から与えられる刺激も，その個人の内部から生起する刺激も含め）について，自分の経験するすべての体験を，歪曲したり意識するのを拒んだりすることなく，そのままに生きることができる。もっとよく自分自身に耳を傾けることができ，自分の内部で進行していることをもっとよく経験することができる。また自分の感情により開かれ，自分のあるがままにその感情を意識し，主観的に体験することができるようになる。

②ますます実存的に生きている：先入観としての自己構造に適合するように経験をゆがめたり，翻訳したりすることがなく，すべての瞬間を新しいものとして十分に経験することができる。

③自分の有機体をますます信頼する：状況に応じて，自分の感覚的印象や記憶，以前に学習したこと，身体感覚なども含む内面的状態などのデータを基に，自分の欲求を最も効率的に満足させる方向へ行動を選択することができ，そうした自分の全体的な反応を信頼している。また経験に対して開かれているので，もしこの選択が間違っていた場合にもすぐに訂正することができる。

この十分に機能するという状態は，ロジャーズの呈示したいわば1つの理想的な心理的状態とも思われる。しかし，ロジャーズは一方でそれが1つのプロセスであり方向性ともいうべきもので，到達すべき目的の状態を示すものではないことも述べている。つまり，この「十分に機能

する人間」は静止した理想状態というよりは，治療過程においてクライエントのパーソナリティが変容していく際の方向を示す概念であり，治療によって，クライエントは以前よりも「十分に機能する」状態に近づく，という言い方ができるであろう。

## 3. 技法について

ロジャーズは，治療におけるパーソナリティの変化が起きる要因として治療者とクライエントとの関係を重視しており，治療場面でのクライエントの体験そのものが治療的効果をもたらしうるのだとしている。ここではこうした治療的効果をもたらす治療者とクライエントとの関係について，またそのような関係を醸成する治療者の要因について述べる。

第1節ですでに述べたように，ロジャーズはその初期から，パーソナリティの再統合が行われる過程において，治療者との暖かく許容的な関係が形成され，そうした関係のなかでクライエントの自由な感情表現が行われることを重視していた。初期の非指示療法の段階では洞察を促す治療者の応答として，クライエントの言葉に「うんうん」「なるほど」などの相づちを打つ単純な受容とよばれる応答や，クライエントの表現した態度や感情を治療者が明確化して伝えることがあげられている。

その後，経験の場と自己構造の一致ということが重視されるにつれ，来談者の感情を面接のなかで治療者が感じ取り，そのような治療者の理解をクライエントに伝え返すということが技法として強調されることとなる。これがリフレクション（感情の反映）とよばれるもので，たとえば「あなたは〜と感じているのですね」などのように，クライエントのそのとき感じている（クライエントによって言語的に表明される場合もあれば，はっきりとは表明されない場合もある）感情をセラピストから映し返すように伝えることである。これは，クライエントがその場での経験を象徴化するのを助け，経験と自己構造の一致をもたらすと考えられた。

しかしながら，これらの技法はしばしば形式的に用いられることとなり，ロジャーズは次第にこのような具体的な技法よりも，以下に述べるような，治療者がカウンセリング場面において全体としてとっている態度や治療場面でのあり方をより重視するようになる。

### (1) 治療者の態度

『治療的人格変化の必要十分条件』(1957) のなかでは，クライエントに治療的なパーソナリティの変化が生起するための条件として，以下の6点があげられている。

①2人の人間が心理的な接触をもっていること
②クライエントは不一致の状態にあり，傷つきやすい，あるいは不安の状態にあること
③治療者はこの関係のなかで一致しており，統合されていること
④治療者はクライエントに対して無条件の肯定的尊重を経験している

<small>リフレクション
ロジャーズ (1986) はこの方法がしばしば形式的・機械的に用いられることを批判し，治療者が感じ取ったクライエントの内的世界についての「理解の確認」とよぶことを提案している。</small>

こと
　⑤治療者はクライエントの内部的照合枠について共感的理解を経験しており、そしてこの経験をクライエントに伝えようと努めていること
　⑥治療者の無条件の肯定的尊重と共感的理解をクライエントに伝達するということが、最低限に達成されること

　①②は治療場面について、そして治療者とクライエントの間に差違がみられることについて述べている。②はクライエントの状態について定義しているが、ここでの不一致は前項で述べた自己構造と経験の不一致である。つまりクライエントは、セラピストにくらべてより大きい不一致の状態にあるということであり、このことによって治療者とクライエントの区別がなされるということが示されている。また⑥はこれらの治療者の態度がクライエントに伝えられ、クライエントの側にもそうした治療者の態度が感じ取られていることが必要だということである。

　③④⑤は治療者の態度について述べている部分であり、来談者中心療法では治療者がこのような態度で面接場面に臨むことが治療の進展において非常に重要であると考えられている。以下に、ここで登場する一致していること・無条件の肯定的尊重・共感的理解について、もう少し詳しく説明する。

## 1）一致していること

　まず一致しているという条件であるが、これは先ほどの経験の場と自己の一致ということである。この一致している状態はしばしば純粋さとも表現され、治療場面において治療者がありのままの自分でいられることであるということができる。ロジャーズは「自由にかつ深く自分自身であり、彼の現実が自分自身についての彼の気づきによって正確に表現される。さまざまな感情を自分の意識に否定しないで、自由にそうあることができる。ありのままであるということ」と表現している。少なくとも治療場面において、治療者は自分の経験に対してそれをゆがめたり、否定したりすることなく、必要があればそうした経験を面接場面における1つのデータとして十分に利用できるような状態にしていることが必要なのである。ただし、これは治療者がカウンセリング場面における自分の考えや気持ちをすべて話してしまうということではない。たとえば、クライエントに対する否定的な感情が治療者のなかに起こってきたり、クライエントの話に十分に耳を傾けられなかったりという場合、ときにそうしたことを率直に話し合うことが治療的な展開をもたらす場合もあるが、どのようなときにどの程度それをクライエントに伝えるかというのはむずかしい問題である。しかし、そのような感情や感覚がカウンセリングのなかで起こってきたときに、治療者がそれを治療場面にふさわしくないものとして否定したり歪曲したりするのではなく、自分自身の経験として感じ取っていることは少なくとも必要であろう。

## 2）無条件の肯定的尊重

　次の無条件の肯定的尊重は受容ともよばれる。「（クライエントの）受容について何も条件がないことであり、『あなたが～である場合だけ、

わたしはあなたが好き（高く評価する）です』というような感情をもっていないこと。ポジティブな感情の表現を受容するのとまったく同じように、ネガティブな感情表現を受容する。クライエントに対して、所有的なセラピスト自身の欲求を満足させるためだけの心配りだけでなく、クライエントを分離した人間として心を配る事であり、彼に自分自身の感情をもち、自分自身の体験をもつように許すこと」とロジャーズは述べている。第2節でも述べた通り、ロジャーズは説得による方法、解釈による方法はクライエントの自己構造に脅威を与え、抵抗を高めるだけで行動改善には役立たないと考えた。そうではなく、どのような経験であろうとそれがクライエントのものとして認められるような許容的な関係のなかで初めて、クライエントは今まで自己構造のなかに取り入れられなかった経験についても自分のものとして感じることができ、それによって自己構造をそうした新しい経験をも含むものに再構成することができるようになるといえる。

### 3）共感的理解

⑤の共感的理解とは、治療者がクライエントの内部的照合枠（第2節参照）について感情移入的に理解し、クライエントの内部的照合枠から世界を眺めてみようとするあり方のことである。ここで感情移入的という言葉を用いたが、これは治療者の理解が単に知的なレベルでの理解や分析にとどまるのではないことを示すもので、治療者がクライエントに感情的に巻き込まれてしまうこととは異なる。この共感的理解については、ロジャーズは次のように説明している。「クライエントの私的な世界を、あたかも自分自身のものであるかのように感じ取り、しかも＜あたかも…＞という性質を失わない。クライエントの怒りや恐怖や混乱を、あたかも自分のものであるかのように感じ取り、しかも自分の怒りや恐怖や混乱がそのなかに巻き込まれないようにする」。つまり、治療者には自分の感情や知覚とクライエントの感情や知覚とを明確に区別したうえで、クライエントが経験しているであろう感情や知覚について感じ取ることが求められるのである。そして、治療者がこのような感情移入的な理解を敏感にかつ正確に行い、それをクライエントに伝えることができるとき、クライエントは自分の経験の場で起こっていることを理解し、それがどのように自己構造とずれているのか認識できるようになる。

これらの諸条件が整うことで、クライエントにはそれまで否認・歪曲されていた経験が自己の構造のなかにしだいに取り入れられていく過程が生じる。そして、それによってクライエントは自己構造と経験の一致がより増大し、防衛的でなくなり、経験に開かれた、十分に機能する状態となっていくのである。

## 4. その後の展開

これまで述べてきたように、ロジャーズはその初期には面接のなかでクライエントが治療者との受容的で非権威的な関係のなかで自分の感情

を自由に表現すること，そしてしだいにクライエントの経験と自己構造が一致していくことを重視するようになるが，その後，カウンセリング場面においてクライエントが自分自身をありのままに体験するということに焦点をあてるようになった。

　そして，経験と自己構造との一致をカウンセリングの過程における様々な局面の一部であるとし，カウンセリングの過程におけるクライエントの変化を，感情の解放，体験の仕方の変化，不一致から一致への移動，などさまざまな要素からとらえ，のちにこれをセラピーの過程を測定するための尺度として公式化した（Rogers et al., 1960）。この尺度は①感情と個人的な意味づけのあり方，②体験過程，③不一致（の程度），④自己の伝達，⑤経験の解釈（の柔軟さ），⑥自分の問題に対するかかわり方，⑦他者との関係のもち方，という7つの局面からなり，これらの局面はそれぞれが独立した別々の要素として認識されるような状態から，治療が進むに従ってしだいに区別しがたい全体的な体験として統合されていくと考えられた。また，これらの要素のなかで，**体験過程**はジェンドリンら（Gendlin, E.T. & Zimring, F., 1955）によって提唱された概念であるが，ジェンドリンはこの体験過程に接近するための方法としてフォーカシングという独自の技法を発展させた。

　適用の対象についても，当初は含まれていなかった精神病圏のクライエントに対して適用を試みることが行われた。先に紹介した，『治療における人格変化のための必要十分条件』のなかで，ロジャーズはこれらの条件はどのようなクライエントに対しても適用されうるものであるとしている。また，後年には個人を対象にするだけでなく，**エンカウンターグループ**を通じて集団に対しての治療的働きかけも行っている。晩年のロジャーズは来談者中心という言葉に代えて人間中心的アプローチという呼称を用いるようになり，個々人の心理的な問題の解決のみでなく，集団間の対立や葛藤なども含んださまざまな社会的な問題の解決へも自らの方法を適用していった。

〔山内いづみ〕

**感情と個人的な意味づけのあり方**
　情動的にいろどられた経験とそれが個人に対してもっている意義を指す（Rablen & Rogers, 1958）。

**体験過程**
　ジェンドリンとツィムリング（1955）によって提唱された概念で，個人的な意味づけを行う基礎になるような，人がおかれているまさにその瞬間における流動的な内面的感覚のことである。それは，しばしばその個人にとって未だ概念化されていないような潜在的な感覚であり，身体的な感覚なども含まれる。本章の冒頭で触れた経験主義アプローチではこの体験過程への接近が強調されている（Harts, 1961）。またフォーカシングについては来談者中心療法を発展させたものとする立場と，独自の方法であるとする立場とがある（伊藤，1998）。

**エンカウンターグループ**
　1960年代後半からアメリカで盛況を博した，主に集団内における対人的相互作用の中での意識の変革を主目的とするようなワークショップの形態であり，類似のものとしてTグループや感受性訓練（グループ）などがある。知識の習得などの知的な学習よりは集団内での個人の体験に主眼が置かれ，一般には集団の規模に応じて一人から数人のファシリテーター（促進者）とよばれる進行役によって進められる。ロジャーズの考え方に沿って行われるものを特にベーシック・エンカウンターグループということもある。

## 参考文献

カーシェンバウム, H.・ヘンダーソン, V.L.(編)　伊東 博・村山正治(監訳)　2001　ロジャーズ選集（上）(下)　誠信書房
久能 徹・末武康弘・保坂 亨・諸富祥彦　1997　ロジャーズを読む　岩崎学術出版社
田畑 治(編)　1998　現代のエスプリ374「クライエント中心療法」　至文堂
ロジャーズ, C.R.　友田不二男・伊東 博・堀 淑昭・佐治守夫・畠瀬 稔・村山正治(編)　1967　ロージャズ全集(全23巻)　岩崎学術出版社

# 質問紙法

　質問紙法は人格特性や行動特徴をあらわす質問項目を読み，自分にどれだけあてはまるかを回答するテストである。質問紙法の長所は実施が簡単，客観的な数量的処理（採点）も容易であるという点にある。短所としては回答の歪曲が可能，深層心理を探ることができないという点がある。表は使用頻度の高い質問紙法である。

（大石史博）

表　質問紙法

| 検査名 | 検査の特徴 |
|---|---|
| 東大式エゴグラム<br>（TEQ：Tokyo University Egogram） | 精神分析の流れをくむバーン（Berne, E.）の交流分析理論に基づいて，弟子のデュセイ（Dusay, J.M.）が作成したテストの日本語版。交流分析では，人は3つの自我状態の5つの要素（心），すなわち批判的な親の心（CP），養育的な親の心（NP），客観的論理的な大人の心（A），自由で無邪気な子どもの心（FC），従順で素直な子どもの心（AC）をもつと考える。エゴグラムはこれらの5つの心に対応した質問項目が各20項目含まれ，5つの心の強さを棒グラフであらわして客観的な自己分析グラフを作成し自己理解を深めることができる。 |
| 矢田部ギルフォード性格検査<br>（YG性格検査） | ギルフォード（Guilford, J.P.）の検査を参考に矢田部は日本版を作成し，辻岡（1979）が改訂。質問項目は120項目で，12の尺度（抑うつ性，回帰性傾向，劣等感，神経質，客観性欠如，協調性欠如，愛想の悪さ，一般的活動性，のんきさ，思考的外向）からなる。さらに各尺度得点から，A型（平均型），B型（情緒不安定・外向型），C型（情緒安定・内向型）D型（情緒安定・外向型），E型（情緒不安定・内向型）に類型化できる。 |
| モーズレイ人格目録<br>（MPI：Maudsley Personality Inventory） | アイゼンク（Eysenck, H.J.）は特性論的見地から研究し，2因子構造（神経症的傾向と外向性−内向性）からなるMPIを作成。ただ2因子だけでは人格を十分に説明しきれないという問題点がある。 |
| NEO人格目録<br>（NEO-PI-R：Revised NEO Personality Inventory） | ビッグ・ファイブ（主要な5因子）ともいわれる最新のテスト。1980年代よりコンピュータの性能が飛躍的に向上し，膨大なデータをさまざまな統計方法で処理することが可能となり，従来のテストの再分析が行われた。そのなかでマックレーとコスタ（McCrae, R.R. & Costa, P.T.）は5因子構造（神経症傾向，外向性，開放性，調和性，誠実性）からなるNEO-PI-Rを標準化。その後の研究では5つの因子名についての不一致や5つが互いに独立した因子であるかについて議論もあるが，文化・地域に関係なく世界共通に人格の5因子が確認されている。 |
| ミネソタ多面的人格目録<br>（MMPI：Minnesota Multiphasic Personality Inventory） | ハザウェイとマッキンレィ（Hathaway, S.R. & Mckinley, J.C.）は正常者と精神病者との判別のために人格目録を考案。質問項目は550項目もあるが，短縮版（383項目）がよく用いられる。近年，人格検査としても用いられる。4つの妥当性尺度と10の臨床尺度（心気症，抑うつ性，ヒステリー性，精神病質的偏倚性，性度，パラノイア性，精神衰弱性，精神分裂性，軽躁性，社会的内向性）からなり，多くの追加尺度（顕在性不安，自我強度）も開発されている。 |
| コーネル健康調査票<br>（CMI：Cornel Medical Index） | コーネル大学のブロードマン（Brodman, K.）らによって開発された身体的・精神的な異常を速やかに知るための健康調査票。身体的自覚症状12尺度と精神的自覚症状6尺度からなる。日本版では身体的自覚症状尺度のうち3尺度と精神的自覚症状の各尺度の得点から神経症の程度の判定も行える。 |
| GHQ精神健康調査票<br>（General Health Questionnaire） | ゴールドバーグ（Goldberg, P.A.）は神経症の症状把握や評価のために開発。中川と本坊が日本版を作成。GHQには60，30，28項目版の3種類があり，28項目版は①身体的症状，②不安・不眠，③社会的活動障害，④うつ傾向，の下位尺度からなる。 |

# 第19章

# 精神分析療法

　本章では精神分析の基本的な理論と概念を特に臨床的な事象と精神療法のテクニックとの関連を中心として解説することを目的とする。ここではフロイト（Freud, S.）を代表とする精神分析に関連した議論を展開し，ユング（Jung, C.G.）とユング派の理論はその対象としない。本章の後半は特に治療に関する具体点に言及する。

## 1. 精神分析理論の定義

　精神分析療法の議論については混乱や誤解が生じることが多いのは，1つには精神分析理論の定義に関する曖昧さに起因している。精神分析理論の定義は一定ではなく，(1)精神分析理論と精神力動学的理論を同義語的としてみなす場合と，(2)異なるものとみなす場合がある。その種類を簡略化すると以下のようになる。
　①精神分析理論─「精神分析」の理論　　精神力動学的理論─無意識・意識・前意識間と，さらにイド・自我・超自我の間での力動的な葛藤を中心とした理論
　②精神分析理論は，精神力動学的理論の一種類である
　これらの定義を踏まえたうえで，本章では精神分析理論と精神力動学的理論を便宜上同義的にとらえる。

## 2. フロイトの貢献

### (1) 意識・前意識・無意識

　精神分析理論の最も基本的な概念が意識・前意識・無意識である。フロイトは人間の精神を意識・前意識・無意識に分類してとらえた。われわれが通常に生活している覚醒時期に経験される心的動きや心の内容を意識ととらえる。前意識とは普段は意識上にとらえられないが，注意を向けることで意識上にのぼらせることができる心の内容である。無意識とは受け入れ困難なために抑圧され，容易には意識にのぼらない心の内容である。無意識の概念が精神分析理論では根幹となるが，一般的に用いられる「無意識」とは厳密には異なる意味をさす。一般に日常会話で「無意識のうちに～していた」などと述べる場合は，振り返ると自分ですぐに気づくような事柄をさすことが多い。このような精神分析理論で

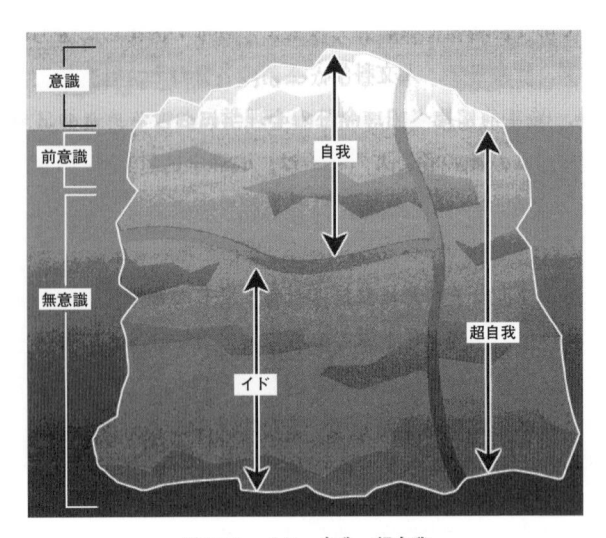

図19-1　イド・自我・超自我
（出典：アトキンソン, R.L.　内田一成（訳）　2002　ヒルガードの心理学　ブレーン出版）

の無意識とは，異なった意味で使用されているので，混同しないよう注意が必要である。無意識は，しばしば本人が一生気づかない，あるいは存在すると認めたくないような心の内容を示す（Gabbard, 1997）。

### (2) イド・自我・超自我

イド・自我・超自我は，意識・前意識・無意識の概念と関連した心の構造を示す。イド（id）はエス（es），自我はエゴ（ego），超自我はスーパーエゴ（superego）ともよばれる。イドは無意識と最も強く関係しており，人間の本能的な欲求をあらわす。イドは他の何をもさしおいて欲求を求める快楽原則の基になる。フロイトの理論では特に性的欲求と攻撃欲求が重要視される。イドは原始的で衝動的な心の力の基になっているが，これがフロイトの理論が精神力動学的理論といわれる所以である。超自我はイドと相対する心の動きを担う。超自我は倫理や道徳的規範が心のなかに内面化されたものをさす。社会の規範に従おうとする心の動き，言い換えれば良心をあらわすともいわれる。したがってイドの快楽追求的な衝動と相対し，葛藤が生じる。自我は現実に即して（現実原則），イドの衝動を調節し，超自我の道徳的な要求を反映して，両極にある心の動きを調節する。メンタル・ヘルスのためには自我の働きは最も重要である。たとえば統合失調症においては自我の働きが弱まり，反社会的人格障害においては超自我が皆無であるといわれる。

### (3) 防衛機制

人間は不安を避けるために，自分にとって都合の悪いことや受け入れがたいことを拒絶する。この多様な方法が防衛機制である。防衛機制とは，意識化することが超自我にとっては受け入れられず，また不安が増大するために心の内容が無意識化されることをさす（北山, 2003）。自我が防衛機制をつかさどっている。防衛機制はすべて無意識下で行われることである。後述する精神分析的精神療法においては治療者がまずク

ライエントの防衛機制を理解することが重要であるが、さらに大切なのは防衛機制を治療のなかで指摘するか否かの決定と、もし指摘する場合はタイミングである。防衛機制は不安を軽減するためには必要であり、それを治療において不用意に指摘し、取り去ろうとすることは、いたずらに症状の悪化やクライエントの不信感を招きかねないからである。よって状況によっては防衛機制の存在を治療者が認めつつも触れないままに終了する治療もあるし、支持的態度に終始することもある。防衛機制にはともすれば原始的で未分化なものと、より高度で複雑なものがある。高度な防衛機制は知的な洗練を要するといわれている。別の分類においては、精神病理の程度により分けられている。これは防衛機制が不安を避ける目的で自分に葛藤を引き起こす感情や願望を避けるために起こる心の働きであり、それはしばしば精神疾患と関連していることを示す。より軽症の臨床的問題、あるいは神経症と関連のある防衛機制は抑圧、反動形成、置き換え、投影といわれている。これに対しより深刻で重度の精神病的な問題と関連のある防衛機制は分裂、否認、投影同一化といわれている。

**表19-1　防衛機制**（Gabbard, 1997）

| | |
|---|---|
| 抑圧 | 意識化するに耐えない感情や欲望をおしこめる |
| 投影 | 自分の感情や欲望を対象がもっているとみなす |
| 置き換え | ある対象に向けた感情や願望を他に振り替える |
| 否認 | 感情や願望が存在しないかのように振る舞う |
| 反動形成 | 正反対の方向をとる |
| 昇華 | 願望を社会的に受け入れられる形に変える |
| 知性化 | 知的な観点をとる |
| 分離 | 記憶等から感情を引き離す |
| 合理化 | 正当化する理由を見つける |
| 打ち消し | 逆の言動をとり、なかったこととする |
| 投影的同一化 | 一部を拡大視して自分と対象を同一視する |
| 分裂 | 相反する対象を切り離す |

### (4) 性的発達段階

　精神分析の理論のなかでも性的発達段階は最も誤解されやすい点といえる。社会のタブーである性を主張の中心とする点からスキャンダラスにまた不必要に直接的にとらえられており、臨床心理学の教育において正確に理解されているとはいいがたい。性的発達段階は前出の快楽原則で動くイドがつかさどる原始的エネルギーであるリビドーが身体のどの部分で満足されるかによってその段階が名づけられている（表19-2を参照）。リビドーは性的エネルギーのみに限られるものではなく、人間がもつ基本的かつ原始的な心的エネルギーとしてとらえられる。

#### ①口唇期（0から1歳半）

　乳児が母親の乳房から授乳され、口から栄養を取り入れることでリビドーが充足される段階である。乳児は本能、言い換えれば快楽原則にしたがって空腹になれば泣いて知らせ、母親の乳房が目前にあらわれて食事を与えられるのを待つ状態にある。生存の是非は母親という自分を庇

護する他者に完全に頼る依存的な立場にある。

②肛門期（1歳半から3歳）

トイレット・トレーニング（オムツからトイレでの排便に移行）の時期と重なり、肛門からの排泄行為にリビドーが集中する段階である。身体にいったん取り込んだものを排泄する、あるいは取り込む、といった決定が課題となる。さらにトイレット・トレーニングを通じて排泄は決められた時間や場所に従わなければいけないという社会的規範を学ぶ。

③男根期（3歳から6歳）

男根（ペニス）に対する興味があらわれる段階であり、初めて男女の生物学的な相違が問題となる。男児は自分のペニスが傷つけられたり、取り去られるのではないか、という去勢不安を抱き始める。去勢不安は文字通りペニスの除去のみにまつわる不安をさすのではなく、身体あるいは自分自身を物理的・精神的に傷つけられることに対する不安とも理解される。男根期には自分と同性の親を憎み異性の親との結びつきを望むエディプス・コンプレックスがあらわれる。この結びつきは性的な交わりというよりは異性の親との親密な関係や親からの注意を一心に集め、独り占めにしたいという願望としてとらえられる。

④潜伏期（6歳から思春期）

性的な発達が一時的に停止し、潜伏する段階としてとらえられる。

⑤性器期（思春期以降）

リビドーは主として生殖器の機能により充足される段階である。前段階の口唇期、肛門期、男根期、潜伏期のすべてを通過して初めてこの段階に達する。

コンプレックス

一般的に劣等感をあらわすコンプレックスとは異なり、フロイトの理論においては潜在的な心理傾向を示す。エディプス・コンプレックスは自分の父親を殺害し母親と結ばれるというギリシャ神話に基づいている。厳密にはエディプス・コンプレックスは男性を対象にして使用される用語であり、女性に対してはエレクトラ・コンプレックスと称される。エレクトラ・コンプレックスも同様に女性が父親を独占したいという潜在的な願望としてとらえられている。

表19-2　性的発達段階

| | | |
|---|---|---|
| 口唇期 | 0〜1歳半 | リビドーが口から栄養を取り入れることで充足される |
| 肛門期 | 1歳半〜3歳 | 肛門からの排泄行為にリビドーが集中 |
| 男根期 | 3歳〜6歳 | 男女の生物学的な相違が問題 |
| 潜伏期 | 6歳〜思春期 | 性的な発達が一時的に停止 |
| 性器期 | 思春期以降 | リビドーは生殖器の機能により充足される |

性的発達段階においては1つの発達段階を通過して初めて次の段階へ進むことができると考えられている。1つの発達段階にとどまった状態に陥った場合、その段階の焦点となる器官（例：口唇）によるリビドーの充足が問題の発生と関連することになる。

性的発達段階と特にリビドーを性的エネルギーに限らない心的エネルギーとしてとらえることは臨床の現場において非常に効力をもつ。たとえば依存症のクライエントはその嗜好は異なろうとも発達的に口唇期でとどまっているため、ギャンブルや買い物にそのリビドーは向けられる。口唇期は性的発達段階の最初で最も未熟な段階にあたり、依存症はまさに依存的な性格傾向と関連がある。強迫神経症のクライエントは肛門期にとどまっており、排泄にまつわるこだわりから症状の一種としてhoarding（溜め込み）が認められ、自分が手に入れたものを手放せなくなるようになる。また強迫的な儀式を繰り返すクライエントが感じる「〜ねばならぬ」という頭のなかの声は、肛門期に発達する倫理観や社

会的規範への意識，言い換えれば超自我の発達と関連している。さらに性的発達段階をすべて通過した場合でも後に精神疾患の発症や強いストレスのために退行し，前の段階に戻ることがある。健康な幼児が不安が高い状態になると指をしゃぶる，あるいは成人においても指やつめをかむのは口唇期に一時的に退行していると考えられる。アルコールや薬物中毒の治療途中でタバコやコーヒーといった嗜好品や甘いものの摂取量が増えるのは口唇期でのとどまりを変えずにより社会的に受け入れられやすい対象にリビドーが移行している例である。

## 3. フロイト以外の理論家による貢献

　精神分析理論ではフロイトの貢献ばかりが強調される傾向にあるが，今日，実際の治療においてはフロイト以外の理論家の理論や概念に頼る部分が多い。精神分析理論はフロイト派の古典的精神分析に始まり，対象関係論，自我心理学，自己心理学に分類される（Gabbard, 1997; 北山, 2003）。それぞれの理論には表19-3にあるように，著名な理論家の貢献があった。これら理論には特徴があり，その知識の派生を知ることにより，精神分析理論を混沌とした状態でしか知らない状況と比較して，より的確な治療が行えるのは明確である。以下にその分類を整理し，主としてウィニコット，カーンバーグ，クライン，アンナ・フロイト，ハルトマンの貢献（Gabbard, 1997; 北山, 2003）について臨床的事象と関連づけて紹介する。

表19-3　フロイト以外の精神分析的理論

| | |
|---|---|
| 対象関係論 | ウィニコット，カーンバーグ，クライン，フェアバーン，ホーナイ |
| 自我心理学 | アンナ・フロイト，ハルトマン，ベラック |
| 自己心理学 | コフート |

### (1) ウィニコットの貢献

　ウィニコット（Winnicott, D.W.）は乳幼児を対象とした研究から治療者が母親のような役割をもってクライエントに「抱える環境」を保つことの重要性を説いた。抱えるという言葉にはクライエントの安全を精神的・物理的に守り，治療の枠組みを守り，治療がなされる物理的そして感情的な面接で起こりうるすべてのことを受け入れるという意味がある。抱える環境を保つためには治療者が動揺せず，批判せず，強くあるという姿勢が必要である。乳幼児が母親に自由奔放に相対するように，クライエントは治療面接において他では許されない空想や衝動について語り，検討することで洞察を深める作業を行う。治療者は母親のようにクライエントが織りなす材料を揺ぎなく受け入れることで，クライエントの退行を促し，治療を進める。抱える環境は，精神分析的な治療においての治療者のあるべき姿を説いているともとらえられる。

### (2) カーンバーグの貢献

カーンバーグ（Kernberg, P.F.）は対象関係論と自我心理学を統合しようと試み，特に人格障害，なかでも自己愛人格障害と境界性人格障害に関する貢献で知られている。ここでは境界性人格障害に関する理論に言及する。境界性人格障害の理解において，防衛機制のうち分裂と投影同一化，そして自我機能の中の自我境界について議論が展開された。境界性人格障害のクライエントは自己を極端に悪い面と良い面に分裂させてとらえ，内面的な矛盾を統合することを苦手とする。悪い自己と良い自己が別の存在のように感じられ，情動的な不安定さが特徴である。この不安定な自己のとらえ方は対象関係においても同様で，たとえば治療者を理想化したり，些細なきっかけで逆に嫌悪を抱いたりすることが頻繁にある。境界性人格障害のクライエントが理想化した治療者の特徴を模倣することがあるが，これが投影同一化の例である。また投影同一化は境界の障害をも示している。内面的な不安や混乱が対象に表出することから，境界性人格障害のクライエントが入院したり長期の治療を受ける場合には，治療スタッフが良い対象と悪い対象に分裂されてしまわないように注意が必要である。

### (3) クラインの貢献

クライン（Klein, M.）の理論は本能的な欲求の役割を重要視した点で最もフロイトの理論に忠実である。クラインは乳児を対象とした研究を通じて，中心的な概念として良い乳房，悪い乳房，妄想分裂的ポジション，抑うつポジションを唱えた。口唇期にある乳児にとってリビドーは口唇を通じて満たされる。乳房は乳児にとって唯一の対象であり自身の延長である。空腹のときに魔法のようにあらわれ満たしてくれるのが良い乳房であり，愛情の対象である。自分に必要なときにあらわれず思いのままにならない乳房は悪い乳房であり，憎悪の対象である。この愛と憎悪に二極化，つまり分裂した対象関係を妄想的分裂的ポジションという。さらに悪い乳房と良い乳房の双方が自身の延長ではなく，母親という自己から独立した1つの対象に属していると気づいたときに乳児は罪悪感を得て抑うつポジションに陥る。これらの概念は乳児に限らず成人にも応用され，特に精神疾患等による退行をみせる場合，事例を理解するのに有用である。

### (4) アンナ・フロイトの貢献

アンナ・フロイトはフロイトの娘であり，その最も著名な貢献は防衛機制に関する理論を発達させたことである。フロイトが抑圧に焦点をあてたのに対し，アンナ・フロイトはより洗練された防衛機制の概念を紹介した。それらは退行，反動形成，取り消し，取り入れ，同一化，投影，自己への向け換え，反転，昇華である。より分化された防衛機制の理解が得られたことで，精神分析的な治療において発現する抵抗を治療者がより的確に理解し，治療の促進に役立てることが可能になった。

---

**対象**

まず対象関係論について「対象」の意味を明確にしなければならない。対象は人であることが多いが，人以外の動物や非生物をさすこともある。個人にとって重要で，最も原始的で，その人物にとってのすべての人間関係基盤ともなる対人関係が内面化されたものである。対象という概念の理解は精神分析理論を応用するにあたって要となる転移や逆転移とも密接に関連している。対象関係論とは対象とのかかわりを中心とした理論である。この場合の対象関係とはクライエントとクライエントの対象との関係を意図し，その対象には治療者自身が含まれることも多々ある。

### (5) ハルトマンの貢献

ハルトマン（Hartmann, H.）は自我をイドと超自我の対立を調節する役割に限らず，より広義な機能からとらえた。自我は環境との適応に複数の側面から携わる。例として認知，思考，学習，言語機能があげられる。ハルトマンの後ラパポート（Rapaport, D.）やジェイコブソン（Jacobson, E.）らの貢献があるが，特にベラック（Bellak, L.）は自我機能に関する理論を包括し，その精神病理の理解に対する貢献は大きい。ベラックの唱えた自我機能はハルトマンの提唱したものに加えて現実吟味，衝動統制等がある。精神病の代表といえる統合失調症の症状は自我機能の枠組みを用いれば明確に整理される。統合失調症は思考，言語，現実吟味，衝動統制に障害があらわれる疾病である。

PANSS（Positive and Negative Syndrome Scale），あるいはロールシャッハ・テストやTAT（主題統覚法）等の心理テストはこれら自我機能をとらえるように構成されており，そのため薬物療法や精神療法の治療効果を測定するのにこれら検査法は適しているといえる。広義には自我機能は対象関係をも含むと考えられる。さらに自我機能は精神の機能を多面的にとらえる概念であるため，事例の見立てにも非常に有効な枠組みである。

**自我機能**
心の機能を精神分析的にとらえた概念であり，対人能力，環境適応能力，判断力等多岐にわたる能力をまとめたもの。これら能力の機能の度合いは精神疾患と関連があるため，心理臨床の現場において治療の進行度や回復度をとらえるのに有用な概念である。

**PANSS**
Kayらにより1986年に開発された尺度であり，精神科医により面接形式で使用されることが多い。質問項目は精神疾患の陰性症状，陽性症状からなる。クライエントの症状や病態を把握するのに有用であり治療開始時や終了時に使用される。

## 4. 精神分析的精神療法

### (1) 精神分析を行う資格について

精神分析を行う資格については日本と国外では異なる。米国においては臨床心理学隣接領域の博士号保持者あるいは精神科医が，さらに10年前後をかけての訓練を終えた後に精神分析家の資格を与えられる。正統派精神分析は週に2～3回，最低2～3年の期間を治療にかけ，またフロイディアン・チェアと呼ばれるソファのようなものにクライエントが仰臥して行われる。非常に高度で複雑な治療法であるため，この療法の訓練を始める段階ですでに精神医学や精神療法の十分な知識や経験があることが必須条件となっている。

日本においては日本精神分析学会により精神分析家養成の条件が定められている。臨床心理士・心理学者としての倫理「誰が精神分析を行えるのか」という疑問に対する答えとしては，適切な訓練を受けた者でなければ，精神分析は施行できない。しかし精神分析家でなくとも，精神分析理論の概念やテクニックを適用した精神分析的精神療法を行うことは可能である。

### (2) 精神分析的精神療法の基本的な概念と治療テクニック

下記に主として個人を対象とした精神分析的精神療法について記すが，その具体的な治療の焦点やテクニックは，治療者が用いる理論によって決定される。精神分析的精神療法を行う治療者は，その理論家によりフロイディアン，クラニアン等とよばれる。たとえばフロイディアンならばその治療においてクライエントの提示する材料のなかでイド・

自我・超自我の葛藤や，性的発達段階における未完了課題といった側面からパターンを探すだろう。

　精神分析的精神療法には特有の治療のマトリックスともいうべき約束事がある。無意識を意識化するプロセスを重量視することと関連して，他の理論や手法による精神療法でも認められる，精神療法の基盤を，より深く掘り下げて治療の原動力として使う点があるので以下にまとめる。

### 1）解釈

　精神分析的精神療法では精神分析と同様に解釈を治療の中心的なテクニックとする。クライエントが提示する材料を傾聴しつつそのパターンや矛盾点に関してクライエントの気づきを促す。

### 2）治療の枠組みの保ち方

　治療の枠組みは理論の種類にかかわらず精神療法について重要だが，精神分析的精神療法においては特異な位置をもつ。なぜならクライエントの治療の枠組みに対する姿勢そのものが解釈の対象となるからである。治療初期に面接の時間，回数，場所，料金等，物理的な枠組みの側面を明確化するのは必須である。安定した枠組みなしでは信頼のある治療関係が築かれないのは無論であり，精神分析的観点からは抱える環境や安定した境界を保持することが必要であるからである。治療者側からも治療の枠組みを保つ努力は必須である。

### 3）抵抗

　古典的な精神分析と同様にクライエントは自分にとって認めがたい感情や願望を直視することを避けるためにさまざまな行動化をする。抵抗が顕在化するのは，治療の過程でこれらの題材が焦点となっているときや，クライエント自身の意思に反して治療を強制されている場合である。クライエントの抵抗は無意識レベルでなされることが大半であり，ゆえに解釈の対象となり，逆説的に治療の進行を促す機会としてもとらえられる。抵抗は多様な形をとる。以下にその例をあげる。

①面接の遅刻・中止

　クライエントが面接へ遅刻する場合や中止する場合は抵抗のあらわれである可能性を考えるべきである。明らかに治療を避けるための遅刻や中止が重なる場合もあれば，やむをえない事情が存在する場合もある。いずれもいつこれらが起こり，なぜ起こっているのかを治療者が考え，その時点で治療がどのような過程にあるかを反映するのが必須である。

②治療者への個人的な質問

　クライエントの性格傾向にもよるが，治療者への個人的な質問は治療における同盟関係や親密さを促進する妨げになり，強いては治療の動きを妨げることにつながる。治療者としては一見害のない，またクライエントにとっては妥当な質問（例：治療者の学歴）であっても，なぜその瞬間にその質問がなされているのかを考える必要がある。クライエントの質問に関する仮説を立てたうえで，それをクライエントに伝えるかど

うかは，それが治療の効果につながるかどうかと関連させて熟考したうえで決定すべきである。またクライエントの質問に答える場合でも，答えの前になぜその質問がなされているのかをクライエントに問うてみることは有用である。

### 4) 転移

治療が進むにつれて，クライエントにとっての対象関係が治療者との関係にあらわれる。転移が起こっているとき精神分析的精神療法は成功しているといえる。クライエントが自身にとって意味のある対象関係を治療者との関係に見いだすほど，治療に深くかかわっており，内面の吐露や，自己洞察へのきざしもみえ始めている可能性が高い。治療者側としては転移のあらわれ方や内容，その示唆する点について，仮説を立て解釈にどのように利用するかが重要である。

#### ①正の場合

正の転移においてはクライエントが治療者に親密さ，憧れ，親近感を抱いたり，理想化する。擬似恋愛的な感情に発展することも珍しくはない。治療者は精神分析的精神療法においては特に自己開示を限定するため，クライエントにとって治療者の未知の部分は空想，しいては理想化の対象となる。治療者はクライエントにとっては無条件に自分を受け入れ，内面を吐露できる相手であり，自分の思いや考えを支持的に傾聴する人物である。治療者の提示する解釈や質問はクライエントからは洞察力や知恵に富んでおり，魔術的に自分を理解する万能な存在にみえることもあるだろう。治療者は抱える環境を保ち，治療の枠組みを守って一定の時間と空間内でクライエントと面接をもつ。精神分析的精神療法の治療のスタイルによっては面接の回数が週に2回以上である場合もあるだろう。このような条件の下で，クライエントが治療者に正の転移を起こす。治療者はその意味するところを考え，治療のプロセスにおいて適切とみなされる時期と方法を選び，解釈を提示するべきである。具体的にはクライエントが治療者に対してもっている感情を感じたのはいつ誰に対してであったか，あるいはクライエントにとって治療者は今まで会ったどの人物を思い起こさせるかを尋ねる，といった方法がある。正の転移を経験することは治癒的な意義がある。クライエントは治療者との安定した関係を築き，それ以前の対象関係が乏しく，機能不全である場合に，新たにより健康な対象関係の築き方を学ぶ機会となる。正の転移が起こるとともに，安全な治療関係において，現実の恋愛関係や治療外での人間関係においては困難であろう，自己観察や，相手に思いを伝えて自身に対する洞察を深めたりする機会が与えられる。このように本来は治癒的な原動力をもつ正の転移であるが，強力な転移が起こったり，クライエントの現実吟味能力が弱い場合には，治療者が転移の存在とその意味について明確に説明することが有用である。正の転移が精神病においてはときに恋愛関係妄想に至ることがあるが，そのような場合には治療者に対するクライエントの空想を解釈を通じて明確化するよりは，現実吟味を強化する方向で治療を進めるのが妥当であろう。

②負の場合

　負の転移も正の転移と同様に治癒的な原動力としての役割をもつ。負の転移は治療者がクライエントにとって人生早期において培われた対象関係と関連している。正の転移と同様にその意味するところ，またどの対象関係を思い起こさせるのかを解釈によって検討することが治癒的である。負の転移は正の転移と異なり，治療者にとってはどちらかといえば不快な経験となる場合もあるかもしれない。しかし負の転移は大抵の場合は現実に即した治療者への反応でなく，クライエントの内面を映し出しているのが大半であり，ゆえに治療の有用な道具となる。

5）逆転移

　決して治療面接内で論じられることはないが，治療者側からも自身の対象関係が治療関係において表出する場合がある。正・負双方の逆転移が起こりうる。治療者は逆転移がクライエントとの関係や治療のプロセスにおいて意図する内容を考察し仮説を立てることが必要である。逆転移が起こっている場合にはその存在を否定せず，その程度が強い場合にはスーパーバイザーや同僚のコンサルテーションを得るべきである。

6）夢の解釈

　フロイトが行ったような夢の解釈は正式の夢分析の訓練を受けなければ，誤った解釈によりクライエントの不利益になることがあるので避けるべきである。夢の解釈は一度でなく数を重ねた面接で夢の変化や推移を追うことで初めて意味があるものである。よって一度の夢の材料を基にしたいたずらな象徴解釈は治療の害にこそなれ役には立たない。精神分析的精神療法においてクライエントが夢の話をもち出した場合は，クライエントのもつ自分の夢に対する理解を問い，できるだけ現実に即した内容に関連づけて扱うのが最も有効であろう。

7）無意識レベルでのコミュニケーションの解釈

　通常の社会的な日常生活を送るにおいては，精神的な内面との関連をさほど意識しないかもしれないが，クライエントは無意識レベルでのコミュニケーションを多様な形式で発信している。治療者はこれらの意味するところをとらえ，吟味して面接内でクライエントが提示するほかの材料との関連を考慮するべきである。具体的にはクライエントの服装・外見・その他（車，社会的な帰属グループ）から多くの無意識レベルでのコミュニケーションがうかがい知れる。自身の内面のどの部分を強調し，どの部分を隠すかという決定は半ば無意識に行われている。経験をつんだ観察眼からすれば，クライエントが自身をどのように社会に（あるいは面接内で）提示し，どのようにとらえられることを望んでいるかが明確になってくる。洋服や装身具のさりげなく見せられたブランド名や，車のキー，学歴等，クライエントが治療者に何を伝えようとしているかを考慮するのが重要である。さらにクライエントは治療者についても同様の材料から空想をもつことがしばしばある。

## (3) 精神分析的精神療法の種類について

　精神分析的精神療法は，その治療方針において「自己洞察を促す治療」と，「支持的治療」に二分化される。これは理論による定義ではないが，実際の治療の場において重要な分類である。治療開始時において，どちらの方針で治療を進めるかを治療者が決定し，治療を通じて一貫させるのが一般的だが，治療経過により適していると判断したうえで，変更することもある。

### 1) 自己洞察を促す治療

　これはいわゆるフロイディアン的な，クライエントが本来もつ自分自身の内面に対する気づき，言い換えれば自己洞察力の形成を治療の原動力とした治療アプローチである。よって比較的高機能で，平均的な認知能力水準をもつクライエントに適している。臨床心理学への初心者がもつ誤解で，精神分析的精神療法において，治療者はおしなべて終始無言で無表情であり，冷淡だという像があるが，これは誤りである。治療者は最終的な治療の枠組みを保持する立場にあるが，面接においてクライエントが提示するすべての材料を否定せず，批判せずに，クライエントとともに吟味する。すべての精神療法において共通することだが，クライエントの治療目的と目標を面接開始時に明確にすることは重要である。すなわち，面接においてクライエントが語るとき，治療者は常に治療の目的にその会話の内容がどのように関連しているかを意識しながら聞かなければならない。治療者の役割は，クライエントが提示する材料を現実，空想にまつわるもの双方から受け止め，その示唆する点を，共通のテーマやパターンを探索したうえで，それら共通点に関するクライエントの洞察を促す。フロイトの古典的な治療の定義にあるように自由連想から無意識の葛藤を意識レベルにあぶりだすことで問題を解決するというプロセスと類似している。この促しは前提としては治療者が指示的に行うのではなく，あくまでもクライエントの自発的な気づきを重視する。クライエントは同様の指摘を他者から受けた場合は否定的にとらえ，拒否するかもしれないが，自発的な気づきによる場合は，自身の財産として受け止めやすく，またその治療的効果も強い。

### 2) 支持的治療

　比較的低機能あるいは認知能力水準に限りのあるクライエントには支持的なアプローチをとる。このタイプのクライエントは，本人の気づいていない行動や思考のパターンを指摘し，その防衛機制を取り去ることによる退行が破壊的な結果を招くこともあるので，治療者は暖かく支持的な役割をとることが重要である。具体的にはクライエントの矛盾点やパターン等が面接中の材料に認められても，治療者はそれを質問することはなく，クライエントの主観的な経験を受け止めることに重点をおく。

## (4) 対象となる精神疾患

　一般的に誤解されているが，重度の精神疾患は精神分析的精神療法の

対象にならないというのは誤りである。フロイトの理論は主として「神経症」レベルのクライエントを対象として考案されたが，後に発達した対象関係論は，統合失調症のクライエントの治療を通じて考案されたものであるゆえ，広域にわたる精神疾患および機能レベルのクライエントに適応が可能である。ただし適切な訓練と専門的な知識が必要な前提条件である。また統合失調症や重度の感情障害等では薬物療法との併用，また multi-disciplinary（多種の専門職からなる）チームによる治療が適しており，精神療法のみによる治療は適さない。さらに初心者が治療に携わる場合は，精神分析的精神療法に精通した専門家による丁寧なスーパービジョンが必須である。

### (5) 応用と限界

　精神分析的精神療法は，反社会的人格障害や，境界例のクライエントで，洞察力に欠ける場合は不適切である。また比較文化心理学的観点からは，日本人を含むアジア人は直接的，支持的な治療アプローチを好むため，ヨーロッパ人が考案し，前提として非指示的である精神分析的精神療法は効果的でないという議論もある。言語的な能力が極度に限られておらず，また言語によるコミュニケーションが苦痛でないことが治療の条件になるであろう。また精神的精神療法は転移が強度になり，クライエントがその性的・攻撃的衝動を治療の枠組みのなかに抑えるのが困難になった場合には，治療のアプローチを変更することも考慮しなければならない。

［最上多美子］

## 参考文献

アトキンソン，R.L.　内田一成(訳)　2002　ヒルガードの心理学　ブレーン出版
ギャバード，G.O.　権　成鉉(訳)　1997　精神力動的精神医学①　理論編　岩崎学術出版社
北山　修　2003　精神分析理論と臨床　誠信書房

### 投影法について

　投影法は心理検査法の一分類であり，日本では臨床の場における使用頻度が高いようである。心理検査の分類としては投影法以外に質問紙，作業法があげられる。専門分野の内外を問わず，また日本国内に限らず海外においても心理検査のなかでは投影法が最も注目を集めているのはその神秘性と難易性によるものと推察される。投影法はその分類名称が示唆するように，防衛機制の一種である投影のメカニズムを前提とした心理検査である。以下の表に示すように，投影法はその手法は異なっても曖昧な視覚刺激に検査を受ける者が自身の無意識にある材料を映し出し（投影）して見る，という原理を共通して利用している。精神療法においては必ずしも精神力動的アプローチを用いない臨床心理士や心理学者が，防衛機制を利用した投影法を心理アセスメン

トにおいては適用することは興味深いことである。

　投影法のなかには描画法のような非言語的な検査法や，ロールシャッハ・テストのように反応自体は言語であっても高度の認知能力を前提条件としない検査法があるため，多様な問題をもったクライエントに施行することが可能である点が優れている。一方で例外を除いて投影法には標準データが不足しているために，その結果の報告や解釈における信頼性や妥当性が不明確であることが弱点である。投影法はその検査用具自体がロールシャッハ・テストやTATのように一般に興味を惹く体裁をしていたり，描画法のように検査の施行に限定すれば比較的単純にうかがい知れることから，特に臨床心理学の初心者にとっては魅力の強い検査法であろう。しかし美しい体裁や一見単純な反応をもつこれら検査法の結果の整理は複雑であり，その解釈に至るまでの手順と必要とされる知識は難解で高度である。このような理由から投影法の習得には信頼のおけるスーパービジョンが必須である。

　投影法は心理臨床の現場において多用されているが，基本的な検査バッテリー（複数からなる心理検査の組み合わせのこと）の組み方として，投影法を使用するなら投影法以外の検査を必ず組み込むことが大切である。また投影法による検査はすべての心理アセスメントに最適な検査法とは限らないことも考慮し，配慮をもって使用すべき検査法といえる。

〈最上多美子〉

表　代表的な投影法の種類

| 検査名 | 検査の特徴 |
|---|---|
| ロールシャッハ・テスト（Rorschach Inkblot Method） | ロールシャッハ（Rorschach）により1921年に開発された心理検査法で，結果の分析や解釈の複雑さにかかわらず，最も頻繁に使用される投影法の1つである。10枚の左右対称な模様の図版により構成されている。被験者は図版の模様が何に見えるかを問われる。結果の分析は反応の図版上の位置を示す「領域」，反応の決め手となった模様の特徴を示す「決定因子」，そして反応の「内容」の3分野にわたりなされる。具体的な分析法は米国でエクスナー法等6種類，日本では片口法をはじめ独自の手法が開発されている。長所としては被験者が反応を偽りにくい点や，臨床情報の豊かさが長所とされている。14歳未満の被験者への施行は信頼性に関する問題点から限定されている。 |
| 主題統覚法（TAT; Thematic Apperception Test） | マレー（Murray, H.A.）により1935年に考案された心理検査法で，31枚の曖昧な場面を描いたカードから構成されている（男性用・女性用に各々20枚となるように構成されている）。被験者は絵に沿った物語を作成し，絵の中の出来事，登場人物の行動や感情を説明することを求められる。検査者は反応を逐語的に記録し，分析の対象とする。マレーによる緻密な分析法は存在するがその難解さ故に汎用されていない。施行法については使用するカードの選別と順序について一貫していないことから信頼性や妥当性が問題視されることもある。一般的には反応内容が質的に分析され，性格特性の領域に基づいて整理されることが多い。 |
| 文章完成法（SCT; Sentence Completion Test） | エビングハウス（Ebbinghaus, H.）により1897年に原型が考案され，後に改定を重ねて現在のような形式を模すに至った。「私の不安は……」「子どものころ……」といった途中まで書きかけの文章を完成させる検査法である。続きに書かれた文章の内容を分析の対象とする。成人，学生等年齢群に応じた版が考案されている。分析法には，点数を付ける量的な手法や，内容を対人関係や自己概念等の領域に分類して解釈する質的な手法がある。心理治療後の回復度や職業適性を検査するのに使用される。 |
| 描画法 | 描画法は表現法の1つとしても考えられ，木を描くバウムテスト，人物を描く人物画，人・家・木を描くHTPテスト等複数の種類がある。ロールシャッハ・テストにならび，最も頻繁に使用される心理検査法の一種である。前出の3テストが言語的な反応を分析の対象とするのに対し，描画法においては非言語的な反応を扱う。そのため言語的表現力の限定されている子どもや，テスト場面に不安が強くある場合に検査の導入として使用することがある。分析の手順としては描画を点数化することもあるが，全体的な印象から細部の解釈へと移行する。明確な信頼性や妥当性に関するデータは得られていない。 |

# 第20章 行動療法

## 1. 行動療法とは

　心理療法には，来談者中心療法，精神分析療法，内観療法，森田療法などがあるが，行動療法は心理療法の1つである。

　行動療法の原型は，1920年代から1930年代の動物恐怖症や夜尿症の治療にみることができる。行動療法という用語は，スキナー（Skinner, B.F.）とリンズレー（Lindsley, O.R.）によって初めて使用された。スキナーらは，それまでの実験的行動分析を医療・産業・教育などの分野に応用していった。

　行動療法の定義については，1959年にアイゼンク（Eysenck, H.）が「現代の学習理論に基づく実験によって基礎づけられたすべての行動修正法」と，治療法としての性格づけを行った。そして，この名称が一般に知られるようになったのは，日本でも翻訳されたアイゼンクの『行動療法と神経症』（Behavior therapy and the neuroses, 1960）である。

　行動療法が他の心理療法と異なる点は，多くの心理療法が人間全体を対象にしたものであるのに対して，行動療法は表面にあらわれた行動，つまり，行動を部分的要素に分けて（症状といったもの），それらを修正，変容させていくさまざまな技法をまとめたものである。また，行動療法は，学習理論を基盤にしているが，心理学でいう「学習」とは，"経験による比較的永続性のある行動の変容，あるいはその成立過程"と定義され，日常生活で使われている学習よりも広い意味で用いられる。行動療法では，人間が学習によって身につけた不適応行動を修正し，学習されていないものについては，新たに習得させることによって，適応的行動へと変容させていく。

　日本における行動療法は，1950年代に始まった。最初，単純な条件づけによる治療法から発展してきた行動療法は，1970年代に入って活発になり，扱う対象範囲も広くなっていった。さらに，1970年代後半から1980年代前半にかけては，認知的な技法が取り入れられ，それまでの行動療法の技法に加えて，認知行動療法へと展開し続けている。

　ここでは，行動療法の基礎となる学習理論について述べ，その後で，具体的な行動療法について述べていきたい。

## 2. 学習理論

### (1) 条件づけ型学習理論
#### 1) 古典的条件づけ (classical conditioning)

　光刺激に対して瞳孔が収縮したり，食物を口に入れると唾液が分泌するなど，人には生まれつき誰もがもっている生得的反応がある。このような反応は，不随意な反応であり，刺激によって反射的に誘発される性質をもっている。古典的条件づけは，ある刺激（無条件刺激）が，ある反応（無条件反応）を誘発するという刺激と反応の生得的な関係を基にして，その反応が他の刺激によっても誘発されるようになっていく過程である。

　古典的条件づけは，ロシアの生理学者パブロフ (Pavlov, I.P.) が提唱した概念で，図20-1は犬を用いたパブロフの条件反射の実験装置である。図20-2のように犬に食物 (US: unconditioned stimulus, 無条件刺激) が与えられると，唾液分泌 (UR: unconditioned response, 無条件反応) が生じる。この無条件刺激の食物と，メトロノーム (CS: conditioned stimulus, 条件刺激) とを繰り返し対呈示すると，犬はメトロノームを聞くだけで唾液を分泌するようになる。これが条件反射で，学習理論の源となった。

　また，新しく獲得された反応が安定してきたところに，メトロノーム（条件刺激）だけを提示し，食物（無条件刺激）を対提示しない手続きを繰り返すと，新しく獲得された反応はしだいに起こらなくなる。この

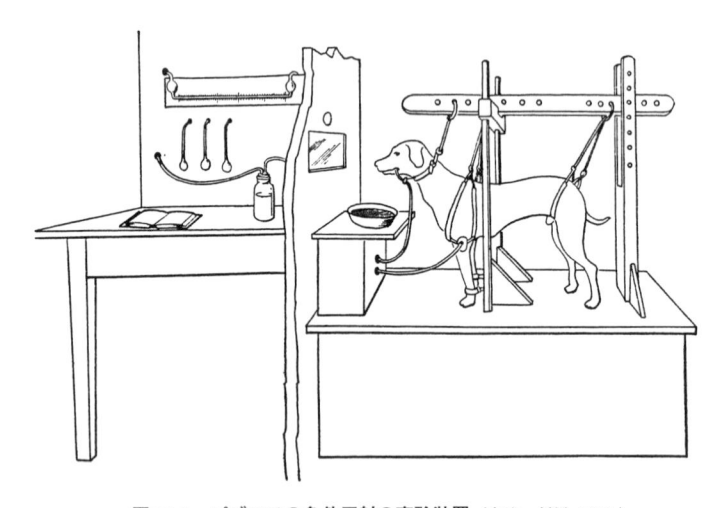

**図20-1　パブロフの条件反射の実験装置** (古武・新浜, 1956a)

CS（条件刺激）　メトロノーム ─────────────▶ 耳をそばだてる

US（無条件刺激）　食物 ─────────────▶ UR（唾液分泌）

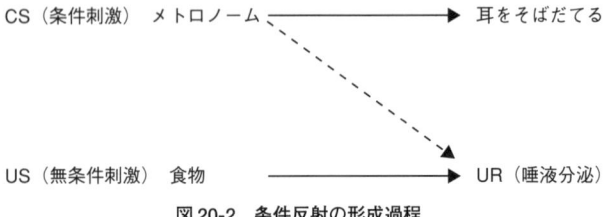

**図20-2　条件反射の形成過程**

ような手続きを消去とよんでいる。

### 2）オペラント条件づけ（operant conditioning）

オペラント条件づけは，スキナー（Skinner, B.F.）によって提唱された概念である。オペラントとは，行動が自発するという意味で用いられ，古典的条件づけとは異なり，オペラント条件づけでは，個体の特定の行動や反応が一定の結果をもたらす。図20-3は，スキナー箱という実験装置である。この実験装置では，たまたまレバーを押すと，その直後に食物（正の強化子）が出てくる仕掛けになっている。この強化によって，その後のレバー押し行動，つまりオペラント行動が増加するというもので，ネズミやハトなどの動物に，いろいろな行動を学習させることができる。また，逆に，電気ショックのような罰（負の強化子）を用いて，いろいろな行動を消去することも示されている。

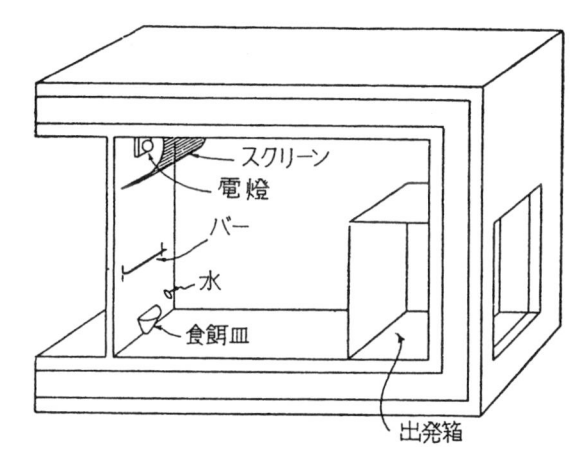

**図20-3　スキナー箱**（古武・新浜，1956b）

### (2) 社会学習理論（social leaning theory）

人間の学習は，直接体験することによってのみではなく，他人の経験や体験を見聞きすることによっても学習が可能である。モデルとなる他人を見ることによって，モデルと同じ行動をとることができるようになるということが，社会的学習の基礎になる。バンデューラ（Bandura,A.）は，従来の学習理論のように外から観察可能な刺激と反応の過程ではなく，結果を予測したり，期待したりするなどの認知過程を重視した社会学習理論を提唱した。観察に焦点をあてたこの理論の代表的な技法には，モデリングやセルフコントロールなどがある。

## 3．行動分析　behavioral analysis

行動療法のどの技法を用いるかは，行動分析によって決めることになる。まず，治療を開始する前に，訴えられている症状などの行動が，どのような状況で起きてくるのか，それに伴う反応がどのようなものから

成り立っているのかなどを明らかにしなければならない。行動分析の一部はクライエント自身や家族，あるいは看護師などの第三者によって行われることもあるが，症状などの行動の発現について，事実関係を詳しく尋ね，刺激と反応の関係を明らかにしていく。

行動療法では，クライエントのこれまでの生活史を力動的に理解するのではなく，現在の症状などの行動だけを対象とし，また，精神医学的な分類に従ってクライエントを分類することはない。

このような諸点を考慮しながら，クライエントの訴えに関連した情報をまとめて，目標とする行動を決定し，治療技法を選択して適用していく。

## 4. 行動療法の技法

さまざまな学習理論を基礎にして，行動療法の技法が開発されているが，本節ではその代表的なものを取り上げてみる。

### (1) 系統的脱感作（systematic desensitization）

系統的脱感作は逆制止（reciprocal inhibition）ともよばれ，ウォルピ（Wolpe, J.）によって開発された神経症の治療技法である。恐怖症や不安反応の治療によく用いられ，現在では，行動療法の古典的技法とされ，使われることの多い技法である。系統的脱感作法では，神経症の中核となるのは学習された不安であり，その不安がさまざまな不適応行動を引き起こしていると考える。不安や恐怖などの情動とは，相容れないリラックスした状態である筋弛緩反応を，新しく習得させることにより，特定刺激との結びつきを消失させる。具体的には，次のような手順で行われる。

#### 1）弛緩訓練（漸進的弛緩法　progressive relaxation）

まず，クライエントは自分自身の筋肉の緊張感に，注意を向けることから始める。そして，腕や顔などの筋肉群の緊張状態と弛緩状態を比較しながら，十分リラックスして落ち着いた状態を獲得するための訓練を行う。コラムの自律訓練法（autogenetic training）を用いることもある。

#### 2）不安階層表（anxiety hierarchy）

弛緩訓練と並行して，恐怖や不安を引き起こす刺激場面を調べ，その強度別に整理し，段階づけしたリストを作成する。用いる強度は，これまでに経験した最も強い不安を100とし，まったく不安のない状態を0として，それぞれの場面での不安の程度をその間の数字として表す。表20-1は，試験に対する不安階層表を示したものである。

#### 3）脱感作の実施

逆制止によって，不安場面と筋弛緩とを結びつける操作が行われる。

表20-1 不安階層表（Wolpe, J. 内山喜久雄(監訳)『神経症の行動療法』1987より）

反応強度の順で並べた不安階層表（カッコ内はsuds）
　A．試験に関連して
　1．試験の日に大学へ行く道（95）
　2．答案用紙に答を書いているところ（90）
　3．試験場の閉ざされたドアの前（80）
　4．答案用紙が配られるのを待っている（70）
　5．自分の前に配られた答案用紙（60）
　6．試験の前夜（50）
　7．試験の前日（40）
　8．試験の2日前（30）
　9．試験の3日前（20）
　10．試験の4日前（15）
　11．試験の1週間前（10）
　12．試験の2週間前（5）

　つまり，クライエントを弛緩訓練で習得した十分な弛緩状態（リラックスした状態）に置き，作成した不安階層表に従って，クライエントはその場面をイメージする。不安を引き起こさなくなるまで，刺激が繰り返し提示され，順に強い刺激へと移行させていき，恐怖や不安を徐々に克服させていく。やがて，最も強い刺激が提示されても，クライエントはリラックスした状態を保つことができるようになり，刺激場面に対する恐怖や不安反応が消失する。

　また，この系統的脱感作法から，後述するエクスポージャーが発展していった。系統的脱感作法は，問題行動に不安が大きな役割を果たしている不安障害，吃音，登校拒否などに広く適用されている。

### (2) トークン・エコノミー（token economy）

　オペラント条件づけの正の強化に基づくもので，適切な行動を形成させる方法として，広く用いられている。所定の望ましい行動がみられたときに，トークン（シール，コイン，得点など）が与えられ，後に，トークンが一定の数に達すると，何らかの報酬（食べ物，玩具，テレビを見る，外出するなど）と交換できるシステムになっている。このようにトークン・エコノミーはトークンによって強化していく方法である。

### (3) 嫌悪療法（aversion therapy）

　強迫行為や麻薬嗜癖，アルコール依存症，性的不適応（同性愛，性倒錯），喫煙癖など，特定の習癖や不適応行動に，電気ショックやブザー音や薬物などの不快を結びつけることにより，それらの不適応行動を抑制する方法である。

### (4) シェイピング（shaping）

　自発する行動はオペラント条件づけが可能になるが，動物に芸を教えるなどの場合のように，ほとんど自発しない行動を強化することはむずかしい。そのような場合には，目標となる行動に至る反応から少しずつ強化していき，目標となる芸を習得させるという方法がとられる。シェイピングは，このような操作から，漸次的接近法（method of successive approximation）ともよばれている。

### (5) エクスポージャー（exposure）

エクスポージャーは，もともと強迫性障害の治療に用いられてきた技法である。クライエントは，不安や恐怖などを引き起こしている現実の不安場面に直接曝され，回避や逃避行動をとれない状況に置かれる。この方法では，最初はかなりの不安や強い情動反応を示すが，それらは徐々に低減していく。最近では，広場恐怖，社会恐怖などに有効であるといわれている。

### (6) モデリング（modeling）

モデリングは観察学習ともよばれ，バンデューラ（Bandura, A.）は，他人の行動観察（代理学習）によって，学習が生ずることに注目した。モデリングは，他人の行動やその行動が及ぼす結果を観察することによって，新たな行動モデルを獲得し，これまでの行動パターンを修正することを意味する。表20-2は，バンデューラが行った社会的学習の分析である。4つの下位過程があるが，第1は注意過程で，学習が成立するためには，まず，モデルを見なければならないので，モデリングの刺激の特徴，観察者の動機づけ，過去の強化などが注意過程を左右し，その効果が異なってくる。第2は保持過程で，記憶と関係している。ここでは，観察されたものは符号化されて，保持される。第3は運動再生過程で，象徴的に保持されていたモデル刺激が，実際に再現される過程段階である。第4は動機づけ過程で，報酬や罰の期待といった外的強化，代理強化や自己強化により学習した刺激を遂行したり，抑制したりする。

このモデリングは，適応的なモデルを提示し，それを観察させることによって不適応行動を除去したり，新たな適応行動を習得させる方法である。恐怖症，強迫性障害，自閉症や子どもの問題行動一般の訓練などに応用されている。

表20-2 バンデューラの社会学習の分析において，観察学習を制御する要素過程（Bandura, 1977）

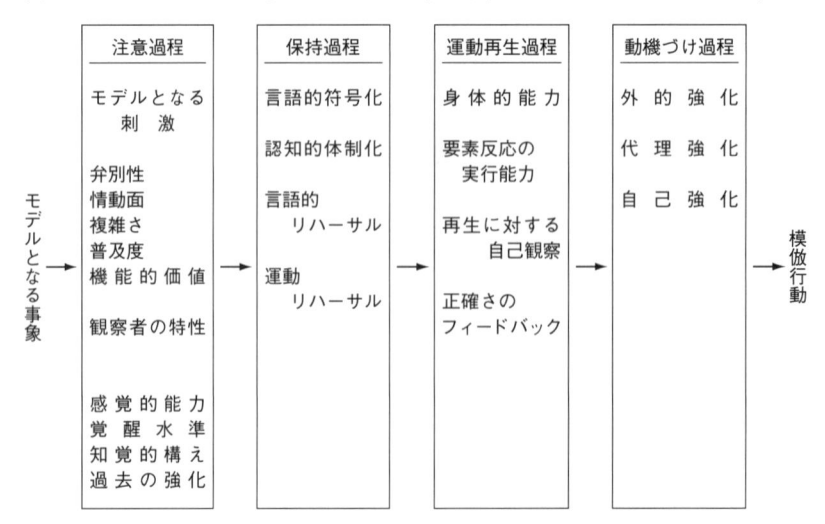

| | 注意過程 | 保持過程 | 運動再生過程 | 動機づけ過程 | |
|---|---|---|---|---|---|
| モデルとなる事象 → | モデルとなる刺激<br><br>弁別性<br>情動面<br>複雑さ<br>普及度<br>機能的価値<br><br>観察者の特性<br><br>感覚的能力<br>覚醒水準<br>知覚的構え<br>過去の強化 | 言語的符号化<br><br>認知的体制化<br><br>言語的<br>　リハーサル<br><br>運動<br>　リハーサル | 身体的能力<br><br>要素反応の<br>　実行能力<br><br>再生に対する<br>　自己観察<br><br>正確さの<br>　フィードバック | 外的強化<br><br>代理強化<br><br>自己強化 | → 模倣行動 |

表 20-3　パニック発作の診断基準 (APA, 1994)

強い恐怖または不快を感じるはっきり他と区別できる期間で，そのとき，以下の症状のうち4つ（またはそれ以上）が突然に発現し，10分以内にその頂点に達する．
(1) 動悸，心悸亢進，または心拍数の増加
(2) 発汗
(3) 身震いまたは震え
(4) 息切れまたは息苦しさ
(5) 窒息感
(6) 胸痛または胸部不快感
(7) 嘔気または腹部の不快感
(8) めまい感，ふらつく感じ，頭が軽くなる感じ，または気が遠くなる感じ
(9) 現実感消失（現実でない感じ）または離人症状（自分自身から離れている）
(10) コントロールを失うことに対する，または気が狂うことに対する恐怖
(11) 死ぬことに対する恐怖
(12) 異常感覚（感覚麻痺またはうずき感）
(13) 冷感または熱感

### (7) 認知行動療法 (cognitive-behavior theory)

近年の心理学における認知理論の影響を受けて，行動療法にも新しい展開が起きた．これまでの古典的条件づけや，オペラント条件づけなどの行動面に焦点をあてた理論から，認知的な技法が積極的に取り入れられるようになった．ベック (Beck, A.) の認知療法や，エリス (Ellis, A.) の論理情動療法なども認知行動療法に含まれ，行動的技法と認知的技法を組み合わせた技法は，今後の発展が期待される．認知行動療法は，うつ病，パニック障害（表20-3），摂食障害などに用いられ，その有効性が実証されてきている．

## 5. おわりに

行動療法は，初めに述べたように，学習理論や実験によって明確にされた技法を用い，その方法が実験によって検証されることが求められる点において，他の心理療法とは異なっている．

実際の臨床場面では，治療対象となる症状などの行動は，単純に学習理論や実験モデルにあてはまるものだけではない．複雑で1つの技法では取り扱うことがむずかしく，いくつかの技法を柔軟に用いることが必要となる．そのため，現在では，技法が次々に開拓され，より包括的になってきている．また，本来，行動療法の特徴としての検証に耐えうる技法というものが，曖昧になってきているとの批判もある．

しかし，行動療法のこのような科学的な調査研究のデータは，近年，アメリカやイギリスなどで盛んに行われている実証に基づく臨床心理学 (evidence-based clinical psychology) として，行動療法の諸技法の有効性が，米国心理学会 (APA) でも認められている．

現在，行動療法は，精神科領域（統合失調症，不安障害，強迫性障害，うつ病，アルコール依存症等），心身医学領域（摂食障害，慢性疼痛等），教育関連機関（情緒障害，自閉症，知的障害児への指導，肢体不自由児への指導等）など幅広い領域で適用されており，今後の発展が期待され

る心理療法である。

[永田俊代]

## 参考文献

上里一郎(編) 1983 行動療法－現状と課題 福村出版
American Psychiatric Association 高橋三郎・大野 裕・染矢俊幸(訳) 1996 DSM-Ⅳ 精神疾患の診断・統計マニュアル 医学書院
アトキンソン,R.L.他 内田一成(監訳) 2002 ヒルガードの心理学 ブレーン社
ベラック,A.S.・ヘルセン,M. 山上敏子(監訳) 1987 行動療法事典 岩崎学術出版社
バウアー,G.H.・ヒルガード,E.R. 梅本堯夫(監訳) 1988 学習の理論 下 原書第5版 培風館 p.201.
エリス,A. 野口京子(訳) 1999 理性感情行動療法 金子書房
アイゼンク,H.J. 異常行動研究会(訳) 1965 行動療法と神経症 誠信書店
古武弥生・新浜邦夫 1956a 条件反応 共立出版 p.11.
古武弥生・新浜邦夫 1956b 現代心理学体系11 条件反応 共立出版 p.24.
今田 寛・宮田 洋・賀集 寛(共編) 2003 心理学の基礎 培風館 p.259.
キングドン,D.・ターキングトン,D. 原田誠一(訳) 2002 統合失調症の認知行動療法 日本評論社
坂野雄二 1995 認知行動療法 日本評論社
Salkovskis, P.M. 1996 *Trends in Cognitive and Behavioral Therapies*. John Wiley & Sonds.
坂野雄二 1998 認知行動療法──臨床と研究の発展 金子書房
佐々木雄二 1989 自律訓練法 日本文化科学社
佐々木雄二 1996 自律訓練の臨床──心身医学から臨床心理学へ── 岩崎学術出版社
下山晴彦・丹野義彦(編) 2001 講座臨床心理学1 臨床心理学とは何か 東京大学出版会
下山晴彦・丹野義彦(編) 2002 講座臨床心理学3 異常心理学1 東京大学出版会 p.60.
山上敏子 1990 行動療法 岩崎学術出版社
山上敏子 1997 行動療法2 岩崎学術出版社
山上敏子 2003 行動療法3 岩崎学術出版社
ウォルピー,J. 内山喜久雄(監訳) 1987 神経症の行動療法 新版行動療法の実際 黎明書房 pp.214-215.

## 自律訓練法

　自律訓練法（Autogenes Training ;Autogenic Training: AT）は，ドイツの精神科医シュルツ（Schultz, J.H.）によって提唱された治療法で，その基盤は，同じくドイツの大脳生理学者フォークト（Vogt, O）の1890年頃からの自己催眠の研究にある。フォークトは，催眠状態が被験者の心身の健康増進や治療的効果のあることに注目し，自力で催眠状態に入る「予防的休息法（Prophylaktische Ruhepausen）」とよばれる自己暗示的な練習方法を考案した。フォークトの研究を引き継いだシュルツは，被験者が報告した催眠状態時の重たい感じと温かい感じの体験が，筋肉の弛緩（重たい感じ）と血管の弛緩（温かい感じ）からくると考えて，このような催眠状態が自分で得られるように研究を重ねていった。シュルツはこのような方法を1926年に"Autogene Organ Bungen"と名づけて発表し，さらに，1932年にはその成果をまとめた「Dus Autogene Training（自律訓練法）」を著した。
　日本に導入されたのは，1950年代に入ってからであるが，成瀬（1959）が著書「催眠面接の

技法」のなかで初めて"自律訓練法"と訳した。医学領域においては，1960年代から九州大学の心療内科を中心に自律訓練法が行われ，その後，1970年代にかけて全国に広がっていった。

基本姿勢：自律訓練法を練習する時の基本的な姿勢は，仰臥位（あおむけに寝る）と椅子姿勢（いすに座る）がある。仰臥位では，両腕を体から少し離し，両足は伸ばして開く。椅子姿勢は，背もたれに寄りかかり深く腰を掛け，両足をやや広げて足の裏は床につけ，手のひらをやや丸めて両太ももの上におき，全身の力を抜く。いずれの姿勢も，目は軽く閉じる。また，時計や眼鏡，ベルト，ネクタイなど体をしめつけるものは，あらかじめはずしておく。また部屋を明るくしすぎないことや騒音などの外界の刺激もできるだけ遮断するようにする。

練習回数：1日に2〜4回，1回3〜5分間，毎日練習を行う。

標準練習：自律訓練の練習方法としては，以下の標準練習が中心になる。必要に応じて，黙想練習や特殊練習などを加える。標準練習には，以下の公式を用いる。練習基本姿勢が準備できれば，肩，腕，ひざなどをはじめ全身の力を抜き，背景公式の「気持ちが（とても）落ち着いている」という言葉を頭のなかで3回繰り返す。こうして気持ちがゆったりしてきたら第一公式，第二公式と順に進めていく。
①背景公式（安静練習）：「気持ちが（とても）落ち着いている」
②第一公式（四肢重感練習）：「両腕・両足が重たい」
③第二公式（四肢温感練習）：「両腕・両足が温かい」
④第三公式（心臓調整練習）：「心臓が（自然に）静かに規則正しく打っている」
⑤第四公式（呼吸調整練習）：「自然に楽に呼吸（いき）をしている」
⑥第五公式（腹部温感練習）：「お腹が温かい」
⑦第六公式（額部涼感練習）：「額が心地よく涼しい」
　第三公式からは，特に医学的に応用するときには，注意が必要である。

消去動作：自律訓練法を進めたままの状態で，すぐに目を開けたり，立ち上がったりすると，めまい，頭重感，脱力感などが起こることがある。必ず，終了時には消去動作（両手の開閉運動→両肘の屈伸運動→背伸びをしながら深呼吸→最後に開眼）を行う。

　自律訓練法の適用は，広く医学領域では心身症や神経症の治療に用いられるばかりではなく，学校教育における教育効果の促進や，産業領域におけるメンタルヘルス活動や創造性をはじめとする潜在能力の開発などに用いられたり，また，スポーツ関係では，イメージ・トレーニングにも用いられている。
　このように自律訓練法の適用範囲は広いが，困っている問題や症状がすべて解決できるというものではない。特に患者の治療に自律訓練法を用いる場合，副作用や症状の増悪などを引き起こす場合もある。一般に，重い心臓疾患や糖尿病患者，あるいは，急性期の症状，精神病，脳障害の場合などには，禁忌とされているので，訓練を行うにあたっては，医師やカウンセラーのなどの専門家に相談することが必要である。

（永田俊代）

**参考文献**
松岡洋一・松岡素子　1999　自律訓練法　日本評論社
佐々木雄二　1989　講座サイコセラピー第3巻　自律訓練法　日本文化科学社
佐々木雄二　1996　自律訓練の臨床―心身医学から臨床心理学―　岩崎学術出版社

# 第21章 ブリーフセラピー

　ブリーフセラピーは臨床心理学的援助（心理療法）のなかでも比較的新しい方法である。従来の心理療法は，特にセッション数が決められているわけではなく，数回から数百回に及ぶのが通例であった。そのため，時間・費用がかさみ，短期で効率のよい心理療法が求められたことからブリーフセラピーが誕生したといってよい。わが国ではここ10年ぐらいの間に導入された新しい心理療法であるが，またたく間に広がり，心理療法の主流とはいわないまでも，多くの，特に若い世代の心理臨床家に支持されている。本章では，ブリーフセラピーの理論と方法について概説し，症例を紹介して実践的な活用について述べたい。

## 1. ブリーフセラピーとは

### (1) ブリーフセラピーの流れ
#### 1) エリクソンの心理療法
　ブリーフセラピーの源流は，ミルトン・エリクソン（Erikson, M.H.）の方法であるといわれている。日本では精神分析家のエリック・エリクソンの方が有名で，ミルトン・エリクソン（以下エリクソン）は一部の催眠療法家のみに知られる存在であったが，米国ではたいへんに著名な心理療法家・精神科医として知られていた。1990年代からわが国でも，家族療法の台頭とともに，その独特な技法が注目され，次々と著作やセミナー記録が翻訳された。
　エリクソンの心理療法は，方法としては難解で定式化することがむずかしいが，あえてあげるなら「利用的アプローチ」，「間接的アプローチ」，「症状への焦点化」（窪田, 1994）の3点であろう。従来の心理療法（精神分析，行動療法など）であれば，それらの理論（深層心理学や行動理論など）に基づいて治療技法を適用するが，エリクソンはクライエントがもっているもの，使えるものは何でも治療的に利用した。また，課題，暗示，逸話，隠喩などを用いて間接的に変化を起こすことを試みたり，症状そのものや現在の状況に焦点をあてて治療を行った。このようなエリクソンの方法は，従来の心理療法の枠を越えて，「使えることはなんでも使う」，「変化を起こすことなら何でもする」という自由で柔軟な治療的態度を生んだといえる。

> **隠喩（メタファー）**
> 　訴えられた問題と同様の，しかも抵抗の少ない課題を選び，その問題と隠喩の両方に効果のある課題を提示すること。たとえば，夫婦の性生活の問題を扱うとき，「ご主人の方は早く料理を食べたいと思うこともあるでしょうし，奥さんの方は会話を楽しみながらゆっくり食べたいと思うことがあるでしょうね」と問いかけながら，二人で楽しく食事をするという課題を与える，といった場合である。

## 2）エリクソン以後の流れ

　エリクソンが催眠中心の治療からストラテジックな方向へと発展した1950年代以後，さまざまな臨床家，学者がブリーフセラピーの発展に寄与した。人類学者ベイトソン（Bateson, G.）や，ヘイリー（Haley, J.），ウィークランド（Weakland, J.H.），ジャクソン（Jackson, D.D.）などの臨床心理学者や精神科医が1950年代よりコミュニケーションに関する研究プロジェクトを行い，そこでエリクソンとの討議も行われている。ほぼ同じメンバーによって1959年にはメンタルリサーチ・インスティチュート（以下，MRI）が創設され，そこでの実践はMRIモデルとして，後のブリーフセラピーモデルの主要モデルとなった。ヘイリーはその後，構造派家族療法のミュニーチンとの協同を経て，1975年にはマダネス（Madanes, C.）と共に家族療法研究所を設立して，ストラテジック・モデルを発展させていった。

　一方，かつて催眠療法をしていたドゥ・シェイザー（de Shazer, S.）は，1978年にキム・バーグ（Kim Berg, I.）とともにブリーフ・ファミリー・セラピー・センター（BFTC）を創設し，従来の問題志向モデルに対し解決志向モデルを提唱した。このモデルでは，問題となる症状や状況ではなく，初めからその解決に焦点を合わせ，クライエントが望む解決の状態や解決した後の状況について質問していく。その際，クライエントのもつ強さや力，成功体験やリソース（資源）を活用して解決後の状態の実現を目指す。

　以上の3つがブリーフセラピーの主要モデルといわれるものであるが，エリクソンに影響を受けたブリーフセラピーとして，神経学と言語学に影響を受けたNLP（Neurolinguistic Programming: 神経言語プログラミング）モデル，エリクソンに直接師事したオハンロン（O'Hanlon, W.H.）の可能性療法モデル，クライエントの経験を物語とみなし新しい物語をつくることを援助する，ホワイト（White, M.）のナラティブ（物語）モデルなどがある。

　このように，ブリーフセラピーは従来の心理療法とは一線を画し，エリクソンの強い影響力を受けながら，新しい認識論のもとにさまざまな方法の発展をみて現在に至っている。わが国では，フロイトやユングの精神分析やロジャースのクライエント中心療法，認知行動療法（Cognitive Behavior Therapy）に比べてまだまだ適用例が少なく，知名度も低いが，おそらく今最も急速に発展，拡張している心理療法といえるだろう。

### (2) ブリーフセラピーの考え方
#### 1）ブリーフセラピーの定義

　ブリーフセラピーは，単に短期間で治療を終えるという意味合いだけでない。エリクソンやジャクソン，ヘイリー，ウィークランド，ドゥ・シェイザーなどが新しい考え方を発展させていくなかで，ブリーフセラピーの考え方が洗練されていった。今では，ブリーフセラピーはエリクソンの心理治療に関する考え方や技法から発展したセラピーであり，ク

---

**リソース（資源）**
　クライエントが現在もっている，目標を達成するために役立つものをリソースとよぶ。たとえばクライエントの長所，力，精神面や身体面での強いところ，支えとなる人の存在，持っているもの（お金や物質的なもの）などである。

ライエントとセラピストが協力して，できるだけ短期間に問題の解決を行う方法である（宮田, 1994）という定義が一般的である。国際ブリーフセラピー学会（IBTA）では「効率的（efficient）で効果的（effective）な方法で援助を行う」と謳っており，これをブリーフ（brief）という特徴と併せまとめると，brief, efficient, effectという3つの形容詞で表現されることになる（白木, 1994）。すなわち，brief（短期）とは治療に要する期間，時間，面接回数がより短いこと，efficient（効率的）とは治療効果に対し，時間，労力，費用が見合っていること，effective（効果的）とは十分な治療効果がもたらされ，クライエントのニーズに応えられることをあらわす。つまり，短い期間で終わり治療効果があったとしても，費用がかさんだりセラピストやクライエントに大きな負担がかかったりすると意味がないし，短期間で効率よくリーズナブルに治療が終わっても，治療効果が大きくなければだめというわけである。このように，ブリーフセラピーはクライエントにとって物理的，心理的，経済的な負担が少ないのはもちろんのこと，セラピストにとっても負担が少なく，ひいてはセラピストが所属する治療・相談機関にとっても（特に経済的な）負担が少ない方法であるといえるだろう。

### 2）他の心理療法との比較

従来の心理療法，特にわが国で比較的広く適用されていると思われる精神分析的心理療法（以下精神分析），認知行動療法（以下CBT）とブリーフセラピー（以下ブリーフ）を比較すると表21-1のようになる。

表21-1 精神分析的心理療法，認知行動療法，ブリーフセラピーの比較

|  | 精神分析的心理療法 | 認知行動療法 | ブリーフセラピー |
| --- | --- | --- | --- |
| 対象となる問題 | 精神内界の葛藤 | 行動，認知 | 行動，コミュニケーション，状況 |
| 治療目標 | 意識化，再構成 | 行動・認知の変容 | 問題の変化，解決 |
| 基礎となる理論 | 精神分析理論 | 行動理論・認知理論 | システム論・コミュニケーション論 |
| 介入技法 | 明確化，解釈（探索的） | 行動変容法・認知変容法（指示的） | 課題や逆説の提示（指示的） |
| 期間 | 中期〜長期 | 短期〜中期 | 短期 |
| 治癒メカニズム | 洞察 | 行動・認知の学習 | システム・コミュニケーションの変化 |

まず対象となる問題は，精神分析では精神内界・無意識での葛藤，CBTでは顕在している行動や気づきの内にある認知（考え方，思考），ブリーフでは目に見える行動や問題状況となり，精神分析→CBT→ブリーフとなるにつれクライエントの内界から客観的な行動，状況へと対象が外在化している。それに対応して治療目標も，精神内界の問題から顕在した問題へと変化の対象が移っている。基礎となる理論は，精神分析とCBTが基礎理論をそのまま心理療法に応用したものであることとは異なり，ブリーフではシステム理論やコミュニケーション理論など複数の理論を背景に発展してきている。介入技法の特徴は，精神分析がセ

ラピストの受身的な態度のもとに明確化や解釈といった探索的な技法を使うのに対して，CBTとブリーフはセラピストが積極的な態度をとり，指示的に介入する点で共通する。各療法の治癒メカニズムは，精神分析は無意識に潜んでいた葛藤の洞察，CBTは新しい行動・認知の習得や学習であるが，ブリーフでは問題を起こしているシステムやコミュニケーションの直接的な変化である。最後に，治療期間は当然ブリーフでは短期（おおむね10回以内）になるが，精神分析では数10回からときに数100回に及ぶ。CBTでは10回前後の短期で終了することが多いが，数10回になることもあり，他の2法の中間的期間を要するといってよい。

以上の特徴比較からみて，精神分析と比べてCBTとブリーフは，その理論的背景を異にするとはいえ，対象とする問題の顕在的な性質や，指示的な介入などの点で類似しているといえるだろう。

### (3) ブリーフセラピーの主要モデル
#### 1) ストラテジック・モデル

このモデルでは，症状そのものに焦点をあて，それをいかに変化させるかのストラテジー（戦略）を考え，介入する。アメリカ・家族療法研究所のヘイリー，マダネスが中心となって実践した治療法である。特徴は，過去ではなく現在の問題に焦点をあて，顕在している行動を扱うこと，2者あるいは3者以上の階層やコミュニケーションを重視する，というものである。ヘイリーやマダネスは家族療法家であるともいえるが，家族を対象にする際，家族間の階層（ヒエラルキー）を考慮する。たとえば，日本人家庭にありがちな例であるが，父親が仕事が忙しく毎夜遅く帰宅し休日もほとんど家にいないといった状況の場合，家庭では必然的に母親と子どもの関係が緊密になり，母親と父親，子どもと父親の関係が疎遠になる，という階層が築かれることになる。このような場合に子どもに不登校や摂食障害のような問題行動があらわれることがあることが知られている。セラピストはこのような階層を呈する家族の関係性や行動のパターンを見つけ，別のパターンをつくり出すことによって家族の階層を正常化するような介入を行うことになる。

また，問題や症状は，他の問題の隠喩であるととらえる。例をあげると，家庭内暴力の息子に手を焼いている夫婦がいるとする。この場合，夫婦は潜在的に互いに嫌悪感を抱いており，夫婦関係はたいへんネガティブであるのだが，息子が問題を起こすことで夫婦は息子に注目し，あたかも夫婦で協力して息子の問題に立ち向かっているようにみえる。が実は，息子が問題行動を起こすことによって夫婦の関係の破綻を防いでいるのである。

介入技法には，逆説的な指示，課題の提示，メタファーの処方，苦行の処方，症状の処方などがある。2, 3例をあげると，逆説的な指示とは，変化を求めるクライエントに対して，逆にそのままでいるように指示することによって逆説的に変化を生じせしめる方法である。毎日互いを責め合う夫婦に対して，「毎日時間を決めて30分間互いを責め合いなさい」といった場合である。苦行の処方とは，変化させたい行動よりも

苦痛な行動をするように指示することで行動を変化させようとする。不眠を訴えるクライエントに，眠れないときは起きて一晩中家のなかの拭き掃除をさせるような場合である。

### 2）MRIモデル

前述のように，ウィークランド，ワツラウィック（Watzlawick, P.）らが創設したMRIで行われたブリーフセラピーである。エリクソンの他，家族療法の影響も受けているが，クライエントの呈する問題は，クライエント自身と関係をもつ人々との現在の行動の連鎖によって維持されており，その連鎖が変化すれば問題は解決する，という前提に立つ。次に述べる解決志向ブリーフセラピーと比較して問題志向ブリーフセラピーともいわれる。実際の治療では，問題の内容を詳しく聴取した後，今までどのような解決努力をしてきたかを聞く。面接室に問題をもちこんできたクライエントやその家族は，当然その解決努力が無効に終わっており膠着状態にある。この無効に終わっている解決努力を「偽解決」とよぶ。このような偽解決によって維持されている循環に対して介入し，解決を導くのがセラピストの役割である。治療技法はストラテジック・モデルと類似しており，逆説的指示，リフレーミング，メタファーの使用などである。リフレーミングとは，クライエントが経験した概念的ないし情緒的文脈（フレーム）を変えることによって，その状況に帰属していた意味を根本的に変えることである。たとえば，「決断力がない」という否定的な評価を「ものごとをじっくり考える」という評価に変える，といったことである。

治療の実際の一例をあげると，家庭内暴力の男子がいる家庭において，子どものだらしない生活ぶりを見て母親が注意をしたところ，子どもが母親に文句を言い，騒ぎを知った父親が子どもをきつく叱る。このため母親が子どもを叱った父親をなだめてその場を治めることによって，ますます子どものだらしない生活が助長，維持されるといったケースがある。ここでの母親，父親の問題解決の方法は無効であり，偽解決を繰り返しているにすぎない。この場合の介入は，たとえば母親が，子どもを強く叱る父親をなだめることをやめて父親以上に子どもを過剰なまでにきつく叱る，といったことが考えられる。この行動によって，今までの家族の相互作用の循環は大きく変わる可能性がある。

### 3）解決志向モデル

ドゥ・シェイザーが夫人のキム・バーグと共にBFTCを拠点に提唱したモデルであり，ソリューション・フォーカスト・アプローチと称される治療技法である。解決志向モデルでは，従来の心理療法や先述のストラテジック・モデルやMRIモデルのような問題志向ではなく，面接当初から解決に焦点づけ，解決を構築していく。問題を抱えたクライエントも，何とかうまくやれていたり，成功体験をもっている。このような過去から現在にかけてのうまくいっている状況を，「すでにある解決」とよぶ。一方，現在ではまだないがクライエントが「こうなればいい」と望み，期待されるような解決の状態を，「これから起きる解決」とよ

ぶ。また，解決の手段を知っていて，解決するための力やリソース（資源）を持っているのはセラピストではなくクライエントであると考え，このような立場を Not knowing approach とよんだ。

　このような前提で解決を構築するために，次のような手順で質問をし，面接を進めていく。

　①問題の描写：問題の性質や程度は詳しく尋ねることはせず，原因を聞くこともしない。クライエントがどう変わりたいかを聴いていく。このような聞き方をソリューション・トークという。

　②これから起きる解決についての質問：「その問題が解決したらあなたの生活はどうなっているでしょうか」という意味の質問を重ねていくことになる。これは Well-formed goal をつくる作業とよばれる。このような質問の1つにミラクル・クエスチョンがある。これはほぼ定形の言い回しとなっており，「今日の面接が終わったあと，家に帰って寝たと考えてください。あなたが眠っている間に奇跡が起こって，今日相談にきた問題が解決したとします。ただし，あなたは眠っていたので，奇跡が起こったことに気づいていません。明日の朝になって，奇跡が起こって問題が解決したことを教えてくれる，最初の小さな事柄はどんなことですか」というものである。この質問への答えを具体的に聞き，解決を引き出していく。

　③すでにある解決についての質問：クライエントの生活のなかで問題が起こっていないとき，または問題が少ない（小さい）ときについて尋ねる。「最近，その問題が起こらなかったことはありますか」，「その問題がなかったときはどんなふうにやっていたのですか」といった質問をし，詳細を語ってもらう。このような聞き方を例外探しという。

　④スケーリング：現在の問題の程度を，1から10のスケールで表してもらう。

　⑤コンプリメント：クライエントがやっていることで，うまくいっているところ，努力していることについて賞賛し，ねぎらう。

　⑥課題の提示：クライエントに次の面接までの課題を提示する。課題はクライエントの訴え方のタイプやセラピスト－クライエント関係，ゴールや例外の有無によって異なる。主な介入課題は，初回面接公式課題とよばれる「これからも続いてほしいことを観察してください」というものや，Do More 課題とよばれる，例外やうまくいっていることを続けるというもの，Do Something Different 課題とよばれる，今までと違ったこと，新しいことをやってみるというものなどがある。

　以上のような，ほぼ定式化された手順で面接を進め，解決を構築していく。解決志向アプローチは，このようにシンプルでわかりやすく，セラピストの訓練もしやすい方法であるといえるだろう。

## 2. ブリーフセラピーの実際──ソリューション・フォーカスト・アプローチを中心として

　本節ではブリーフセラピー，特にソリューション・フォーカスト・アプローチを用いた症例を紹介して実際のブリーフセラピーの展開につい

て解説する（なお，プライバシーの保護のため，事実関係に若干の変更を加えている）。

【症例】対人恐怖症へのブリーフセラピー（ソリューション・フォーカストアプローチ）
**クライエント**：45才，男性，会社員
**主訴**：対人恐怖
**問題歴**：幼稚園の頃いじめに遭い，登園拒否していた。学校時代は父親の転勤で転校することも多くて友だちもできず，自信もなく消極的だった。そのころから対人恐怖感が強かった。数ヶ月前，好意をもっていた女性にプロポーズしたが，断られたという。ずっと人に威圧感を感じて怖かったが，年とともに少しずつ薄らいできた。最近「なんとかしなくてはいけないな」と思い始め，人間関係の対処法を知りたくて来談した。
**面接経過**：
　#1：初回面接では，現在の状態と今までの経過を早口，吃音で一気に話した。来談の途上，対人恐怖感がさほどなかったという。今後どうなっていきたいか（Well-formed goalの質問）を問うと，「どうしたら友達ができるかを知りたい。それができたときは対人恐怖もなくなっているし自信もついていると思う」と答えた。
　#2：「考え方が変わってきた」といい，話し方も落ち着いてきた。人との会話がうまくいかないというので，聞くことも会話の大事な要素であり，カウンセラー（以下Coと略）は，それが既にできていることを褒め（コンプリメント），うまくいっていることを強調して伝えた。
　#3：対人恐怖が弱くなってきているので，それを数値で表すように求めると（スケーリングの質問），「半分ぐらい（50点）」という。うまくいったときのことを聞くと（例外探しの質問），「何も考えず，成り行きまかせでしゃべってる」というので，課題として，気にせずその場に応じて話すこと，話題をつくるために普段情報収集をしておくこと，積極的に聞くことを指示した。
　#4：職場で以前から自分に冷たかった女性がいたが，最近そうでもなくなってきた。他の人たちもやわらかくなってきたという。同年代の話し相手がほしいというので，趣味を聞いたうえで，その趣味を生かして行動範囲を広げ，仲間づくりをすることを課題とした。
　#5：危機感がなくなって，元の自分に戻ったという。自分の生き方について「これでよい」と思える。趣味の将棋を再開しようとしている。
　#6：元は自分を否定していて，今でもその傾向は残っているが，Coが，今経験していることはすべて否定的なことではないと言うとうなずき，「今までは自分から話すことはなかった」と現状を肯定する発言がみられた。「もうこのへんでいいと思う」とのことで，面接終了とした。

このケースでは，初回面接の時点ですでに，うまくいっていることが確認され，Well-formed goalを比較的容易に設定することができた。そのため，例外探しもスムーズにできて，課題も「同じことを続ける」ことが指示され，解決状態を作っていくことができた。対人恐怖感も減少し，積極的に人に接するようになった。過去のいじめ等の問題も述べていたが，そのことには最小限触れただけで，問題の探索よりも解決の構築ができていった。

## 3. ブリーフセラピーのこれから

　ブリーフセラピーは，その基本となる理論は難解で広範囲にわたるものであるが，技法は定型的でわかりやすく，他の心理療法に比べて臨床場面で適用しやすいと思われる。一方で，戦略的でコミュニケーションや家族システムを全体的かつ緻密に読み込んで介入する必要があるので，経験と臨床センスが問われる面もある。セラピストの力量がはっきりあらわれる方法であるといえるだろう。

　わが国でブリーフセラピーが導入され臨床場面で適用されだしたのは，たかだかここ10年ぐらいのことである。現在の臨床心理学の現場では精神分析やロジャース流のカウンセリングが主流で，次いで認知行動療法が使われることが多く，ブリーフセラピーはまだまだマイナーな方法である。それでも，若い心理臨床家や精神科医，心療内科医を中心に急激に適用されだした感がある。従来のカウンセリングにみられるような中立的，受身的な態度に物足りなさを感じていたセラピストや今の世代の文化に生きる若いセラピストには，ブリーフセラピーの方が自然な方法に映るのかもしれない。

　今後はおそらく，従来の心理療法がブリーフセラピーの方法をも取り入れ，ブリーフセラピー側も伝統的な心理療法を尊重して，より有効でクライエントに利益をもたらす方法として統合されていくと思われるし，そうあるべきであろう。

［東　斉彰］

## 参考文献

ディヤング,P.・バーグ,I.K.　玉真慎子・住谷祐子(監訳)　1998　解決のための面接技法　金剛出版
ドゥ・シェイザー,S.　小野直広(訳)　1994　短期療法　解決の鍵　誠信書房
フィッシュ,R.・ウィークランド,J.H.・シーガル,L.　鈴木浩二・鈴木和子(監訳)　1986　変化の技法　金剛出版
窪田文子　1994　エリクソン(ゼイク)・モデル　宮田敬一(編)　ブリーフセラピー入門　金剛出版　pp.45-58.
宮田敬一　1994　ブリーフセラピーの発展　宮田敬一(編)　ブリーフセラピー入門　金剛出版　pp.11-25.
宮田敬一(編)　1997　解決志向ブリーフセラピーの実際　金剛出版
ミニューチン,S.　山根常男(訳)　1984　家族と家族療法　誠信書房
岡堂哲雄・鑪幹八郎・馬場禮子(編)　1990　臨床心理学体系4　家族と社会　金子書房
オハンロン,W.H.　森俊夫・菊池安希子(訳)　1995　ミルトン・エリクソン入門　金剛出版
白木孝二　1994　ブリーフセラピーの今日的意義　宮田敬一(編)　ブリーフセラピー入門　金剛出版　pp.102-117.

# 家族療法

　心理療法（カウンセリング）にはさまざまな方法があるが，1900年頃に創始されたフロイトの精神分析療法，1940年頃から始まった行動療法とロジャースのクライエント中心療法の3つの方法が主であった。そこではクライエント個人へのかかわりが中心であったが，20世紀半ばあたりからクライエントを含む家族や夫婦，親子にかかわる心理療法が台頭し始め，一括して家族療法とよばれるようになった。家族や複数の人物を対象にするという意味では，精神分析的家族療法や行動家族療法も存在するわけで，事実家族療法の始まりは1940年代の精神分析学派のアッカーマンであるといわれている。

　その後，人類学者のベイトソンらによって，統合失調症者の家族研究が行われ，有名なダブルバインド理論が提唱された。それは，一人の人物が意識的な言語コミュニケーションと無意識的な言語コミュニケーションを相手に同時に伝えると，その相手はどちらの情報に答えるべきかで混乱し，自分の世界に閉じこもらざるを得なくなり，ついには統合失調症の自閉的世界が形成されるというものである。

　1970年以降になると，今までの心理療法の考え方であった因果関係論から，一般システム理論を取り入れた，複数の人間の間のシステムをとらえようとするシステムズ・アプローチへと大きな転換を果たし，ジャクソンやボウエン，ヘイリー，サティア，ミニューチン，ワツラウィックといった多くのアメリカ在住の臨床家，研究者が家族療法の理論，技法を築きあげていった。

　一般システム理論を背景にした現代家族療法には，3つの流派があるといわれている。1つはアルゼンチン人の小児科医，ミニューチンの創始した構造派家族療法である。ミニューチンによると，世代間などの境界が曖昧な状態にある家族は，家族成員が家族のシステムに参加する規則が定かでないためにいろいろな問題に巻き込まれ，過剰に関与し合ったり従属しあったりするという。治療的には，そのような家族システム内にある境界や提携，権力のルールを理解し，家族構造を変化させていくことになる。実際には，セラピストが家族システムのなかに入り込み，家族の交流パターンを理解し，変化を促すために戦略的なさまざまな技法を使って家族システムの再構成を試みる。2つ目は，ワツラウィックらが構築したシステム論的アプローチである。彼らの活動の拠点であるメンタル・リサーチ・インスティテュートの頭文字をとってMRI派ともよばれる。そこでは，2者関係や3者以上の関係を円環的因果律で考える。つまり，問題や症状は1つの原因があって生じているのではなく，複数の人間や問題が互いに関係しあって循環して成立していると考えるのである。そのようないわば悪循環を断ち切るために，今までのクライエントや家族がとってきた解決努力（偽解決）を中止し，新たな別の解決努力をするように指示したり，ものの見方，とらえ方を変えることができるように援助（リフレーミング技法）する。3つ目は，ヘイリーやマダネスが行ったストラテジック・アプローチである。それは，2人以上の人が交わる関係は競争的な関係と優劣的な関係のいずれかであること，コミュニケーションの内容よりも「どのように話されたか」（メタコミュニケーション）を重視する，症状や問題は特定の個人には属さず，家族システム全体の問題であると考える。そのようなシステムの関係を変えるべく，ストラテジック（戦略的）に介入するのである。

　わが国では1980年ぐらいから家族療法が導入され，そのドラマティックな効果や技法のトリッキーさゆえ時代的にクローズアップされるようになり，マスコミが盛んに取り上げたこともあって，その後の15年間ぐらいは家族療法が心理療法界を席巻するようになった。家族療法の3種の神器といわれたマジックミラー，ビデオカメラ，インターホンも新し物好きの臨床家のオフィスやクリニックに設置されることも多くなった（筆者もその一人である）。しかし，10年程前から家族療法の考え方はブリーフセラピーに引き継がれることとなり，時代の傾向もあって当時

の家族療法家たちはこぞってブリーフセラピストを名乗るようになった。
　上述したことは，そのまま心理療法の歴史の変遷を物語っている。つまり，個人の内面的な心の問題を，セラピストが受身的にじっくり時間をかけて応対しクライエントが自己理解を深めていく，というやり方から，個人だけでなく周囲とのコミュニケーションも視野に入れて，目に見える問題をセラピストが即座に理解・把握し，積極的に変化を促していくというやり方への変遷である。これはこのまま，時代の変化を反映しているのではなかろうか。

〔東　斉彰〕

# 第22章

# 遊戯療法と箱庭療法

　遊戯療法も箱庭療法も，クライエントが非言語的素材を媒介として内的世界を表現をする点で共通している。河合（1969）は，箱庭療法を「絵画療法と遊戯療法の中間に位置する」と述べているが，箱庭の作成を1つの遊びとみなすこともできるし，遊戯療法の中で箱庭が用いられることもある。

## 1. 遊戯療法

### (1) 遊戯療法とは

　遊戯療法とは，プレイルームとよばれる部屋で，遊びを通じて治療を行う心理療法の技法であり，一般的には，2歳頃から思春期前後までの子どもが対象とされる。心因性の病に最もよく適用されるが，器質的障害をもった子どもの発達を促す技法としても有効であることが多い。

　子どもは心の内面を言葉で表現することが困難であるが，遊びのなかにそれが表現されると考えられる。しかし遊戯療法での「遊び」は，日常的な意味での遊びと違い，もっと深刻な作業を含んでいる。子どもは，治療者の見守るなかで，そうした遊びを通じて自らを癒すための心理的な仕事をするのである。

### (2) 遊戯療法の理論的背景

　子どもを対象にした精神分析的治療は，フロイト（Freud, S., 1909）が子どもの父親を介して5歳の恐怖症の男児を治療した症例に遡るが，精神分析的視点をもって最初に遊戯療法を行ったのはフーク－ヘルムート（Hug-Hellmuth, H., 1920）であるとされている。その後，精神分析的遊戯療法は，クライン（Klein, M.），アンナ・フロイト（Freud, A.）により大きな発展を遂げる。クライン（1926, 邦訳1983）は，子どもの遊びは，大人の**自由連想**に相当すると考え，子どもにも**転移**が生じると主張し，大人の精神分析と同じ考え方で，子どもの遊びを解釈して治療を行った。一方，アンナ・フロイト（1927）は，子どもは大人と同じようには転移を発展させることができないと考え，子どもの治療に親の協力を求めるなど，大人に比べて現実的な環境的要因を重視し，治療技法上の修正を行っている。

　一方，ロジャーズのクライエント中心療法の影響を受けたアクスライン（Axline, V.M., 1947, 邦訳1972）は，非指示的遊戯療法を提唱した。

**自由連想**
　フロイトは心理療法の方法として「自由連想法」を考案したが，ここでの自由連想とは，自由連想法で用いられる自由な連想のことを意味している。自由連想法では，クライエントは寝椅子に横になった状態で，頭に浮かんでくるすべてのことをそのまま治療者に話すことが求められる。

**転移**
　これまでにかかわりのあった重要な人物，特に父親や母親，に対して体験してきた感情や行動，態度などが，現在の対人関係の中のある人物（ここでは治療者）に対して生じること。

アクスラインの立場は、子どもの遊びを治療者が指示したり、解釈するのではなく、温かく見守り共感していくことで、子どもに自己治癒や成長が生じることを重視する。その考え方は「遊戯療法の8原則」のなかに集約されている。

表22-1　アクスラインの遊戯療法の8原則（要約）

①治療者は、できるだけ早く良いラポールができるような、子どもとの温かい親密な関係をつくる必要がある。
②治療者はあるがままに子どもを受容する。
③治療者は子どもが自由に気持を表現できるような許容的雰囲気をつくり出す。
④治療者は子どもが表現している気持を察知し、子どもが洞察を得られるようにその気持を子どもに反射する。
⑤治療者は、子どもが自分で問題を解決できる能力をもっていることを信頼する。選択したり変化させたりする責任は子どもにある。
⑥治療者は子どもに指示しない。子どもがリードし、治療者がそれに従う。
⑦治療はゆっくり進む過程であり、治療者は治療を早く進めようとしない。
⑧治療者は治療を現実に繋ぎ留め、子どもにその関係のなかでの自分の責任を気づかせるために必要な制限を設ける。

> ラポール
> 治療者とクライエントの信頼関係のこと。

### (3) 遊戯療法の実際

#### 1）治療契約と親面接

通常、子どもの治療の契約は親と治療者の間でなされる。契約の主体が子ども自身でないため、治療の継続や終結は、最終的には親の判断によることになる。また遊戯療法では、子どもの担当とは別の治療者が親面接を担当することが多い。親面接の目的には、子どもの治療者が子どもをよりよく理解するために、子どもの症状や生育歴、家族関係や日常生活等についての情報を得るとともに、親を精神的に支え、親が子どもについて理解を深められるように援助することなどがある。子どもの問題は家族の問題を反映していることが多く、そうでない場合でも、親が子どもに与える影響はきわめて大きい。したがって、子どもの治療に親の協力を得ることは大切である。

親と子どもは別の部屋で、別の治療者が担当する方法（親子並行面接）と、親子が同室で、親は子どもの治療の様子を見ながら面接を受ける方法がある。前者では、子どもは親と別の部屋で治療を受けるので、日常では許容されないような遊びも親に秘密で自由にできる。後者の場合は、親が治療者の子どもへのかかわり方を観察し、学習できるという利点があり、特に年齢が低い子どもの場合に有効であると思われる。

ここでは、親子並行面接を前提にして、遊戯療法について説明する。

> 治療契約
> 治療の開始にあたって、どのように治療を進めるかについて、治療者とクライエントの間でなされる取り決めや約束のこと。治療目標や治療の方法、料金、治療の頻度、場所、一回あたりの時間に関する取り決めなどが含まれる。

#### 2）遊戯療法の場——プレイルーム

プレイルームとは、遊戯療法のために設けられた特別な部屋であり、子どもが遊ぶためにふさわしい、さまざまな遊具が用意されている。

プレイルームは、何よりも、子どもに安全で守られているという感覚を与えるような空間でなければならない。そのためには、外から見られたり、音が漏れることのない空間、つまり、外部から隔絶され、秘密が保証される部屋であることが必要である。

プレイルームの内部の設備は、子どもが自由に動きまわり、チャンバ

ラやボール遊びなどができる空間と，子どもが寝転んだり，くつろぎながら遊べる空間の両方があることが望ましい。後者のために，プレイルームの一隅に畳やじゅうたんを敷いたスペースを作ったり，ソファを置いたりすることもある。また，絵を描くためのテーブルも有用である。年少児を対象とする場合には，砂場や水道を設置することも多い。砂場は，穴を掘ったり人形や怪獣などを置くことができ，箱庭以上にダイナミックに遊びが展開されることがある。また，水道があれば，砂場に川や海を作るなど，さまざまな水遊びができる。ただし，攻撃性の強い子どもが砂や水を使うと，制止や片づけが大変になる可能性もある。

　プレイルームに必要な玩具は，クライエントの年齢やタイプによって変わってくるし，治療者の個性にも関係するが，単に遊ぶためでなく，それらを介して子どもが想像力をはたらかせ，心的世界を表現したり，治療者との関係を構築するための素材として意味をもつ。

　一般的には，人形，動物，怪獣などの玩具は必須であるし，食べ物や食器，調理器具，家具などままごと遊びに関係する玩具，刀やピストルなどの攻撃性の表出にかかわる玩具，積み木，ブロック，粘土のように造形できる玩具や，描画のための画用紙やクレヨンなども重要である。またプラレールやミニカーもよく用いられる。ボール，バドミントン，卓球などは，子どもと治療者の関係を構築する手段となることもあるし，より統制された攻撃性の表出にも利用される。トランプや将棋，野球盤などのゲームも，関係の構築や攻撃性表出の手段となるが，ファミコンのように，想像力を働かせる余地の少ないゲームは，治療的な意味に乏しい可能性がある。また，ビニールトンネルのような玩具は，子宮からの誕生をイメージさせる遊びに使われることもある。

### 3）遊戯療法への導入

　治療者は，子どもと二人でプレイルームに入室する。教示が厳密に決まっているわけではないが，時間の観念が理解できそうな子どもには「今から50分ここで遊ぼうね」とか，「時計の長い針が10のところに来るまで遊ぼう」といったように，時間について初めに説明することが多い。子どもが玩具を見て自発的に遊び始めれば，治療者は，子どもの遊びを見守る姿勢をとればよい。

　しかし，子どもが親から離れるのを嫌がることもある。このような場合，子どもが治療者に慣れるまで，親子同室で治療を行うこともある。また，緊張が高く自発的に遊べない子どもには，治療者が玩具を提示したり，子どもを遊びに誘うこともあり，治療者は子どもの状態に応じて，柔軟に対応しなければならない。

　遊戯療法には以下で述べるように，時間以外にもいくつかの制限があるが，導入時に説明するのではなく，それらが問題になるような事態になったときに説明したり，制止するのが一般的である。

### 4）遊戯療法での制限

　遊戯療法には，幾つかの制限が定められている。これらは，治療者と子どもが安心して治療を進めるために必要であるが，治療者の個性や子

どもの状態によってある程度柔軟に適用されることが多い。

**①時間と場所に関する制限**　契約によって定められた特定の時間（たとえば，週1回，50分間），場所（特定のプレイルーム）以外では治療は行わないのが原則である。所定の時間を過ぎたら子どもは遊びを止めてプレイルームを去らなくてはならない。遊びを室内に限るという制限は，遊びを束縛するように思えるかもしれないが，治療を安心して行うために必須である。それは以下のような事例で明らかになる。

>【事例A】7歳の多動と診断されたAは，初回に突然プレイルームから外に飛び出してしまった。治療者はAに追いつくのに一苦労し，Aを力ずくで従わせると関係を壊すと思い，一緒に外の駐車場などを彼について走ったり，歩いたりしたが，そのまま時間が来てしまい，結局Aを待合室の母親のもとへ無理やり連れて行かねばならなくなった。他人に好奇の目で見られ，治療者はやりにくかったし，治療的意味も感じられなかった。A自身は，治療者よりももっと不安だったに違いない。

**②破壊的な行為等についての制限**　遊戯療法で玩具や設備を壊したり，もち帰ったりすることは一般に禁止されている。その他，治療者が許容できない行為，治療にマイナスになると思われる行為は，治療者の判断で制止することがある。たとえば，耐えがたいほどの激しい攻撃が，治療者に向けられる場合などである。

制限が問題になりやすいのは，衝動の統制ができない子どもや攻撃性の高い子どもなどである。それらの子どもに制限を守らせることによって，衝動を統制する能力や現実的な感覚が子どもに身についていくと考えられる。また，治療者が許容できないような攻撃や物の破損を禁止するのは，治療者自身が不安定になると子どもも不安定になるし，破壊的な行為の結果，子どもに罪悪感を負わせることは治療にマイナスになるからである。勿論，玩具や設備の破壊は，プレイルームを使用している他の子どもにも影響を与えかねないし，経済的な問題も生じさせる。

制限を破ろうとする子どもにそれを守らせることは相当なエネルギーを要することもあるが，制限を貫くことで，治療者とクライエントの間に対決が生じ，それによって治療が進展することもある。

>【事例B】4歳の自閉傾向があると診断されたBの事例である。母親と分離する際にまったく不安をみせず，毎回プラレールにひたすら熱中し，治療者の存在は眼中にないようにみえた。数ヶ月が過ぎた頃から，Bはプラレールの遊びに注意が散漫になったようにみえ，ついに退室しようとして，ドアの前で制止する治療者とせめぎあいになった。治療者を叩いたり髪の毛を引っ張って治療者を退けようとしたが，途中から泣き出し，終いに泣き疲れて治療者に抱かれて眠ってしまった。このようなことが数回続いたが，子どもは次第に退室を要求しなくなり，喜怒哀楽の表情が生じ，治療者に愛着を示すようになった。親面接では，Bが母親に初めて愛着を示すようになったという報告を受けた。

### 5）治療者の役割
**①アクスラインの基本原則について**　アクスライン（1947，邦訳1972）

の「8つの基本原則」は治療者が子どもにどのように接するべきかを述べているが，弘中（2002）は，この8原則を，治療者の受容的な姿勢・共感的理解・子どもの自己成長力への信頼と子どもの主体性の尊重・制限の4点に集約している。

　治療者が，暖かく子どもを受容し，子どもの気持ちを理解し，成長可能性を信じ，子どもが主体的に遊ぶことを認めていくことで，子どもは自分が尊重され守られていると感じ，今まで出せなかった本来の自分を表現しやすくなるだろう。そして，自己表現としての遊びが受容されると，子どもはさらに深く自分を表現するかもしれない。そのような体験は，子どもにとって今までにない新しい経験であることが多く，その過程のなかで子どもは成長し，それが自己治癒につながるのであろう。また治療者には優しさや感性だけでなく，子どもの成長を待つ粘り強さや，制限を守らせるための強さも必要である。

　アクスラインの原則は，治療者の態度について本質的な点を述べているが，遊戯療法の実際の場面では，これらの原則に沿って治療を行うことはそれほど簡単ではない。

　たとえば，受容や共感をするのが非常にむずかしい子どももいる。事例Bの治療初期もそうであったが，自閉的な子どもは，治療者と視線が合ったり，気持が通じ合えると思えるようになるまでに何ヶ月もかかることが珍しくない。また，さまざまな治療原則を両立させることができない状況に追い込まれることもあり，治療者には臨機応変な態度が求められる。たとえば，子どもが遊びに熱中している最中に終了時間が来たとしよう。そのとき，子どもの遊びつづけたい気持に共感することと，時間の制限は治療者に葛藤を引き起こすかもしれない。特に，子どもとの信頼関係がまだ確立していない場合には，遊びをいかに止めさせるか，ある程度の時間の延長を認めるかがむずかしく思われることもある。

　一方，アクスラインは，ロジャーズ（Rogers, C.R.）の立場を踏襲しているため，理論や診断などはあまり問題にしていないが，子どもを理解するために，それらが役に立つことも多い。たとえば，精神分析の仮説は，子どもの遊びの意味や治療関係について考えるうえで有効である。

　　【事例C】小学校低学年の女児Cは，治療者に電車やミニカーを投げつける振りをして，治療者が思わず身をそむけると「ばーか」と言って，軽蔑するように治療者を見る遊びをたびたびした。この後に，Cが親の虐待を受けていたことが親面接からわかり，治療者は，親への怒りが治療者に転移していると考えることができ，この遊びを多少は受け入れやすくなったし，遊びの背後に悲しみがあることにも気づくようになった。

**②子どもとどうかかわるか**　「遊戯」という言葉から，遊戯療法は，楽しく遊びながら治療をするのだと思われやすいかもしれない。実際に子どもは大人に比べ，治療の展開が早く，遊びが楽しく展開するうちに，症状がなくなっていくことも少なくない。しかし，その一方で「楽しい」こととは正反対のことを延々と続けなければならないような事例もある（山中, 1999）。遊戯とはいっても，遊戯療法では，遊びを通じて，怒り

や不安など，日常的な価値観からは許容されにくい心理が表出される必要があるのである。

　そのためには，アクスラインの原則にあるように，子どもが遊びを主導し，治療者はどんな遊びに対してもできる限り受容するように努めなければならない。治療者から子どもに積極的にかかわっていくのではなく，子どもの遊びの流れを妨げないように子どもの様子をよく見て対応する必要がある（山中，1999）。子どもが砂遊びや人形遊びなどに没頭しているときには，治療者はそれを受容的に見守ることが大切で，安易に遊びに参加しようとすると，本来の遊びの流れを妨げてしまう。これは箱庭療法で，クライエントの箱庭制作中に，治療者が介入を控えるのと同じである。治療者が横で遊びを見守っていると，子どもが治療者を遊びに参加させようとする意図が見えることがあり，その場合は，その流れに乗って遊びに加わればよい。逆に治療者が遊びを先導して一緒に遊ぶような場合，治療者にとっては楽しい遊びであっても，子どもは合わせているに過ぎず，治療的でないことが多い。

　また，子どもの遊びを否定的に評価するべきではないのは明らかだが，肯定・否定にかかわらず，治療者が評価的な態度をとる場合，その影響について考える必要がある。たとえば，子どもの作品について「すごくきれいだね。上手だね」などと治療者が言うと，治療者に好かれようとして，心のなかの汚い面を表現しなくなってしまう子どももいる。そのような場合，子どもは美しい作品ばかりをつくり，治療は進展しなくなるかもしれない。

　子どもが治療者を困らせる遊びをすることもよくある。その代表的なものは，治療者を攻撃する遊びである。これは，チャンバラのように治療者が応戦できることもあるし，子どもが治療者を一方的に攻撃しようとすることもある。この場合も，治療者が攻撃をどのように受容していくか，受容できない場合はいかに制限するかが問題となる。アクスライン（1947, 邦訳1972）は「治療者に対する攻撃は，どんな攻撃でも，ただちにとめなければなりません」と述べているが，筆者の知る範囲では，それを許している治療者は多い。そして，ちょっと攻撃されただけで治療者が不安になったり，制止するのでは，治療がなかなか進まないケースもあるように思われる。治療者は情況に応じて，自分の耐えられる範囲内で攻撃を受けていくことも必要であろう。また，子どもの攻撃に対し，何らかの工夫によって対処できる場合もある。たとえば，プラスティックの刀は止めさせて，新聞紙で作った刀を利用させたり，また，治療者への攻撃を治療者が操る人形への攻撃へと対象を変えさせることで，治療者は，攻撃を凌げるかもしれない。

　遊びのなかで，治療者は銃で撃たれたり，斬られたり，毒を盛られることもあるが，治療者は子どものファンタジーのシナリオ通りに，死ぬべきところでは死なねばならない。夢や箱庭にも共通することであるが，イメージのなかでの死は，治療的に重要な意味をもつことが多いのである。

### (6) 遊戯療法のプロセス

弘中（2002）は遊戯療法のプロセスを4つの段階に分けているが，ここではそれを参考にしながら，以下のようにまとめてみた。実際の遊戯療法の過程については，さまざまなパターンが考えられ，子どもの年齢や病理，子どもと治療者各々の個性によっても展開は違ってくる。この治療プロセスは，さまざまな治療過程のなかの1つの典型例として考えて欲しい。

#### ①子どもと治療者が関係を築く段階

子どもと治療者が信頼関係を築く段階である。先にも述べたが，分離不安が高い子どもには，母子分離をすることが最初の課題となる。また，緊張が高く，子どもが自分から遊べないような場合には，治療者が子どもを遊びに誘ったり，子どもの緊張を解く工夫をしなければならないこともある。

#### ②子どもの未分化な感情が表出される時期

治療者との安定した関係が確立されると，子どもは抑圧していた未分化な感情を遊びのなかに表出するようになる。それらは概して，子どもの日常的価値観からは否定的な意味をもち，許可されないような遊びである。そして，遊びのなかには未分化な攻撃性がみられることが多い。攻撃性は，初期には怪獣や人形の戦いなどの遊びとして表出され，次第に治療者に向けられるようになることもある。

#### ③未分化な感情が分化し建設的な方向へ向かう時期

未分化な感情や衝動的エネルギーが，分化され，建設的な方向に用いられるようになる。未分化な激しい攻撃（残酷さを感じさせる人形遊びや，治療者への容赦のない攻撃など）は，しだいに洗練され，球技やゲームなどのルールある遊びで表出されるようになる。しかし子どもは，ルールを勝手に変えたり，ズルをして，治療者を負かせようとすることが多い。その後次第に治療者と対等な形で競うようになる。

#### ④終結の段階

内的問題が解決されてくると，子どもの遊びに対するコミットメントは弱くなり，遊戯療法よりも現実の友人関係が楽しくなっていく。この段階で，治療からの出立を示唆する象徴的な遊びがなされることもある。

> 【事例D】5歳児Dのケースである。治療に1年を経過した頃に，ウルトラマンとゾフィーがすべての怪獣を退治した後，今度はウルトラマンがゾフィーを殺し，その後，ゾフィーを再生させて，宇宙に帰っていく遊びをして終結になった。Dは以前には，怪獣との戦いで危機に陥ったウルトラマンを，ゾフィーが救う遊びを何度かしていた。厳格すぎる家庭で育てられたDにとって，ウルトラマンと怪獣の戦いは，Dとネガティブな親イメージとの戦いを表現していたと考えることもでき，ゾフィーは治療者を象徴していたようにも思われる。ここでゾフィーを殺したのは，子どもがもう治療者を必要としなくなったことを示していると思われ，宇宙への帰還は，治療からの出立を連想させる。

治療の終結については，自然な遊びが展開するなかで，主訴や，その

背後にある問題が解決され，子どもが自ら終結を決めるまで治療を継続することが理想である。主訴が解消しても子どもが治療を続けたがる場合は，子どもに何らかの問題が残っていることもある。

終結は，実際には，子どもの意図ではなく親の判断で決められることが多い。また親が治療を止めたがっているのを子どもが感じ取って，子どもが終結を急いだと思われる事例もある。子どもは一般に，自らの心の状態を，言葉で親に説明できないので，子どもの治療者は，遊びの様子から，子どもの遊びの変化や治療の継続の必要性を吟味し，それを親面接者を介して親に伝えることもある。

## 2. 箱庭療法

### (1) 箱庭療法とは

箱庭療法とは，底に砂が入った木の箱にさまざまなミニチュアの玩具を自由に置いていくことで作品を作り，その制作を通じて心理的病を治療する技法である。

箱庭療法は，非言語性の高い治療技法であり，言葉で内面を表現することが困難な子どもや思春期のクライエントによく適用されるが，大人にも用いられる。特に，言語のみでのカウンセリングがむずかしく，遊戯療法にも馴染みにくい思春期のクライエントには，箱庭療法が有効であることが多い。また，プレイルームのない病院などの治療施設では，子どもの治療によく用いられる。

箱庭は，単に言語に代わる手段というだけではなく，言葉で表現しにくい体験を視覚的に表現することができ，独自の特色を備えている。

### (2) 箱庭療法の理論的背景

ローウェンフェルト（Lowenfeld, 1939）は子どもの心理療法の技法として「世界技法」を考案した。カルフ（Kalff, D.M., 1966, 邦訳1999）は，ローエンフェルトから世界技法を学び，そこにユングの分析心理学の考え方を導入し，箱庭療法 Sandspiel として発展させたといわれる。カルフは初め，箱庭療法を子ども向けの治療技法と考えていたが，後に大人のクライエントにも適用するようになった。箱庭療法は，カルフからこの技法を学んだ河合（1969）によって日本に紹介され，日本で大いに普及した。河合は日本で研究を重ねたが，その後，カルフは河合の影響をかなり受けたといわれている（河合・樋口・山中・岡田, 2002）。

カルフ（1966, 邦訳1999）によれば，箱庭を作成することで無意識の問題が箱庭のなかに移され，治療者が箱庭のなかに浮かび上がった象徴を理解することで，治療者と子どもの間に信頼の雰囲気，つまり＜母と子の一体性＞がつくり出される。また，治療者は子どもに作品についての洞察を伝える必要はなく，＜保護された空間＞においての象徴体験が重視される。そして，制作者が作品をつくるなかで，自我発達に向かうエネルギーが開放されていくと考えられている。ここで，カルフが，単に箱庭の作品だけではなく，治療者とクライエントの関係を重視してい

ることは非常に重要である。

### (3) 箱庭療法の実際

実際の治療では，箱庭療法だけで治療が進むケースは少なく，プレイルームに箱庭があり，遊戯療法のなかで箱庭がときどき置かれたり，言語的面接と並行して箱庭が置かれるケースが多いように思われる。そして，言語的面接と並行して用いられる場合でも，箱庭には言語的面接よりも深い次元の心理が表現されやすい。また，問題を語ることに抵抗を示すクライエントを箱庭療法に導入することで，その問題をあまり意識せずに，したがって，強い抵抗を生じさせずに治療を継続できることもある。

箱庭療法は大人，子どもにかかわらず，クライエント自身が主体的に作成することが大切であり，無理に作らせても治療的意味がないどころか，治療関係そのものを損なうおそれがある。実際に箱庭を作成するのは，クライエント全体の一部であるし，毎回のように箱庭を作るクライエントはもっと少ない。治療者は箱庭療法を無理強いしないように気をつけなければならないし，クライエントが箱庭を置いているときにも，真に主体的に作成しているかどうかに注意する必要がある。

#### 1) 箱庭療法の用具
##### ①箱庭の箱と砂
縦，横，高さが57×72×7cmであり，そのなかには，細かい砂が入れられているが，砂の下にある箱の底は青く塗られていて，砂を掘ると川や海などを表現できるようになっている。砂に触れると，さらさらしていて，気持ちのいい感触を与えることが多い。

##### ②アイテム
箱庭に置くためのアイテム（ミニチュアの玩具）である。人間（老若男女，兵士，農民，会社員，主婦，学生，子ども，赤ん坊，医師，看護婦，司祭や僧侶などの聖職者，歴史的に昔の人物などさまざまな人物），動物（家畜，野生の動物，蛇，亀，トカゲ等の爬虫類，カエル，魚），怪獣，植物，乗り物，建造物，家具，橋，柵，石，宗教的なもの（仏像，マリア像，十字架，寺院，墓）など，いろいろな種類のものが大小さまざま，複数用意されていることが望ましい。クライエントに見えやすく，手に取りやすいように，適度な高さの棚に並べておく必要がある。

#### 2) 箱庭療法への導入
砂箱と棚のアイテムを示しながら「ここにいろいろなものを置いて自由につくってみてください」といった内容で教示する。作成する時間に制限はないが，その心理療法の時間の枠が箱庭の制作時間の枠となる。箱庭療法は一般の人にもかなり知られているので，特に教示をしなくても，自分からつくり出す人も多い。ここで，棚にないものを置いてもよいかとか，自分でもってきたものを置いてもよいか，などと問われることもあるが，許容できる範囲でなるべく許すようにする。クライエントによっては，水を使いたがったり，火を灯すための蝋燭を持参するよう

なこともまれにあるが，それを許可するかどうかは，クライエントの病理や，治療者との関係，その治療機関の性質なども考えて対処する必要がある。河合（1969）は，攻撃性の強い子どもの場合，水や砂を撒き散らして困る場合があることを指摘しつつ，「水の使用によって，興味深い表現を得られるかもしれないから，この点は治療者の判断で自由にするのがよいだろう」と述べているが，筆者も同じ意見である。

### 3）箱庭の制作

クライエントが箱庭を作成している最中は，治療者は無言で見守るのが原則である。

箱庭は，既存のアイテムを置いてつくるので，描画法の絵のように上手・下手を意識せずに作成できる。また，砂に触れたときの気持ちよい感触は適度の退行を促すといわれる。つまり砂に触ることで自我のコントロールが弱まり，無意識の活動が活性化するのである。

箱庭作品は，意識的・意図的に作られるように見えるが，意識とは異なる無意識の働きに動かされて制作されるのが普通である。無意識が関与するからこそ，箱庭の制作が治療につながると考えられるが，そのためにむずかしい事態が生じることもある。病理が重いクライエントの場合，箱庭の制作過程で自我が統制を失って収拾がつかなくなったり，あまりにも凄い表現をして症状が悪化する場合もあるので，クライエントの作品を治療者が許容できないと感じる場合には，制作の途中でも止めさせたほうがよいとされる（河合，1969）。特に，精神病圏のクライエントには箱庭は用いない方が無難である。

一方，クライエントが子どもの場合，作品を完成させるという意図が乏しく，砂遊びのような感じで箱庭で遊ぶことがある。子どもは治療者に一緒に遊んだり，何かをつくることを求めることもあり，治療者は状況に応じて柔軟に対応することが必要である。

> **退行**
> 退行とは，発達的に以前の段階の心理状態に戻ることを意味することが多いが，ここでは，これまで自我に用いられていた心理的エネルギーが，心のなかのより深い層に向かうことを意味している。

**図 22-1　箱庭作品の例**（「戦いの場面」。本テキストのために作成された作品である）

### 4）作品を鑑賞する

　作品が完成したら，クライエントと治療者はともに作品を眺め，鑑賞することも大切である。そして，作品について説明してもらう。治療者が作品について聞きたいと思う点があったら聞いたらよい。

　しかし，箱庭の制作には無意識が関与しているため，「なぜかわからないが，どうしても左隅に仏像を置きたくなった」，「自分でも何なのかよくわからない」といった感想が語られることもある。クライエント自身が作品を説明できないことはよくあることなので，そのような場合は説明を求めすぎない方がよいであろう。治療者が説明を求めすぎたり，作品の整合性を問題にすると，それが治療関係をこわしたり，説明できる作品だけをつくるように示唆することになりかねない。作品がどのようなものであっても，治療者には，作品を受容しようとする態度が必要である。また，作品についての解釈や印象をクライエントに伝えることには慎重であった方がよい。下手に解釈を伝えると，それが箱庭の制作を方向づけることになったり，何らかの余計な影響をクライエントに与えることになりやすい。

　治療者が解釈的なことを言わなくても，クライエントは作品を見ることで，自分の心のなかのことに気づくことがある。木村（1985）は，箱庭で美しい公園をつくろうと思っていた女子大生が，動物と怪獣の世界をつくってしまった事例を紹介しているが，女子大生は，そうした気持ちについて語るなかで，「衝動的なエネルギーの爆発をいつも恐れつつ表面的にしか外界に適応していない自分」について，気づきを深めたのである。

### (4) 作品の理解
#### 1）治療と診断

　心理学の授業で学生に箱庭を作らせると「これから何がわかるのか」と聞かれることが多い。しかし，箱庭療法は，心理テストや診断の手段として考案されたのではなく，治療を第一義にしていることを明確にしておきたい。

　先に述べたように，箱庭療法はローエンフェルトの「世界技法」から発展したものであるが，ビューラー（Bühler, C., 1952）は，「世界技法」を発展させて診断を目的とした「世界テスト」を作成している。その際，テストの客観性を高めるため，玩具の内容を一定にし，砂の使用を止めることにしたが，その結果，世界テストは治療には適さなくなった。一方，カルフは世界技法の治療的側面を発展させ，箱庭療法を完成したと考えられる。このことから，診断と治療を1つの技法で両立させることが非常にむずかしいことがわかるであろう。

　箱庭療法が診断にあまり向かない点は，夢や遊戯が心理療法として役立っても，診断にはあまり向かないことに似通っている。たとえば，夢の場合，日常生活の反復と思えるような浅いレベルの夢から，心の深い層から生じたと思われる夢もある。箱庭作品も，それがどの心の層が表現されているかによって意味が違ってくる。また，ある程度健康な人なら，意図的にありきたりの作品を作ることもできるのである。

## 2）作品の見方
### ①作品を系列的にみる

　先に述べたように、クライエントの特徴を1つの作品から判断するのはむずかしいことが多いし、危険なことでもある。クライエントの意図的防衛があまりない場合でも、最初はバランスのとれたノーマルに見える作品をつくり、その数回後に病的な作品が制作されることもある。もし、初めの1つの作品を分析しようとするなら、そのような条件を考慮して、慎重になる必要がある。しかし、クライエントの沢山の作品を、それらが作成された時系列に沿って見ていくと、そこに何らかの特徴や変化が見えてくることが多い。箱庭療法は、作品を1回作るだけで終結することはほとんどなく、何度も繰り返しつくられるなかで治療が進んでいくのが一般的である。それらの作品の特徴や変化に着目することで、クライエントの心理的特徴や治療の進展について理解を深めることができる。

### ②作品を理解する視点

　箱庭作品は、製作者の内的世界の集約的なイメージの表現と考えられる（木村，1985）。作品を理解するための視点は、作品によりさまざまであり、その意味づけもさまざまに考えることができる。絶対的に正しい解釈などないように思われるが、ここでは河合（1969）をもとに、いくつかの一般的なポイントをあげてみよう。

（i）全体の印象，統合性

　作品を見る場合、まず初めに全体的な印象が大切である。全体に豊かであるとか、アイテムは多く置かれているが雑然としているとか、エネルギッシュに感じられるとか、寂しいとか、無機的であるとか、そういった作品についての直感的印象が大切である。その印象はクライエントについての臨床像と一致していることもあるが、異なる印象を受けることも多い。たとえば、面接では明るく見える人の箱庭が、寂しく感じられることがある。このような場合、箱庭作品が、表面的な明るさの背後にある寂しさや抑うつ的な心性を示している可能性もあるだろう。

　河合（1969）は、全体の印象のなかでも、作品の「統合性」を非常に重視し、統合性について「分離、粗雑、貧困、機械的、固定的な要素の少ないことだといえるだろう」と述べている。

（ii）作品の分割と統合性

　統合性について、作品の分割という観点から見てみよう。

　河合（1969）は、沢山の木だけを箱庭の全面に置いた女子大生の作品を未分化な作品として示している。森を無意識の象徴であると考えれば、このような作品の制作者は、意識が分化せずに、無意識的な状態に留まっていると見ることもできる。つまり、作品に分割がまったくない作品が統合性が高いわけではなく、作品がいくつかの異なった領域に分かれていても、それらが有機的な関連をもっている場合、統合性の高い作品といえる。たとえば、森のなかに道があり、その道が森のなかの公園や家や寺院をつないでいるような作品なら、先の作品よりも統合性が高いといえるであろう。

　また、川によって世界が左右に分割された作品は多く見られるが、左

右の世界の交流がない作品より，川に橋が架けられ，左右の世界がつながれている作品の方が統合性が高いといえる。また，作品の一部が柵などで囲まれ，孤立している作品があるが，柵で囲まれている部分は，自我に統合されていない心的要素を象徴的に示していることが多い。たとえば，ゾウが柵に閉じ込められた作品は，野生の動物に象徴される本能的エネルギーが自我に統合されず，閉じ込められている状態として理解できるかもしれない。一方，柵で囲むことによって，クライエントにとって大切なものを保護しているように思われる作品もある。

(ⅲ) 空間の配置

グリュンワルト（Grünwald, M.）の空間図式によれば，右が外的世界，意識的世界を示し，左側が内的世界や無意識をあらわすとされる。この考え方は箱庭にもあてはまることが多く，作品の左右のバランスに着目することが必要である。特に，川などによって作品が分割されている場合は，川の左側と右側の面積や，豊かさなどについて比較してみるとよい。左側の方が広く豊かであればそのクライエントは内向的性格，右側が広く豊かであれば外向的性格という仮説が立つ。たとえば，不登校児の箱庭作品の左側が豊かで右側が貧困な場合，クライエントは内向的で外界への関心が乏しい状態にあると考えられる。

また，人，動物，乗り物などが全体的に左の方向に進んでいるのは退行，右に進んでいるのは**進行**を示すとされる。退行を示す作品は，治療初期や中期によくみられるが，治療のために，心的エネルギーが心の深い層に向けられていると考えられる。また，進行を示す作品は治療後期に作成されることが多く，これは心理療法での内的作業が終わりつつあり，今まで治療のために心の深層に向けられていた心的エネルギーが自我や外界に向かっていることを示唆している。しかし，これらの左右についての考え方は，あくまで仮説であり，例外もあることを考慮しなければならない。

(ⅳ) 作品の象徴的理解

箱庭作品は，各々の制作者の独自の表現であるが，置かれたアイテムや，表現されたテーマについて，それらのもつ象徴的意味が，ある程度一般化して考えられるものもある。

たとえば，山，森，神社などは，無意識の領域を示していることが多い。また，動物は，クライエントの本能的な側面を示し，ライオンなどの獰猛な動物は，クライエントの攻撃性の強さを示唆すると考えられる。蛇は未分化で自我が受け入れられない否定的なものを表すこともあるが，クライエントの心理に大きな変化が生じる際に置かれることもある。

一方，作品のテーマとして，戦いのテーマはよくみられるが，これは心のなかの異なる心理的要素の対立を示していると考えられ，自我と抑圧されていた心的要素の対立を示していることもある。また，左側の未開社会に右側から外国人がやってきて，未開社会の原住民と戦うという作品では，右側の現実社会の動きに対し内界で葛藤が生じていることを示すのかもしれないし，治療によって左側の無意識の領域が意識に統合されることへの抵抗を示しているのかもしれない。

**進行**
進行とは，退行とは反対に，心の深層に用いられていた心理的エネルギーが自我へと向かうことを意味する。

**象徴**
ユングは，象徴を，既知の事がらを表す代用物である記号とは区別している。ユングによれば，象徴とは，比較的未知の事がらの最良の表現であり，それ以上明確に表しえないものである。

夢や遊戯療法でも「死」のテーマは非常に重要であるが，箱庭では，死は，砂に埋められるという形で表現されることもある。河合（1969）は，悪い動物が死んで良い動物になるという例をあげているが，作品のなかでの死は，新しいイメージの誕生につながることが多い。たとえば，砂漠で動物が埋められ，その後に木が生えてオアシスが生じたり，クライエントの母親像と思われる人物が死に，それを契機に，否定的な存在であった母親に，現実に良い面が見いだされたり，逆に，仲の良かった母親にクライエントが反抗するようになることもある。また，卵や赤ん坊は，クライエントの心のなかに新しい可能性が生じてきたことを示唆することがある。

この他にもアイテムやテーマについての象徴的意味については，分析心理学の見解をはじめとしてさまざまな見方があるが，それらがその作品において真に妥当であるのか，作品を系列的に見て考えていかねばならない。

(ⅴ) 作品の系列的変化

先に述べたように，作品を時系列に沿って見ていくと，特徴や変化が見えてくることが多い。系列的変化を見る視点は無数にあると思われるが，ここまで述べてきた視点から作品の変化を見ていくこともできる。

たとえば，全体に寂しい感じの作品が，豊かで潤いを感じさせる作品に変化したり，川で左右の世界が分割されている作品に，何度も箱庭を作る過程で，橋が掛けられたり，柵で囲まれて周囲から孤立していた領域の柵が開く場合などがある。また，戦いによってどのような変化が生じるのか，主人公と目される人物（動物のこともある）がどのように変わっていくのか，といった視点も有効である。

また，作品のなかに，その安定を破るようなアイテムが置かれることがあるが，そのアイテムがクライエントの世界を変革していくための役割を果たすことがある。たとえば，家の庭先に家畜が多数置かれ，そこから少し離れた森の陰に1匹の狼が置かれる場合，それは危険をもたらす可能性もあるが，牧歌的な静的世界の均衡を打ち破り，新しい世界を作っていく源泉となるかもしれない。クライエントの人格が変化するためには，箱庭作品が静的で安定しているだけでは駄目で，それを脅かすような存在や作品の綻びに注目することも大切である。

**③箱庭療法のプロセス——カルフの説**

作品を時系列に沿って見ていくことは大切であるが，カルフ（1966）によれば，箱庭作品は以下のような段階を経て発展していくとされる。

(ⅰ) 動物的，植物的段階
(ⅱ) 闘争の段階
(ⅲ) 集団への適応の段階

この説は，自我はまず，動物や植物が現れるような作品として表現され，次に，対立や闘争のテーマが生じ，それらの対立の統合を経て，外界に適応できるような自我が表現されるということであると思われる。

岡田（1995）は，これらの3つの段階は入り混じりながら作られ，大きな流れとしてこの3段階に分けられるということであると述べ，動物的，植物的段階に相当する作品は治療初期や中期にかけて多くみられ，

闘争の段階は，否定的な感情の表現や対決などが生じてくる中期に対応し，集団への適応の段階は，終結期に対応すると考えている。

　筆者の経験では，箱庭療法のプロセスは実に多様であり，すべての箱庭療法がこの段階を順に経てゆくとは限らないように思われる。先の遊戯療法の治療プロセスと同様に，カルフの説にとらわれすぎずに，一つひとつの事例を，独自なものとして見ていく姿勢が大切であろう。

## 3. おわりに

　遊戯療法も箱庭療法も，クライエントが主体的に遊んだり制作をすることを通じて治療が展開するが，その過程を見守る治療者の存在が不可欠である。治療者には，非言語的な心的世界に没入するとともに，そこから少し距離をとって意味を把握したり，クライエントとの関係について心を配っていく姿勢が必要である。治療は，クライエントとセラピストの安定した関係を基礎にして進んでいくのであり，その点は，言語的カウンセリングと同様である。

[森田　慎]

### 参考文献

アクスライン, V.M.　小林治夫(訳)　1972　遊戯療法　岩崎学術出版社
弘中正美　2002　遊戯療法と子どもの心的世界　金剛出版
カルフ, D.M.　山中康裕(監訳)　1999　カルフ箱庭療法(新版)　誠信書房
河合隼雄　1969　箱庭療法入門　誠信書房
河合隼雄・中村雄二郎　1993　トポスの知 箱庭療法の世界　TBSブリタニカ
河合隼雄・樋口和彦・山中康裕・岡田康伸　2002　座談会　箱庭療法の導入から今までの諸問題，現代的意義　岡田康伸(編)　現代のエスプリ 別冊 箱庭療法の現代的意義 箱庭療法シリーズ　至文堂　pp.9-32.
木村晴子　1985　箱庭療法 基礎的研究と実践　創元社
クライン, M.　西園昌久・牛島定信(責任編訳)　1983　メラニー・クライン著作集1 子どもの心的発達 (1921-1931)　誠信書房
岡田康伸　1995　箱庭療法　野島一彦(編著)　臨床心理学への招待　ミネルヴァ書房　pp.122-126.
山中康裕　1978　少年期の心　精神療法を通してみた影　中央公論社
山中康裕　1999　遊戯療法の根本問題　弘中正美(編)　現代のエスプリ389 遊戯療法　至文堂　pp.183-195.

---

### 芸術療法

　絵画療法，箱庭療法，コラージュ療法（雑誌などから絵や写真を切り抜いて画用紙に貼って作品にする），造形療法（粘土や彫刻，陶芸），音楽療法（音楽鑑賞，楽器演奏，歌唱，即興演奏），ダンス療法（特定のダンスや身体運動，特定の振り付けのない自己表現としての身体運動），詩歌療法（詩や俳句，連句）など，さまざまな表現活動を通じて行なわれる心理療法を総称して「芸術療法」とよぶ。日常語では言いあらわせない心的体験を表現しやすい点や，創作し表現す

ること自体がカタルシスとなり自己治癒につながる点，自らの心を作品として客体化することでクライエントに気づきが生じやすい点，作品の鑑賞を介して治療者と患者が交流できる点などが特徴とされる。

　創作活動を心理療法に導入したのはユングであるといわれている。ユングはフロイトと決裂し精神的危機に陥ったが（1913），自らを癒すために湖岸から集めた石で小さな城や教会を作ったり，描画や石の彫刻を行なっている。また，自分の内的世界を探求するために夢や空想を絵に表現したが，ユングはその後，患者の治療に描画を用いるようになる。「芸術療法」という言葉はヒル（1951）によって初めて用いられたが，芸術療法が心理療法として確立したのは，米国の芸術療法のパイオニア的な存在であり，絵画療法を発展させたナウンバーグ（1966）や箱庭療法を創始したカルフ（1966）の業績によるところが大きいといわれている。

　芸術療法のなかで日本で最もよく用いられているのは，絵画療法と箱庭療法であろう。絵画療法では，「自由画法」（自由に思いつくことを描いてもらう技法），ナウンバーグが開発した「スクリブル法」（クライエントにサインペンでなぐり描きをさせ，描線から見えてきたものに彩色して絵として完成してもらう技法），ウィニコットが開発した「スクイグル法」（治療者とクライエントが交互になぐり描きをし，相手の描線から見えてきたものを交互に絵として完成させてゆく技法）などがある。ウィニコットの著した「子どもの治療相談」（1971）では，スクイグル法を介した子どもとのかかわりに，彼の卓越した治療技術をみることができる。

　日本で発案された絵画療法では，中井久夫が箱庭療法から着想を得て考案した「風景構成法」が最も広く導入されているように思われる。治療者が画用紙にサインペンで枠を描いてクライエントに渡し，治療者が順々に言ったもの（川や山など）をクライエントが描き，最後にクレヨンで彩色して風景を完成してもらう技法であり，治療にも診断にも有効である。この他にも中井の「色彩分割法」（1枚の用紙を鉛筆かサインペンで分割し，そこにクレヨンで好きな色を塗ってもらう技法。クライエントを脅かすことが少なく，統合失調症の治療に用いられることが多い），山中の「相互ぐるぐる描き物語統合法」（クライエントに画用紙を6つから8つに区切ってもらい，各空間でスクイグル法を行って彩色して絵を完成し，最後にそれらの絵を入れ込んだ物語を作ってもらう技法）など，さまざまな技法が考案され，臨床実践に用いられている。

　芸術療法の目的は，美的な作品や立派な芸術作品を作らせることではない。治療のために大切なのは，内的世界を作品を通じて，自発的に自由に表現できることである。また作品は，クライエントと治療者の関係の中から生みだされる。治療者はクライエントと信頼関係を築き，どのような作品でも，それを受容し，作品に込められた感情や象徴的意味を汲み取っていくことが大切である。また重症のクライエントに箱庭療法や自由画などを適用すると，混乱を引き起こすことがある。病理の重さやクライエントとの関係性などを考慮して，最適な治療法を考える必要がある。

（森田　慎）

**参考文献**
飯森眞喜雄（編）　2000　特別企画 芸術療法　心の科学, **92**, 9-97.
山中康裕　1999　心理療法と表現療法　金剛出版
ユング, C.G.　河合隼雄・藤縄 昭・出井淑子（訳）　1972　ユング自伝1, 2　みすず書房
中井久夫　1984　中井久夫著作集　精神医学の経験1巻　分裂病　岩崎学術出版社
関 則雄・三脇康生・井上リサ（編）　2002　アート×セラピー潮流　フィルムアート社
ウィニコット, D.W.　橋本雅雄（監訳）　1971　子どもの治療相談①, ②　岩崎学術出版社

# 索　引

## あ

ICD-10　99, 123
愛着（attachment）　49
　　──の発達段階　50
　　──療法　57
アイデンティティ　3
　　──確立　140
アスペルガー（Asperger, H.）　35
　　──障害　45
　　──症候群　112
アルツハイマー型痴呆　157
アルツハイマー病　157
アンナ・フロイト（Freud, A.）　208
アンビバレンス　91
怒り　149
育児不安　7
移行対象　51
意識　203
いじめ　94
位相モデル　146
遺族ケア　146
依存性人格障害　120
一次的教育援助　179
一次予防　108
偽りの自己　136
イド　204
陰性症状　114
隠喩　227
WISC-Ⅲ　79
ウィニコット（Winnicott, D.W.）　207
ウェスト症候群　30
Well-formed goal　232
うつ病　154
ADL　114
SST　114
NLPモデル　228
FTM　142
MRIモデル　231
MTF　142
演技性人格障害　119
エントレインメント（entrainment）　5
置き換え　95
オペラント条件づけ　219
親子並行面接　238
親面接　238
音楽療法　251

## か

カーンバーグ（Kernberg, P.F.）　208
絵画療法　251
解決志向モデル　228, 231
介護神話　20
解釈　210, 237
回想　160
　　──法　159, 161
改訂長谷川式簡易知能評価スケール（HDS-R）　159
回避性人格障害　119
解離性障害　129
解離性同一性障害　13
カウンセリング　83
過換気症候群　65
学習　217
　　──障害（LD）　79
柏木哲夫　149
加速期　62
家族との連携　187
家族の死に伴うストレス　146
家族病理　71
家族療法　235
　　──研究所　228
課題モデル　146
価値転換理論（価値転換論）　144, 177
学校緘黙　9
学校基本調査　90
学校教育相談　179
学校恐怖症　90
家庭限局性行為障害　100
家庭内暴力　98
可能性療法モデル　228
仮面うつ病　155
空の巣症候群　20
加齢　21
過労死　20
環境移行　9
玩具　239
関係念慮　117
関係妄想　137
観察法　168
感情調整障害　57
感情認知障害説　36
緩和ケア　147
偽解決　231
危機介入　175
希死念慮　98
偽成熟性　57

気分障害　　115, 154
基本姿勢　　225
逆説的な指示　　230
虐待の反復傾向　　57
逆転移　　212
ギャング・エイジの喪失　　11
キューブラー・ロス(Kübler-Ross, E.)　　148
境界性人格障害　　13, 118
境界パーソナリティ　　123
共同注視　　38
協同モデル　　189
強度行動障害　　44
強迫　　13
　──症状　　98
　──性障害　　127
　──性人格障害　　120
起立性調節障害　　10
空間図式　　249
苦行の処方　　230
クライン(Klein, M.)　　208
グリーフワーク　　143
グループセラピー　　159
クレーン現象　　40
芸術療法　　251
系統的脱感作　　220
軽度発達障害　　86
K-ABC心理・教育アセスメントバッテリー　　79
ゲゼル(Gesell, A.L.)　　5
結晶性知能　　21
血中セロトニン　　37
嫌悪療法　　221
限界設定　　182
幻覚　　112
言語性　　79
検査法　　168
幻視　　112
現実検討機能　　123
健診　　173
幻聴　　112
行為障害(conduct disorder)　　99
高機能広汎性発達障害　　86
口唇期　　205
構造派家族療法　　235
行動化　　12
行動分析　　219
行動療法　　217
広汎性発達障害　　171
肛門期　　206
高齢化社会　　153
高齢社会　　153
五月病　　115
国際障害分類(ICIDH)　　170
心の理論　　36, 46

個別の教育支援計画　　87, 175
個別の指導計画(IEP)　　87, 174
コミュニティ心理学　　175
コラージュ療法　　251
これから起きる解決　　231
コンサルタント　　84, 169
コンサルティー(コンサルティ)　　84, 169
コンサルテーション　　84, 169, 183
コンプリメント　　232

さ

作業記憶(working memory)　　80
サリーとアン課題　　47
三次的教育援助　　179
詩歌療法　　251
シェイピング　　221
gender　　142
自我機能　　209
自我境界　　118
視覚認知　　80
自我資源　　15
弛緩訓練(漸進的弛緩法)　　220
色彩分割法　　252
自己愛　　10
　──性人格障害　　118
　──的同一化　　10
思考障害　　113
自己概念　　92
自己受容　　177
自己像　　91
自己中心性　　138
自己洞察　　213
自己理論　　91
支持的治療　　213
思春期混乱　　140
思春期内閉症候群　　92
自傷行為　　134
システムズ・アプローチ　　235
自尊心　　82
悉皆調査　　92
失感情症　　130
実行機能　　75
　──障害　　36
児童虐待　　56
死の5段階モデル　　148
「死」のテーマ　　250
死別　　145
社会学習理論　　219
社会受容　　177
社会性行為障害　　101
自由画法　　252
自由連想　　237
熟年離婚　　151

主訴　173
主題統覚法(TAT)　215
出生前診断　31
受容　149
　　——とあきらめ　150
障害受容　144, 172
生涯発達(life-span development)　3
消去動作　225
条件づけ型学習理論　218
条件反射　218
象徴　249
情緒障害　61
衝動性　75
小児期発症型　100
初老期の認知症　157
自律訓練法　224
自立と依存　10
事例研究　169
人格障害　116
神経症　154
神経性習癖　63
神経性大食症　133
神経性無食欲症　133
神経皮膚症候群　28
進行　249
心身症　65, 126
心身相関　66
人生の正午　18
身体化　12
身体障害　143
身体表現性障害　130
親密性　18
心理アセスメント　167, 185
心理教育　15, 188
水頭症　30
スキナー箱　219
スクイグル法　252
スクール・カウンセラー　191
スクリーニング検査　28
スクリブル法　252
スケーリング　232
スティグマ　95
ステージ理論　172, 177
すでにある解決　231
ストラテジック・アプローチ　235
ストラテジック・モデル　230
ストレス　107
　　——マネジメント　108
　　——モデル　107
生活機能・障害及び健康の国際分類(ICF)　170
性器期　206
制限　239
成功経験　82

生殖性　19
精神遅滞　25
精神薄弱　25
精神分析的心理療法　229
精神分析的精神療法　209
精神分析的遊戯療法　237
精神分裂病　111
成長促進的介入の場　15
成長促進モデル　15
性同一性障害　141
生徒指導　180
青年期退行　32
青年期発症型　100
正の転移　211
生物学的性(sex)　142
生理型　27
世界技法　244
世界テスト　247
前意識　203
染色体異常　29
全人的痛み　148
先天性奇形症候群　28
先天性代謝異常　28
全般性発達障害　171
潜伏期　206
造形療法　251
相互ぐるぐる描き物語統合法　252
躁状態　115
ソーシャル・ストーリー　47
ソーシャルサポート　108
ソシオパシー　118
ソリューション・トーク　232

## た

ダイエット　134
怠学　90
退却　13
退行　246, 249
対象　208
　　——喪失　143, 177
対人恐怖　98, 137
第二次性徴の発現　9
大脳新皮質　62
大脳辺縁系　62
タイプA行動パターン　130
ダウン症候群　30
他者配慮性　138
戦いのテーマ　249
多動性　75
他の行為障害　101
ダブルバインド理論　235
段階モデル　146
段階理論　145

男根期　206
探索行動　145
チック（チック症）　63, 72
知的障害　25
注意欠陥／多動性障害（ADHD）　9, 75, 104
中枢性統合障害説　36
中途障害　144
中年期危機　19
聴覚認知　80
超自我　204
治療契約　238
治療者への攻撃　242
治療の終結　243
通常の悲嘆　145
DSM-Ⅲ　90
DSM-Ⅲ-R　72, 90
DSM-Ⅳ　90, 123
DSM-Ⅳ-TR　99
TS式幼児・児童性格診断検査結果　67
TEACCHプログラム　36
抵抗　210
適応障害　128
テクノストレス　21
デタッチメント　55
転移　211, 237
てんかん発作　43
Do Something Different課題　232
Do More課題　232
投影法　214
登校拒否　90
統合失調症　111, 121
統合性　19
同時処理　79
逃避　11
トークン・エコノミー　221
特別支援教育　86, 174
取り引き　149

な
内的ワーキングモデル　51
内閉化　12
ナラティブモデル　228
二次的教育援助　179
21トリソミー　31
認知機能障害　122
認知行動療法　223, 229
認知症　153, 156
認知能力リハビリテーション　121
脳血管性認知症　158
望ましい死　150
Not knowing approach　232

は
バークレー（Barkley, R.A.）　75
バーンアウト　20
（箱庭作品の）系列的変化　250
（箱庭作品の）統合性　248
箱庭療法のプロセス　250
恥ずべき自己　140
発症年齢特定不能　100
発達　61
　──課題　3
　──支援　165
　　──者の役割　166
　　──における倫理　166
　　──の対象　166
　　──の場　166
　　──の方向性　165
　──障害　171
　──臨床の対応　167
抜毛症　63
母親面接　188
ハルトマン（Hartmann, H.）　209
反抗挑戦性障害　101
反社会性人格障害　118
反社会性パーソナリティ障害　100
反社会的行動　63
PANSS　209
反応性愛着障害　53
悲哀　143
　──の過程　177
ピア・カウンセリング効果　44
ピアジェ（Piaget, J.）　4
被害念慮　98
ひきこもり　97
非言語性　79
非行　95, 102
　──少年　103
非指示的遊戯療法　237
非社会性行為障害　100
非社会的行動　63
ピック病　157
否認　148
描画法　215
標準練習　225
病的悲嘆　146
病理型　27
不安・恐怖障害　126
不安階層表　220
風景構成法　252
不潔恐怖　127
不注意　75
不登校　64, 89
負の転移　212
負の練習法　73

ブリーフ・ファミリー・セラピー・センター　228
プレイルーム　238
フロイト（Freud, S.）　4, 203
文章完成法（SCT）　215
分離　118
　　── - 個体化　128
　　──不安　51, 90
分裂病型人格障害　117
分裂病質人格障害　117
ペアレント・トレーニング　84
扁桃体 - 辺縁系　37
防衛機制　62, 125, 204
ボウルビィ（Bowlby, J.）　5
母子相互作用　5
ホスピタリズム　50
母性神話　6
ほどよい（good-enough）　7
本当の自己　136

ま
ミネソタ実験　134
ミラクル・クエスチョン　232
無意識　203
無差別的愛着傾向　55
面接法　168
妄想　113
　　──性人格障害　117
モデリング　222

や
夜驚　63
薬物乱用　134
夜尿　64
遊戯療法（プレイセラピー）　13, 83, 237
　　──の8原則　238
　　──のプロセス　243

指さし行動　40
夢の解釈　212
養護教諭　184
陽性症状　112
抑うつ　115, 149
　　──気分　98
予後調査　92
欲求不満　95
　　── - 攻撃仮説　95

ら
Learning Differences　80
ライフサイクル　3
ライフレビュー　160
ラター（Rutter, M.）　35
ラポール　238
リアリティ・オリエンテーション　159
離婚件数　151
離婚率　151
理想自己　140
リソース　228
リフレーミング　231
流動性知能　21
療育・保育支援　173
両価性　13
リラクセーション　108
臨死　148
臨床心理士　191
例外探し　232
霊的苦痛　148
レノックス - ガストー症候群　30
ロールシャッハ・テスト　215

わ
ワーカーホリック　20
枠組み　210

## 執筆者一覧 （執筆順，＊は編者）

**中村義行＊（なかむら・よしゆき）**
元佛教大学教育学部教授（2011年没）
［本書執筆担当］第1章・第16章・第16章コラム

**西川隆蔵＊（にしかわ・りゅうぞう）**
帝塚山学院大学人間科学部教授
［本書執筆担当］第2章・第17章・第17章コラム

**大石史博＊（おおいし・ふみひろ）**
元大阪商業大学経済学部教授
［本書執筆担当］第3章・第4章・第4章コラム・第12章コラム・第18章コラム

**櫻井秀雄（さくらい・ひでお）**
関西福祉科学大学社会福祉学部教授
［本書執筆担当］第5章・第5章コラム

**谷向みつえ（たにむかい・みつえ）**
関西福祉科学大学心理科学部教授
［本書執筆担当］第6章・第6章コラム

**伊東真里（いとう・まり）**
神戸親和女子大学文学部教授
［本書執筆担当］第7章・第7章コラム

**斉藤智美（さいとう・ともみ）**
佛教大学教育学部非常勤講師
［本書執筆担当］第8章・第8章コラム

**善明宣夫（ぜんみょう・のぶお）**
関西学院大学教職教育研究センター教授
［本書執筆担当］第9章・第9章コラム

**大野太郎（おおの・たろう）**
大阪人間科学大学心理学部教授
［本書執筆担当］第10章・第10章コラム

**最上多美子（もがみ・たみこ）**
鳥取大学医学部教授
［本書執筆担当］第11章・第11章コラム・第19章・第19章コラム

**内野悌司（うちの・ていじ）**
広島修道大学健康科学部教授
［本書執筆担当］第12章・第13章・第13章コラム

**坂口幸弘（さかぐち・ゆきひろ）**
関西学院大学人間福祉学部教授
［本書執筆担当］第14章・第14章コラム

**日下菜穂子（くさか・なほこ）**
同志社女子大学現代社会学部教授
［本書執筆担当］第15章・第15章コラム

**山内いづみ（やまうち・いづみ）**
元帝塚山学院大学人間文化学部専任講師
［本書執筆担当］第18章

**永田俊代（ながた・としよ）**
元関西福祉科学大学社会福祉学部教授
［本書執筆担当］第20章・第20章コラム

**東 斉彰（あずま・なりあき）**
甲子園大学心理学部教授
［本書執筆担当］第21章・第21章コラム

**森田 慎（もりた・しん）**
帝塚山学院大学人間文化学部教授
［本書執筆担当］第22章・第22章コラム

### 発達臨床心理学ハンドブック

| 2005年11月20日 | 初版第1刷発行 | 定価はカヴァーに |
|---|---|---|
| 2021年 5月13日 | 初版第9刷発行 | 表示してあります |

編 者　大石史博
　　　　西川隆蔵
　　　　中村義行
発行者　中西　良
発行所　株式会社ナカニシヤ出版
　　　　〒606-8161 京都市左京区一乗寺木ノ本町15番地
　　　　　　　　Telephone　075-723-0111
　　　　　　　　Facsimile　075-723-0095
　　　　　　Website　http://www.nakanishiya.co.jp/
　　　　　　Email　iihon-ippai@nakanishiya.co.jp
　　　　　　　　郵便振替　01030-0-13128

装丁＝白沢 正／印刷・製本＝ファインワークス
Copyright © 2005 by F. Ohishi, R. Nishikawa & Y. Nakamura
Printed in Japan.
ISBN978-4-88848-907-2

◎本書のコピー，スキャン，デジタル化等の無断複製は著作権法上での例外を除き禁じられています．本書を代行業者等の第三者に依頼してスキャンやデジタル化することは，たとえ個人や家庭内での利用であっても著作権法上認められておりません．